POLITIQUES
sous la direction de Christian Nadeau et Julie Saada
21

La Fin du sens de l'histoire

Ouvrage publié avec le soutien de l'Institut de recherches philosophiques de Lyon (IRPHIL – EA 4187) de l'université Jean-Moulin – Lyon III

Bruno Godefroy

La Fin du sens de l'histoire

Eric Voegelin, Karl Löwith et la temporalité du politique

PARIS
CLASSIQUES GARNIER
2021

Bruno Godefroy est docteur en philosophie, germaniste, ATER en droit public à l'université Panthéon-Assas – Paris 2 et membre de l'Institut de recherches philosophiques de Lyon (IRPhiL). Ses travaux croisant philosophie politique, philosophie de l'histoire et philosophie du droit portent en particulier sur la dimension temporelle et historique des questions politiques, du XXe siècle à nos jours.

ISBN 978-2-406-12020-9 (livre broché)
ISBN 978-2-406-12021-6 (livre relié)
ISSN 2257-7122

ABRÉVIATIONS

Les abréviations suivantes on été utilisées dans les notes, les références complètes étant indiquées dans la bibliographie :

SS	Œuvres complètes de Karl Löwith (*Sämtliche Schriften*), suivi du numéro de volume
CW	Œuvres complètes d'Eric Voegelin (*Collected Works*), suivi du numéro de volume
LV/VL	Correspondance entre Karl Löwith et Eric Voegelin. LV correspond à une lettre de Löwith à Voegelin, VL de Voegelin à Löwith, suivi de la date sous la forme JJ/MM/AA (par exemple, « LV 07/01/45 » renvoie à la lettre de Löwith à Voegelin du 7 janvier 1945). Aucun système d'abréviation n'est utilisé pour les autres correspondances.

AVERTISSEMENT

ÉDITIONS UTILISÉES

Toutes les références, lorsque les textes ont été publiés, sont faites à l'édition en langue originale, y compris pour la correspondance. Dans la mesure où l'édition des *Sämtliche Schriften* de Löwith a conservé la langue originale des textes, il sera presque uniquement fait référence à cette édition. Pour Voegelin, on utilisera les *Collected Works* pour les textes publiés en anglais et les éditions allemandes pour les textes publiés en allemand. La référence aux *Collected Works* est cependant toujours indiquée, de même qu'à la traduction française lorsque celle-ci est disponible. Cependant, quelle que soit la source, lorsque des traductions françaises mentionnent la pagination de l'ouvrage en langue originale, il ne sera fait référence qu'à ce dernier.

La correspondance entre Voegelin et Löwith a été partiellement publiée (seulement les lettres de Voegelin) dans les volumes 29 et 30 des *Collected Works* (vol. 29, *Selected Correspondance 1924-1949*, Columbia/London, University of Missouri Press, 2009 et vol. 30, *Selected Correspondance 1950-1984*, Columbia/London, University of Missouri Press, 2007). Nous utilisons la version en langue originale (allemande), qui inclut les lettres de Voegelin et de Löwith, publiée partiellement dans *Sinn und Form. Beiträge zur Literatur*, 2007/6, p. 765-794. Une traduction française de J.-L. Evard a été publiée dans *Conférence* 28/2009, p. 545-590. Le reste de la correspondance sera aussi pris en considération. Il est conservé à la Hoover Institution, à l'Université de Stanford (Eric Voegelin Papers, Box 24.4).

TRADUCTIONS

Sauf indication contraire en note, tous les textes en langue étrangère cités ont été traduits par mes soins. Les traductions françaises de Löwith et de Voegelin, lorsqu'elles ont été utilisées (c'est principalement le cas des *Religions politiques* et de *La Nouvelle Science du politique*), ont été systématiquement vérifiées et parfois modifiées afin d'assurer la cohérence des choix de traduction.

La traduction de la Bible ainsi que les abréviations des références bibliques suivent l'édition TOB (Paris, Cerf, 2010).

Ce travail de recherche a été réalisé dans le cadre d'une thèse, intitulée « Ordre et temps. Eric Voegelin, Karl Löwith et la temporalité du politique », en cotutelle à l'université Jean Moulin – Lyon 3 et à l'université Friedrich-Alexander d'Erlangen-Nürnberg.

INTRODUCTION

> « On me crie de Séïr :
> Veilleur, où en est la nuit ?
> Veilleur, où en est la nuit ?
> Le veilleur répond :
> 'Le matin vient et de nouveau la nuit.
> Si vous voulez encore poser la question,
> revenez' ».
> *Ésaïe* 21, 11-12.

Avec l'effondrement de l'Union soviétique et la disparition de l'alternative communiste au modèle politique occidental, ce n'est pourtant pas une ère « post-idéologique » qui s'ouvre, mais celle d'une nouvelle certitude. L'« Ouest » représenterait désormais le seul modèle politique viable et légitime, car conforme au sens de l'histoire. L'avènement nécessaire de la démocratie libérale à l'échelle mondiale ne serait donc qu'une affaire de temps. Cette certitude prend toute son ampleur dans la proclamation de la « fin de l'histoire », désormais atteinte, une fin de l'histoire dont l'annonciateur le plus célèbre est Francis Fukuyama. *The End of History and the Last Man*, publié en 1992, développe les thématiques esquissées dans un article paru en 1989, quelques mois avant la chute du mur de Berlin, et formule avec une remarquable clarté l'idée qu'une époque nouvelle est née et la conception que cette dernière se fait d'elle-même. Même si l'approche de Fukuyama a été à juste titre décrite comme faisant preuve d'une « naïveté sophistiquée », reposant sur un « sophisme grossier[1] », elle n'en reste pas moins digne d'intérêt en tant qu'elle est le symptôme d'un mode de pensée dominant, qui voit le politique à travers sa dimension temporelle et ne se contente pas

1 J. Derrida, *Spectres de Marx. L'État de la dette, le travail du deuil et la nouvelle Internationale*, Paris, Galilée, 1993, p. 107.

d'interpréter le monde mais veut précisément, par l'intermédiaire de la dimension temporelle, le transformer. Elle est une « interprétation performative », c'est-à-dire une « interprétation qui transforme cela même qu'elle interprète[2] » en construisant à l'intérieur de la structure du temps historique son propre discours politique normatif, qui reste son objectif principal. L'annonce de la fin de l'histoire remplit une fonction centrale au sein d'un projet hégémonique[3]. Ce faisant, elle signale aussi l'importance décisive du temps dans ce qu'on peut appeler une « métaphysique politique[4] ».

Mais que signifie la « fin de l'histoire » et quelle est sa fonction ? Il s'agit pour Fukuyama de montrer que l'histoire est directionnelle afin de justifier la croyance en une « évolution universelle en direction de la démocratie libérale[5] ». Par conséquent, la thèse de la fin de l'histoire, de l'« Histoire » comprise en un sens hégélien comme un « processus unique, cohérent, doté d'une évolution[6] », implique de démontrer à la fois l'existence d'un processus doté d'une direction et la présence d'un but défini. Pour ce faire, Fukuyama développe une argumentation double. Elle s'inspire d'une part de Marx, en mettant l'accent sur un processus historique immanent, rendu visible par une analyse dite matérialiste, centrée sur des éléments empiriques, en particulier économiques. L'accroissement du nombre de démocraties libérales – définies par un système politique assurant le choix du gouvernement par des élections régulières, secrètes et au suffrage universel associé à une économie libre de marché –, l'instabilité des régimes autoritaires s'opposant à la démocratie libérale ainsi que l'absence de toute alternative théorique crédible inciteraient à penser

---

2 *Ibid.*, p. 89.

3 Voir *ibid.*, p. 90 *sq.*

4 Voir S. Wolin, *Politics and Vision*, Princeton/Oxford, Princeton University Press, 2004, p. 16.

5 F. Fukuyama, *The End of History and the Last Man*, New York, Free Press, 2006 (1992), p. 71.

6 *Ibid.*, p. XII. Fukuyama ne fait pas un usage cohérent de la majuscule pour distinguer histoire et Histoire. « Histoire » semble ne renvoyer qu'à l'histoire conçue comme un processus global, un ensemble universel, mais « histoire » peut dans le texte également désigner cet ensemble universel, ou seulement le flux des événements historiques. Par conséquent, nous respecterons la typographie utilisée par Fukuyama dans les citations, mais nous utiliserons uniquement le terme « histoire », en tentant d'éviter toute ambiguïté. Étant donné que la majuscule utilisée par Fukuyama semble avant tout ajouter une forme de solennité à son grand projet d'« Histoire Universelle », « Histoire » ne peut être considéré comme un concept neutre auquel l'analyse pourrait recourir.

qu'il existe, malgré « notre pessimisme », une « Histoire Universelle » dont la démocratie libérale serait le *telos*[7]. Pour Fukuyama, le caractère directionnel de l'histoire est avant tout le produit de la science naturelle moderne, qui dispose d'une force propre, fondée sur les « lois basiques de la nature », et conduit inévitablement les sociétés humaines au capitalisme, partie intégrante de la démocratie libérale[8]. Reposant sur un matérialisme naturalisé, ce déterminisme historique assume sa parenté éloignée avec l'œuvre de Marx. Le « Mécanisme » découvert est selon son inventeur « une sorte d'interprétation marxiste de l'histoire menant à un conclusion entièrement non-marxiste[9] ». Cette sorte d'analyse marxiste permet à Fukuyama d'affirmer le caractère directionnel de l'histoire, porté par la « logique de la science naturelle moderne », et l'orientation universelle vers le capitalisme. Néanmoins, la perspective « marxiste » ne permet pas de démontrer quel est le but véritable de l'histoire, dont le capitalisme n'est qu'un élément, bien que nécessaire : la démocratie libérale.

Pour ce faire, Fukuyama adopte une deuxième stratégie argumentative, inspirée de Hegel. La « lutte pour la reconnaissance » (*struggle for recognition*) comme moteur de l'histoire doit permettre de démontrer que la démocratie libérale est bien le *telos* attendu. La reconnaissance en question se rapporte à la valeur que chacun s'attribue à soi-même, et qu'il souhaite voir reconnue par ses semblables. Elle trouve son origine dans la partie « thymotique » de l'âme. Ce désir est, selon Fukuyama, propre à l'homme, il est partie intégrante d'une nature humaine transhistorique, que Fukuyama est obligé de poser afin d'assurer le caractère définitif du moteur de l'histoire qu'il affirme avoir découvert[10]. La thèse

7 *Ibid.*, p. 70.

8 Voir *ibid.*, p. 108.

9 *Ibid.*, p. 131.

10 Voir *ibid.*, p. 137 *sq.* : « Sans un concept sous-jacent de la nature humaine qui pose une hiérarchie des caractéristiques humaines essentielles et non-essentielles, il serait impossible de savoir si une paix sociale apparente représente la satisfaction véritable des désirs humains, ou plutôt le résultat d'un appareil de police particulièrement efficace, ou encore simplement le calme précédant une tempête révolutionnaire » ; « En définitive, il apparaîtrait impossible de parler de l''histoire', encore moins d'une 'Histoire Universelle', sans faire référence à un standard permanent et transhistorique, c'est-à-dire sans référence à la nature ». Fukuyama est toutefois bien conscient de la contradiction existant entre affirmer une nature humaine et se réclamer de Hegel. Voir p. 146 : « Hegel nia qu'il ait une doctrine de l'état de nature et, dans les faits, il aurait rejeté le concept d'une nature humaine permanente et sans changement ». Sur cette contradiction, voir également J. Derrida, *Spectres de Marx*, *op. cit.*, p. 114 *sq.*

de la fin de l'histoire se fonde par conséquent sur l'idée selon laquelle la démocratie libérale comblerait parfaitement le désir de reconnaissance inhérent à la nature humaine[11]. En combinant Marx et Hegel, Fukuyama cherche à répondre ainsi aux deux aspects de la thèse de la fin de l'histoire. L'histoire est non seulement un processus directionnel, porté par la « logique de la science naturelle moderne », mais ce processus est aussi doté d'un but, la démocratie libérale. Le moteur de l'histoire est la lutte pour la reconnaissance, à laquelle la démocratie libérale répond en comblant définitivement ce désir. Le christianisme, en particulier le protestantisme, consolide cet ordre. Fukuyama n'exclut pas l'apparition d'objections, lesquelles ne remettront toutefois pas fondamentalement en question sa thèse, laquelle doit enfin convaincre les populations que l'histoire mènera nécessairement au seul et unique meilleur régime : « Il est possible que, si les événements continuent à se dérouler comme ils l'ont fait durant les dernières décennies, l'idée d'une histoire universelle et directionnelle menant à la démocratie libérale gagne en crédibilité auprès du public, et que l'impasse relativiste de la pensée moderne se résolve, en un sens, d'elle-même[12] ».

Quelques décennies plus tard, le cours des événements a rendu la thèse de la fin de l'histoire plus fragile que jamais. Les projets d'exportation de la démocratie libérale par certaines puissances occidentales connaissent des échecs retentissants, engendrant des conflits nombreux et complexes. Si le « printemps arabe » a pour un temps fait renaître les espoirs des tenants d'un optimisme volontariste, s'il a semblé montrer qu'il était malgré tout possible de « faire l'histoire » et de hâter l'avènement mondial de la démocratie[13], l'évolution de la situation a rapidement

11 Cela ne signifie pas toutefois que le désir de reconnaissance est la seule manifestation du *thymos*. Celui-ci se manifeste également dans des formes « irrationnelles », lesquelles sont aussi nécessaires pour maintenir l'ordre de la démocratie libérale et, en particulier, son fonctionnement économique capitaliste. Fukuyama souligne en particulier l'importance de la religion chrétienne, surtout du protestantisme, dans l'établissement du capitalisme, suivant ainsi la perspective généalogique de Max Weber. Mais ces formes « irrationnelles » du *thymos* auraient également un impact immédiat dans le maintien de cet ordre – une digression quelque peu surprenante allant jusqu'à affirmer l'amélioration de la situation des populations après leur conversion au protestantisme, en particulier en Amérique latine. Voir *ibid.*, p. 226 *sq.*

12 *Ibid.*, p. 338.

13 Voir par exemple C. Bouton, *Faire l'histoire. De la Révolution française au Printemps arabe*, Paris, Cerf, 2013.

mis à mal ces attentes. Parallèlement, l'accroissement de la puissance économique de la Chine, combinée à un durcissement de son système politique autoritaire, voire totalitaire, n'entre pas dans le cadre du grand récit de la fin de l'histoire. En Europe même, des pays comme la Hongrie et la Pologne sont le théâtre, après une phase de démocratisation, d'une dérive vers l'autoritarisme. Outre ces facteurs externes, l'ordre démocratique libéral est menacé par des développements internes. Les nouvelles pratiques de surveillance, la limitation de la participation démocratique et de la liberté de la presse, ou encore des tendances à la personnalisation du pouvoir montrent que l'évolution de la démocratie libérale ne suit pas une voie toute tracée[14]. Il n'est donc pas surprenant que Fukuyama développe actuellement une perspective moins optimiste, mettant l'accent sur la formation de l'ordre politique mais aussi sur son déclin, auquel la démocratie libérale elle-même ne peut échapper. Ce repositionnement intervient en plusieurs étapes, suivant l'évolution du discours politique dans lequel il s'inscrit. Suite à l'échec du projet de changement de régime en Irak après la guerre déclenchée par les États-Unis en 2003, Fukuyama proclame sa rupture avec l'idéologie néo-conservatrice en 2006 dans *America at the Crossroads*[15]. Cependant, même si le grand récit du processus de l'histoire menant à la démocratie libérale et au capitalisme est ici beaucoup plus discret, Fukuyama ne l'abandonne pas pour autant. Il défend désormais une téléologie à long terme, menant à la démocratie libérale comme un « produit dérivé » de la modernisation[16], ce qui n'est toutefois intelligible que si la démocratie libérale conserve son statut de but universel du processus historique. Dans *Political Order and Political Decay. From the Industrial Revolution to the Globalization of Democracy*[17], publiée en 2014, Fukuyama prend acte des évolutions en Libye, dans les pays d'Afrique subsaharienne mais également aux États-Unis et cherche désormais à construire une théorie du développement politique prenant au sérieux la complexité

---

14 Voir notamment S. Wolin, *Democracy Incorporated : Managed Democracy and the Specter of Inverted Totalitarianism*, Princeton, Princeton University Press, 2010 et S. Levitsky, *How Democracies Die*, New York, Penguin, 2019.

15 F. Fukuyama, *America at the Crossroads. Democracy, Power, and the Neoconservative Legacy*, New Haven / London, Yale University Press, 2006.

16 *Ibid.*, p. 55.

17 F. Fukuyama, *Political Order and Political Decay. From the Industrial Revolution to the Globalization of Democracy*, London, Profile Books, 2014.

de la formation, mais aussi du déclin, des institutions, et en particulier des États. La fin de l'histoire semble donc disparaître, mais la position défendue par Fukuyama est très ambigüe. Tout en admettant qu'il n'existe « aucun mécanisme historique automatique rendant le progrès inévitable, ou empêchant un déclin et une rechute[18] », Fukuyama affirme que les différentes révoltes et mouvements de population des dernières années « suggèrent qu'il existe une claire directionnalité dans le processus du développement politique » et que la démocratie libérale fait preuve d'un « attrait universel[19] ». Même s'il n'est plus explicitement question d'un processus nécessaire, les bases du grand récit justifiant un régime politique par le sens de l'histoire sont toujours en place.

Ce mode de légitimation de la démocratie libérale pose problème pour plusieurs raisons, et déssert en définitive la démocratie libérale elle-même. L'idée d'un avènement nécessaire de celle-ci rend aveugle sur les circonstances particulières, politiques et sociales, permettant à une démocratie de se mettre en place et de se stabiliser, comme le montre les multiples échecs de ces dernières années. Cette conviction peut aussi mener à une attentisme coupable vis-à-vis de gouvernements autoritaires, car on suppose qu'ils seront nécessairement amenés, notamment suite au développement économique, à s'ouvrir à la démocratie. Enfin, l'idée même d'une fondation absolue d'un modèle politique par le sens de l'histoire est problématique car elle est aussi, comme nous le verrons, une caractéristique des idéologies totalitaires modernes. Par conséquent, pourquoi l'idée d'une fin de l'histoire se maintient-elle, alors qu'elle semble être l'élément le plus audacieux mais aussi le plus clairement intenable de la thèse de Fukuyama ? Pourquoi semble-t-elle être la stratégie privilégiée pour légitimer la supériorité du modèle politique de l'« Ouest » ?

Si la fin de l'histoire possède un pouvoir d'évocation tel qu'elle peut tendanciellement se passer de toute démonstration empirique convaincante, c'est tout d'abord parce qu'elle s'appuie sur un genre dont la dimension symbolique est omniprésente dans la culture occidentale. Comme le souligne Derrida, « cette fin de l'Histoire est essentiellement une eschatologie chrétienne[20] ». Elle est une eschatologie au sens d'un

18 F. Fukuyama, *Political Order and Political Decay*, *op. cit.*, p. 548.

19 *Ibid.*

20 J. Derrida, *Spectres de Marx*, *op. cit.*, p. 105.

discours sur les choses dernières, une promesse d'achèvement du mouvement de l'histoire – bien que, chez Fukuyama, cette eschatologie ne soit pas associée à un futur déterminé précisément[21]. Elle est une eschatologie chrétienne dans la mesure où Fukuyama ne se contente pas d'insister sur la « science naturelle moderne » et la lutte pour la reconnaissance, mais également sur le rôle majeur du christianisme, en particulier du protestantisme, dans ce processus et, implicitement, l'utilise comme modèle narratif de l'avènement de la démocratie libérale. Derrida, qui a bien discerné ce « néo-évangélisme », souligne que « cette venue a le sens d'un événement chrétien[22] ». Le fait que la thèse de la fin de l'histoire soit toujours présente chez Fukuyama et, plus généralement, dans le discours politique occidental, peut être rattaché à cette source, laquelle n'a pas été remise en question par la critique. L'enjeu est plus grand qu'une simple réfutation empirique, il requiert « une autre pensée de l'historicité [qui] nous appellerait au-delà du concept métaphysique d'histoire et de fin de l'histoire, qu'il soit dérivé de Hegel ou de Marx[23] ». C'est pourquoi le discours sur la fin de l'histoire et l'avènement mondial de la démocratie libérale ne peut être efficacement contré si la critique laisse intacte ce qui lui donne sa dimension symbolique.

Outre cette dimension culturelle, la persistance de l'idée d'une fin de l'histoire s'explique par son appartenance à un genre littéraire ayant largement démontré son efficacité politique, que Jean-François Lyotard appela les « métarécits ». Selon ce dernier, la condition postmoderne qui est la nôtre est principalement caractérisée par « l'incrédulité à l'égard des métarécits », lesquels forment le discours de légitimation propre au savoir « moderne[24] ». Celui-ci s'appuie sur un « métadiscours », qui « recourt explicitement à tel ou tel grand récit, comme la dialectique de l'Esprit, l'herméneutique du sens, l'émancipation du sujet raisonnable

21 Pour Fukuyama, la fin de l'histoire est déjà annoncée par l'avènement de la démocratie libérale dans certains pays. Mais celle-ci est encore une « Terre Promise » (p. XV), la véritable fin de l'histoire n'intervenant qu'avec la conversion de toutes les nations. Cette conception est donc très proche d'une eschatologie « temporelle », même si l'arrivée des choses dernières n'est pas précisément déterminée. Sur les différents sens que peut prendre l'eschatologie, voir l'introduction générale de M. Mühling, *Grundinformation Eschatologie. Systematische Theologie aus der Perspektive der Hoffnung*, Göttingen, Vandenhoeck & Ruprecht, 2007.

22 J. Derrida, *Spectres de Marx*, *op. cit.*, p. 104.

23 *Ibid.*, p. 120.

24 J.-F. Lyotard, *La condition postmoderne*, Paris, Éditions de Minuit, 1979, p. 7.

ou travailleur, le développement de la richesse[25] ». Lyotard souligne à juste titre que ce discours de légitimation implique une philosophie de l'histoire, et de ce fait ne s'arrête pas au seul domaine du savoir, mais s'étend également au domaine politique : « on est conduit à se questionner sur la validité des institutions qui régissent le lien social », qui « demandent à être légitimées[26] ». Mais, alors que les métarécits dont est porteuse la philosophie de l'histoire offrent une réponse à cette attente, Lyotard diagnostique une « désuétude du dispositif métanarratif de légitimation » et donc un changement de paradigme dans la légitimation de l'ordre politique, caractéristique du passage à la postmodernité. La « société qui vient » serait davantage fondée sur une « pragmatique des particules langagières[27] ». Les métarécits céderaient leur place à une pluralité des discours, non réductibles à l'unité cohérente que cherche à imposer la philosophie de l'histoire.

Si l'on adopte ce point de vue, il devient cependant difficile d'expliquer la persistance des métarécits dans le domaine politique sans les rejeter comme une simple résurgence moderne inactuelle, étrangère à la postmodernité, ce qui reviendrait donc à utiliser la périodisation comme preuve de leur illégitimité. Ce faisant, on réintroduirait alors une forme de métarécit comme argument contre les métarécits[28]. De manière générale, l'interprétation des métarécits sous l'angle de la périodisation s'expose non seulement au risque d'une contradiction interne, mais un tel procédé n'apporte surtout qu'une réponse peu convaincante et réductrice à leur persistance dans le domaine politique. Le problème ne vient pas seulement de la périodisation, mais également de l'association des métarécits à la seule perspective « moderne », un procédé qui ne tient pas compte de la difficulté qui consiste à les réduire à un contexte historique particulier. Quelle que soit l'époque, il est en effet nécessaire d'assurer l'« être-dans-le-temps » de la société, c'est-à-dire sa continuité, contre la menace potentielle que représente son caractère historique,

25 *Ibid.* La proximité entre Lyotard et Karl Löwith à ce sujet est bien remarquée par W. Emmerich, « Heilsgeschehen und Geschichte – nach Karl Löwith », *Sinn und Form* 46 (1994), p. 914.

26 J.-F. Lyotard, *La condition postmoderne*, *op. cit.*, p. 7.

27 *Ibid.*, p. 8.

28 Sur le caractère problématique de la périodisation historique et ses implications politiques normatives, voir K. Davis, *Periodization and Sovereignty. How Ideas of Feudalism and Secularization Govern the Politics of Time*, Philadelphia, University of Pennsylvania Press, 2008.

et donc périssable[29]. Le type de spéculation visant à légitimer l'ordre actuel en tant qu'il serait le produit d'une progression nécessaire est présent dès l'Antiquité, notamment dans les sociétés mésopotamiennes, israélites et égyptiennes[30]. Si l'on accepte que cette spéculation « historiogénétique » est effectivement « une des grandes constantes de la recherche de l'ordre de l'Antiquité au présent[31] », il ne peut donc être question de la limiter à une période historique déterminée. Elle n'est pas un phénomène spécifiquement moderne, mais est indissociable de l'ordre politique, qui est nécessairement « dans le temps ». Comme le remarque Edward Said, « font partie de [l']histoire aussi bien les luttes pour le contrôle d'un territoire que celles qui ont pour enjeu d'établir leur signification historique et sociale. La tâche qui incombe au chercheur doué de sens critique est non pas d'envisager séparément ces luttes, mais de les relier entre elles, en dépit du contraste entre la réalité impressionnante des premières et l'apparence purement intellectuelle des secondes[32] ».

Les « métarécits » ne peuvent donc être réduits à un phénomène purement moderne, mais peuvent être considérés comme une constante du rapport entre temps et politique. Il existe cependant différentes modalités de l'articulation de la dimension temporelle de l'ordre politique, et il est possible d'envisager l'existence d'une manifestation spécifiquement moderne de ce rapport, qui expliquerait aussi son importance et sa persistance à cette époque. Pour l'historien Charles S. Maier, la « politique du temps » doit effectivement tenir compte de la particularité du rapport de l'ordre politique au temps caractéristique de l'époque moderne[33]. Celle-ci est marquée par trois principaux concepts politiques du temps :

---

29 E. Voegelin, *Anamnesis. Zur Theorie der Geschichte und Politik*, Freiburg/München, Karl Alber Verlag, 2005, p. 79.

30 La liste royale sumérienne, datée de 2050 avant J.-C., est un des plus anciens exemples de « mythopoïèse », ou création de mythe. Elle retrace une lignée dynastique artificielle reliant le passé mythique au souverain de l'époque, qui cherche ainsi à assurer sa légitimité. Voir *ibid.*, p. 84-87.

31 E. Voegelin, *Order and History*, vol. 4, *CW* 17, p. 116 *sq.*

32 Postface de l'auteur à E. W. Said, *Orientalism. Western Conceptions of the Orient* (1978), London, Penguin Books, 2003. Trad. française C. Wauthier (postface) : *L'Orientalisme. L'Orient créé par l'Occident*, Paris, Seuil, 2005, p. 358.

33 Voir C. S. Maier, « The politics of time : changing paradigms of collective time and private time in the modern era », in C. S. Maier (éd.), *Changing Boundaries of the Political. Essays on the Evolving Balance between the State and Society, Public and Private in Europe*, Cambridge, Cambridge University Press, 1987, p. 151-175.

un concept libéral, un concept fasciste, et un concept postlibéral[34]. Sans chercher à discuter la pertinence de la tripartition proposée par Maier, on remarque que le concept politique du temps propre au fascisme présente un intérêt didactique particulier pour comprendre la spécificité moderne du rapport de l'ordre politique au temps, dans la mesure où il en est la manifestation la plus extrême. En effet, c'est dans ce concept qu'apparaît de manière particulièrement distincte un trait caractéristique du rapport moderne entre temps et politique : la temporalisation du politique accompagnée d'une politisation du temps. La temporalisation désigne la tendance à concevoir l'ordre politique comme fondamentalement lié à la dimension temporelle, et donc comme un processus indépendant de normes permanentes. La politisation du temps renvoie quant à elle à l'attribution d'une valeur politique au déroulement du temps, ce qui explique également que l'annonce de la fin de l'histoire ait pu devenir un énoncé politique. Ces deux éléments sont intrinsèquement liés. Les différentes études de l'historien Roger Griffin, qui a cherché à aborder l'étude du fascisme sous l'angle de la « temporalité fasciste », permettent de comprendre en quoi, sur ce point, le fascisme est une « expression du modernisme en un sens politique maximaliste[35] ». Griffin insiste sur la temporalité « hybride[36] » du fascisme, mêlant un élan révolutionnaire vers le futur, la récupération de sources passées mythiques et, surtout, une dimension « palingénétique », c'est-à-dire l'idée d'une recréation, d'une régénération intervenant après la fin d'un cycle. Ces différents éléments combinés, sans oublier toutefois les contradictions liées à l'hétérogénéité du fascisme comme phénomène historique, révèlent une

34 Maier associe fascisme italien et national-socialisme allemand sous le terme de « fascisme », s'opposant ainsi notamment à la théorie du « totalitarisme », qui cherche à rapprocher national-socialisme et communisme.

35 R. Griffin, *Modernism and Fascism. The Sense of a Beginning under Mussolini and Hitler*, New York, Palgrave Macmillian, 2007, p. 348. Le modernisme est selon Griffin un « terme générique désignant un vaste éventail d'initiatives individuelles et collectives dans les sociétés européanisées, dans toute sphère de production culturelle ou d'activité sociale, à partir de la moitié du XIXe siècle », qui visent à atteindre un sens ou but transcendant malgré la perte de tout système de valeur englobant dans la culture occidentale. Un élément déterminant est l'orientation vers le futur. En effet, « même si certaines formes de modernisme semblent attachées à raviver une tradition ou à suggérer l'idée d'un déclin culturel, leur élan général est futuriste et optimiste » (p. 116 *sq.*). Le modernisme œuvre pour un nouveau commencement.

36 R. Griffin, « Fixing Solutions : Fascist Temporalities as Remedies for Liquid Modernity », *Journal of Modern European History*, vol. 13, 2015/1, p. 16.

structure générale de politisation du temps : orientée vers le futur, la dimension palingénétique fait signe vers une rupture radicale accompagnée d'un renouveau révolutionnaire avec lequel doit débuter une nouvelle « éternité nationalisée[37] ». Outre sa dimension futuriste, la « temporalité fasciste » se distingue donc également par la volonté de dépasser ce que Griffin appelle le « temps de Cronos », c'est-à-dire le déroulement des événements se nourrissant de leur destruction perpétuelle, au profit du temps « aeval », celui de la permanence éternelle. Au terme du projet fasciste, « l'*aevum* doit prévaloir sur Cronos[38] ». Un tel projet, se traduisant par une politisation extrême du temps au profit de l'importation de l'éternité dans l'ordre politique, est un exemple particulièrement saillant du rapport entre temps et politique, comme en attestent les œuvres de Eric Voegelin et Karl Löwith, qui en furent les témoins directs.

Pour comprendre le développement de la « temporalité fasciste », il est nécessaire de la considérer dans le contexte de la situation historique et politique de l'entre-deux-guerres, caractérisée par de profonds bouleversements. En Allemagne, l'expérience traumatisante du front partagée par toute une génération, le changement brutal de régime politique ou encore l'instabilité économique constituent les principaux éléments d'une atmosphère qui se reflète dans le débat intellectuel de l'époque, marqué par le problème du relativisme des valeurs et la dissolution de tout cadre de référence[39]. Rien n'est durable et permanent, et la destruction de l'ordre bourgeois conservateur, qui prévalait encore largement au XIXe siècle, ne semble pas avoir mené au renouveau attendu, mais au nihilisme. La volonté de dépasser cette situation conditionne largement le débat intellectuel de l'époque, qui développe des réponses multiples, du cercle de Stefan George à la fascination exercée par Heidegger sur ses premiers étudiants, en passant par les tenants d'un renouveau religieux et spirituel. Face à cette situation, seule l'affirmation d'une nouvelle permanence, posée comme le but de

37 *Ibid.*, p. 18.

38 R. Griffin, *Modernism and Fascism*, *op. cit.*, p. 84.

39 Voir notamment F. W. Graf, « Annihilatio historiae ? Theologische Geschichtsdiskurse in der Weimarer Republik », *Jahrbuch des historischen Kollegs* 2004/2005, p. 49-81 ; C. Bambach, « Weimar Philosophy and the Crisis of Historical Thinking », in P. E. Gordon ; J. P. McCormick (éds.), *Weimar Thought. A Contested Legacy*, Princeton, Princeton University Press, 2013.

l'histoire à atteindre, semble pouvoir assurer le dépassement définitif du nihilisme et du relativisme. Cette situation historique provoque une prise de conscience de l'importance de la relation de l'ordre politique au temps chez une génération d'intellectuels pour lesquels la dérive fasciste n'est que l'expression la plus radicale d'un problème fondamental et non circonscrit à cette seule situation historique. Parmi ceux-ci, Karl Löwith et Eric Voegelin se démarquent par leur capacité à intégrer la situation politique à laquelle ils sont confrontés dans une question plus large incluant non seulement le sens de l'histoire, mais surtout la dimension temporelle de l'ordre politique et de l'existence humaine. Un bref aperçu de leurs biographies permet de mieux comprendre tant l'appartenance de leurs œuvres à une époque particulière que les éléments par lesquels ils se distinguent de leurs contemporains.

Né en 1897, d'ascendance juive mais baptisé protestant, Karl Löwith fait partie d'une génération fin de siècle tiraillée entre l'ancien et le nouveau et qui, confrontée aux guerres successives, est à la recherche d'un échappatoire au « nihilisme européen » tout en contribuant à son développement. En octobre 1914, Löwith s'engage volontairement dans l'armée allemande, alors que la Première guerre mondiale vient d'éclater. La guerre se termina toutefois pour Löwith de la même manière que pour beaucoup d'autres jeunes soldats enthousiastes[40]. En mai 1915, il est gravement blessé alors qu'il est positionné dans les Dolomites, à la frontière entre l'Italie et l'Autriche. De retour en Allemagne grâce à un échange de prisonniers, Löwith débute des études de biologie et de philosophie à l'université de Munich avant de partir pour Freiburg suite aux troubles liés à l'expérience avortée de la République des conseils

40 Vingt ans plus tard, c'est avec une certaine lucidité qu'il éclaire les motifs de son engagement, représentatifs d'une génération : « Le besoin de s'émanciper de l'étroitesse bourgeoise de l'école et de la maison, un désaccord intérieur avec moi-même après la rupture de ma première amitié, l'attrait de la 'vie dangereuse', pour laquelle Nietzsche nous avait enthousiasmés, l'envie de se jeter dans l'aventure et de se mettre à l'épreuve, sans oublier la joie de se soulager de son propre *Dasein*, dont on avait pris conscience par l'intermédiaire de Schopenhauer, en participant à quelque chose de général, d'englobant ». K. Löwith, *Mein Leben in Deutschland vor und nach 1933. Ein Bericht*, Stuttgart, J.B. Metzler, 2007, p. 3. Avec une ironie certaine, Löwith note dans son journal : « Si le père n'avait eu que l'ombre d'une idée des véritables motifs de l'entreprise patriotique de son fils, peut-être sa saine raison aurait-elle légèrement perdu la raison ». K. Löwith, « Fiala, Die Geschichte einer Versuchung », *International Zeitschrift für Philosophie*, 1/1997, p. 141. Tout au long de sa vie, Löwith a écrit des carnets de voyage et autres récits autobiographiques, dont certains n'ont pas encore été publiés.

dans la capitale bavaroise. C'est à Freiburg, en 1919, qu'il commence à étudier auprès de Husserl, avant que l'attrait exercé par Heidegger, dont la tendance charismatique et autoritaire est tôt décrite par Löwith, ne prenne le pas. Après avoir passé sa thèse consacrée à Nietzsche, il suit Heidegger à Marburg en 1924 et, considéré alors comme le plus proche élève du « penseur », valide son habilitation, publiée sous le titre *Das Individuum in der Rolle des Mitmenschen*[41], sous sa direction. C'est de cette période passée à Marburg que datent les liens plus ou moins forts entretenus avec Hans-Georg Gadamer, Gerhard Krüger ou encore Leo Strauss, qui forment l'embryon de la renaissance de la philosophie en Allemagne après la guerre. Jusqu'en 1933, Löwith enseigne à l'université et c'est une carrière universitaire normale – une perspective qui le fit longtemps douter – qui semble se profiler lorsqu'elle est interrompue par les lois de Nuremberg.

1933, comme il l'écrivit plus tard, ne le contraint à aucune décision ; on décida pour lui[42]. Bien que Löwith n'ait pas été un opposant actif de la première heure, pas plus qu'il n'a jamais fait preuve d'un grand attachement à ses origines juives, c'est cette ascendance qui lui fut reprochée et l'amena progressivement à être exclu du droit d'enseigner, même si son statut d'ancien combattant le protégea pendant un certain temps. Grâce à une bourse Rockefeller, il put trouver refuge entre 1934 et 1936 à Rome, retrouvant ainsi l'Italie, jusqu'à ce que les mesures racistes mises progressivement en place le contraignent à un nouvel exil, bien plus lointain, vers le Japon. Par l'entremise d'étudiants japonais venus à Marburg – le plus connu étant Shūzō Kuki[43] –, Löwith obtient un poste d'enseignant en philosophie à l'Université impériale de Sendai. Toutefois, le Japon n'est encore qu'une étape. En 1941, quelques mois avant l'attaque de Pearl Harbor, alors que les liens entre le Japon impérial et l'Allemagne national-socialiste se resserrent et fragilisent sa position, Löwith part pour les États-Unis, où il peut compter sur quelques appuis

---

41 K. Löwith, *Das Individuum in der Rolle des Mitmenschen* (1928), *SS* 1. Réédité en volume indépendant : *Das Individuum in der Rolle des Mitmenschen. Ein Beitrag zur anthropologischen Grundlegung der ethischen Probleme*, Freiburg/München, Karl Alber, 2013.

42 K. Löwith, *Curriculum vitae* (1959), *SS* 1, p. 455.

43 Shūzō Kuki (1888-1941) est un philosophe japonais qui se distingua par une grande connaissance de la philosophie européenne qu'il acquit au contact des philosophes les plus connus de son temps, entre autres Bergson, Husserl et Heidegger, lors d'un long séjour en Europe. Son ouvrage le plus connu est *La structure de l'iki*, paru en 1930, peu après son retour au Japon, où il enseigna à l'Université impériale de Kyoto.

– entre autres Paul Tillich et Reinhold Niebuhr. Il obtient tout d'abord un poste au séminaire de théologie de Hartford, un « jardin d'enfants pour protestantisme éreinté[44] », puis, en 1949, avec le soutien de Leo Strauss, à la New School for Social Research à New York. En 1952, il retourne finalement en Allemagne, obtenant une chaire de professeur à l'Université de Heidelberg, où il retrouve Gadamer. Il ne forme pas d'école mais exerce une influence large et dans différentes disciplines[45], bien qu'elle soit aujourd'hui méconnue. Karl Löwith meurt le 24 mai 1973 à Heidelberg[46].

Eric Voegelin est quant à lui né à Cologne en 1901, mais sa famille quitte l'Allemagne pour Vienne, ville dont sa mère est originaire, dès 1910[47]. Voegelin ne participe pas à la Première guerre mondiale[48] et débute ses études à la faculté juridique de l'Université de Vienne en 1919 où il suit un cursus incluant le droit, l'économie et les sciences sociales, et soutient sa thèse sous la direction de Hans Kelsen et Othmar Spann. Très tôt, Voegelin quitte l'Autriche pour différents séjours d'étude à l'étranger. De 1924 à 1927, il profite d'une bourse Rockefeller pour rester deux ans aux États-Unis, puis un an à Paris. De retour à Vienne, Voegelin est enseignant à l'université (*Privatdozent*), ses recherches se concentrent alors avant tout sur des thèmes juridiques et d'histoire des idées. Elles mènent à la publication en 1933 de deux ouvrages de circonstance consacrés à l'histoire de l'idée de race, *Rasse und Staat* (« Race et état ») et *Die Rassenidee in der Geistesgeschichte* (« L'idée de race dans l'histoire des idées »), suivis, en 1936, de *Der autoritäre Staat* (« L'État autoritaire »), une étude du régime autoritaire autrichien des années

44 LV 07/01/45. Voir la publication partielle de la correspondance entre Löwith et Voegelin dans *Sinn und Form* 6/2007, p. 764-794, ici p. 773. Trad. française J.-L. Evard, « Correspondance », *Conférence* 28/2009, p. 545-590, ici p. 559.

45 Parmi ses élèves les plus influents figurent l'historien Reinhart Koselleck, le juriste Hasso Hofmann et le philosophe Manfred Riedel.

46 Pour ces détails biographiques et une introduction assez sommaire à la pensée de Karl Löwith, voir W. Ries, *Karl Löwith*, Stuttgart, J.B. Metzler, 1992.

47 Les données biographiques concernant Voegelin ne manquent pas. Pour une vue d'ensemble, voir principalement l'introduction de M. Henkel, *Eric Voegelin zur Einführung*, Hamburg, Junius, 1998 et les entretiens autobiographiques de Voegelin : *Autobiographical Reflections*, *CW* 34. Pour davantage de détails, souvent anecdotiques, voir B. Cooper ; J. Bruhn (éds.), *Voegelin Recollected : Conversations on a Life*, Columbia, University of Missouri Press, 2008.

48 En raison de son trop jeune âge et comme il n'est pas citoyen de l'Empire austro-hongrois, Voegelin n'est pas intégré à l'armée. Voir E. Voegelin, *Autobiographical Reflections*, *CW* 34, p. 33.

1930 – l'« austrofascisme » –, que Voegelin défend comme seul rempart de la démocratie face au développement des mouvements extrémistes[49].

La confrontation directe avec le national-socialisme intervient chez Voegelin avec un décalage par rapport à la situation en Allemagne, 1938 marquant une rupture avec l'« *Anschluss* » de l'Autriche[50]. Bien que Voegelin semble initialement avoir tenté – sans succès – de s'arranger avec les nationaux-socialistes, son attitude critique le contraint en définitive lui aussi à l'exil vers les États-Unis en passant par la Suisse, un exil qu'il planifie pour des raisons professionnelles au plus tard à partir d'avril 1938, tandis que l'horizon de sa carrière universitaire s'obscurcit[51].

49 Voir *ibid.*, p. 68 *sq.* Le caractère problématique de cette position ne peut être ignoré. Dans ses entretiens autobiographiques, Voegelin avance deux raisons pour expliquer son soutien au régime autoritaire du Front patriotique dirigé par Engelbert Dollfuss puis, à partir de 1934, par Kurt von Schuschnigg. D'une part, ce régime représentait selon lui les « traditions de la culture européenne », que les marxistes voulaient détruire. D'autre part, Voegelin s'opposait à la « stupidité des idéologues » – les dirigeants du parti social-démocrate –, qui refusaient de voir le régime qu'ils qualifiaient de « fasciste » comme la seule réponse possible au plus grand danger que représentait Hitler. Pour Voegelin, la démocratie « n'est pas un pacte suicidaire », elle devait être défendue par tous les moyens, y compris par un régime faisant un large usage de la peine de mort et cherchant la protection de Mussolini. On pourrait toutefois se demander si le régime du Front patriotique n'avait pas déjà tué la démocratie, au lieu de la protéger.

50 1938 marque également une rupture dans l'œuvre de Voegelin, qui publie *Die politischen Religionen* (« Les religions politiques ») alors même que les troupes allemandes avancent en Autriche. Avec cette étude, Voegelin s'éloigne des thèmes plus traditionnels qu'il abordait jusqu'alors au profit d'une orientation nouvelle, déterminante pour son œuvre postérieure. Ce pamphlet, qui replace le national-socialisme dans le vaste contexte de la relation symbolique entre religion et politique, fut cependant rapidement interdit et n'eut qu'une diffusion très limitée.

51 Le déroulement exact de la fuite de Voegelin de même que les raisons motivant sa décision sont peu documentés. Selon son autobiographie, la principale source à ce sujet, Voegelin, en raison de son opposition ouverte au national-socialisme, prend spontanément la décision d'émigrer après l'invasion de l'Autriche par la Wehrmacht, le 12 mars 1938, et aurait alors préparé sa fuite dans la précipitation. Le ton du récit est parfois assez rocambolesque : Voegelin échappe de peu à la Gestapo, qui voulait confisquer son passeport mais ne trouve à son appartement que son épouse, tandis que son mari est déjà en Suisse, à Zurich. De nombreuses lettres datées d'avril 1938 témoignent effectivement de sa recherche active d'un poste aux États-Unis – voir notamment la lettre à Malcolm Davis du 5 avril 1938, *CW* 29, p. 143 *sq.*, à Tracy Kittredge du 5 avril 1938, p. 145 *sq.*, à Gottfried Haberler du 6 avril 1938, p. 147 *sqq.*, à Harold D. Lasswell du 12 avril 1938, p. 149 *sqq.*, à Fritz Machlup du 13 avril 1938, p. 151 *sq.*, à Friedrich Hayek, p. 153 *sq.* Dans ces différentes lettres, Voegelin ne mentionne toutefois pas la menace de répression politique comme motivation de sa demande, mais des motifs plus prosaïques. Il explique notamment à Fritz Machlup avoir cherché « depuis deux ans » à obtenir la chaire de droit public à l'Université de Graz, ce qui s'avère finalement impossible en raison de

Aux États-Unis, Voegelin enseigne dans différentes universités avant d'obtenir en 1942 un poste stable à la Louisiana State University de Baton Rouge, où il devient professeur de sciences politiques (*professor of government*). Il acquiert une grande visibilité et une réputation universitaire avec la série des Walgreen Lectures tenues à l'Université de Chicago fin 1951, publiées en 1952 sous le titre *The New Science of Politics : An Introduction*[52], qui retiennent l'attention non seulement du milieu conservateur de Chicago – notamment de Leo Strauss –, mais également d'un public plus large[53]. 1958 marque cependant son retour en Allemagne, où il occupe à l'Université de Munich jusqu'en 1969 la principale chaire de l'Institut de sciences politiques, dont il contribue à la création – les sciences politiques étant alors une discipline nouvelle, dont l'orientation restait à déterminer. Bien que Voegelin rassemble

---

sa qualification de docteur en sciences économiques et sociales, alors qu'un juriste était préféré. Comme son avancement dans la carrière universitaire requérait alors qu'il obtienne une chaire de professeur et qu'il estime ses chances en Autriche médiocres, il se tourne, avec l'agrément du ministère de l'enseignement autrichien, vers les États-Unis, et prévoit d'obtenir un visa de l'ambassade de Paris depuis Zurich. En l'absence d'autres sources, il ne s'agit donc pas de remettre totalement en cause son récit, mais de tenir compte du fait qu'un certain pragmatisme intervint aussi dans sa décision. Certains éléments allant dans la même direction se retrouvent dans l'attitude initiale de Voegelin vis-à-vis du national-socialisme, avec lequel il semble chercher à s'arranger. Il écrit ainsi le 15 décembre 1933 une lettre à Ernst Krieck, membre du NSDAP depuis 1932, recteur de l'Université de Francfort-sur-le-Main et un acteur important de la prise de contrôle de l'enseignement supérieur par les nationaux-socialistes (*CW* 29, p. 115 *sqq.*). Dans sa lettre, Voegelin répond à une demande de Krieck et expose sa généalogie en assurant avoir des origines allemandes. Il prend aussi ses distances vis-à-vis de Kelsen, car il craint que cette proximité puisse être considérée comme un « fardeau » (p. 115). Un même souci de ne pas s'aliéner le nouveau pouvoir se retrouve dans une lettre à Helfried Pfeifer du 2 juin 1938 (p. 166 *sq.*), dans laquelle Voegelin lui reproche d'avoir accolé « (Jude !) » à son nom, alors qu'il ne l'a pas fait pour d'autres auteurs cités, véritablement juifs (voir H. Pfeifer, *Die Staatsführung nach deutschem, italienischem und bisherigem österreichischem Recht. Mit einem Nachtrag über die Wiedervereinigung Österreichs mit dem Deutschen Reiche*, Wien, Adolf Holzhausens, 1938, n. 15, p. 47). On peut donc constater que son attitude initiale vis-à-vis du national-socialisme n'était certainement pas marquée par la sympathie, mais pas non plus par un rejet total et définitif. Les tentatives d'arrangement et ses préparatifs de départ pour les États-Unis laissent penser que sa décision d'émigrer était initialement motivée par des soucis pour sa carrière, avant que son rejet croissant du national-socialisme ne rende cette fuite nécessaire.

52 E. Voegelin, *The New Science of Politics : An Introduction*, Chicago, University of Chicago Press, 1952, désormais dans *CW* 5. Nous citons la traduction française publiée au Seuil en 2000, suivie du numéro de page des *Collected Works*.

53 Voir notamment l'article que le magazine *Time* consacra à Voegelin en 1953 : « Journalism and Joachim's Children », *Time*, 9 mars 1953, p. 57-61.

autour de lui un cercle d'étudiants qui auront à leur tour une certaine influence dans le paysage universitaire allemand[54], il ne parvient pas véritablement à imposer sa conception englobante et critique de la science politique face à la résistance de ses collègues et des étudiants, dans un contexte politique tendu, marqué par la Guerre froide. En 1969, il retourne aux États-Unis à la Hoover Institution on War, Revolution and Peace établie à Stanford, où il occupe un poste de chercheur et meurt le 19 janvier 1985.

Ces éléments biographiques n'ont pas pour vocation à servir de fil conducteur de l'analyse, mais doivent principalement permettre de situer dans un contexte historico-politique l'apparition de la conscience que le politique et le temps entretiennent un rapport singulier et problématique. C'est dans la confrontation à la même situation historique qu'apparaît tant chez Löwith que Voegelin la tentative de formuler le problème de la relation entre politique et temps et de répondre à sa manifestation extrême, que tous deux voient dans le national-socialisme. Cette proximité dans la formulation du problème n'est pas le fruit du hasard, mais bien plutôt le reflet de similarités dans leur manière de réagir aux événements qui leur sont contemporains. Ces similarités se sont construites lors d'un échange intense, en particulier lorsque tous deux se trouvent en exil aux États-Unis, où ils se rencontrent personnellement plusieurs fois. La correspondance entre Voegelin et Löwith, qui débute en novembre 1944 apparemment à l'initiative de Löwith et dure jusqu'à août 1969, comprend trente et une lettres – elle est en cela une des plus volumineuses de chaque auteur – et montre l'évolution parallèle, malgré des divergences indéniables, de leur pensée. Dès ses premières lettres, Löwith va même jusqu'à lancer le projet d'un ouvrage en commun sur Nietzsche, dont il était lui-même un spécialiste reconnu[55]. Néanmoins, malgré ces similarités indéniables dans le contexte de leurs œuvres, la comparaison ne peut se limiter à ce seul contexte ou à la logique interne gouvernant le développement de leur pensée. Une telle méthode est certes possible et, de fait, extrêmement courante dans la

54 En particulier Jürgen Gebhardt et Peter Opitz, qui sont à l'origine des principales publications et éditions en langue allemande.

55 Voir les lettres de la fin de l'année 1944 à début 1945, p. 766 *sqq.* Le projet n'aboutira pas, notamment par manque de temps, mais sans doute aussi parce que l'incompatibilité entre leurs interprétations de Nietzsche devient, au fil de la correspondance, toujours plus nette.

littérature secondaire, mais elle a un effet réducteur sur la portée des œuvres de Voegelin et Löwith, dont elle tend à historiciser les questionnements. La présente étude part au contraire du principe que ces deux œuvres représentent des exemples paradigmatiques d'articulation, à partir des mêmes phénomènes historiques, du rapport général du temps au politique, ou à la politique, et que ces exemples présentent donc un intérêt particulier non seulement en eux-mêmes, mais surtout dans la mesure où ils prennent tout leur sens en tant que réponse à un problème plus large, d'ordre systématique, qu'ils permettent ainsi d'éclairer. La dimension historique de leur pensée présente, autrement dit, un intérêt dans la mesure où elle fait intervenir un problème dont la validité et la pertinence dépassent justement le cadre historique.

Le rapport entre temps et politique est complexe et, comme toute question relative au temps, fluctuant. Il est donc nécessaire d'esquisser provisoirement sa systématisation, ne serait-ce qu'afin de fixer certains éléments permettant d'orienter l'analyse. Ce rapport, comme on l'a vu, est un élément fondamental de l'ordre politique, du fait de son être-dans-le-temps. Il n'est donc pas question d'interroger la nature du temps de manière générale, mais de l'aborder seulement dans son rapport au politique. C'est pourquoi, avant de pouvoir débuter l'analyse de ce rapport, il est nécessaire de poser une notion du politique qui lui soit adaptée et suffisamment large pour pouvoir intégrer le problème de l'être-dans-le-temps de l'ordre politique.

L'ordre politique ne se limite pas à un système d'institutions, à la répartition des pouvoirs entre diverses instances dirigeantes et aux processus qui régissent leur désignation, à des rapports de domination entre différentes classes. Selon la typologie de Claude Lefort, il s'agit là des éléments composant ce qu'on désigne par « la » politique. Parler de la politique présuppose un sujet connaissant, doté d'un point de vue absolu, considérant la politique comme un domaine auquel il est extérieur[56]. Les différents processus sont analysés suivant la fonction qui leur est attribuée. Cette démarche tend donc à considérer l'ordre politique comme un système fixé à un instant précis, sans prendre en compte sa dimension temporelle. Lefort voit dans la notion moderne de la politique

56 C. Lefort, « Permanence du théologico-politique ? », in *Essais sur le politique. XIXe-XXe siècles*, Paris, Seuil, 1986, p. 279 *sq.*

« l'indice de l'ignorance ou de la dénégation d'une part secrète de la vie sociale, c'est-à-dire des processus qui commandent l'adhésion des hommes à un régime – davantage, qui déterminent *leur manière d'être en société* – et assurent à ce régime, ce mode de société, une permanence dans le temps, indépendamment des événements qui les affectent[57] ». « La » politique ne prend donc pas en compte un élément pourtant fondamental de l'ordre politique, sa permanence dans le temps, et les moyens mis en œuvre pour l'assurer. Accorder une place centrale au rapport de l'ordre politique au temps est par conséquent incompatible avec la notion de « la politique » critiquée par Lefort, qui plaide au contraire pour une pensée « *du* politique », qui vise « les principes générateurs de la société ou, à mieux dire, des diverses formes de société ». Penser le politique, plutôt que la politique, a pour but d'introduire une dimension dynamique, et donc temporelle, dans l'étude de l'ordre politique. Il ne s'agit plus d'examiner des structures en place et des rapports existants, mais de considérer l'ordre politique comme « une certaine *mise en forme* de la coexistence humaine[58] ». C'est également pour exprimer ce caractère englobant, comprenant une dimension symbolique, qu'on préférera le terme d'« ordre politique » à celui d'« État » ou de « société », chacun renvoyant à une institutionnalisation particulière de la coexistence humaine. Le tournant préconisé par Lefort autour de la notion de mise en forme présente donc un intérêt certain dans le cadre de la recherche d'une notion du politique apte à servir de fondement à une systématisation de son rapport au temps[59].

Il est par conséquent nécessaire de se tourner vers une notion du politique plus large, qui ne se concentre pas sur l'aspect fonctionnel et qui prenne surtout en compte la dimension symbolique de l'ordre politique dans sa confrontation au problème que pose sa permanence dans le temps. Pour Voegelin et Löwith, la raison d'être de l'ordre politique ne doit pas

57 *Ibid.*, p. 278.

58 *Ibid.*, p. 279.

59 La démarche de Lefort fait par ailleurs écho à celle entreprise par Voegelin, qui l'exprime en des termes très proches dans *La Nouvelle Science du politique*, p. 34 (*CW* 5, p. 89) : « Depuis l'Antiquité, on peut dire que la réduction de la science politique à une description des institutions existantes et à l'apologie de leurs principes, c'est-à-dire la dégradation de la science politique au rang de servante des pouvoirs en place, a caractérisé les périodes de stabilité, alors qu'au contraire son essor, qui atteignit la perfection comme science de l'existence humaine dans la société et dans l'histoire, et comme science des principes de l'ordre en général, a caractérisé les grandes époques de nature révolutionnaire et critique ».

être cherchée dans la seule réponse à un besoin d'organisation de la vie en groupe, mais est présente avec l'existence humaine elle-même. Dans ses premiers écrits, Löwith met ainsi l'accent sur l'« être-l'un-avec-l'autre » (*Miteinandersein*) inhérent au *Dasein* humain. L'« être-dans-le-monde » caractérisant le *Dasein* est un être dans le monde comme *Mitwelt*, et la vie une « vie-ensemble » (*Zusammenleben*)[60]. Il n'existe donc pas de statut primordial ou authentique de l'homme comme un étant isolé, replié sur sa propre existence, il est au contraire d'emblée confronté à un monde social dont il fait partie. C'est pourquoi l'ordre politique est un élément déterminant de son existence. Dans un texte peu connu, Voegelin va plus loin. Selon lui, « la véritable fonction de l'ordre est la création d'un abri [*shelter*] à l'intérieur duquel l'homme peut donner à sa vie un semblant de sens[61] ». L'ordre est une « analogie cosmique », un « *cosmion*[62] », dans la mesure où il met en relation les différentes facettes de l'existence humaine et tente de leur donner un sens englobant, en réponse à l'expérience du caractère « fragmentaire et dénué de sens[63] » de l'existence. Le politique est une partie intégrante de l'existence humaine. Il participe à la réponse à des expériences telles que « l'expérience de la vie et de la mort, l'expérience de l'anxiété de l'existence et l'expérience du désir et de la force poussant à créer une analogie cosmique à partir de l'existence périssable[64] ». Une telle compréhension du politique inclut donc inévitablement le problème du temps : la réponse politique à l'expérience humaine de l'impuissance et de l'absence de sens est la création d'un abri, dont le principal problème n'est pas l'organisation intérieure des pièces, mais la résistance au passage du temps. La définition existentielle du politique avancée par Voegelin, comme création d'une analogie cosmique devant servir d'abri et donner un semblant de sens à l'existence humaine – la « mise en forme » et la « mise en sens », selon les termes de Lefort –, est apte à servir de fondement à une systématisation du rapport entre politique et temps, car cette définition place la dimension temporelle au cœur de sa définition de l'ordre politique, conçu comme une réponse au caractère éphémère de l'existence humaine. La systématisation se joue au niveau des modalités du rapport entre temps

60 Voir K. Löwith, *Das Individuum in der Rolle des Mitmenschen*, *SS* 1, p. 62 *sqq.*
61 E. Voegelin, « Introduction to the 'History of Political Ideas' », *CW* 16, p. 225.
62 *Ibid.*
63 *Ibid.*, p. 226.
64 *Ibid.*, p. 231.

et politique et de leurs conséquences politiques, et doit ce faisant poser un cadre dans lequel les réponses apportées par les œuvres de Voegelin et Löwith peuvent être comprises.

Tout d'abord, comment définir le temps dont il est ici question ? Dans la mesure où il est avant tout question d'une relation entre la conception du temps et celle du politique, il n'est pas nécessaire de se fixer sur une conception du temps, mais de déterminer dans quel cadre s'inscrivent les conceptions du temps pertinentes pour le rapport entre temps et politique. Il ne peut s'agir du temps objectif, quantifiable, qui sert de référence stable dans le modèle de la physique newtonienne. Une telle conception du temps « objectif », comme mesure d'un mouvement, fait de lui seulement une variable abstraite et dénuée de substance, et donc dépourvue de sens. L'approche du politique exposée précédemment, qui fait intervenir la dimension temporelle, présuppose une autre conception du temps, dans laquelle le temps peut avoir une substance et être porteur de sens. De ce point de vue, il n'est pas nécessaire de trancher entre les deux termes de la principale alternative, entre un temps « cosmologique », un temps du monde indépendant de l'homme et s'imposant à lui, et un temps « psychologique », rapporté à l'âme et à l'expérience du temps[65]. Tant l'un que l'autre font apparaître le temps comme un facteur d'ordre doté de sens, qu'il s'impose au sujet de l'extérieur ou de l'intérieur. Les distinctions classiques, notamment entre le temps, la durée et l'éternité, sont également utiles[66]. Ces différentes modalités de la conception du temps sont aussi différents facteurs d'ordre : l'éternité, toujours identique et sans devenir, tend à conférer à l'entité à laquelle elle s'applique une primauté dans l'ordre ontologique, la durée indique une persistance dans l'existence, et donc une importance pratique, tandis que le temps, dans ce schéma, fait souvent référence à un caractère passager et changeant. Parallèlement, du point de vue de l'expérience du temps, celui-ci ne nous apparaît jamais immédiatement, dans sa pureté, mais dans la succession des événements, comme « avant », « maintenant » et « après ». C'est ainsi qu'il peut devenir porteur de sens et orienter l'action, notamment l'action politique – lorsque l'« avant » devient une tradition à préserver

65 Ces distinctions fondamentales sont empruntées à P. Ricœur, *Temps et récit*, t. 3, *Le temps raconté*, Paris, Seuil, 1985, p. 21-42.

66 Voir par exemple B. Spinoza, *Pensées métaphysiques*, I, 4, p. 349 *sq.*, in *Œuvres* I, Paris, Flammarion, 1964.

ou l'« après » un but à atteindre[67]. Compris de cette manière, le temps peut faire l'objet d'une « mise en sens » politique, il peut acquérir un sens qui vient justifier un état de fait en référence au passé ou orienter l'action vers un but à atteindre dans le futur. À l'exception du temps comme simple variable mesurable, de multiples conceptions du temps peuvent donc être pertinentes pour son rapport au politique.

Souvent, la mise en sens politique s'applique moins au temps en général qu'à ce qu'on appelle l'histoire, comme c'est par exemple le cas dans les thèses de la fin de l'histoire, ou encore d'un sens de l'histoire. L'histoire peut être considérée comme un médiateur entre le temps et le politique. Elle est dépendante de la conception du temps en tant que l'histoire est inclue dans le temps : elle désigne le déroulement des événements humains dans le temps. Selon la définition de Pocock, dont la mise en valeur de l'importance du temps dans *The Machiavellian Moment* peut faire figure de modèle, « nous entendons normalement par 'histoire' des successions d'événements se produisant dans le temps, des événements sociaux et publics plutôt que privés et de nature subjective, des successions que nous cherchons à organiser, premièrement en récits et deuxièmement en processus [...][68] ». Pocock souligne trois éléments importants. Premièrement, ce que nous désignons par « histoire » se déroule dans le temps – elle n'est pas identique au temps, mais elle y est inclue. Deuxièmement, l'histoire, en tant qu'elle est constituée d'événements ayant trait à la vie des hommes en société, est directement politique, non dans le sens où le déroulement des événements a lui-même une signification politique, mais dans le sens où l'histoire est – au moins pour partie – constituée d'événements politiques. Ce faisant, le rapport entre histoire et politique est plus immédiatement évident que le rapport entre temps et politique. Troisièmement, l'histoire est organisée en récit[69]. Cet élément est important car il fait intervenir la dimension du sens, et de la mise en sens. C'est parce que l'histoire prend la forme d'un récit qu'elle peut – sans que ce pas soit nécessaire – acquérir un

67 C'est ce que cherchent également à exprimer les notions d'« espace d'expérience » (*Erfahrungsraum*) et d'« horizon d'attente » (*Erwartungshorizont*), avec lesquelles Reinhart Koselleck cherche à rendre intelligible le temps historique.

68 J. G. A. Pocock, *The Machiavellian Moment. Florentine Political Thought and the Atlantic Republican Tradition*, Princeton, Princeton University Press, 1975, p. 5.

69 Ce point est évidemment central pour Ricœur, qui aborde le temps historique en le rapprochant du récit, en particulier dans *Temps et récit*, t. 3, *Le temps raconté*, *op. cit.*, p. 179 *sqq.*

sens, qui variera suivant la conception du temps que ce récit présuppose. À travers le prisme de l'histoire, le rapport entre temps et politique pourra donc prendre diverses formes, plus ou moins problématiques d'un point de vue politique.

S'il existe bien différentes modalités du rapport du politique au temps, la situation diagnostiquée par Voegelin et Löwith correspond à une de ces modalités, mais ce n'est pas la seule possible. Notre hypothèse est que Voegelin et Löwith eux-mêmes sont conscients de cet état de fait et cherchent, par l'intermédiaire de la dimension temporelle, à répondre à un problème politique fondamental : comment doit être conçu l'être-dans-le-temps de l'ordre politique. Tous deux sont en effet convaincus de la nécessité de surmonter le nihilisme et le relativisme des valeurs non seulement en tant qu'ils sont liés à l'émergence du national-socialisme, mais aussi de manière générale, en tant que positions philosophiques. Au-delà de leurs œuvres respectives, des questions fondamentales sont donc en jeu. Comment éviter que tout point de référence permanent soit dissout par le cours du temps ? Comment assurer une forme de pérennité, une fondation, un ancrage ontologique du politique ? Cependant, l'exemple du fascisme et du national-socialisme montre aussi les dangers d'une telle entreprise. Comment en effet retrouver une forme de permanence sans toutefois produire une éternité artificielle et absolue ? Le défi auquel Voegelin et Löwith sont confrontés est donc de surmonter la temporalisation du politique tout en évitant son éternisation, de répondre à la dissolution de toute référence durable sans imposer une éternité artificielle. Plusieurs concepts actuels correspondent à cette tentative de fondation limitée du politique, en réponse à la relativisation croissante de tout fondement absolu à l'époque post-moderne. Poser un fondement ontologique stable, excluant la contingence et l'indétermination des phénomènes sociaux et politiques, serait devenu impossible, ce que reflète des positions « anti-métaphysiques », ou encore « anti-fondationnalistes[70] ». Dans ce cadre d'analyse, qui correspond au problème du rapport entre temps et politique auquel Voegelin et Löwith cherchent à répondre, c'est surtout Voegelin qui se trouve associé à une « ontologie forte[71] ».

---

70 Voir S. White, « Weak Ontology and Liberal Political Reflection », *Political Theory*, vol. 25, n° 4 (août 1997), p. 502-523. Au sujet de l'anti-fondationnalisme, voir en particulier O. Marchart, *Post-Foundational Political Thought. Political Difference in Nancy, Lefort, Badiou and Laclau*, Edinburgh, Edinburgh University Press, 2007.

71 S. White, « Weak Ontology and Liberal Political Reflection », *op. cit.*, p. 505.

Il chercherait en effet à répondre aux problèmes moraux et politiques à partir d'une ontologie stable expliquant le monde tel qu'il est et définissant la nature humaine et sa place dans cette structure ontologique, se rapprochant ainsi sur le principe d'autres perspectives similaires, telles le retour au droit naturel ou à la tradition chrétienne. Dans le cadre du rapport entre temps et politique, l'analyse développée ici montrera que Voegelin et Löwith sont au contraire davantage, quoique jusqu'à un certain point, des représentants d'une « ontologie faible », c'est-à-dire d'un fondement ontologique ouvert à la contingence, et ne donnant qu'une orientation relative, sans prétention à la vérité absolue[72]. Afin de répondre à la dissolution de toute référence durable sans imposer une éternité artificielle, c'est bien à une « ontologie faible » qu'aspire la refondation du politique intentée par Voegelin et Löwith, qui doivent donc être considérés comme des précurseurs de cette tendance actuelle[73]. Reste à savoir s'ils parviennent à mener à bien ce projet.

La méthode utilisée pour traiter cette question fait intervenir deux niveaux : d'une part le cadre général de la problématique, le rapport du politique au temps, d'autre part l'analyse des œuvres de Voegelin et Löwith. Au niveau du cadre général, notre recherche s'inscrit dans la discussion récente, en philosophie politique et en théorie de l'histoire, autour de la « politique du temps », dont elle reprend les grandes lignes tout en cherchant à renforcer la cohérence de cette perspective. Même si l'émergence d'une « nouvelle métaphysique du temps » au sein de la théorie de l'histoire a été remarquée[74], les différentes études mettant en jeu la « politique du temps » n'ont jusqu'à présent pas été considérées comme un ensemble constituant un point de vue homogène. Les principales

72 Sur la distinction entre ontologie forte et faible, voir *ibid.*

73 Voir P. Petrakis et C. Eubanks (éds.), *Eric Voegelin's Dialogue with the Postmoderns. Searching for Foundations*, Columbia/London, University of Missouri Press, 2004. Löwith, quant à lui, exerça une influence sur l'apparition d'un « nouveau Nietzsche », en France, à travers les figures de Foucault, Lyotard, Klossowski et Deleuze. Il participa notamment aux deux principaux colloques ayant marqué, en 1964 et 1972, la naissance de ce nouveau Nietzsche en France. Voir Gilles Deleuze (dir.), *Cahiers de Royaumont. Nietzsche* et Maurice de Gandillac ; Bernard Pautrat (dir.), *Nietzsche aujourd'hui ?* (deux volumes).

74 Voir E. Kleinberg, « Introduction : The New Metaphysics of Time », *History and Theory, Virtual Issue* 1, août 2012. Disponible à l'adresse http://onlinelibrary.wiley.com/journal/10.1111/(ISSN)1468-2303/homepage/virtual_issue__the_new_metaphysics_of_time.htm (consulté le 20/05/2021).

divergences ne se situent pas au niveau des approches, mais des objectifs respectifs de ces études. Un des plus influents initiateurs de cette discussion est Peter Osborne, dont l'ouvrage *The Politics of Time. Modernity and Avant-Garde*[75], publié en 1995, est la référence commune à de nombreuses études s'inscrivant dans cette démarche. Dans ce livre engagé, Osborne met l'accent sur la valeur politique des discours sur le temps et plaide, avec Walter Benjamin et contre Heidegger, en faveur d'une politique du temps capable de penser la « possibilité » d'un changement radical. À la suite de Osborne, nous souhaitons accorder une attention particulière à la « politique du temps » que développent certains auteurs, définie comme « une politique qui prend les structures temporelles de pratiques sociales comme les objets spécifiques de son intention transformatrice (ou conservatrice)[76] ». Pour Osborne, la politique du temps est en effet l'expression même de la conscience du rapport du politique au temps et de la volonté de le transformer, ou de l'influencer. John Pocock, qui peut être considéré comme un précurseur de cette discussion, évoque dès 1989 la « politique du temps[77] ». Il apporte un élément important dans la mesure où il ne limite pas, comme Osborne, la politique du temps à des discours théoriques définis, mais fonde son analyse sur une généralisation selon laquelle « tout ensemble [systématique de pensée politique] contient une structure d'implications concernant le temps, et l'on peut montrer que cette structure incarne un mode ou des modes de conceptualisation de l'existence de la société politique dans le temps[78] ». La politique du temps, selon Pocock, est donc un champ d'étude dont l'objet est l'ensemble des réponses à l'existence de la société dans le temps, formant des structures de légitimation – ou de délégitimation – de l'ordre politique[79]. Dans cette discussion, on constate cependant un certain

---

75 P. Osborne, *The Politics of Time. Modernity and Avant-Garde*, London, Verso, 1995.

76 *Ibid.*, p. XII.

77 J. G. A. Pocock, « Languages and Their Implications : The Transformation of the Study of Political Thought », in *Politics, Language and Time*, *op. cit.*, p. 39.

78 *Ibid.*

79 Voir J. G. A. Pocock, « Time, Institutions and Action : An Essay on Traditions and Their Understanding », in *Politics, Language and Time*, *op. cit.*, p. 233 : « Les sociétés existent dans le temps, et conservent des images de leur existence comme existence continuelle. Il en suit que la conscience du temps acquise par l'individu en tant qu'animal social est dans une large mesure la conscience de la continuité de sa société et la conscience de l'image que possède la société de sa continuité ; et la compréhension du temps, et de la vie humaine, dont on fait l'expérience dans le temps, disséminée dans la société, est une

flottement dans la terminologie, qui pourrait s'avérer problématique. Dans l'ouvrage d'Osborne, la politique du temps renvoie en effet tant à la politique du temps de certains auteurs, au sens d'« une politique qui prend les structures temporelles de pratiques sociales comme les objets spécifiques de son intention transformatrice (ou conservatrice)[80] », qu'au champ général de la dimension temporelle du politique, mis en avant par Pocock. Afin d'éviter toute confusion, nous proposons donc de réserver « la politique du temps » au premier sens, tandis que le champ général peut être désigné par la notion de « chronopolitique », également présent dans la discussion[81].

La politique du temps a stimulé des études nombreuses dans des domaines variés, tant en géopolitique[82], en philosophie politique[83], en histoire[84], en histoire des idées[85] avec des développements dans les études post-coloniales[86]. Jusqu'à présent, ce cadre n'a cependant pas été utilisé pour aborder les œuvres de Löwith, Voegelin ou d'auteurs proches. La méthode utilisée pour aborder le problème de la politique du temps dans leurs œuvres s'inspire davantage de celle de Löwith, qui a été qualifiée d'« histoire des idées immanente[87] », que de celle de Voegelin[88]. Cette

part importante de l'auto-compréhension de la société – de sa structure et de ce qui lui donne une légitimité, des modes d'action auxquels elle peut avoir recours. La théorie politique et la théorie de l'histoire se rencontrent sur un point : on peut tout à fait dire que chaque société possède une philosophie de l'histoire – un ensemble d'idées concernant ce qui arrive, ce qui peut être connu et ce qui peut être fait dans le temps, considéré comme une dimension de la société – qui fait profondément partie de sa conscience et de son fonctionnement. La manière dont ces images et idées du temps émergent, fonctionnent et se développent peuvent être étudiées à l'intérieur de la science de la société ».

80 P. Osborne, *The Politics of Time. Modernity and Avant-Garde*, *op. cit.*, p. XII.

81 Paul Virilio forme le terme, mais nous ne reprenons pas son usage. Voir aussi I. Klinke, « Chronopolitics : A conceptual matrix », *Progress in Human Geography* 37 (5), p. 673-690.

82 I. Klinke, « Chronopolitics : A conceptual matrix », *op. cit.*

83 C. S. Maier, « The politics of time : changing paradigms of collective time and private time in the modern era », *op. cit.* ; P. Osborne, *The Politics of Time. Modernity and Avant-Garde*, *op. cit.*

84 R. Griffin, *Modernism and Fascism. The Sense of a Beginning under Mussolini and Hitler*, *op. cit.* Voir aussi le numéro spécial du *Journal of Modern European History*, vol. 13, 2015/1, consacré à la temporalité fasciste.

85 J. G. A. Pocock, *Politics, Language and Time*, *op. cit.*

86 K. Davis, *Periodization and Sovereignty. How Ideas of Feudalism and Secularization Govern the Politics of Time*, Philadelphia, University of Pennsylvania Press, 2008.

87 W. Heise, « Aufgeklärte Gegenaufklärung », *Deutsche Zeitschrift für Philosophie* (RDA), 1/1968, ici p. 1349.

88 La méthode de Voegelin, qui cherche à remonter des symboles aux expériences qui en sont la source, est plus complexe car elle nécessite d'accepter le large arrière-plan philosophique de la pensée de Voegelin et ses multiples présuppositions. Elle peut néanmoins

méthode présente l'intérêt de développer son pouvoir critique par une lecture attentive aux contradictions internes des positions qu'elle étudie, afin d'en dégager et d'en examiner les fondements. C'est pourquoi Löwith revendique la « destruction » de la tradition intentée par Heidegger, tout en attaquant de l'intérieur la pensée de ce dernier. Dans le cadre de notre projet, il est important de noter que cette méthode a été considérée comme l'embryon d'une autre « théorie critique », c'est-à-dire d'une « tentative de la philosophie de se libérer de ses propres envoûtements et de dépendances dont elle est elle-même coupable au moyen d'un retournement et d'une confrontation contre la majeure partie de son histoire [...][89] ». C'est précisément ce potentiel critique qui rend cette méthode pertinente pour notre projet et la distingue des méthodes plus courantes dans la littérature secondaire consacrée à Voegelin et Löwith. Elle diffère en effet d'une simple histoire des idées ou d'une histoire de la « pensée allemande[90] », un point de vue dont la pertinence est plutôt douteuse s'il est appliqué aux œuvres de deux exilés. Elle diffère également d'une méthode courante dans la littérature secondaire consacrée à Voegelin et Löwith, consistant à adopter un point de vue se concentrant uniquement sur le développement interne de leurs œuvres afin de dégager la logique gouvernant leur évolution, mais qui tend ainsi à historiciser et à dissoudre toute position philosophique[91]. La méthode choisie cherche au contraire, à partir d'un corpus déterminé, à dégager le cœur des positions de Voegelin et Löwith, à les prendre au sérieux comme positions philosophiques, sans les réduire ni au contexte ni à une logique interne de développement. Comme on le verra, ces positions représentent en effet deux directions paradigmatiques que peut prendre la réponse à la problématique générale de la temporalité du politique.

Le corpus utilisé dans le cadre de la recherche se limite, concernant Voegelin, aux œuvres faisant suite à la rupture que marque *Die politischen Religionen* en 1938. La plupart des œuvres en question ont été publiées

---

être mise à profit dans des domaines inattendus, comme le montre la thèse de M. Nafi, *Islam, Raison et Politique. Une analyse inspirée de la pensée d'Eric Voegelin*, soutenue en 2012.

89 H.-M. Saß, « Urbanität und Skepsis : Karl Löwiths kritische Theorie », *Philosophische Rundschau*, 21. Jahrgang, 1975, p. 23.

90 Voir J.-C. Monod, *La querelle de la sécularisation. Théologie politique et philosophies de l'histoire de Hegel à Blumenberg*, Paris, Vrin, 2002, p. 31.

91 Voir notamment les introductions et postfaces de P. Opitz aux éditions en langue allemande.

après la Seconde guerre mondiale et correspondent à ce que Gregor Sebba nomme la « pensée d'Eric Voegelin » (*Eric Voegelin's thought*)[92]. Ce corpus présente une cohérence thématique dans la mesure où il correspond au moment où la philosophie de l'histoire prend définitivement une importance de premier ordre dans l'œuvre de Voegelin, qui s'éloigne alors des thèmes juridiques prédominant dans son œuvre d'avant-guerre. De plus, ce corpus comprend les principaux ouvrages représentatifs de sa pensée mature, *The New Science of Politics* et, en particulier, *Order and History*[93]. Les archives de Voegelin, en particulier sa correspondance, ainsi que sa bibliothèque personnelle ont également été utilisées[94]. L'œuvre de Löwith étant quant à elle plus homogène et la question du temps continuellement présente, notamment en raison de l'influence de Heidegger, il est plus difficile d'isoler des moments où chercher une réponse à la problématique posée. Par conséquent, le corpus étudié comprend la totalité de l'œuvre de Löwith, avec un accent particulier sur des ensembles thématiques – en particulier la philosophie de l'histoire –, tandis que les études relevant davantage de l'histoire de la philosophie passeront à l'arrière-plan. Au-delà des œuvres de Voegelin et Löwith, le corpus d'étude inclut également les perspectives d'auteurs reliés par une unité thématique à la problématique et qui permettent d'en accentuer certains traits[95]. Dans la mesure où ni Voegelin ni Löwith n'adoptent une démarche systématique, en particulier sur la question de la politique du temps, un tel apport extérieur est en effet nécessaire afin d'étayer leur propos.

92 G. Sebba, « Prelude and Variations on the Theme of Eric Voegelin », in E. Sandoz (éd.), *Eric Voegelin's Thought. A Critical Appraisal*, Durham, Duke University Press, 1982, p. 3.

93 Pour une étude des œuvres d'avant-guerre, voir H.-J. Sigwart, *Das Politische und die Wissenschaft. Intellektuell-biographische Studien zum Frühwerk Eric Voegelins*, Würzburg, Königshausen & Neumann, 2005.

94 Ont été utilisés les documents originaux conservés à la Hoover Institution on War, Revolution and Peace à l'Université de Stanford ainsi que la copie sur microfilms que possède la Friedrich-Alexander-Universität (FAU) Erlangen-Nürnberg, où se trouve également la bibliothèque personnelle de Voegelin. L'archive Voegelin de Munich, d'un intérêt moindre, a également été consultée.

95 La proximité thématique est le critère décisif. Dans la littérature secondaire consacrée à Voegelin et Löwith, on remarque une tendance à utiliser avant tout des similarités dans la biographie des auteurs comme critère de rapprochement. Par exemple, Voegelin est fréquemment associé à Hannah Arendt et Leo Strauss bien que l'évidence de ce rapprochement mériterait d'être davantage interrogée. Löwith a également été intégré à des « constellations » d'auteurs. Voir notamment M. Bormuth ; U. von Bülow (éds.), *Marburger Hermeneutik. Zwischen Tradition und Krise*, Göttingen, Wallstein Verlag, 2008.

Aborder les œuvres de Voegelin et Löwith en passant par un point de vue qui leur est à premier abord extérieur, le champ du chronopolitique, est une démarche nouvelle. Toutefois, cela ne signifie pas pour autant que les problèmes et questions abordés dans ce cadre ne sont pas traités sous un autre angle dans la réception. Il est cependant nécessaire de faire une différence entre la littérature secondaire caractérisée avant tout par sa méthode, abordée plus haut, et celle défendant une position. Dans le but de situer l'analyse, seules les tentatives de définir distinctement la position philosophique de Voegelin et Löwith sont ici prises en compte, l'originalité de la méthode ayant été déjà soulignée[96]. Pour plus de clarté, il est possible de distinguer chez les deux auteurs trois courants généraux, chacun comprenant différents degrés. Une telle classification parallèle s'impose car la structure de la réception de chaque auteur présente une certaine similarité, peu étonnante au vu de la proximité des deux œuvres. Pour Voegelin comme pour Löwith, on peut donc distinguer un premier courant de la réception, qui insiste sur le conservatisme qu'impliquerait leur pensée en tant qu'elle serait le fondement philosophique d'une position politique, au sens d'une ontologie forte. Un deuxième courant, plus modéré, souligne au contraire leur ouverture, parfois associée de manière critique à une indétermination. Enfin, un troisième courant propose un positionnement alternatif, fondé sur le caractère moderne et l'actualité de leurs perspectives respectives.

Le premier courant de la réception tend à placer Voegelin et Löwith du côté conservateur, anti-moderne, voire radicalement chrétien. Cette tendance est, particulièrement dans le cas de Voegelin, ancienne, elle

96 Toute définition de la position philosophique de Voegelin est confrontée au refus de l'auteur de toute position ou étiquette établie. Comme le souligne justement Rossbach, un refus de toute responsabilité d'auteur se manifeste constamment chez Voegelin, particulièrement dans sa correspondance, un refus fondé sur l'argument selon lequel sa recherche prendrait pour seul point de départ le matériel empirique, sans lui appliquer aucun appareil méthodologique externe. Outre le fait que cette affirmation ne saurait être acceptée d'emblée, l'œuvre de Voegelin présente clairement un intérêt privilégié pour certains questionnements et utilise un appareil de concepts dont il est nécessaire de définir la provenance. On peut en effet douter qu'une philosophie de l'histoire centrée sur l'existence et sa tension avec la transcendance soit le simple produit d'une analyse des matériaux empiriques sans présupposition philosophique liée aux courants intellectuels qui ont influencé Voegelin. Voir S. Rossbach, « Understanding in Quest of Faith. The Central Problem in Eric Voegelin's Philosophy », in R. Hamerton-Kelly, *Politics and Apocalypse. Studies in Violence, Mimesis, and Culture*, Michigan, Michigan State University Press, 2007, p. 222.

est déjà bien présente dans la réception contemporaine de la publication de ses œuvres, perçues par beaucoup, surtout jusqu'à la parution du quatrième tome de *Order and History*, comme un projet porteur d'un renouveau chrétien. La déception que causa cet ouvrage est un indice de l'ampleur des attentes[97]. Dans la réception actuelle, la position extrême faisant de Voegelin un défenseur du droit naturel catholique n'est pas négligeable, mais elle se fait relativement rare. Ses représentants viennent principalement du milieu catholique, qui semble porter une attention grandissante à l'œuvre de Voegelin[98]. L'attribution d'une position chrétienne conservatrice à Voegelin est également utilisée comme argument critique, jusqu'à faire de Voegelin un « théologien politique[99] ». Moins extrême et beaucoup plus largement répandue est la lecture de l'œuvre de Voegelin comme réponse à une « crise de la modernité[100] », tout en insistant également sur la dimension chrétienne, mais pas nécessairement catholique, de son œuvre. Cette direction anti-moderne forme le principal

97 Voir en particulier la recension de Gerhart Niemeyer, lecteur assidu de Voegelin, qui regrette en tant que chrétien que Voegelin semble s'approcher d'une « grande réalité spirituelle » d'un point de vue qui lui est « étranger » et qu'il réduise en définitive le christianisme à une « vision » de saint Paul. G. Niemeyer, « Eric Voegelin's Philosophy and the Drama of Mankind », *Modern Age* 20 / hiver 1976, p. 34 *sq.*

98 Voir en particulier C. Machek, *Die Rückkehr zu den Ursprüngen der politischen Philosophie. Die katholische Soziallehre, Leo Strauss, Eric Voegelin und die Aktualität des Naturrechts*, Paderborn, Ferdinand Schöningh, 2012. Il est parfois question d'une proximité, voire d'une influence secrète de Voegelin sur Joseph Ratzinger, futur Benoît XVI. S'il est vrai qu'ils partagent certains centres d'intérêt, notamment le thème de la gnose et la thèse visant à assimiler les utopies modernes à une foi immanentisée et corrompue, cette relation reste superficielle. Les Eric Voegelin Papers de la Hoover Institution ne possèdent qu'une seule lettre de Ratzinger à Voegelin, datée du 11 juillet 1981, remerciant Voegelin pour l'envoi d'un article – compte tenu de la date et des thèmes mentionnés par Ratzinger, il s'agit probablement de « Wisdom and the Magic of the Extreme : A Meditation », initialement publié dans les annales Eranos de 1977, vol. 46. Ratzinger mentionne également la lecture de *Wissenschaft, Politik und Gnosis* et sa fascination pour la pensée de Voegelin, mais aussi le fait qu'ils n'eurent pas l'occasion de se connaître personnellement. Notons que le représentant du catholicisme bavarois à l'Institut de sciences politiques de Munich n'était pas Voegelin, mais son collègue et concurrent Hans Maier, avec lequel il entretenait des relations houleuses.

99 Cette notion est utilisée de manière polémique par R. Faber, *Der Prometheus-Komplex. Zur Kritik der Politotheologie Eric Voegelins und Hans Blumenbergs*, Würzburg, Königshausen & Neumann, 1984 et A. Kiel, *Gottesstaat und Pax Americana. Zur politischen Theologie von Carl Schmitt und Eric Voegelin*, Cuxhaven, Junghans, 1998. Cependant, elle joue également un rôle important dans l'analyse beaucoup plus nuancée de M. Henkel, *Eric Voegelin zur Einführung*, Hamburg, Junius, 2010.

100 Par exemple chez M. Henkel, *Eric Voegelin zur Einführung*, *op. cit.*

courant de la réception de Voegelin aux États-Unis, que celle-ci approuve cette direction[101] ou la critique[102]. Contrairement à la lecture visant à faire de Voegelin un représentant du droit naturel catholique, cette interprétation anti-moderne peut toutefois revendiquer une certaine objectivité.

Une tendance parallèle, apparue elle aussi dès la première vague de la réception, est présente dans la réception de Löwith. Son origine principale est la réception de *Meaning in History* aux États-Unis, un ouvrage qui a souvent été compris comme faisant partie d'une discussion chrétienne sur le sens de l'histoire argumentant pour le retour à une position authentiquement chrétienne, Löwith devenant un « philosophe-théologien protestant » associé à ce renouveau chrétien[103], voire un chrétien convaincu prônant un retour vers Dieu[104] – un contresens explicitement réfuté par Löwith dans son œuvre tardive. Disposant d'une bien meilleure connaissance de l'œuvre de Löwith, le théologien allemand Hermann Timm n'en cherche pas moins également à faire de lui un chrétien – la question de l'athéisme de Löwith étant certes particulièrement problématique[105], Timm révisant d'ailleurs sa position

101 Voir par exemple B. Cooper, *Eric Voegelin and the Foundations of Modern Political Science*, Columbia/London, University of Missouri Press, 1999.

102 Voir la critique de Stanley Rosen, cinglante mais à de nombreux égards pertinente, « Order and History », *The Review of Metaphysics*, vol. 12, n° 2 (décembre 1958), p. 257-276.

103 E. Harris Harbison, « The 'Meaning of History' and the Writing of History », *Church History*, vol. 21, n° 2 (juin 1952), p. 97-107.

104 Voir par exemple F. H. Knight, recension de *Meaning in History*, *Ethics*, vol. 60, n° 2 (janvier 1950), p. 135-138 ; W. G. Muelder, recension de *Meaning in History*, *Journal of Bible and Religion*, vol. 17, n° 4 (octobre 1949), p. 252-254. Voir plus récemment, avec la même erreur d'interprétation, P. E. Gordon, « Jacob Taubes, Karl Löwith, and the Interpretation of Jewish History », in C. Wiese ; M. Urban, *German-Jewish Thought Between Religion and Politics*, Berlin, De Gruyter, 2012, p. 349-370.

105 Comme le remarque H. Groos, *Christlicher Glaube und intellektuelles Gewissen. Christentumskritik am Ende des zweiten Jahrtausends*, Tübingen, J. C. B. Mohr, 1987, Löwith approuve la transformation menant à l'évidence de l'athéisme aujourd'hui, mais la confusion possible concernant son œuvre vient du fait que le même diagnostic pourrait être annoncé avec regret par un chrétien croyant (p. 51). Cependant, Groos souligne à raison la particularité de la position de Löwith : « Pourtant, si cet [athéisme de Löwith] fut à juste titre décrit comme 'faire abstraction, avec élégance et précaution, de Dieu', on pourrait à la fin se demander si ignorer Dieu de la sorte ne peut pas éventuellement bien davantage en finir avec Dieu qu'un Job se disputant avec Dieu ou qu'un libre penseur niant violemment la foi en Dieu. Löwith a manifestement tourné la page du problème de Dieu ; il ne joue simplement plus aucun rôle pour lui, sauf dans le cadre de son intérêt productif pour l'histoire des idées, et c'est précisément ce point de vue qui est probablement plus radical que l'engagement critique de ceux qui luttent encore avec énergie contre les avocats de la foi en Dieu » (p. 54).

par la suite[106]. Dans la même catégorie, bien qu'elle soit plus crédible et différenciée, se trouve l'interprétation de l'œuvre de Löwith comme menant en définitive à une position conservatrice, qu'il s'agisse d'une critique ouvertement marxiste[107], ou plus généralement critique[108].

De manière générale, ces interprétations confondent les moyens et les fins, le recours à la philosophie antique ou la mise en avant des présuppositions chrétiennes de la philosophie de l'histoire n'impliquant en effet en aucun cas un retour à ces positions[109]. Pour Löwith, la généalogie critique a bien plus valeur de destruction de la position adverse, elle sert à en montrer les fondements refoulés et à la remettre en cause à partir de l'impropriété de ces fondements. En ce sens, cette méthode est radicale, elle remonte à la racine, mais c'est pour mieux dépasser ces positions, non pour les ramener à une forme originelle et pure. De même, dans le cas de Voegelin, le recours à la philosophie classique sert avant tout d'alternative radicale, de base pour la fondation d'une nouvelle science qui n'est pas une simple répétition de l'ancien, Voegelin partant au contraire du principe que le développement historique est irréversible. Tant Voegelin que Löwith sont en effet conscients de leur propre point de vue, qui ne peut renier la modernité dans son ensemble dans la mesure où elle est la situation historique où s'ancrent leurs projets.

La question du rapport des deux auteurs au christianisme est tout aussi complexe et ne peut être, provisoirement, que partiellement clarifiée. Il importe de distinguer deux types de questions : d'une part la question biographique, dont la réponse est simple mais peu éclairante, et la question plus importante du rôle joué par le christianisme dans leurs œuvres.

Les sources biographiques et autobiographiques sur Voegelin sont nombreuses même si, à ce jour, une biographie critique s'appuyant sur

---

106 Voir H. Timm, « Karl Löwith und die protestantische Theologie », *Evangelische Theologie* 11, nov. 1967, p. 573-594. Timm révise son interprétation de Löwith dans « Amor fati ? Karl Löwith über Christen- und Heidentum », *Neue Zeitschrift für systematische Theologie und Religionsphilosophie* 19, 1977, p. 78-94.

107 W. Heise, « Aufgeklärte Gegenaufklärung », *op. cit.* Heise approuve la démarche initialement matérialiste de Löwith dans sa réception de Feuerbach mais considère qu'il retourne en dernière instance à une défense de la philosophie bourgeoise.

108 J. Habermas, « Karl Löwiths stoischer Rückzug vom historischen Bewußtsein », *Merkur*, XVII. Jahrgang, 1963.

109 Ce que souligne également J. Gebhardt, « Erfahrung und Wirklichkeit – Anmerkungen zur Politischen Wissenschaft des spirituellen Realismus », in P. J. Opitz ; G. Sebba (éds.), *The Philosophy of Order. Essays on History, Consciousness and Politics*, Stuttgart, Klett-Cotta, 1981, p. 340.

davantage de sources que les propos de l'auteur ou de ses proches élèves fait encore défaut. L'appartenance religieuse formelle de Voegelin est cependant claire : il fut baptisé protestant (luthérien) et enterré suivant le même rite, mais a nettement marqué sa distance vis-à-vis des Églises instituées et, en particulier, vis-à-vis du protestantisme, qu'il critique brutalement[110]. Si l'argument biographique permet donc avant tout de réfuter une récupération de Voegelin d'un point de vue religieux, en particulier catholique, il n'apporte pas non plus d'élément décisif à la compréhension de sa position philosophique.

Il en est de même dans le cas de Löwith. Répondre à la question de son appartenance religieuse n'offre pas d'arguments en faveur d'une position, mais plutôt contre toute tentative visant à lui attribuer un positionnement définitif, lui qui fut particulièrement prudent vis-à-vis de cette question. Comme Voegelin, Löwith fut baptisé protestant mais il subit les politiques racistes mises en place suite à l'arrivée au pouvoir de Hitler en raison de son ascendance juive, deux identités religieuses avec lesquelles il ne s'identifie pourtant pas. Löwith n'est pas avare en commentaires sarcastiques sur le protestantisme et, en particulier, la théologie protestante[111]. Quant au judaïsme, il n'entretient avec lui qu'un rapport distant – contrairement, notamment, à Leo Strauss, ce sujet ne semble pas être de première importance pour Löwith, qui se considère comme assimilé. L'identité juive est pour lui comparable à l'identité nationale, fruit non choisi d'un hasard, et qui n'engage à rien[112].

---

110 Voir en particulier E. Voegelin, *Hitler und die Deutschen*, München, Fink, 2006. Trad. française M. Köller et D. Séglard : *Hitler et les allemands*, Paris, Seuil, 2003 et le chapitre consacré à Luther et Calvin dans *History of Political Ideas*, vol. 4, *CW* 22, p. 217-291.

111 Voir notamment LV 07/01/45, avec papier à entête du « Hartford Seminary Foundation – A University of Religion », où Löwith enseignait à l'époque. À côté de l'entête, Löwith ajoute à la main « ein Kindergarten für ausgelaugten Protestantismus ! » (« un jardin d'enfants pour protestantisme épuisé ! »). Voir aussi la lettre de Löwith à Strauss du 31 août 1948, dans laquelle Löwith se décrit comme un « poisson échoué sur le sable aride de la théologie protestante, happant à la recherche d'air et d'eau », *Korrespondenz*, in L. Strauss, *Gesammelte Schriften 3*, éd. H. Meier, Stuttgart, J.B. Metzler, 2001, p. 672.

112 Löwith ne fait que rarement référence à la question de l'identité juive. Certaines des remarques présentes dans ses écrits ont cependant un caractère nettement autobiographique, voir notamment « M. Heidegger und F. Rosenzweig. Ein Nachtrag zu *Sein und Zeit* » (1942/1943), *SS 3*, p. 100 : « Pour ceux qui ne sont ni des juifs croyants ni de pieux païens et ne sont des chrétiens que comme 'on' est Allemand ou Français, la question de Rosenzweig, orientée vers l''éternel' ou l'étant perpétuel, demeure valable *en tant que question* ». D'autres indications sur le rapport de Löwith à l'identité juive sont présentes dans sa correspondance avec Leo Strauss. Voir la lettre de Löwith à Strauss du 28 mai 1933 : « Ce que vous dites au sujet de

La question du rôle du christianisme dans leurs œuvres est plus difficile et ne peut être close par une simple référence à leur appartenance religieuse. Concernant Voegelin, nous soutiendrons qu'il est en effet justifié de parler d'une prédominance du christianisme dans sa pensée, une prédominance problématique mais qui s'exprime sous une forme bien précise, non confessionnelle, à travers certains choix philosophiques. Cette particularité est soulignée notamment par certains détracteurs virulents, mais dont les critiques de l'« existentialisme christianisé » de Voegelin n'en restent pas moins pertinentes[113]. Concernant Löwith, il semble clair, au moins depuis la parution de ses œuvres tardives, qu'il ne peut être question de lui attribuer un point de vue chrétien, même si des tentatives de rapprochement subsistent[114]. La question de son rapport au christianisme n'en reste pas moins primordiale pour comprendre son projet philosophique, dans la mesure où il est l'élément central visé par sa critique de la conscience historique.

Un courant intermédiaire de la réception, moins développé, tend à défendre une position plus équilibrée que la réception chrétienne-conservatrice. Pour Hans-Jörg Sigwart et Jürgen Gebhardt, les principaux représentants de la réception allemande de Voegelin, la position de ce dernier serait celle d'un « réalisme spirituel[115] », c'est-à-dire « l'attitude

notre condition *éternelle* d'émigrants ne m'éclaire que partiellement. [Jacob] Klein est certes à cet égard un modèle, mais il est de part son origine et son style de vie une *exception. Il* est d'une certaine manière *partout* et nulle part à la maison, mais mon cas est différent, et même si je ne suis pas 'autochtone' au sens *völkisch*, il n'en reste pas moins que je me sens appartenir à l'Allemagne à un tel point que je ressentirais le fait d'être émigrant comme un déracinement ». Voir également la lettre de Löwith à Strauss du 25 septembre 1962 : « Votre intellectual autobiography m'a *beaucoup* intéressé. De nombreux sujets que vous y traitez avec clarté me sont nouveaux, car j'ai grandi totalement en dehors de la tradition juive et, sans Hitler, il ne me serait sans doute jamais devenu clair que je suis juif (même si mon père n'était que le fils illégitime d'une mère juive et d'un père non-juif, baron viennois) ». *Korrespondenz*, in L. Strauss, *Gesammelte Schriften 3*, *op. cit.*, p. 627 et 689. Si Löwith insiste avant la Seconde guerre mondiale sur son attachement à l'Allemagne, celui-ci cède ensuite le pas à une attitude nettement plus cosmopolite.

113 S. Rosen, « Order and History », *The Review of Metaphysics*, *op. cit.* Voir aussi les critiques du marxiste français Lucien Goldmann à l'encontre de Voegelin dans R. Aron, (dir.), *L'Histoire et ses interprétations. Autour d'Arnold Toynbee*, Paris, Hermann (coll. Cerisy Archives), 2012 (réimpression des actes du colloque initialement tenu en juillet 1958).

114 H. Timm, « Amor fati ? Karl Löwith über Christen- und Heidentum », *Neue Zeitschrift für systematische Theologie und Religionsphilosophie* 19, 1977, p. 78-94.

115 H.-J. Sigwart, *Das Politische und die Wissenschaft*, *op. cit.* ; J. Gebhardt, « Erfahrung und Wirklichkeit – Anmerkungen zur Politischen Wissenschaft des spirituellen Realismus »,

d'un penseur politique [...] qui est obligé de se détacher intellectuellement, et parfois même en pratique, des institutions politiques qui l'entourent car il ne peut leur attribuer la fonction représentative de la vie de l'esprit dont il fait l'expérience, comme réelle, à l'intérieur de lui-même[116] ». La « réalité » en question n'est donc pas celle de l'ordre politique, mais une réalité intérieure, considérée comme authentique au regard du désordre auquel est confronté le philosophe. Face à cette situation, le réaliste spirituel entreprend de réactiver la communauté de l'esprit, une communauté se montrant dans les différentes formes d'ordre dans l'histoire. Le réaliste spirituel retrouve dans l'histoire sa propre ouverture à la transcendance. C'est pourquoi, s'il entreprend la construction d'un nouvel ensemble de symboles face à la crise dont il est témoin, cet ensemble doit trouver sa source dans la comparaison empirique avec d'autres réactions à une situation de crise[117]. L'interprétation de Voegelin comme réaliste spirituel cherche donc à relier la dimension mystique de son œuvre à la volonté de Voegelin de toujours suivre une démarche empirique, partant du matériel historique disponible. Selon cette interprétation « réaliste », il serait faux de faire de Voegelin le défenseur d'un point de vue normatif réductible à un camp déjà établi, par exemple conservateur ou chrétien. Ce courant insiste donc sur la dimension défensive de la résistance au désordre, qui chercherait en situation de crise davantage à préserver l'ouverture spirituelle qu'à affirmer un projet normatif.

Une direction comparable existe dans la réception de Löwith, avec quelques nuances. Il s'agit généralement de voir chez Löwith une position sceptique non normative, éventuellement apolitique, qui chercherait à

op. cit. Le « réalisme spirituel » s'éloigne donc du sens conventionnellement attribué au « réalisme » en science politique, notamment dans les relations internationales, comme une politique centrée sur l'équilibre des intérêts égoïstes entre les différentes nations, prenant donc pour acquis les différences idéologiques. Si Voegelin tend aussi à refuser toute politique fondée sur un universalisme agressif, son engagement dans la lutte idéologique durant la Guerre froide n'est toutefois pas compatible avec une perspective réaliste en ce sens. Voir notamment la justification de la guerre du Viêt Nam dans les *Autobiographical Reflections*, *CW* 34, p. 143, où Voegelin utilise à tort le « réalisme » comment argument polémique contre les « journalistes » et le « monde académique » critiquant l'intervention américaine.

116 E. Voegelin, *History of Political Ideas*, vol. 3, *CW* 21, p. 71.

117 Voir J. Gebhardt, « Erfahrung und Wirklichkeit – Anmerkungen zur Politischen Wissenschaft des spirituellen Realismus », *op. cit.*, p. 337. Voir aussi T. Gontier, *Voegelin. Symboles du politique*, Paris, Michalon, 2008, qui se rapproche de cette interprétation.

réactiver la notion de cosmos de la philosophie antique comme entité stable face à la conscience historique moderne et au nihilisme. Dans cette ligne d'interprétation, un courant critique insiste sur l'absence d'engagement d'un tel positionnement stoïque fondamentalement désintéressé du politique[118], voire en définitive réduit à défendre l'ordre bourgeois[119]. Une appréciation similaire bien que moins critique, très commune dans la réception, met l'accent sur le rôle central des concepts de nature et de cosmos chez Löwith, tout en soulignant une certaine improductivité ou neutralisation liée à cette perspective, la contemplation du cosmos servant d'échappatoire face à la réalité politico-historique[120]. Le scepticisme de Löwith ne doit néanmoins pas nécessairement être vu comme une indécision, mais peut être considéré comme une position à part entière, tel que le montrent notamment Gadamer, Kuhn et Timm[121]. En particulier, le scepticisme peut aboutir, au-delà de la destruction de toute position, à son propre dépassement dans la mesure où il permet la découverte d'une position résistant au questionnement du sceptique[122]. Cette ligne d'interprétation est dominante dans la réception allemande contemporaine de Löwith, en particulier chez ses connaissances, dont les prises de position vis-à-vis de son œuvre sont toutefois assez changeantes[123].

Le troisième et dernier ensemble d'interprétations répond au second dans la mesure où il en reprend des éléments mais cherche à dépasser

118 J. Habermas, « Karl Löwiths stoischer Rückzug vom historischen Bewußtsein », *op. cit.* ; R. Wolin, *Heidegger's Children. Hannah Arendt, Karl Löwith, Hans Jonas and Herbert Marcuse*, Princeton/Oxford, Princeton University Press, 2001.

119 W. Heise, « Aufgeklärte Gegenaufklärung », *op. cit.*

120 Voir notamment S. Hosoya, « Zwischen Natur und Geschichte. Eine unzulängliche Bemerkung zu Karl Löwith », in H. Braun (éd.), *Natur und Geschichte. Karl Löwith zum 70. Geburtstag*, Stuttgart, Kohlhammer, 1967, p. 156-177.

121 H.-G. Gadamer, *Philosophische Lehrjahre* (1977), Frankfurt am Main, Vittorio Klostermann, 1995, p. 231-239 ; H. Kuhn, Review of K. Löwith, *Meaning in History. The Theological Implications of the Philosophy of History*, in *The Journal of Philosophy*, vol. 46, n° 25 (8 décembre 1949), p. 822-826 ; H. Timm, « Amor fati ? Karl Löwith über Christen- und Heidentum », *op. cit.*

122 C'est ainsi que Gadamer interprète l'intérêt de Löwith pour le concept de nature dans H.-G. Gadamer, *Philosophische Lehrjahre*, *op. cit.*

123 Gadamer, en particulier, soutient vis-à-vis de Löwith une position changeante. Alors qu'il fait son éloge en 1977, il est très critique en 1965 dans « Hermeneutik und Historismus » (1965) in *Wahrheit und Methode. Ergänzungen. Register* (*Gesammelte Werke 2*), Tübingen, J. C. B. Mohr, 1993, p. 413 *sq.*

l'ouverture ou l'indécision attribuée aux œuvres de Voegelin et Löwith au profit de la mise en avant d'un caractère déterminant. C'est aussi dans cet ensemble d'interprétations que la modernité de leur perspective est le plus nettement mise en avant, à l'opposé du premier ensemble chrétien-conservateur. Néanmoins, tandis que les deux premiers ensembles tendent à montrer la proximité des perspectives des deux auteurs, ce troisième ensemble souligne leur divergence dès lors qu'il ne s'agit plus seulement de comprendre à quoi ils s'opposent, mais quel projet ils développent.

Cet ensemble d'interprétations rassemble les analyses attribuant à Voegelin une « philosophie de l'existence sans existentialisme[124] ». Bien que Voegelin rejette en effet clairement l'existentialisme français, en particulier Sartre, son projet présente sur des points décisifs des similitudes avec la philosophie de l'existence allemande, en particulier avec Karl Jaspers[125] et, dans une moindre mesure, avec Martin Heidegger[126]. Étant donné l'imprécision de la dénomination « philosophie de l'existence », reconnue par Jaspers lui-même, il n'est pas possible d'appuyer cette interprétation sur une prise de position claire de Voegelin pour une doctrine définie, ce qui irait par ailleurs contre son rejet constant de tout positionnement. Voir l'œuvre de Voegelin à travers le prisme de la philosophie de l'existence se réfère davantage aux concepts qu'il utilise, à la méthode, à son insistance sur certaines catégories. En particulier, c'est dans la philosophie de l'existence qu'on trouvera l'origine des concepts d'existence, d'immanence et de transcendance, qui jouent un rôle central dans l'œuvre de Voegelin et contrastent nettement avec la position défendue par Löwith. Interpréter Voegelin par rapport à sa relation avec d'autres auteurs n'est pas en soi une démarche nouvelle. Il s'agit même d'un procédé souvent utilisé pour mettre en lumière des similitudes et l'existence d'un courant plus ou moins homogène auquel Voegelin pourrait être assimilé, par exemple les « théoriciens politiques conservateurs à la recherche de l'ordre » – Strauss, Arendt, ou encore Schmitt[127]. À l'inverse, rapprocher Voegelin de la philosophie de l'existence permet de

124 V. Gerhardt, « Politik und Existenz. Eric Voegelins Suche nach der Ordnung in uns selbst », *Philosophische Rundschau*, vol. 48, 2001, p. 187.

125 U. Kessler, *Die Wiederentdeckung der Transzendenz. Ordnung von Mensch und Gesellschaft im Denken Eric Voegelins*, Würzburg, Königshausen & Neumann, 1995.

126 C. Schwaabe, « Seinsvergessenheit und Umkehr. Über das 'richtige Denken' bei Eric Voegelin und Martin Heidegger », *Occasional Papers*, V, juin 1997.

127 M. Henkel, *Eric Voegelin zur Einführung*, *op. cit.*, p. 173.

mettre en avant la particularité de son œuvre, notamment par rapport à Arendt et Strauss, mais aussi par rapport à Löwith.

Alors que ce dernier tend à être associé à une perspective intemporelle, détachée de la situation politico-historique, les interprétations que nous rassemblons dans ce troisième ensemble tendent au contraire à le réintégrer dans le débat philosophique contemporain. Jeffrey Barash met ainsi l'accent sur la dimension politique de la critique de la philosophie de l'histoire de Löwith, même si celle-ci n'est pas directement visible[128]. L'œuvre de Löwith développerait une approche qui ne se réduit pas à la neutralité ou à l'apolitisme, mais serait porteuse d'un message politique permettant de dépasser tant les idéologies du progrès que du déclin. En ce sens, l'actualité de la pensée de Löwith est également remarquée par Kathleen Davis, qui étend son application à une perspective postcoloniale[129]. Davis souligne l'importance du travail de Löwith pour comprendre les conceptions du temps historique comme des stratégies politiques et, en particulier, la conception d'une histoire progressive et périodisée comme un moyen permettant de légitimer la domination de la puissance politique imposant sa périodisation de l'histoire[130]. Cette dimension critique de la pensée de Löwith, redécouverte récemment par ces auteurs, est toutefois mise en avant dès les années 1970 dans l'analyse de Hans-Martin Saß, contemporain de Löwith, qui considère sa perspective comme une « théorie critique » – un terme ne devant selon lui pas être réservé à l'école de Francfort –, c'est-à-dire « la tentative, de la part de la philosophie [occidentale], de se libérer de ses propres envoûtements et de son irresponsabilité, qu'elle-même a causée, par un retournement et une confrontation contre la majeure partie de son histoire écoulée jusqu'ici[131] ». C'est ce troisième courant d'interprétations qui permet de développer une réponse au problème posé par la politique du temps à partir des œuvres de Voegelin et de Löwith. Dans un cas comme dans l'autre, cette perspective permet à la fois de mettre en évidence l'élément central de leur pensée, mais également leur inscription dans un questionnement moderne. C'est donc à partir de ce courant que nous chercherons

128 J. A. Barash, « On the Political Implications of Karl Löwith's Concept of Secularization », *History and Theory*, vol. 37, nº 1 (février 1998), p. 69-82.

129 K. Davis, *Periodization and Sovereignty. How Ideas of Feudalism and Secularization Govern the Politics of Time*, Philadelphia, University of Pennsylvania Press, 2008.

130 *Ibid.*, p. 83.

131 H.-M. Saß, « Urbanität und Skepsis : Karl Löwiths kritische Theorie », *op. cit.*, p. 23.

à trouver d'une part dans la philosophie de l'existence de Voegelin la réponse aux questions posées par la politique du temps, et d'autre part à lier la phénoménologie du monde naturel de Löwith à sa théorie critique.

Un tel projet comporte par conséquent deux fils directeurs entrecroisés : d'une part l'analyse du rapport problématique entre temps et politique, d'autre part l'étude des œuvres de Voegelin et de Löwith en tant qu'elles s'inscrivent dans le cadre donné par le premier niveau. L'objectif est double. Il s'agit à la fois de reconstruire le problème du « temps politique » et du sens de l'histoire, et de montrer qu'il est possible d'y apporter une réponse au moyen des œuvres de Voegelin et Löwith, qui seront donc comparées non de manière générale, mais rapportées à ce problème.

Ce problème, celui du temps politique, est abordé de front dans une première partie, qui vise à consolider le problème du temps et de l'histoire dans le domaine politique et à le relier à la discussion précédemment évoquée autour de la « politique du temps ». En reconstruisant le processus de politisation du temps et de l'histoire, il s'agira de montrer comment un sens à pu être attribué à l'histoire dans son ensemble, et utilisé comme fondement normatif du politique. Cette politisation du temps et de l'histoire à des fins politiques doit faire l'objet d'une analyse détaillée, visant à rendre intelligible l'apparition de la conception d'un sens de l'histoire, son lien avec le relativisme historiciste, compris comme une réaction contre ce mouvement, ainsi que le dépassement du relativisme par les idéologies modernes qui prétendent posséder la vérité du sens de l'histoire, un contexte auquel répondent les œuvres de Voegelin et de Löwith. Il n'est cependant pas question d'un problème limité à ce seul contexte historique, bien qu'il soit particulièrement révélateur, mais d'un problème d'ordre systématique, l'ordre politique étant toujours confronté à sa dimension temporelle. En effet, contrairement à l'idée répandue selon laquelle l'affaiblissement des idéologies dans la « postmodernité » irait de pair avec l'affaiblissement du problème du temps politique, nous montrerons au contraire qu'il réapparaît dans des perspectives contemporaines sous une forme différente. La philosophie de l'histoire s'y trouve souvent transformée dans une perspective conservatrice, mais elle retient la structure de la politisation du temps et de l'histoire précédemment exposée. Pour ces pensées souvent « catastrophistes », mettant l'accent sur la « crise », l'« accélération », la catastrophe à venir, c'est désormais l'image apocalyptique du futur, et non son attente, qui devient la seule norme de l'ordre politique et justifie tout moyen permettant sa préservation. Avec le refus de toute fondation, de tout point de référence qui ne serait pas temporel, elles s'exposent toutefois au danger de ne s'orienter que par rapport à la situation donnée et à la catastrophe escomptée.

C'est par rapport à cet ensemble de problèmes que prennent sens les tentatives de dépasser la conception temporelle du politique chez Voegelin et Löwith, qui seront analysées dans une seconde partie. Celle-ci se concentre sur la reconstruction, dans leurs œuvres respectives, des réponses apportées par Voegelin et Löwith à la question du temps politique. Tous deux sont à la recherche d'une mesure de l'homme et d'une fondation du politique durable mais non absolue, échappant à la temporalité et venant contrebalancer l'importance du temps et de l'histoire, mais leurs réponses s'opposent nettement quant à la conception de cette mesure et quant à la tradition philosophique dans laquelle leurs projets s'inscrivent. La différence majeure séparant leurs projets peut être ramenée à l'opposition entre une fondation transcendante et une fondation immanente. Concernant Voegelin, nous défendrons une interprétation de son œuvre en tant que philosophie historiciste de l'existence construite autour d'une conception de l'existence authentique, ouverte sur la transcendance, servant de mesure. Dans le cas de Löwith, nous montrerons que la mesure sempiternelle de l'homme est au contraire déduite d'une phénoménologie du monde naturel située entièrement dans la sphère immanente et s'opposant ouvertement à toute philosophie de l'existence, telle qu'elle reste présente chez Voegelin. En comparant ces deux projets à la fois très proches dans leur manière de cerner le problème mais également radicalement opposés dans la réponse qu'ils y apportent, nous chercheront à évaluer en quoi ces tentatives répondent, avec plus ou moins de succès, au problème de la politique du temps. Alors que tous deux ont pour intention de développer une ontologie faible, c'est-à-dire une fondation non-absolue du politique, nous verrons que Voegelin tend à retomber dans les travers d'une ontologie forte, tandis que Löwith tend à dévaluer le politique.

Je souhaite particulièrement remercier Thierry Gontier, Clemens Kauffmann, Rainer Alisch, Paul Caringella, Thomas Meyer, Matthias Riedl, Christian Schwaabe, Hans-Jörg Sigwart, ainsi que mes interlocuteurs à la bibliothèque Eric Voegelin d'Erlangen.

PREMIÈRE PARTIE

LA NORMATIVITÉ POLITIQUE DE L'HISTOIRE

Que la politique implique un rapport à l'espace, prenant la forme de la lutte entre territoires ou de l'organisation d'un pays, est une évidence. En témoigne la longue prédominance de l'ordre westphalien comme modèle des relations entre États souverains, conçus comme des unités géographiques et nationales, donc avant tout spatiales, dont les intérêts doivent être équilibrés. Que le politique fasse intervenir nécessairement la dimension temporelle, en particulier à l'époque moderne, ne peut revendiquer la même évidence ou s'appuyer sur des exemples aussi manifestes, si ce n'est l'omniprésence d'énoncés sur le sens de l'histoire. La politique du temps n'est donc pas immédiatement donnée, elle est au contraire elle-même le produit d'un processus historique qui doit être retracé, afin de comprendre d'où vient cette normativité politique de l'histoire et de discerner les problèmes qu'elle pose. Le caractère dynamique de la politique du temps peut être rapporté à un double processus de politisation du temps et de temporalisation du politique. La politisation du temps désigne l'application d'un sens politique au temps : le déroulement des événements, leur situation « avant » ou « après », voire le moment présent, prennent en tant que tels une valeur politique. C'est par exemple le cas lorsqu'un modèle politique est considéré comme le produit nécessaire d'un développement dans le temps : le futur devient promesse d'achèvement, tandis que le présent est évalué en fonction de sa position dans l'évolution présupposée. Le deuxième volet, la temporalisation du politique, désigne quant à lui un processus complémentaire par lequel la conception du politique est subordonnée au temps. Le politique n'est pas rapporté à un modèle intemporel du bon ordre, mais vu comme devant s'adapter à la situation, à un « ordre du temps » sur lequel il n'a pas prise. Par rapport à la politisation du temps, le rapport entre temps et politique est ici inversé : c'est le temps qui détermine le politique. Cette facette est particulièrement manifeste dans certaines critiques actuelles de la démocratie parlementaire, qui serait incapable de s'adapter à l'« accélération » ou à la « crise » traversant les sociétés contemporaines.

Nous aborderons tout d'abord la politisation du temps, ce pour deux raisons. Tout d'abord, d'un point de vue conceptuel, car la temporalisation du politique présuppose la politisation du temps : que le politique puisse être subordonné au temps présuppose que ce dernier a une signification politique, qu'il peut y avoir quelque chose comme un « temps politique », sans quoi il n'y aurait pas de raison que le temps puisse prendre une valeur normative. D'autre part, le développement historique de ce processus confirme la primauté logique de la politisation du temps, qui précède dans le temps la temporalisation du politique. Outre l'objectif conceptuel, qui est de reconstruire comment concevoir la politisation du temps, il faut donc également éclairer la dimension historique de ce processus, dans la mesure où la politisation du temps forme, dans son déroulement historique, un prélude aux époques où apparaissent, pour Voegelin et Löwith, les questions et problèmes qui peuvent être lus dans le cadre de la politique du temps – les Temps modernes et, en particulier, le XXe siècle. En reconstruisant non seulement la politisation du temps en tant que telle, mais aussi sa genèse historique, on verra donc pourquoi il est possible de lire le XXe siècle et, plus généralement, les problèmes « modernes », sous l'angle de la relation entre temps et politique.

LA POLITISATION DE L'HISTOIRE À L'ÉPOQUE MODERNE

La notion d'histoire comme totalité, comme histoire au singulier, est une création moderne, c'est pourquoi sa politisation marque l'entrée en scène des problèmes spécifiquement modernes qui, en premier lieu, motivent l'étude de la politique du temps. L'ordre politique doit toujours assurer la persistance de son existence dans le temps mais il peut désormais, comme le montre l'exemple de Fukuyama, être présenté comme le produit nécessaire d'une normativité immanente à l'histoire. Mais comment expliquer que l'histoire dans sa totalité puisse acquérir un sens politique ? L'enjeu est ici de mettre en lumière la spécificité moderne de la politique du temps, qui réside dans l'attribution progressive d'une signification politique à la totalité du déroulement du temps, y compris – et surtout – au futur. Que l'histoire ait un sens immanent n'est toutefois pas une évidence. Il s'agit au contraire du produit d'un processus lui-même historique, qu'il est possible dans un premier temps de retracer, de déconstruire afin d'en montrer les multiples présuppositions. Cependant, la projection du sens dans l'histoire entraîne aussi, nécessairement, une compréhension temporelle du sens, au risque qu'il soit dissout, dans la mesure où il ne peut se prévaloir d'une constance atemporelle mais devient relatif à son contexte historique[1]. Ce processus ne mène-t-il pas alors, paradoxalement, au relativisme sous la forme de l'historicisme ? Vouloir penser le sens dans l'histoire ne conduit-il pas à la disparition de tout sens englobant, indépendant du cours du temps, au profit d'un sens particulier à chaque époque ? Dans le cadre de ces problèmes, les idéologies modernes peuvent être vues comme une étape supplémentaire répondant au relativisme. Seule l'absolutisation d'un sens

1 Voir notamment K. Löwith, « Geschichte und historisches Bewusstsein » (1966), *SS* 2, p. 419 : « La question de la vérité n'a même plus besoin d'être posée si la vérité elle-même est un processus de la vérité [*Wahrheits-geschehen*], qui se transforme suivant la mesure d'une conscience et d'une compréhension historique changeante ».

de l'histoire, seule la création d'une nouvelle « éternité » permettraient de surmonter la temporalisation se trouvant à l'origine de ce dernier. C'est précisément cette conception des idéologies modernes, comme forme la plus extrême de la politisation de l'histoire, qui permet de comprendre la critique développée par Voegelin et Löwith.

L'HISTOIRE COMME SINGULIER COLLECTIF

Que signifie le « sens de l'histoire » ? Il convient tout d'abord de faire une distinction entre le sens de l'histoire et le sens donnés aux événements dans l'histoire, entre le *sens* général et la *signification* d'événements particuliers[2]. Le « sens de l'histoire » attribue un sens à l'histoire dans son ensemble, comme entité englobante, tandis que le sens dans l'histoire renvoie à des lignes de sens internes, des significations qui n'impliquent pas que l'ensemble lui-même soit doté de sens. Qu'on puisse montrer qu'une série d'événements explique le déclenchement d'une guerre ne signifie pas pour autant que la victoire d'un camp est nécessaire et qu'elle représente une avancée ou un progrès de l'humanité, face à un adversaire se trouvant du mauvais côté de l'histoire. Comme il est porteur d'une normativité, c'est le sens de l'histoire, et non le sens dans l'histoire, qui peut faire office de fondement absolu de l'ordre politique, et c'est aussi pourquoi tant Voegelin que Löwith le considèrent comme problématique. L'analyse du sens de l'histoire sera donc avant tout critique. Retracer, à partir des œuvres de Voegelin et Löwith, la généalogie du développement du sens de l'histoire a pour objectif de comprendre ses caractéristiques afin d'ouvrir des voies pour une alternative. L'analyse de cette idée doit procéder en plusieurs temps : expliquer, tout d'abord, l'existence d'un objet, « l'histoire », posée comme une entité cohérente. Le sens de l'histoire implique en outre une mise en sens de l'histoire, un processus dont l'histoire est l'objet, mené par un sujet mettant en sens, qui décide donc du sens de l'histoire. C'est pourquoi le sens de l'histoire doit aussi être analysé comme une notion idéologique.

2 Sur la distinction entre sens (*Sinn*) et signification (*Bedeutung*), voir K. Löwith, « Vom Sinn der Geschichte » (1961), *SS* 2, p. 377.

Attribuer un sens général à l'histoire présuppose l'existence d'un objet, d'une « histoire » pouvant être dotée d'un sens et qui transcende donc toute particularité, tant la pluralité des événements sous lesquelles elle se présente au sens commun que toute limitation nationale ou culturelle. C'est d'une histoire globale et universelle dont il est question dans le sens de l'histoire. Ainsi, pour Fukuyama, c'est l'histoire dans son ensemble, la *Weltgeschichte* de Hegel, qui tend vers l'avènement de la démocratie libérale malgré l'origine particulière, culturellement et historiquement déterminée, de ce modèle. Mais quelles sont les origines de cette conception de l'histoire ? Quel processus a mené à l'idée de l'histoire une et universelle, indispensable à sa politisation ? L'historien Reinhart Koselleck donne des éléments permettant de retracer la formation de l'histoire comme « singulier collectif » (*Kollektivsingular*) et son importance dans le processus moderne de politisation de l'histoire. Selon la thèse de Koselleck, « les hommes ont pu penser l'histoire comme étant disponible ou faisable seulement dès lors que l'histoire s'était émancipée pour devenir une notion centrale singulière[3] ». Cette thèse cherche donc à expliquer la conception de l'histoire comme singulier collectif en la voyant comme le produit d'un changement historique. L'époque responsable de ce changement est d'emblée clairement identifiée par Koselleck – « le fait que quelqu'un fasse l'histoire est une tournure moderne qui n'aurait pu être formulée avant Napoléon, ou même avant la Révolution française[4] » –, mais sa position ne se limite pas à une polémique d'inspiration schmittienne contre la Révolution française et ses conséquences pour les Temps modernes[5]. La thèse de l'émancipation et du devenir singulier de la notion d'histoire met en jeu des critères plus subtils, qui permettent une approche différenciée du processus menant à la formation de cette nouvelle notion[6]. Tout d'abord, l'histoire comme singulier collectif implique qu'elle englobe

---

3 R. Koselleck, « Über die Verfügbarkeit der Geschichte », in *Vergangene Zukunft. Zur Semantik geschichtlicher Zeiten*, Suhrkamp, Frankfurt am Main, 1989, p. 264.

4 *Ibid.*, p. 262.

5 Sur l'influence de C. Schmitt sur Koselleck, voir notamment Timo Pankakoski, 'Conflict, Context, Concreteness : Koselleck and Schmitt on Concepts', *Political Theory* 38, n° 6 (2010) : 749–79 ; Timo Pankakoski, 'The language of Postwar Intellectual Schmittianism', *The European Legacy* 23, n° 6 (2018) : 607–27.

6 Voir en particulier R. Koselleck, « Über die Verfügbarkeit der Geschichte », *op. cit.*, p. 264 *sq.* et R. Koselleck, « V. Die Herausbildung des modernen Geschichtsbegriffs », article « Geschichte », *Geschichtliche Grundbegriffe* vol. 2, p. 647 *sqq.*

et absorbe toutes les histoires particulières rassemblées jusqu'au milieu du XVIIIe siècle sous le terme d'« histoire » (*Geschichte*), qui était alors communément utilisée au pluriel. L'histoire, ou plutôt les histoires, désignait la pluralité des événements (*Geschehen*), sans que ceux-ci ne soient rattachés à un ensemble les reliant tous. Mais, progressivement, l'idée d'une unité épique présente dans le domaine littéraire déborde dans le domaine politique ; on attend désormais de l'histoire qu'elle aussi fasse preuve d'unité et de cohérence[7]. L'interaction et l'influence réciproque entre l'histoire et les œuvres littéraires se retrouvent inversement au XVIIIe siècle dans le domaine romanesque, où les productions revendiquent le statut d'« histoire véritable » et, ainsi, la valeur de vérité associée au domaine historiographique[8]. Le tournant sémantique que marque l'insistance sur l'unité épique est manifeste dans la définition du dictionnaire d'Adelung de 1775 : « L'histoire, plur. et nom sing. [...] Ce qui a eu lieu, un événement passé [...] En un sens plus précis et plus courant, le terme désigne des changements différents et liés qui, pris dans leur ensemble, forment une sorte de tout [...] En ce sens, le terme est souvent collectif et sans pluriel, pour plusieurs événements d'un même genre[9] ». C'est en ce sens que Koselleck peut parler de l'histoire comme singulier collectif. Un seul et unique terme désigne collectivement un ensemble d'événements et les transforme en un tout, en une unité singulière construite sur le modèle du récit épique, unifiée par un processus linéaire. Ce faisant, l'histoire (*Geschichte*) absorbe et remplace l'ancienne notion d'histoire (*Historie*), héritée de la pensée classique,

---

7 Pour la France, Koselleck renvoie notamment au *Projet d'un traité sur l'histoire* de Fénélon, écrit en 1714 : « La principale perfection de l'histoire consiste dans l'ordre et dans l'arrangement. Pour parvenir à ce bel ordre, l'historien doit embrasser et posséder toute l'histoire ; il doit la voir tout entière comme d'une seule vue [...] Il faut en montrer l'unité ». Pour l'Allemagne, Justus Möser affirme en 1780 dans ses *Patriotische Phantasien* que l'on doit donner à l'histoire de l'Empire allemand « l'allure et la puissance d'une épopée » : « Aussi longtemps que nous n'élevons pas le plan de notre histoire au niveau de l'unité, elle ressemblera toujours à un serpent qui, roué de coups de fouet, traîne chaque partie de son corps qui est encore reliée à une autre par un mince fragment de peau ». À l'inverse, la compréhension classique de l'histoire est encore présente, en 1748, dans l'*Allgemeines Lexikon der Künste und Wissenschaften* : « L'histoire sont [*Die Geschichte sind*] un miroir des vertus et des vices, dans lequel on peut apprendre, au moyen d'expériences étrangères, ce qui doit être fait ou ne pas être fait ; elle sont un mémorial des actions mauvaises comme des actions louables ». Voir R. Koselleck, « Historia Magistra Vitae », in *Vergangene Zukunft*, *op. cit.*, p. 50 *sq.*

8 *Ibid.*, p. 52.

9 R. Koselleck, « Geschichte », *Geschichtliche Grundbegriffe*, *op. cit.*, p. 648.

qui correspond à la description des événements passés et est porteuse d'une signification radicalement différente. Elle n'est pas « une » histoire disponible, faisable par l'homme, mais désigne la préservation par écrit des expériences passées, devant servir de guide et d'avertissement pour l'avenir – l'*Historia Magistra Vitae*, dont Koselleck retrace la disparition concomitante à l'avènement de la notion moderne d'histoire[10].

L'histoire comme singulier collectif est une prémisse, une condition nécessaire à l'émergence du sens de l'histoire. Entre l'apparition de l'histoire comme singulier collectif et l'idée d'une faisabilité de l'histoire, Koselleck attribue un rôle clef à un acteur récurrent de son œuvre, la philosophie de l'histoire des Lumières, qui investirait cette nouvelle notion d'histoire : « La notion d''histoire tout court' libère la philosophie de l'histoire, au sein de laquelle la signification transcendantale de l'histoire comme espace de conscience est contaminée par l'histoire comme espace d'action[11] ». Le rôle absolument central de la philosophie de l'histoire dans la perspective de Koselleck peut néanmoins s'avérer problématique, dans la mesure où son insistance sur la notion d'histoire comme singulier collectif pourrait être comprise comme uniquement motivée par la volonté d'attribuer à la philosophie de l'histoire – donc aux philosophes des Lumières – une responsabilité, voire de la rendre coupable d'une « contamination » de l'histoire à des fins politiques. Ce niveau polémique n'est pas absent des œuvres de Koselleck, et particulièrement manifeste dans sa thèse *Kritik und Krise*, où l'influence de Carl Schmitt est déterminante. On

10 Voir R. Koselleck, « Historia Magistra Vitae », *op. cit.*

11 R. Koselleck, « Geschichte, Geschichten und formale Zeitstrukturen », in *Vergangene Zukunft*, *op. cit.*, p. 130. Cette citation présente un problème de traduction. Dans la version allemande, la construction de la phrase est ambigüe et semble même incorrecte. La traduction française s'en écarte très largement, mais n'est pourtant pas davantage compréhensible et, surtout, abandonne l'idée centrale de « contamination » (« la signification transcendantale de l'histoire en tant qu'espace de conscience et de l'histoire comme espace d'action se recouvre », R. Koselleck, *Le Futur passé. Contribution à la sémantique des temps historiques*, trad. J. Hoock et M.-C. Hoock, Paris, Éditions de l'École des Hautes Études en Sciences Sociales, 1990, p. 119). La traduction proposée ici s'inspire davantage de l'édition anglaise (« The concept 'history pure and simple' laid the foundation for a historical philosophy, within which the transcendental meaning of history as space of consciousness became contaminated with history as space of action », R. Koselleck, *Futures Past. On the semantics of historical time*, trad. K. Tribe, New York, Columbia University Press, 2004, p. 93), qui choisit d'être plus proche du texte tout en rendant plus explicite son sens de loin le plus probable – mais elle se rend aussi coupable d'un choix de traduction contestable du terme « *Geschichtsphilosophie* », traduit par « *historical philosophy* ».

pourrait donc reprocher à Koselleck de n'insister sur le développement d'une nouvelle notion d'histoire que comme préliminaire à une attaque polémique contre la philosophie de l'histoire, qui aurait fomenté en secret cette conspiration[12]. Koselleck lui-même est sensible à cette critique et cherche à la désamorcer en admettant qu'il serait exagéré de tout rapporter à une rupture intervenant au XVIIIe siècle, par rapport à laquelle tous les événements antérieurs perdraient leur importance[13]. Il revendique une démarche se concentrant avant tout sur un processus sémantique qui mettrait en lumière la création à un moment historique précis d'une notion, laquelle articule de manière radicalement nouvelle une expérience, laquelle n'est toutefois pas au centre de la démonstration[14]. En rapportant ainsi l'innovation sémantique à l'articulation d'une expérience, Koselleck ne dépasse-t-il pas son propre cadre d'analyse ? L'analyse sémantique ne serait-elle pas insuffisante, si elle est contrainte de rapporter ses conclusions à une expérience échappant à son cadre ? C'est à la fois la force et la faiblesse de la perspective de Koselleck. En restant ici au niveau structurel, l'étude sémantique de la notion d'histoire comme singulier collectif paraît suffisamment flexible pour être adaptée à différents contextes, mais elle fait aussi signe vers un niveau de sens plus profond, sans l'atteindre directement.

Afin de dépasser les limites de l'étude sémantique, il est necéssaire d'analyser plus précisément cette expérience fondant l'idée d'histoire comme singulier collectif, un aspect sur lequel Eric Voegelin a particulièrement insisté. À la fin de son œuvre, Voegelin a manifestement pris connaissance du travail de Koselleck sur l'évolution sémantique de la notion d'histoire et adopte sa généalogie de l'apparition de la notion[15]. Dans *The Ecumenic Age*, le quatrième tome d'*Order and History*, Voegelin isole l'histoire progressivement chargée d'un sens immanent, en particulier au XVIIIe siècle, en l'écrivant entre guillemets afin d'indiquer qu'il

12 Cet aspect est particulièrement marqué dans *Kritik und Krise*, qui insiste longuement sur le rôle des sociétés secrètes, mais il est aussi présent dans des écrits plus tardifs. Voir notamment R. Koselleck, « Historia Magistra Vitae », *op. cit.*, p. 60 : « Presque subrepticement, l'historiographie qui – depuis l'Antiquité – émettait des jugements, est devenue une histoire qui exécute elle-même ses sentences » (trad. française p. 50, modifiée).

13 Voir R. Koselleck, « Geschichte, Geschichten und formale Zeitstrukturen », *op. cit.*, p. 130.

14 Voir *ibid.*, p. 131 : « Ainsi seulement a pu s'articuler linguistiquement une expérience qui, sur ce même mode, aurait auparavant été impossible » (trad. française p. 120, modifiée).

15 Voir E. Voegelin, « The Beyond and Its Parousia », *CW* 33, p. 397 et p. 400.

s'agit selon lui d'un symbole « dégradé », qui s'est émancipé de son sens originel après son aliénation entre les mains d'idéologues[16]. S'il développe une critique de la transformation intervenant au XVIIIe siècle similaire à celle de Koselleck, Voegelin se situe cependant à un autre niveau, celui de l'expérience à l'origine de l'« histoire[17] ». À travers ses œuvres émerge la thèse suivante : la notion d'« histoire » comme singulier collectif ouvert à la politisation est le produit d'une différenciation radicale entre le domaine de l'immanence et celui de la transcendance, conséquence d'une expérience de la transcendance tellement intense qu'elle conduit à la distinction entre ces deux sphères. Comme l'articulation de cette expérience par des symboles a lieu dans l'histoire, il est possible de localiser les étapes de cette transformation. Dans les trois premiers tomes d'*Order and History*, qui développent un modèle du temps encore linéaire, la première grande rupture sur la voie de la découverte de l'histoire est attribuée à Israël, en particulier à Moïse, celui qui a « créé l'histoire comme présence sous Dieu » suite à la révélation divine[18]. Israël se démarque des sociétés d'alors, fondées sur une forme cosmologique, c'est-à-dire sur une analogie entre l'ordre politique et le cosmos. Pour Israël, au contraire, l'ordre est fondé sur l'histoire différenciée comme une « forme d'existence[19] ». La légitimation d'Israël repose sur l'absorption de l'histoire comme une dimension de sens, sur l'idée que l'existence d'Israël dans l'histoire est ce qui lui donne son sens, une existence rythmée par les événements auxquels le peuple élu est soumis. Le dieu d'Israël est à la foi créateur du monde, juge et sauveur, il est donc celui qui a créé l'histoire et la dirige[20]. Avec cette nouvelle conception de « l'existence sous Dieu[21] », qui trouve sa source dans la révélation du dieu unique à l'homme, la dimension du sens de l'histoire acquiert une importance fondamentale, dont l'Ancien Testament présente les principaux éléments. L'ordre créé est un ordre « plein de sens » (*meaningful*), la création du monde est

16 Voir E. Voegelin, *Order and History*, vol. 4, *The Ecumenic Age*, *CW* 17, p. 319.

17 Cet usage des guillemets, dans le propos de Voegelin, montre l'opposition entre l'« histoire » comme symbole dégradé, que Voegelin rejette, et une autre notion normative d'histoire – sans guillemets –, laquelle ne peut être simplement prise pour acquise. Cette notion joue un rôle décisif dans la perspective normative de Voegelin, détaillée dans la deuxième partie du présent ouvrage.

18 E. Voegelin, *Order and History*, vol. 1, *Israel and Revelation*, *CW* 14, p. 431.

19 *Ibid.*, p. 169.

20 Voir *ibid.*, p. 181.

21 *Ibid.*, p. 182.

centrée sur l'homme et, en particulier, le peuple élu. À l'inverse, c'est l'éternel retour du même qui est le symbole exprimant l'existence dans le temps des sociétés cosmologiques, soumises à une nature indifférente aux hommes et au cycle éternel des destructions et renaissances. Avec Israël, le pôle de transcendance sort du monde, pour être associé à un dieu unique. La rupture engendrée par Israël et la découverte de la forme d'existence historique constituent selon Voegelin un « saut dans l'être » (*leap in being*), lequel désigne une brusque avancée dans la connaissance de la structure de la réalité et joue un rôle fondamental dans sa propre philosophie de l'histoire. Le « saut dans l'être » correspond à une perturbation au niveau individuel, à une expérience « mystique » suffisamment forte pour remettre en question la compréhension de la réalité et mener soudainement à une différenciation supplémentaire de sa structure, d'abord dans la conscience individuelle, puis dans le groupe[22]. Selon l'interprétation de Voegelin, c'est donc avec le « saut dans l'être » d'Israël, avec la révélation du dieu unique à Moïse, qu'apparaît l'expérience de l'histoire qui préfigure l'histoire comme singulier collectif. Cependant, le « saut dans l'être » intervenant ici est marqué par une restriction importante, une « hypothèque » (*mortgage*) sur laquelle Voegelin insiste particulièrement dans *Israel and Revelation*, le premier tome d'*Order and History*[23]. La différenciation entre immanence et transcendance n'est pas complète, car la révélation reste limitée à une communauté ethnique. La sphère immanente de l'histoire reste mêlée, à travers le peuple élu, à la transcendance, si bien que le sens de l'histoire n'est pas complètement ouvert, il reste limité au sens de l'histoire du peuple élu.

La distinction complète entre immanence et transcendance intervient lors d'une seconde rupture, qui revêt une importance fondamentale pour la compréhension de l'expérience menant à l'idée d'histoire. Cette rupture a lieu avec le christianisme. Elle est plus particulièrement présente chez un individu, l'apôtre Paul, qui, à la suite de la révélation historique de

---

22 Sur la dimension « mystique » de ce processus, voir E. Voegelin, *Order and History*, vol. 1, *CW* 14, p. 172, où le « saut dans l'être » est associé à « l'entrée de l'âme dans la réalité divine à travers l'entrée de la réalité divine dans l'âme » et E. Voegelin, « In Search of the Ground », *CW* 11, p. 243, où Voegelin insiste sur la dimension individuelle du « saut dans l'être ». « Il [le saut dans l'être ; BG] est toujours le fait d'individus et se répand à partir de ce point. On n'a pas connaissance de sauts dans l'être collectifs, mais seulement des expériences représentées dans des personnalités concrètes ».

23 Voir E. Voegelin, *Order and History*, vol. 1, *CW* 14, p. 208.

Dieu par l'incarnation, situe la vérité dans l'histoire. « Concernant la relation entre vérité et histoire, une nouvelle accentuation est mise sur la sphère de l''histoire' et son statut dans la totalité de la réalité[24] », affirme Voegelin. Ce nouveau statut de l'histoire, qui devient le substrat de la vérité et se démarque du désintérêt dont elle fait l'objet dans la philosophie grecque[25], trouve sa source dans l'expérience de la transfiguration menant à l'immortalité, un processus de transfiguration inauguré par la passion et la résurrection de Jésus-Christ. Or cet événement est bien, du point de vue de Paul, un événement historique[26]. Avec Paul apparaît ainsi, à l'opposé du « sens dans l'histoire » (*meaning in history*), un « sens de l'histoire » (*meaning of history*), « car il connaît la fin de l'intrigue [*story*], la transfiguration débutant avec la Résurrection[27] ». Il existe donc un lien manifeste entre l'eschatologie paulinienne et la conception d'une histoire indépendante et dotée de sens qui, si elle n'est pas directement articulée par Paul, découle de son expérience de la transfiguration dans l'histoire.

Pour Voegelin, c'est justement cette expérience de l'histoire immanente traversée par l'idée d'une transfiguration menant à l'immortalité qui doit être rapprochée de sa politisation ultérieure par des mouvements voulant mener une révolution dans l'histoire[28], bien qu'il cherche dans un même mouvement à neutraliser ce danger potentiel en détachant l'expérience de Paul des « déraillements » qu'elle entraîne. Malgré cette tentative de neutralisation peu convaincante[29] mais récurrente dans l'œuvre de Voegelin, sa propre analyse montre la proximité entre l'expérience de l'histoire transfigurée chez Paul et la possibilité de sa politisation, ce que Voegelin nomme avec une certaine prudence une « constante problématique[30] ». L'eschatologie du règne dans l'histoire

24 E. Voegelin, *Order and History*, vol. 4, *CW* 17, p. 316.

25 Voir *ibid.*, p. 324 : « Dans la philosophie classique, les réflexions sur l'histoire semblent secondaires par rapport à l'analyse de la structure. Aristote écrivit une *Éthique* et une *Politique*; il n'écrivit pas d'*Historique* ».

26 Voir *ibid.*, p. 321.

27 *Ibid.*, p. 324.

28 Voir *ibid.*, p. 321.

29 Voegelin lui-même débute le chapitre de *The Ecumenic Age* consacré à Paul par une affirmation révélant qu'il est bien conscient de cette difficulté : « Platon conserva l'équilibre entre l'événement théophanique et l'expérience du cosmos. Il ne permit pas à des attentes enthousiastes de déformer la condition humaine », *ibid.*, p. 303.

30 Dans les termes de Voegelin, il existe chez Paul une tension entre le « cœur de vérité » et les « ambiguïtés » et « attentes métastatiques », mais l'un comme l'autre font bien partie de son message. Voir *ibid.*, p. 334.

est donc bien l'eschatologie primordiale du christianisme[31]. Bien que Voegelin accorde ouvertement une préférence à la continuité entre philosophie classique et christianisme, telle qu'on la trouve en particulier chez Augustin, il lui faut reconnaître que l'expérience de l'histoire présente chez Paul introduit la certitude qu'il existe un sens de l'histoire, désormais connu, une conception qui constitue la prémisse de toute politisation ultérieure. Selon ses propres termes, « c'est une découverte [*insight*] d'une importance considérable, car elle permet de classifier les 'philosophies de l'histoire' idéologiques comme des variations d'un mythe paulinien sur le mode de la déformation[32] ».

Tandis que Voegelin reste relativement prudent quant à cette filiation, elle est bien plus nettement mise en avant par Löwith, qui l'aborde avec ses propres catégories. Contrairement à Voegelin, Löwith n'accorde pas une importance de premier ordre à l'expérience individuelle comme source d'une différenciation marquant une rupture dans l'histoire des idées, mais insiste plutôt sur les prémisses rendant possible l'apparition de nouveaux questionnements. Il cherche donc moins à distinguer, au niveau individuel, l'expérience à l'origine de l'histoire comme singulier collectif qu'à montrer quels sont les cadres de pensée pouvant expliquer l'émergence d'une telle notion. Koselleck étudia auprès de Löwith à Heidelberg, et il est probable qu'il se soit inspiré pour son analyse sémantique des écrits de Löwith, qui en développe les grandes lignes dès les années 1960 afin de réfuter l'apparente évidence de l'idée d'histoire une et universelle[33]. Löwith insiste, comme plus tard Koselleck, sur la différence entre la notion classique de l'histoire comme *Historie* et la notion moderne de *Geschichte*[34]. L'origine du terme *Historie* se trouve dans une forme verbale du grec ancien, *historein*, elle renvoie donc à une activité :

31 Voir E. Voegelin, *The New Science of Politics*, p. 161 (*CW* 5, p. 176) : « La Parousie n'ayant pas eu lieu, l'Église passa en fait de l'eschatologie du règne dans l'histoire à l'eschatologie de la perfection transhistorique, surnaturelle ». C'est donc la non arrivée de la Parousie qui explique cette transformation. L'eschatologie transhistorique est une déformation du christianisme originel.

32 E. Voegelin, *Order and History*, vol. 4, *CW* 17, p. 336.

33 Sur la proximité entre Koselleck et Löwith, voir H. Joas, « Die Kontingenz der Säkularisierung. Überlegungen zum Problem der Säkularisierung im Werk Reinhart Kosellecks », in H. Joas ; P. Vogt (éds.), *Begriffene Geschichte. Beiträge zum Werk Reinhart Kosellecks*, Berlin, Suhrkamp, 2011.

34 Voir K. Löwith, « Mensch und Geschichte » (1960), *SS* 2, p. 351 *sq.* et « Christentum, Geschichte und Philosophie » (1966), *SS* 2, p. 435.

explorer, connaître, savoir, et surtout rapporter les événements passés, tant historiques et politiques que naturels[35]. L'histoire n'est concernée que par ce qui est connaissable, elle ne peut extrapoler au-delà des événements passés, qui sont ramenés à un cadre constant, celui de la nature humaine et de la *physis*, le cycle perpétuel de la croissance suivie du déclin. La pratique de l'histoire, *historein*, implique donc que celle-ci se rapporte à une multitude d'événements passés, expressions de la constance de la nature humaine, mais qui ne peuvent être condensés en un processus linéaire et cohérent. L'histoire antique est une histoire au pluriel, elle consiste à relater des « histoires » (*Geschichten*) passées. Jusqu'à ce point, l'analyse de Löwith est très proche de celle Koselleck – dont elle est probablement à l'origine. Cependant, alors que Koselleck attribue la rupture marquant la fin de l'histoire comme *Historie* au XVIIIe siècle, Löwith fait, comme Voegelin, signe vers une origine plus ancienne. Les Lumières à elles seules ne suffisent pas à expliquer le cadre de pensée dans lequel l'histoire au singulier est rendue possible. L'histoire au sens de *Geschichte*, le substantif au singulier qui induit l'existence de l'histoire comme un ensemble cohérent, n'a de sens que du point de vue de la question « dans quel but » (*Wozu ?*). L'histoire ne devient un ensemble de sens cohérent que lorsqu'elle est vue du point de vue de la fin, de son but, qui lui donne son unité[36]. Cependant, un tel point de vue n'est ni le fruit d'une réflexion sur l'histoire dans le cadre de la philosophie classique, ni un simple produit du sens commun. Il est le produit d'un intérêt partisan pour l'histoire, étranger au travail sobre et avant tout didactique de l'*Historie* au sens classique. La « perversion[37] » du sens temporel de *historein* est le produit de la croyance judéo-chrétienne :

> La 'découverte' du monde historique et de l'existence historique, dont le sens est dans l'avenir, n'est pas le résultat d'un examen philosophique, mais le produit d'une attente pleine d'espoir, qui se référait à l'origine au royaume de Dieu et se réfère finalement au royaume de l'homme, lequel entretient, depuis F. Bacon, un rapport de créateur vis-à-vis de lui-même. Certes, l'historiographie moderne a perdu l'assurance chrétienne tournée vers l'accomplissement à venir, mais la vision du futur en tant que telle est restée dominante. Elle

35 Voir K. Löwith, « Christentum, Geschichte und Philosophie », *SS* 2, p. 435.

36 Voir également Jacob Taubes, qui défend und position similaire dans *Abendländische Eschatologie*, München, Matthes & Seitz, 1991. Trad. française R. Lellouche et M. Pennetier : *Eschatologie occidentale*, Paris, Éditions de l'éclat, 2009.

37 K. Löwith, « Weltgeschichte und Heilsgeschehen » (1950), *SS* 2, p. 254.

> traverse toute la pensée européenne post-chrétienne et toute préoccupation pour l'histoire, pour sa direction [*wohin*] et son but [*wozu*][38].

Comme on peut le constater, Löwith – qui limite son propos à la pensée européenne – accorde bien une importance centrale à Bacon et également, dans d'autres textes, aux Lumières dans la généalogie de l'apparition de la notion d'histoire au singulier, l'histoire comme *Geschichte*. Cependant, là n'est pas le moment décisif expliquant la rupture avec l'*Historie* et l'apparition du monde de l'histoire et de la conscience historique.

La notion antique de monde n'est pas compatible avec l'intérêt moderne pour l'histoire. Il est un ordre, fini et beau, englobant tout, dont les parties changent sans que le tout ne soit affecté. Par conséquent, le monde ne peut être un processus dirigé vers un but, car il est, bien que changeant, totalement accompli en chaque instant. En tant que totalité se suffisant à elle-même, le monde ne peut être porteur d'une quelconque signification politique ou historique, d'un sens de l'histoire comme progression vers un but[39]. Le monde n'est pas un processus, il est un tout perpétuel. La conception moderne de l'histoire, pour laquelle le processus historique surpasse la stabilité du monde naturel, présuppose donc une rupture avec le modèle antique :

> Mais si le cosmos physique n'est plus reconnu comme ce qui est le plus haut et le mieux ordonné mais seulement comme le plus grand d'entre les choses *visibles*, si [au contraire] le plus grand et le meilleur, le *summum bonum*, est un dieu créateur invisible mais auquel on croit et si le monde dans son ensemble est une création personnelle mais passagère émerge alors, par l'intermédiaire du dieu biblique, une notion anthropologique du monde, qui est aussi le fondement de notre [notion du monde] historique[40].

Pour Löwith, la première étape de la rupture avec la notion antique de cosmos intervient donc avec l'idée de la création du monde par un dieu personnel, qui entraîne la dévaluation de la valeur du monde comme bien suprême et remet en question sa sempiternité. Il existe une ligne de continuité, en apparence contre-intuitive, entre la notion anthropologique de monde issue de la tradition judéo-chrétienne et la notion moderne de monde historique. Paradoxalement, l'idée d'une création du monde

---

38 K. Löwith, « Mensch und Geschichte », *SS* 2, p. 352.

39 Voir K. Löwith, « Welt und Menschenwelt », *SS* 1, p. 298.

40 *Ibid.*, p. 304.

par un dieu tout-puissant n'affecte en effet pas seulement la relation entre Dieu et le monde, qui devient une relation de subordination entre créateur et création, mais aussi entre le monde et l'homme, lequel est certes également un élément de la création, mais un élément nettement privilégié. Le texte de la *Genèse* est représentatif de cette nouvelle position de l'homme face au monde : « Dieu dit : 'Faisons l'homme à notre image, selon notre ressemblance, et qu'il soumette les poissons de la mer, les oiseaux du ciel, les bestiaux, toute la terre et toutes les petites bêtes qui remuent sur la terre !' » (Gn, 1, 26). Le monde n'est plus un ensemble englobant, complet, se suffisant à lui-même, mais devient une création dont la raison d'être est un but : subvenir aux besoins de l'homme, qui devient le sujet principal de l'histoire du monde. C'est dans cette mesure que, paradoxalement, la révélation divine aboutit à une notion du monde « anthropologique », au « monde de l'homme » (*Menschenwelt*).

Sans vouloir atténuer la radicalité de cette rupture, Löwith souligne cependant l'importance, dans l'Antiquité tardive, de certains signes avant-coureurs de la transition entre cosmos surhumain et monde de l'homme, en particulier chez les stoïciens, pour lesquels le monde devient simplement le lieu d'habitation du citoyen romain[41]. Le monde « perd son indépendance parfaite au même degré que l'homme de l'Antiquité tardive se réfugie dans les souterrains des cultes des mystères et ne se réfère, dans les catacombes chrétiennes, qu'à un rapport avec un dieu hors du monde, car il ne s'intéresse alors plus qu'à Dieu et à sa propre âme. La glorification du cosmos se transforme en un mépris du monde et en son dépassement[42] ». Avec le christianisme, le monde en tant que

41 Voir *ibid.*

42 *Ibid.*, p. 304 *sq.* Löwith illustre cette transformation en faisant référence à un « fragment du premier ou deuxième siècle après Jésus-Christ » (p. 305) qui semble prédire, du point de vue de la pensée antique, le désintérêt à venir de l'homme pour le cosmos. Il ne le considérera plus comme « digne d'être révéré » mais comme un « fardeau », alors qu'il est pourtant, selon l'auteur du fragment, une « œuvre merveilleuse, une glorieuse construction », « Un », « Tout », « composé multiple ». Löwith n'indique pas l'origine de ce fragment, et il est impossible de déterminer à quelle source il se réfère. Comme ce fragment est très rarement mentionné, il est possible que la source de Löwith soit l'article « Kosmos » du philologue Walther Kranz, paru en 1955 dans la revue *Archiv für Begriffsgeschichte*, vol. 2, p. 7-113. Kranz évoque lui aussi une « prophétie » du premier ou deuxième siècle en des termes proches de ceux de Löwith (p. 95). Cependant, la traduction de Löwith diffère légèrement – notamment, elle ne contient pas le terme « dieu ». Grâce à Kranz, nous pouvons cependant localiser ce fragment, bien que la référence qu'il donne soit erronée. Le texte en question est un extrait d'*Asclepius*, un traité en latin attribué à

monde naturel est « privé de sa valeur » (*depotenziert*) et « dénaturé » (*denaturiert*). Son principe lui est extérieur. Le monde devient *saeculum*, un monde fini d'une durée éphémère, au terme de laquelle Dieu interviendra pour juger le monde finissant et créera un nouveau Ciel et une nouvelle Terre[43]. Augustin entérine cette destruction de la notion de cosmos : le monde ne se suffit plus à lui-même, il est, comme l'ensemble de la création, marqué par le péché et en attente de la rédemption. Il perd jusqu'à son unité, se retrouvant morcelé en deux parties opposées qui, comme le souligne Löwith, reçoivent une dénomination non naturelle, mais politique et historique : la « cité » divine et la « cité » terrestre[44]. C'est là la conséquence majeure du christianisme : le monde est « démondanisé » (*entweltlicht*), le monde naturel est perdu tandis que ce qu'il en reste, la notion anthropologique et historique du monde, n'est plus considéré du point de vue du monde englobant et constant, mais comme soumis à Dieu et aux besoins de l'homme.

La « mondanisation » (*Verweltlichung*) moderne, aboutissant à l'éclipse totale du monde naturel au profit de l'histoire, marque certes elle aussi un tournant, mais elle n'est qu'une étape supplémentaire par rapport à la rupture primordiale que marque le christianisme en détruisant la

---

tort à Apulée, contenu dans le *Corpus Hermeticum*. Le passage en question (IX, 25) est le suivant (éd. A. D. Nock, t. II, Paris, Belles Lettres, 1945, p. 328) : « *Et tunc taedio hominum non admirandus uidebitur mundus nec adorandus. Hoc totum bonum, quo melius nec fuit nec est nec erit, quod uideri possit, periclitabitur eritque graue hominibus ac per hoc contemnetur nec diligetur totus hic mundus, dei opus inimitabile, gloriosa constructio, bonum multiformi imaginum uarietate conpositum, machina uoluntatis dei in suo opere absque inuidia suffragantis, in unum omnium, quae uenerari laudari amari denique a uidentibus possunt, multiformis adunata congestio* ». La traduction française de Festugière s'éloigne parfois du texte et semble avoir tendance à accentuer certains aspects religieux sans que cela soit véritablement justifié. On pourra se référer à la récente traduction anglaise, à la fois plus proche du texte et des traductions de Kranz et de Löwith : « *In their weariness the people of that time will find the world nothing to wonder at or to worship. This all – a good thing that never had nor has nor will have its better – will be endangered. People will find it oppressive and scorn it. They will not cherish this entire world, a work of god beyond compare, a glorious construction, a bounty composed of images in multiform variety, a mechanism for god's will ungrudgingly supporting his work, making a unity of everything that can be honored, praised and finally loved by those who see it, a multiform accumulation taken as a single thing* » (B. P. Copenhaver, *Hermetica. The Greek* Corpus Hermeticum *and the Latin* Asclepius *in a new English translation, with notes and introduction*, Cambridge, Cambridge University Press, 1995, p. 82). Copenhaver souligne en note (p. 242) la tendance anti-chrétienne du passage, qui explique aussi pourquoi Löwith le mentionne pour soutenir son argumentation.

43 Voir K. Löwith, « Welt und Menschenwelt », *SS* 1, p. 305.

44 Voir *ibid.*, p. 306.

conception antique du cosmos. C'est pourquoi « toute mondanisation du monde démondanisé, dans les Temps modernes, se meut aussi sur le sol de la tradition [*Überlieferung*] chrétienne. La sécularisation reste une sécularisation du *saeculum* chrétien[45] ». La transformation moderne affecte un reste de monde qui, déjà soumis à la dénaturation causée par le christianisme, n'a rien de commun avec le cosmos. Par conséquent, le produit de cette transformation supplémentaire est un monde qui, déjà rejeté au statut secondaire de création, n'est plus qu'une enveloppe vide et ne peut même plus tirer de son lien avec Dieu le peu de valeur qui lui restait. Löwith voit ce processus prendre toute son ampleur dans la philosophie moderne. Le monde se réduit pour Descartes à une extension spatiale extérieure, séparée du monde intérieur de l'âme. La destruction par Kant des différentes preuves de l'existence de Dieu, à l'exception de la preuve morale, laisse le monde se scinder en un « ciel étoilé au-dessus de moi » et une « loi morale en moi » n'ayant « rien de commun, si la nature de l'homme est réduite à la moralité et si le monde extérieur, sans vie ni esprit, est réduit à un mécanisme du monde[46] ». Mais, pour Löwith, aucune des réactions au dualisme cartésien, qu'il s'agisse de Husserl comme de Heidegger, ne sont parvenues à récupérer une notion naturelle du monde, à renouveler une unité que le christianisme a défaite. Cette incapacité confirme que la pensée moderne reste, même dans son refus du christianisme, dépendante de celui-ci dans ses prémisses fondamentales et, en conséquence, peine à les remettre en question : « la transition de l'Antiquité grecque au christianisme est une rupture décisive et décidée, tandis que la transition de la tradition chrétienne au mode de conscience moderne n'a fait que mondaniser le *saeculum* chrétien[47] ». Tandis que le premier mouvement marque une rupture, le second s'inscrit en continuité avec celle-ci. La disparition du monde naturel, provoquée par le christianisme et accentuée par la conscience moderne, a pour conséquence que l'homme, désormais, ne vit plus dans le monde, mais « existe » dans l'« horizon de l'histoire[48] ». L'« existence historique » (*geschichtliche Existenz*), dans laquelle la notion d'histoire au singulier prend toute son ampleur, ne pouvait cependant

45 *Ibid.*, p. 306.
46 *Ibid.*
47 *Ibid.*, p. 327.
48 K. Löwith, « Mensch und Geschichte », *SS* 2, p. 353.

devenir dominante qu'à la suite du dépassement de deux barrières qui assuraient que l'expérience de l'histoire était « liée, ordonnée et limitée[49] » : la limitation « cosmologique » de la pensée grecque et la limitation « théologique » au sein de la foi chrétienne, qui limitait encore l'expérience de l'histoire, soumise à la volonté de Dieu, tout en préparant l'avènement de la conscience historique.

LA GÉNÉALOGIE DU SENS DE L'HISTOIRE

La notion d'histoire au singulier, de *Geschichte*, entretient, comme on le voit, à la fois un rapport de rupture et de continuité avec la tradition, en particulier avec l'héritage chrétien. Elle présuppose la rupture des limitations cosmologiques et théologiques de la pensée antique et du christianisme mais, surtout, elle est impossible à penser sans la destruction de l'unité du cosmos et la formation d'un monde de l'histoire, au sein duquel une dimension de sens se développe. C'est pourquoi la rupture nécessaire avec la limitation théologique ne doit pas masquer la continuité bien plus fondamentale existant entre la notion d'histoire au singulier et le christianisme, compte-tenu de la contribution majeure de ce dernier à l'accentuation de la dimension historique et à la conception du monde comme *saeculum*, devenu le substrat de la mise en sens. Il reste cependant à retracer par quel processus la notion d'histoire ouverte à la mise en sens est effectivement mise en sens, concevoir l'histoire au singulier n'allant pas immédiatement de pair avec l'attribution d'un sens à l'histoire.

Tant l'œuvre de Voegelin que celle de Löwith, où le thème du sens de l'histoire occupe une place centrale, offrent des outils permettant d'aborder cette question. Comme le rappelle Löwith, un certain contexte joue un rôle important pour expliquer l'intérêt que tous deux portent à ce problème[50]. La Première puis la Seconde guerre mondiale furent par beaucoup perçues comme portant un coup sévère à la croyance moderne en une histoire du monde traversée par un progrès nécessaire.

49 *Ibid.*, p. 355.
50 Voir K. Löwith, « Christentum, Geschichte und Philosophie », *SS* 2, p. 438.

Ce traumatisme conduisit dans les années 1950, dans le contexte de la Guerre froide, à un fort regain d'intérêt pour la question du sens de l'histoire, qui s'exprime notamment dans une littérature cherchant à réconcilier un certain optimisme chrétien avec les événements historiques. C'est dans ce cadre que les textes de Voegelin et Löwith sur le sens de l'histoire prennent leur signification, sans qu'ils ne doivent pourtant être réduits à ce seul contexte. Ils s'intègrent en effet plus généralement à une démarche visant à comprendre la politisation de l'histoire, bien que les légères divergences entre les généalogies qu'ils avancent laissent déjà entrevoir des réponses différentes au même problème.

La question du sens de l'histoire est sans aucun doute le domaine où l'œuvre de Karl Löwith a acquis la plus grande visibilité, grâce à *Meaning in History*, qui est loin d'être son seul texte sur la question mais est indéniablement le plus connu[51]. Dans la mesure où Voegelin en reprend les grandes lignes, il est préférable de prendre la perspective de Löwith pour point de départ, avant de souligner leurs éventuelles

51 Publié tout d'abord en anglais en 1949, l'ouvrage eut un succès indéniable et connut jusqu'en 1970 dix éditions. Il fut traduit en allemand en 1953 puis en de nombreuses langues – outre le français (2002), *Meaning in History* fut traduit en néerlandais (1960), italien (1963), espagnol (1968), hongrois (1996), polonais (2002), japonais (2006) et roumain (2010). *Meaning in History* est un livre s'inscrivant dans un contexte double. Selon Löwith lui-même, qui enseignait à l'époque de la rédaction au séminaire de théologie de Hartford, il s'agissait d'une part de répondre aux théologiens chrétiens acceptant un peu trop facilement l'idée d'un sens de l'histoire. La critique de la religion est donc bien présente dans cette œuvre, même si elle est encore très retenue par rapport aux écrits de Löwith plus tardifs – où il n'est pas seulement question de la relation entre christianisme et histoire, mais du christianisme en tant que tel. À cette critique visant les théologiens s'ajoute, à un niveau général, l'actualité de la question du sens de l'histoire après les atrocités de la Seconde guerre mondiale et la nécessité, pour Löwith, d'en finir avec le soubassement idéologique, présent dans la philosophie de l'histoire, des régimes fascistes. Löwith, à travers *Meaning in History*, est pourtant parfois rapproché de Carl Schmitt, dont certains arguments peuvent certes paraître similaires, mais qui poursuit un but clairement opposé. La réception de cet ouvrage, dans lequel l'auteur n'explicite pas sa position, fut ainsi souvent partiale et erronée : elle tend d'un côté de l'Atlantique à voir en Löwith un « théologien protestant » et, de l'autre, à l'associer à Carl Schmitt par le biais de la « querelle de la sécularisation ». Voir par exemple, du côté des États-Unis, la recension par Irving Kristol des ouvrages de deux « théologiens protestants », Reinhold Niebuhr et Karl Löwith, dans « The Slaughter-Bench of History. *Faith and History* by Reinhold Niebuhr ; *Meaning in History* by Karl Löwith », *Commentary*, 1er juillet 1949. Du côté européen, voir notamment J.-C. Monod, *La querelle de la sécularisation. Théologie politique et philosophies de l'histoire de Hegel à Blumenberg*, Paris, Vrin, 2002 et R. Mehring, « Karl Löwith, Carl Schmitt, Jacob Taubes und das 'Ende der Geschichte' », *Zeitschrift für Religions- und Geistesgeschichte* 48, 3 (1996).

divergences. Mais, avant d'aborder la généalogie du sens de l'histoire, sait-on pour autant de quoi il est question, ce que signifie le « sens » de l'histoire ? Löwith est sensible à ce problème, car son attaque du sens de l'histoire ne vise pas indistinctement la mise en sens d'événements historiques, mais seulement une conception plus délimitée. Il est selon lui nécessaire de distinguer le sens (*Sinn*) de la signification (*Bedeutung*)[52], la question englobante du sens de l'histoire en général de la question limitée de la signification d'événements historiques particuliers, qui est légitime et fait partie intégrante, dès l'Antiquité, du travail de l'historien. Sens et signification diffèrent donc dans leur domaine d'application : l'histoire dans sa notion générale et singulière, la *Weltgeschichte* évoquée précédemment, appelle un sens, tandis qu'on parlera de la signification d'événements historiques particuliers. Mais comment comprendre la notion de sens elle-même ? Löwith souligne la confusion commune dans le langage courant entre la notion de sens (*Sinn*) et celles de finalité (*Zweck*) ou de fin (*Ziel*). *Zweck* désigne ce en vue de quoi quelque chose est, la finalité d'un objet, il répond à la question « *wozu* » (pourquoi, en vue de quoi). Une table est une table dans la mesure où elle répond à un certain *Zweck*, elle possède une certaine finalité qui la définit. Il en est ainsi, selon Löwith, du « sens » de toute chose « qui n'est pas par nature ce qu'elle est, mais est voulue ou créée par l'homme ou Dieu[53] ». Le sens d'une chose, si elle est le produit d'une volonté, équivaut dans le langage à sa finalité. C'est pourquoi parler d'un sens de l'histoire revient à accepter qu'elle est le produit d'une volonté et qu'il existe une finalité extérieure aux seuls événements historiques, donc un *Zweck*. Mais cette finalité de l'histoire, en tant qu'elle est la finalité d'un mouvement temporel, ne peut être que le terme de ce mouvement, et donc une fin (*Ziel*) future[54].

La confusion du langage courant entre sens, fin et finalité n'est donc pas infondée, le sens de l'histoire montrant bien l'intrication de ces trois éléments. Le sens de l'histoire est un processus orienté vers une fin future signifiant un but, un accomplissement. Or c'est précisément cette conception du sens qui révèle son caractère problématique. En effet, un sens comme accomplissement, appliqué aux événements historiques,

52 Voir K. Löwith, « Vom Sinn der Geschichte », *SS* 2, p. 377.

53 K. Löwith, *Weltgeschichte und Heilsgeschehen*, *SS* 2, p. 15.

54 *Ibid.*

n'est en aucun cas évident. Comme le souligne Löwith, « ni des événements particuliers, ni une suite d'événements ne sont en soi dotés d'un sens et d'un but [*sinnvoll und zielvoll*]. La plénitude du sens est affaire d'accomplissement temporel. Hasarder un énoncé au sujet d'événements historiques n'est possible que lorsque leur *telos* futur devient visible[55] ». Affirmer un sens de l'histoire à l'instant présent implique donc une prédiction, devant être crue, quant à sa « fin ». C'est à partir de cette constatation que la question du sens de l'histoire devient pour Löwith problématique[56]. Elle ne peut alors être éclairée que par une généalogie expliquant l'application progressive d'un sens à un substrat dont il est initialement absent. Cette portée critique, visant à récupérer l'évidence de l'incongruité de la question du sens de l'histoire, est au centre de la perspective de *Meaning in History* et se reflète dans la méthode choisie, inhabituelle, celle d'une généalogie inversée, remontant du présent au passé. L'histoire des idées développée dans *Meaning in History* a, comme le revendique plus tard Löwith lui-même – et c'est aussi ce qui le distingue de Voegelin –, valeur de destruction et de déconstruction[57].

Toutes les étapes visant à retracer l'émergence du sens de l'histoire n'ont pas cependant la même valeur. Dans *Meaning in History*, Löwith aborde successivement Burckhardt, Marx, Hegel, Proudhon, Comte, Condorcet, Turgot, Voltaire, Vico, Bossuet, Joachim de Flore, Augustin, Orose et enfin le Nouveau Testament. On remarque cependant, dans cette généalogie, que Burckhardt et Orose ne participent pas au développement du sens de l'histoire mais font davantage figure de contre-exemples, proches bien que plusieurs siècles les séparent, car ils comprennent tous deux – « l'un en tant que croyant, l'autre en tant que sceptique[58] » – que l'attribution d'un sens à l'histoire est totalement vaine. La caractéristique principale de l'histoire du monde n'est pas pour eux un développement, mais la continuité des bonheurs et malheurs humains, des destructions

---

55 *Ibid.*

56 Voir aussi J. Taubes, *Abendländische Eschatologie*, *op. cit.*

57 Dans un entretien au magazine *Der Spiegel* (nº 43/1969, p. 211), Löwith rappelle que « [m]on intérêt véritable a toujours été un intérêt critique, dans la lignée du jeune Heidegger : la 'destruction' d'une tradition [*Überlieferung*] qui n'est plus vivante, une déconstruction [*Abbau*] jusqu'aux fondements ». Voir aussi, à propos de *Meaning in History*, LV 11/02/50 : « Je crains que, si vous ressentiez l'aspect fondamentalement 'destructeur' de ma présentation, vous devriez en rejeter encore plus fortement, du point de vue de la méthode et des principes, les fils directeurs ».

58 K. Löwith, *Weltgeschichte und Heilsgeschehen*, *SS* 2, p. 194.

suivies de reconstructions, une continuité purement immanente auquel le christianisme est, s'il reste fidèle à lui-même, indifférent[59]. Burckhardt et Orose, le sceptique moderne confronté à l'optimisme du protestantisme libéral et le chrétien résigné confronté aux attentes de ses condisciples et aux reproches des païens, encadrent un processus auxquels eux-mêmes sont étrangers. Manifestement, Löwith utilise ce procédé pour faire passer dans la structure même de son étude son propre message, qui vise à réfuter l'apparente évidence du sens de l'histoire, à l'époque antique comme à l'époque moderne. Le développement qu'il reconstruit n'est donc en aucun cas le reflet d'une nécessité, ce qu'accentue l'ordre apparemment contre-intuitif de *Meaning in History*, du présent au passé, qui ne vise pas à construire une continuité nécessaire, mais à rendre compte de choix contingents.

Marx représente une étape majeure de la mise en sens de l'histoire, et Löwith lui accorde en conséquence, dès ses premières œuvres, une attention particulière[60]. Cependant sa lecture, bien que très critique, n'est pas vraiment celle d'un *cold warrior*, et son intérêt pour Marx, déjà présent dans ses études des 1930, ne répond pas seulement à une affaire de circonstances mais reflète aussi sa reconnaissance du rôle fondamental que joue Marx dans la philosophie occidentale. La méthode utilisée par Löwith dans le chapitre qu'il consacre à Marx peut surprendre. Dans son habilitation, Löwith avait déjà affiché sa sympathie pour une certaine perspective matérialiste, celle de Ludwig Feuerbach. Dans *Meaning in History*, sa critique de Marx consiste à retourner le matérialisme de Marx contre lui-même. Limitant sa critique au *Manifeste* et au *Capital*, Löwith cherche à montrer que la pensée de Marx, qui se veut matérialiste, prend au contraire la forme d'un « message eschatologique[61] » attribuant une fonction rédemptrice au prolétariat, faisant pivoter l'ensemble de l'histoire autour du principe unique de la lutte des classes, alors qu'un matérialisme véritable ne permettrait pas d'abstraire de la réalité un seul principe permettant de définir le sens de l'histoire. Löwith cherche à résoudre cette aporie en partant de la formule de Marx : « ce n'est pas la conscience des hommes qui détermine leur être ; c'est inversement leur

59 Voir *ibid.*, p. 40 et p. 194.

60 Voir en particulier K. Löwith, « Max Weber und Karl Marx » (1932), *SS* 5 et *Von Hegel zu Nietzsche* (1939), *SS* 4.

61 K. Löwith, *Weltgeschichte und Heilsgeschehen*, *SS* 2, p. 47.

être social qui détermine leur conscience[62] ». L'être de Marx permet-il d'expliquer sa « conscience idéologique » ? Pour Löwith, oui, dans la mesure où Marx, bien qu'il a été antireligieux et même parfois antisémite, reste « un juif du format de l'Ancien Testament[63] ». En associant le marxisme à l'« esprit du prophétisme[64] », Löwith reprend une critique déjà présente chez Max Weber et la dirige plus précisément sur le problème du sens de l'histoire. C'est bien le messianisme juif qui est, selon Löwith, à l'origine de la conscience idéologique de Marx et représente la « base idéaliste » du matérialisme historique[65]. La confrontation de Marx à ses propres principes matérialistes entreprise par Löwith est une stratégie intéressante car elle cherche à rester dans le cadre du matérialisme pour montrer que le matérialisme de Marx est encore idéaliste – une stratégie utilisée par Marx lui-même contre certains jeunes hégéliens. Cette conclusion aide à comprendre la valeur du reproche adressé par Löwith au marxisme. Son lien avec le messianisme n'est pas problématique car la tradition judéo-chrétienne serait ainsi dévoyée mais, au contraire, car il la prolonge, et ce de manière inconsciente. Selon cette critique, le matérialisme de Marx n'est en vérité pas assez matérialiste mais au contraire trop idéaliste, et reste donc dépendant de la fusion entre religion et philosophie accomplie par Hegel[66].

---

62 K. Marx, préface de la *Contribution à la critique de l'économie politique*, Paris, Éditions sociales, 1947, p. 4.

63 *Ibid.*, p. 53. Löwith va même plus loin en affirmant que « la force véritablement motrice derrière cette conception [la totalité de l'histoire comme histoire de la lutte des classes ; BG] est un messianisme patent, dont les racines inconscientes se trouvent dans le propre être de Marx, dans sa race ». Cette affirmation – présente une seule fois dans le corpus – est évidemment problématique, et il est aisé de disqualifier l'argumentation de Löwith comme étant simplement « raciste » (T. Schröder, « Christologie ? Säkulare Bestimmungsversuche am A und Ω politischer Theologie um 1800 », in R. Faber ; V. Krech (éds.), *Kunst und Religion. Studien zur Kultursoziologie und Kulturgeschichte*, Würzburg, Königshausen & Neumann, 1999, p. 181). Néanmoins, affirmer que Löwith utilise l'appartenance « génétique » (M. Hoesch, *Vernunft und Offenbarung. Säkularisierte Eschatologie in Kants Religions- und Geschichtsphilosophie*, Berlin, De Gruyter, 2014, p. 35) de Marx au judaïsme est difficilement justifiable, dans la mesure où un tel reproche présuppose que Löwith utilise une notion de race aux fondements biologiques, ce qu'aucun de ses textes ne permet de démontrer. En définitive, il est difficile de trancher la question mais il faut souligner l'incohérence entre cette attaque visant Marx et la propre conception de l'identité juive de Löwith, très distanciée et en aucun cas normative.

64 *Ibid.*, p. 52.

65 *Ibid.*, p. 54.

66 Voir K. Löwith, « Marxismus und Geschichte », *SS* 2, p. 332 : « Ce qui est matériel dans le matérialisme historique n'est donc pas la nature, mais son appropriation par l'homme ».

Ce dernier occupe, comme Marx, un rôle central dans l'argumentation de Löwith[67]. Tandis que Marx symbolise la sortie de la philosophie et sa recréation sous la forme du marxisme, incluant en son cœur un sens de l'histoire immanent, Hegel est, selon Löwith, le « dernier philosophe de l'histoire[68] ». Paradoxalement, cette dénomination est à comprendre en un sens positif par rapport au marxisme, lequel veut mettre fin à la philosophie. Hegel est le dernier philosophe de l'histoire « car il est le dernier philosophe dont l'immense sens historique est encore défini et délimité par la tradition chrétienne[69] ». Mais Hegel ne reste pas simplement dans les limites de la religion chrétienne, il veut la dépasser, l'accomplir, et représente ce faisant le moment décisif de sa transformation. Il est celui qui « mondanise » (*verweltlicht*) la foi chrétienne, qui la fond dans l'histoire. Dans la philosophie de Hegel, l'histoire du monde devient une théodicée, elle est, dans son déroulement même, une justification du christianisme. Pour Löwith, cette pensée est tant religieuse dans ses motivations – apporter au christianisme une justification ultime – qu'elle est irréligieuse dans ses conséquences, dans la mesure où elle transforme la religion chrétienne, qui rejette le monde, en un processus inclus dans l'histoire du monde. Ce faisant, Hegel supprime la distinction entre l'histoire du salut et l'histoire profane, entre la succession imprévisible des *kairoi*, les moments décisifs choisis par Dieu, et la continuité du déroulement de l'histoire du monde.

Hegel se distingue cependant d'autres penseurs des Lumières dans la mesure où sa projection de la foi chrétienne dans la croyance au progrès vise avant tout l'accomplissement du christianisme – le principe de l'histoire déjà connu, qui arrive alors à son terme. Le progrès n'est donc ni révolutionnaire, ni ouvert, ni illimité. Hegel diffère sur ce point de Proudhon, Comte, Condorcet et Turgot, que Löwith utilise comme des exemples d'un courant des Lumières différent, œuvrant pour un progrès révolutionnaire, pour un sens de l'histoire émancipé du christianisme.

À de nombreuses reprises, il est également clair que Löwith préfère le matérialisme sensualiste de Feuerbach au matérialisme historique de Marx. Cette préférence est aussi à l'arrière-plan de sa critique.

67 Dans la version courte de *Weltgeschichte und Heilsgeschehen*, Löwith présente une version condensée de la généalogie du sens de l'histoire, alors réduite aux deux principaux pôles que sont Augustin et Hegel. Voir K. Löwith, « Weltgeschichte und Heilsgeschehen », *SS* 2, p. 259 *sqq.*

68 K. Löwith, *Weltgeschichte und Heilsgeschehen*, *SS* 2, p. 67.

69 *Ibid.*

Ils n'échappent cependant pas à la même ambiguïté que Hegel. Pour eux, il n'est plus question, comme lors de la « querelle des Anciens et des Modernes », de déterminer qui du parti des Anciens ou des Modernes est supérieur à l'autre mais, prenant acte du dépassement de l'Antiquité par le christianisme, de remplacer et de dépasser ce dernier, qui sert donc de point de départ. Ce faisant, le projet progressiste est radicalement ambigu : « il est, selon sa source, chrétien et, selon sa tendance, antichrétien[70] » – et ce consciemment. La « religion du progrès » représente en effet un modèle concurrent, qui vise à remplacer la religion chrétienne. C'est en particulier le cas chez Comte, auquel Löwith accorde une attention particulière car ce dernier porte un projet général visant à remplacer l'ordre catholique, qu'il admirait pour son efficacité, par un ordre « plus vrai, plus englobant » et, en particulier, « plus stable et plus durable[71] ». Il s'agit donc d'une copie consciente, mais problématique dans la mesure où elle reste influencée par le modèle qu'elle combat tout en le copiant. C'est là que se trouve la limite de la conscience de soi du projet que porte la philosophie du progrès. Chez Comte, l'héritage théologique, qui reste latent dans l'idée d'une prévision rationnelle et dans la religion du progrès, n'est en effet pas conscient. Comte vit seulement « l'antagonisme évident entre le progrès et la providence, mais pas la dépendance cachée de la religion mondaine du progrès vis-à-vis de l'espoir et de la foi chrétienne, et vis-à-vis de l'attente d'un dernier accomplissement par le jugement et la rédemption[72] ». La religion du progrès reste déterminée par le christianisme dans l'antithèse, mais cette dépendance reste inconsciente en raison d'une erreur sur le point décisif, le sens de l'histoire, qui est accepté comme étant évident et non un produit de la tradition chrétienne.

L'apparition d'une « religion du progrès », qui fait du développement de celui-ci au cours d'un processus linéaire le seul sens de l'histoire, n'est cependant pas une évolution nécessaire. La généalogie proposée par Löwith ne signifie pas qu'un processus historique inévitable devrait inévitablement mener au sens de l'histoire tel qu'il est présent chez Comte, Hegel et Marx. Un exemple en particulier, celui de Voltaire, met en valeur cette absence de continuité linéaire. Comme Burckhardt,

70 *Ibid.*, p. 71.
71 *Ibid.*, p. 99.
72 *Ibid.*, p. 94.

Orose et également Vico, Voltaire est lu par Löwith avec une certaine sympathie. Son *Essai sur les mœurs et l'esprit des nations*, une attaque de la théologie de l'histoire de Bossuet, présente en effet un des premiers exemples d'élargissement du champ historique et de relativisation de la position occidentale, en particulier judéo-chrétienne, un projet auquel Löwith s'identifie[73]. Voltaire défend certes l'idée de progrès, mais c'est un progrès « modéré, interrompu par des périodes de déclin », une position en définitive « sobre[74] » et qui s'explique avant tout par la nécessité de retrouver, après la perte de l'idée d'une création centrée sur l'homme, un certain sens à donner à l'existence de ce dernier. Mais Voltaire ne fait pas preuve de l'enthousiasme aveugle de Comte ou de Condorcet, il se contente d'une « théorie modeste » admettant un progrès « laborieux, mais constant[75] ». Ce faisant, il acquiert un plus grand degré d'indépendance vis-à-vis de la tradition chrétienne tout en se rapprochant de la réalité humaine. Voltaire « parle comme 'philosophe' et 'historien', c'est-à-dire non pas comme quelqu'un qui croit à la révélation divine, mais comme quelqu'un qui sait ce qui est humain [...][76] ». Cette humanité, pour Voltaire mais aussi pour Löwith, trouve son illustration dans *Candide*, dans l'abandon de toute théodicée au profit d'une activité naturelle et donc véritablement humaine, cultiver son jardin. De ce point de vue, Voltaire est proche de Vico, lequel est aussi considéré par Löwith sous un angle positif, dans la mesure où sa pensée cyclique du *corso* alternant avec le *ricorso* est « davantage antique que chrétienne[77] ». Vico représente, plus encore que Voltaire, une exception dans la pensée de l'histoire[78]. Il ne défend ni l'idée de progrès, comme Voltaire, ni la théologie de l'histoire : « son œuvre entière n'est ni une théologie de l'histoire au sens d'Augustin, ni une philosophie de l'histoire au sens polémique de Voltaire », elle est « à la frontière[79] » et maintient séparé ce que Hegel fond en un ensemble. Mais Voltaire et Vico ne contrastent pas seulement avec Marx, Hegel et Comte. En effet, on retrouve dans la généalogie du

73 Voir notamment sa reprise de Voltaire dans K. Löwith, « Bemerkungen zum Unterschied von Orient und Okzident », *SS* 2, p. 575 *sq.* Trad. française B. Godefroy : *Remarques sur la différence entre Orient et Occident*, *Le Philosophoire* 2014/1, p. 197.

74 K. Löwith, *Weltgeschichte und Heilsgeschehen*, *SS* 2, p. 122.

75 *Ibid.*, p. 118.

76 *Ibid.*, p. 117.

77 *Ibid.*, p. 148.

78 Ce que confirme LV 16/11/46.

79 K. Löwith, *Weltgeschichte und Heilsgeschehen*, *SS* 2, p. 149.

sens de l'histoire avancée par Löwith une caractéristique de sa propre pensée, qui tend à localiser le problème du sens de l'histoire non seulement dans les Temps modernes mais attribue également à sa source, la tradition chrétienne, une responsabilité décisive. On retrouve donc dans la problématique du sens de l'histoire les deux moments décisifs mis en avant dans la reconstruction de l'émergence de l'histoire au singulier : à la fois le développement du christianisme et les XVIIe et XVIIIe siècles.

Bossuet est pour ainsi dire le dernier représentant d'une pensée de l'histoire chrétienne fondée uniquement sur la foi en la providence, qui dirige l'ensemble du cours de l'histoire des hommes[80]. Cependant, son *Discours sur l'histoire universelle*, qui cherche à rapporter l'ensemble des actions des hommes à l'accomplissement inconscient du plan de Dieu, veut aussi selon Löwith « trop prouver[81] », ce qui le rapproche en définitive de Hegel. La théologie de l'histoire de Bossuet et la philosophie de l'histoire de Hegel ne seraient que les deux faces d'une même pièce, car tous deux partent d'un sens de l'histoire absolu et englobant tous les événements bien que Bossuet, avant tout intéressé par l'apologie de l'Église, reste pour cette raison proche du christianisme. Sa prise de parti « conservatrice » pour un sens de l'histoire justifiant la position de l'Église dans le monde fait cependant face, au sein même de l'héritage chrétien, à une position « révolutionnaire » trouvant sa source dans les écrits de Joachim de Flore, figure centrale de la généalogie du sens de l'histoire.

Joachim de Flore, un moine calabrais du XIIe siècle que l'on retrouve également chez Voegelin et, plus généralement, chez de nombreux auteurs cherchant à montrer le lien entre eschatologie chrétienne et politique, joue pour Löwith un rôle décisif car il « ralluma l'enthousiasme du christianisme primitif et, indirectement, conditionna la religion du progrès des Temps modernes[82] ». Joachim propose en effet une nouvelle interprétation de la relation entre christianisme et histoire, fondée sur la succession dans l'histoire de trois âges, l'âge du père, du fils et du Saint-Esprit. L'accomplissement à venir est situé dans l'histoire, non dans un au-delà atemporel, ce qui représente une rupture radicale par rapport à l'interprétation augustinienne dominante mais aussi un retour à la conception originelle de l'eschatologie. Pour autant,

80 Voir *ibid.*, p. 150.
81 *Ibid.*, p. 156.
82 *Ibid.*, p. 158.

Joachim ne défendait pas les conséquences révolutionnaires tirées de son enseignement par ses successeurs, en particulier les spiritualistes franciscains, mais appelait au contraire à un renouveau spirituel de l'Église[83]. Avec l'eschatologie historique de Joachim de Flore, l'Église se trouve confrontée à un paradoxe « car sa propre existence reposait, autrefois comme aujourd'hui, sur l'inefficacité de ce motif originel de la foi chrétienne[84] ». L'ensemble que constitue la tradition chrétienne dans la généalogie du sens de l'histoire n'est donc pas un système homogène, ce qui explique qu'il existe parfois un certain flottement quant à ce que Löwith qualifie de « chrétien[85] ». Du point de vue historique, le sens de l'histoire est à la fois un prolongement et une distortion du christianisme. Il est d'une part un prolongement en tant qu'il est inconcevable sans la rupture introduite par le christianisme, et d'autre part en tant qu'il est le produit de la réactivation d'un motif originel du christianisme par Joachim, une tradition réprimée par l'Église mais jamais complètement abolie. Mais le sens de l'histoire est aussi une distortion du christianisme en tant que ce dernier est aussi marqué, dès son origine, par un certain désintérêt pour le monde historique, mais aussi en tant que l'évolution historique du christianisme va elle-même dans le sens d'une neutralisation de l'eschatologie historique représentée par Joachim.

Le principal acteur de la neutralisation de l'eschatologie est Augustin, qui ne lie pas la promesse d'accomplissement à une quelconque période historique, alors que Joachim se distingue par une « historicité essentielle[86] ». Contrairement à Bossuet et Joachim, Augustin ne défend pas une théologie de l'histoire, mais subordonne totalement l'histoire à Dieu, qui n'est pas un « Dieu hégélien dans l'histoire », mais au contraire son « maître[87] ». Cependant, Augustin n'est pas entièrement étranger à la problématique du sens de l'histoire. Il serait faux de faire une distinction nette entre une tradition augustinienne pour ainsi dire pure et une tradition problématique réactivée par Joachim. En effet, la tâche

83 L'âge du Saint-Esprit est aussi celui du modèle monastique, détaché de tout lien avec le monde.

84 *Ibid.*, p. 169.

85 Voir notamment *ibid.*, p. 69 et p. 169. Sur cette ambigüité, voir T. Miklós, *Der kalte Dämon. Versuche zur Domestizierung des Wissens*, München, Beck, 2016, p. 198 *sqq.*

86 K. Löwith, *Weltgeschichte und Heilsgeschehen*, *SS* 2, p. 170.

87 *Ibid.*, p. 184.

principale que s'assigne Augustin, notamment dans la *Cité de Dieu*, est de réfuter la conception classique du temps cyclique et du monde sans commencement ni fin au profit du monde créé et du temps linéaire, orienté vers une fin. Comme le souligne Löwith, cette réfutation n'a pas lieu dans le champ théorique, mais dans une perspective « morale-théologique[88] », fondée en dernière instance sur l'affirmation de la foi – l'argument ultime d'Augustin contre l'histoire cyclique est le caractère unique de la mort du Christ sur la croix[89]. Ces arguments ne sont pas en eux-mêmes un apport positif à l'idée d'un sens de l'histoire, mais Augustin contribue malgré tout à son émergence dans la mesure où sa réfutation de la sempiternité du monde et du caractère cyclique du temps fait tomber un cadre de pensée où l'idée d'un sens de l'histoire restait impossible. Le rôle d'Augustin est donc ambigu.

Trois grands ensembles se détachent dans la généalogie du sens de l'histoire proposée par Löwith. Tout d'abord la tradition chrétienne porteuse d'une eschatologie atemporelle, étrangère au sens de l'histoire, qui, au sein de la problématique du sens de l'histoire, joue néanmoins un rôle important dans la mesure où elle cause la destruction du cadre de pensée antique où la limitation cosmologique rendait impossible l'apparition d'une sphère de l'histoire indépendante et dotée de sens. Cependant, l'idée d'un sens immanent à l'histoire est lui-même absent de cette pensée, laquelle repose sur la distinction entre histoire profane et histoire du salut. Augustin neutralise un élément majeur de la foi chrétienne, l'espoir en une rédemption dans l'histoire, lequel resurgit cependant chez Joachim de Flore avant d'être transformé chez Comte, Hegel puis Marx en une philosophie de l'histoire. Ce deuxième ensemble représente donc, comme chez Voegelin, ce que ce dernier nomme l'« immanentisation » de l'eschatologie. Il faut cependant noter que, pour Löwith, ce développement n'est pas en soi étranger au christianisme, mais représente la prolongation et la déformation d'une tradition qui lui est inhérente. Le seul groupe se distinguant du christianisme tout en restant à l'intérieur de la problématique du sens de l'histoire est représenté par Voltaire et Vico, lesquels se tiennent à la frontière entre la pensée antique, attentive à la dimension naturelle de l'homme, et la philosophie de l'histoire d'inspiration chrétienne. À ces trois groupes

88 *Ibid.*, p. 173.
89 Augustin, *La Cité de Dieu*, t. 2, Paris, Seuil, 1994, livre XII, chap. 13, p. 78-80.

s'ajoutent, dans *Meaning in History*, Burckhardt et Orose, qui ne relèvent pas directement du sens de l'histoire, dans la mesure où ils font avant tout figure de contrepoint et visent à souligner le scepticisme de Löwith vis-à-vis de l'idée même de sens de l'histoire. La distinction qu'il opère entre différents mouvements montre donc bien que la généalogie du sens de l'histoire n'est pas un processus linéaire et uniforme, mais qu'il est le résultat de choix et d'accentuations diverses, conditionnés par un certain cadre de pensée qui les rend possibles sans pour autant les rendre nécessaires. Cependant, il reste évident que, pour Löwith, le sens de l'histoire est indissociable du christianisme tant dans sa variante augustinienne, qui neutralise l'eschatologie mais détruit la cosmologie antique, que dans sa variante joachimite, qui réactive l'eschatologie historique et ouvre ainsi la voie aux philosophies de l'histoire. C'est bien la tradition chrétienne qui, au terme du processus de destruction, constitue le noyau à la source du problème du sens de l'histoire. C'est aussi pourquoi *Meaning in History* s'achève sur un épilogue qui, selon les propres termes de Löwith, « remet en question l'espoir en tant que tel[90] ».

La généalogie du sens de l'histoire établie par Löwith dans *Meaning in History* est très largement reprise par Voegelin dans *The New Science of Politics*, un ouvrage comparable de par son propos, son succès, et paru seulement trois ans après *Meaning in History*. La perspective de Voegelin est plus large et plus directement politique, dans la mesure où les conférences à l'origine de l'ouvrage sont présentées comme traitant avant tout de la question de la représentation et des processus de dé-divinisation et de re-divinisation de l'ordre politique. À l'intérieur de ces thèmes généraux, le sens de l'histoire occupe toutefois une place centrale. Comme Löwith, Voegelin choisit de faire passer sa critique de la situation moderne par l'histoire des idées, même si *The New Science of Politics* présente globalement une structure plus hétéroclite que la généalogie inversée de Löwith, dont Voegelin ne partage pas non plus la visée « destructrice ». Si l'on se limite, dans un premier temps, à la généalogie du sens de l'histoire, il est clair que Voegelin s'inspire largement, comme il le reconnaît lui-même, des sources et interprétations de *Meaning in History*[91]. En effet, Voegelin reprend les analyses de Löwith

90 LV 11/02/50.

91 Dans une lettre à Löwith datée du 9 janvier 1950, il avoue même avec humour avoir « la sombre intention de piller certains de vos matériaux et bibliographies ». Voir VL

sur des points centraux, notamment en ce qui concerne Joachim de Flore et Augustin, mais aussi Celse, même si son analyse de Marx reste, du moins dans *The New Science of Politics*, plus grossière et polémique car principalement centrée sur l'affirmation d'une filiation entre Marx, Comte et Hitler. La principale innovation apportée par Voegelin par rapport à Löwith réside dans l'introduction d'un nouvel élément dans la généalogie, la gnose. Pourquoi Voegelin s'est-il senti obligé d'ajouter cette étape, et qu'apporte-t-elle de plus pour comprendre la généalogie du sens de l'histoire ?

La gnose intervient dans *The New Science of Politics* dans le cadre de la transformation de la pensée de l'histoire causée par Joachim de Flore, premier « prophète gnostique[92] », auquel Voegelin accorde, à la suite de Löwith, une importance centrale. Ce que Voegelin nomme l'« immanentisation joachimite[93] » – un terme qui n'apparaît pas chez Löwith – c'est-à-dire la transformation de l'eschatologie chrétienne en un processus immanent à l'histoire, ne peut selon lui devenir déterminante que dans le cadre d'un déclin de la foi chrétienne, dans sa forme augustinienne qu'il suppose authentique, allant de pair avec la rechute dans une « culture religieuse vivante dans laquelle les hommes pouvaient retomber[94] ». Cette culture, à l'époque de Joachim de Flore, est la gnose, comprise comme une tradition religieuse véritable, « qui avait accompagné le christianisme dès ses débuts » sous la forme de groupes sectaires[95]. Elle se caractérise principalement selon Voegelin par « une dilatation de l'âme au point que Dieu est incorporé à l'existence de l'homme », menant ainsi à l'immanentisation, laquelle se décline tant sous une forme « spéculative », lorsque l'homme revendique connaître le mystère de la création et de l'existence, qu'« émotionnelle », avec l'idée d'une présence de la substance divine dans l'âme humaine, ou encore « volontariste », lorsqu'elle prend la forme d'une « rédemption activiste de la société[96] ». L'apport de l'introduction de la gnose dans la

---

09/01/1950, p. 785. Voir aussi VL 18/02/1949 (lettre non publiée) : « pour ma part, je crains seulement que vous n'anticipiez beaucoup de ce que j'ai à dire sur ce sujet dans mon 'History' sans fin ».

92 E. Voegelin, *The New Science of Politics*, p. 166 (*CW* 5, p. 179).

93 *Ibid.*, p. 175 (*CW* 5, p. 185).

94 *Ibid.*, p. 181 (*CW* 5, p. 189).

95 Voir *ibid.*, p. 180 (*CW* 5, p. 188).

96 *Ibid.*, p. 181 (*CW* 5, p. 189).

généalogie du sens de l'histoire est clair. Alors que Löwith se limite à une généalogie critique, à une déconstruction de la tradition, Voegelin cherche une ligne de continuité plus robuste. Le « gnosticisme » permet, sans inculper la tradition chrétienne, de relier les phénomènes modernes au développement d'une tradition particulière dont l'origine historique est clairement localisable. Il existe selon lui « une ligne de transformation progressive [qui] relie le gnosticisme médiéval au gnosticisme contemporain ». L'essence de la modernité correspondrait à un « accroissement du gnosticisme », que Voegelin associe en particulier dans ses manifestations politiques au marxisme et au national-socialisme[97]. L'immanentisation gnostique, abandonnant la transcendance divine au profit du sens de l'histoire, aboutit en définitive au meurtre de Dieu et à l'apocalypse de l'homme dans la modernité. Le gnosticisme constitue ainsi à la fois le fil directeur de sa critique de la modernité et du totalitarisme.

La thèse de l'« accroissement du gnosticisme » occupe une place absolument prépondérante dans la réception de l'œuvre de Voegelin, qui est souvent réduite à ce seul aspect. Pourtant, cette thèse est particulièrement fragile, remettant par conséquent en cause l'intérêt d'une bonne partie de cette réception. Ne serait-ce qu'au niveau de son ancrage empirique, des problèmes majeurs entament sérieusement sa crédibilité. Même en tenant compte des sources limitées auxquelles Voegelin pouvait avoir accès et des interprétations sur lesquelles il s'appuie, souvent comme argument d'autorité[98], la position de Voegelin à cet égard ne peut être considérée comme seulement incomplète ou limitée mais plutôt, à bien des égards, comme biaisée voire fausse. Dans une lettre à Carl J. Friedrich du 12 avril 1959, Voegelin rappelle qu'il a découvert le problème de la gnose dans *Prometheus*, le premier tome de *Apokalypse der deutschen Seele* du théologien Hans Urs von Balthasar, publié en 1937, avant de voir cette idée confirmée par la lecture de Hans Jonas et d'une « montagne de sources sur le sectarisme médiéval[99] ». Pour l'application du concept

97 Voir notamment *ibid.*, p. 183 (*CW* 5, p. 191).

98 Voegelin mentionne en particulier H. U. von Balthasar, *Prometheus. Studien zur Geschichte des deutschen Idealismus*, Heidelberg, Kerle, 1947 ; H. Jonas, *Gnosis und spätantiker Geist* (2 volumes), Göttingen, Vandenhoeck & Ruprecht, 1993 ; R. Bultmann, *Das Urchristentum im Rahmen der antiken Religionen*, Zürich, Artemis-Verlag, 1949 ; E. de Faye, *Gnostiques et gnosticisme*, Paris, Leroux, 1913.

99 Lettre de Voegelin à Carl J. Friedrich du 12/04/49, *CW* 30, p. 387.

de gnose à la modernité, Voegelin renvoie à Henri de Lubac et affirme avoir « pris la précaution de discuter la question en détail avec Puech, Quispel, et Bultmann, c'est-à-dire avec les principales autorités sur la gnose et le christianisme actuellement en vie. Il sont tous d'accord pour dire que c'est *le* problème[100] ». Les réactions négatives de certains universitaires, qui lui reprochent une tendance à qualifier indistinctement de gnostique toute pensée qu'il rejette, seraient dues à l'ignorance d'« escrocs universitaires » trop paresseux pour ouvrir un livre. L'argument d'autorité devant faire taire les critiques avancées par son interlocuteur, Carl J. Friedrich, mérite d'être cité : « Je suis ébahi que vous, d'entre tous, preniez parti pour les escrocs contre les érudits – et quels érudits – regardez à nouveau la liste des noms ci-dessus[101] ». L'arrogance de Voegelin pourrait être excusée, et son argumentation convaincante, si les grands noms sur lesquels il s'appuie avaient effectivement validé son analyse. Or nul autre que Bultmann rejeta clairement l'usage du terme de « gnose » par Voegelin, dans la mesure où il ne correspond pas à la doctrine des mouvements gnostiques anciens – un point important pour Voegelin, qui prétend tirer ses concepts du matériel historique, et non les imposer à celui-ci. La critique de Bultmann est claire :

> « Je doute que votre élargissement de la notion de gnose soit tenable. Si je m'oriente par rapport aux six points mentionnés dans 'Religionsersatz' p. 6 *sq.*, je pense que votre caractérisation de la gnose dans les points 1-3 est pertinente, mais pas dans 4-6 [c'est-à-dire toutes les thèses touchant à l'immanentisation ; BG]. La croyance selon laquelle l'ordre de l'être devrait être changé dans un processus historique et qu'un tel changement serait à portée de l'action humaine, et que la 'gnose' serait la connaissance de la recette du changement, cela n'est pas seulement étranger à la gnose originelle, mais est en contradiction complète avec elle ; car la gnose originelle n'enseigne pas l'activité, mais la fuite du monde. Elle est une religion radicalement dualiste, qui ne condamne pas seulement le monde comme monde actuel [tel qu'il est ; BG], mais en tant que monde en général[102] ».

---

100 *Ibid.*

101 *Ibid.*, p. 388.

102 Lettre de Bultmann à Voegelin du 04/03/1960, Hoover Archives, Box 8.55. Voir S. Rossbach, « Gnosis in Eric Voegelin's Philosophy », *Political Science Reviewer* 34/1, 2005, p. 83. Bultmann fait référence à un article de Voegelin, « Religionsersatz. Die gnostischen Massenbewegungen unserer Zeit », originellement paru en 1960 dans *Wort und Wahrheit. Monatsschrift für Religion und Kultur*, réimprimé en juillet 1985 dans *Vorträge und Aufsätze* de l'Académie d'enseignement politique de Tutzing. Les six caractéristiques décrivant

En d'autres termes, la gnose originelle n'a rien à voir avec l'immanentisation, qui est pourtant le processus central que Voegelin associe à la gnose et sur lequel il fonde sa critique des mouvements politiques contemporains. De même l'étude classique de Jonas, dont Voegelin se réclame également, met elle aussi en avant l'extrême transcendance se trouvant au cœur de la gnose, dont l'attitude « révolutionnaire » est avant tout une révolte contre le monde menant à une fuite hors de celui-ci, non à la transformation révolutionnaire d'un domaine nécessairement mauvais. Si certains éléments de l'analyse de Jonas se retrouvent chez Voegelin, on peut cependant conclure qu'il « dévie considérablement de Jonas afin d'établir (ou plutôt de forcer) un parallèle entre le gnosticisme et le marxisme », alors que « Jonas avait clairement montré que la révolution gnostique n'a pas un but immanent[103] ». Ce n'est d'ailleurs pas un hasard si Jonas, qui cherche lui aussi à lire les phénomènes actuels au prisme de la gnose, discerne un parallèle non entre la gnose et le matérialisme marxiste, mais entre la gnose et l'existentialisme[104]. La conclusion de Matthias Riedl est donc juste : « [...] dans les circonstances de la Guerre froide et des luttes idéologiques concomitantes, Voegelin s'abandonna à la séduction d'une thèse englobante dont la valeur polémique peut difficilement être ignorée[105] ».

Une révision de la thèse de Voegelin au vu des sources actuelles vient confirmer ce verdict et les doutes des spécialistes cités quant à la pertinence historique des concepts de gnose et de gnosticisme. Il ne s'agit pas seulement d'un problème général concernant la doctrine que Voegelin associe au « gnosticisme », l'immanentisation, qui est de toute évidence, même pour la recherche de son époque, un contresens. En effet, c'est également la manière dont Voegelin insère la gnose dans la généalogie du sens de l'histoire qui s'avère problématique. C'est selon

selon Voegelin l'attitude gnostique, dont Bultmann n'accepte que les trois premières, sont les suivantes : 1. Insatisfaction vis-à-vis de la situation présente ; 2. Le monde est mauvais en soi ; 3. Croyance en la possibilité d'être sauvé du mal du monde ; 4. L'ordre de l'être doit être changé au cours d'un processus historique ; 5. Changer l'ordre de l'être est à la portée de l'action humaine ; 6. Le rôle du gnostique est de découvrir la recette de la rédemption et de l'annoncer à l'humanité.

103 M. Riedl, « Modernity as the Immanentization of the Eschaton : A Critical Re-evaluation of Eric Voegelin's Gnosis-thesis », in P. Caringella ; W. Cristaudo ; G. Hughes (éds.), *Revolutions : Finished and Unfinished, From Primal to Final*, Newcastle, Cambridge Scholars Publishing, 2012, p. 103.

104 Voir H. Jonas, « Gnosis, Existentialismus und Nihilismus », in *Gnosis und spätantiker Geist*, vol. 2, Göttingen, Vandenhoeck & Ruprecht, 1993, p. 359 *sqq.*

105 M. Riedl, « Modernity as the Immanentization of the Eschaton », *op. cit.*, p. 103.

lui par l'intermédiaire de Joachim de Flore, « prophète gnostique », que la gnose entre sur le devant de la scène de l'histoire, qu'elle passe du statut de mouvement sectaire à celui de courant dominateur influençant la modernité. Riedl, un des rares spécialistes de l'œuvre de Joachim de Flore, insiste sur la contradiction profonde entre les affirmations de Voegelin et les résultats actuels de la recherche. Comme le souligne Riedl, Joachim n'est en aucun cas un gnostique[106]. Dans ses œuvres, celui-ci critique au contraire directement les mouvements de son époque identifiés comme « gnostiques » et se situe dans une perspective « en complet accord avec l'orthodoxie catholique[107] ». Joachim rejette non seulement toute idée d'une connaissance devant apporter la rédemption, mais il se place distinctement dans la perspective d'une réforme interne de l'Église catholique, ce qui correspond à l'interprétation défendue par Löwith[108]. Il ne s'intéresse pas au futur du monde immanent, mais au futur de l'Église catholique, telle qu'elle peut être régénérée par une réforme conforme à sa tradition. Cela ne signifie pas pour autant, selon Riedl, que Joachim ne joue aucun rôle dans le processus d'immanentisation de l'eschatologie, mais ce processus n'a, d'une part, rien de « gnostique », et il s'insert d'autre part dans la pensée catholique : « cette immanentisation et son progressisme inhérent doivent être compris comme une radicalisation de la réforme de l'Église catholique, et non comme le résultat de courants sectaires masqués. C'est le résultat d'un nouveau concept de l'Église, tel qu'il est développé par les réformateurs grégoriens[109] ». Cela n'exclut pas une transformation ultérieure de ces courants dans la modernité, mais force est de constater qu'il n'est, du point de vue strictement historique, pas fondé d'associer Joachim de Flore à la gnose, ni de présenter ses idées comme étant en radicale opposition avec l'orthodoxie de l'Église, et donc avec la tradition chrétienne.

La conception de Voegelin, qui fait de l'immanentisation le cœur de la gnose, n'est donc, à son époque même, en aucun cas le reflet d'un consensus

106 Voir *ibid.*, p. 87.

107 *Ibid.*, p. 88.

108 Voir K. Löwith, *Weltgeschichte und Heilsgeschehen*, *SS* 2, p. 172 : « Comme Luther après lui, Joachim ne pouvait prévoir que son projet religieux de démondaniser l'Église allait se transformer, dans d'autres mains, en son contraire : en une mondanisation du monde, qui fut d'autant plus encouragée que la pensée eschatologique fut appliquée à des choses avant-dernières [...] ».

109 M. Riedl, « Modernity as the Immanentization of the Eschaton », *op. cit.*, p. 90.

dans la recherche, mais bien davantage un contresens. D'autre part, la manière dont Voegelin introduit le problème de la gnose dans le sens de l'histoire, en l'associant à Joachim de Flore, n'a pas non plus lieu d'être. Plus largement, la recherche spécialisée tend actuellement à remettre en cause les concepts mêmes de « gnose » et, surtout, de « gnosticisme[110] ». Si ces termes sont si problématiques, c'est parce qu'« un terme rhétorique a été confondu avec une entité historique. Il n'y avait pas et il n'y a pas une telle chose que le gnosticisme, si nous comprenons par là une sorte d'entité religieuse ancienne dotée d'une seule origine et d'un ensemble distinct de caractéristiques. Le gnosticisme est plutôt un terme inventé au début de la période moderne pour aider à définir les limites d'une chrétienté normative[111] ». Plus précisément, la « gnose » ne correspond ni à la définition qu'un courant religieux aurait utilisée pour se désigner lui-même – comme les chrétiens –, ni à un ensemble de phénomènes suffisamment proches et cohérents pour être regroupés sous une catégorie commune[112]. Dans *Rethinking « Gnosticism »*, Michael A. Williams souligne au contraire la multiplicité des doctrines et des organisations des mouvements religieux regroupés sous ce terme. Même en tant qu'idéal-type, le « gnosticisme » a failli dans la mesure où il n'a pas été en mesure d'apporter une clarté supplémentaire aux phénomènes historiques, mais bien plutôt l'inverse[113]. Comme le soulignent Williams et Riedl, ce n'est que la perspective hérésiologique des pères de l'Église, en particulier d'Irénée de Lyon, qui donne une cohérence et une doctrine à un ensemble de mouvements, dans le but de les exclure définitivement au profit de l'institution dominante[114]. Face à la thèse de la gnose de Voegelin, il ne reste donc que deux réponses possibles. Soit l'on décide d'abandonner entièrement les concepts de « gnose » et de « gnosticisme » car ils sont, en tant que concepts empiriques, trop problématiques. Soit l'on suppose qu'il est légitime au sens historique de parler de « gnose », mais le concept de Voegelin s'avère alors inapproprié pour désigner ce phénomène.

---

110 Voir en particulier les ouvrages de M. A. Williams, *Rethinking « Gnosticism ». An argument for dismantling a dubious category*, Princeton, Princeton University Press, 1996 et K. L. King, *What is Gnosticism ?*, Cambridge, Harvard University Press, 2005.

111 K. L. King, *What is Gnosticism*, *op. cit.*, p. 1 *sq.*

112 M. A. Williams, *Rethinking « Gnosticism »*, *op. cit.*, p. 29.

113 Voir *ibid.*, p. 49.

114 M. Riedl, « Modernity as the Immanentization of the Eschaton », *op. cit.*, p. 93 ; M. A. Williams, *Rethinking « Gnosticism »*, *op. cit.*, p. 33 *sqq.*

Comment expliquer que Voegelin, malgré ces manquements évidents et les attaques auxquelles il a été confronté, ait pourtant maintenu, avant la révision majeure intervenant dans *The Ecumenic Age*, une catégorie aussi problématique ? L'hypothèse la plus probable est que la perspective de Voegelin n'est pas, comme il le prétend, originellement empirique, mais avant tout hérésiologique et prolonge donc les intentions ayant présidé à la création du concept. Elle est hérésiologique non seulement, comme le rappelle Riedl[115], car la principale source sur la gnose utilisée par Voegelin est le *Contre les hérésies* d'Irénée de Lyon, mais aussi du point de vue fonctionnel : la critique de tout adversaire au moyen du concept de « gnosticisme » s'apparente à la dénonciation d'une hérésie[116]. En effet, le seul rapprochement d'une pensée avec le gnosticisme suffit pour l'exclure immédiatement et définitivement, la critique étant ici avant tout un acte de langage performatif. Un argument particulièrement frappant en faveur de cette interprétation est la distinction arbitraire chez Voegelin, à l'époque de *The New Science of Politics*, entre la gnose et un « christianisme essentiel » non corrompu, distinction qui repose sur un argument profondément historiciste[117]. Le christianisme d'inspiration augustinienne s'étant imposé, c'est donc lui qui représenterait la forme légitime du christianisme et serait libre d'exclure ses concurrents « gnostiques ». C'est pourquoi, en ce sens, et

115 M. Riedl, « Modernity as the Immanentization of the Eschaton », *op. cit.*, p. 93.

116 Voir R. Beiner, *Political Philosophy. What It Is and Why It Matters*, New York, Cambridge University Press, 2014, p. 98. Selon Beiner, le fait que Voegelin accorde une place centrale à la catégorie de gnosticisme montre qu'il « regarde la modernité, du début jusqu'à la fin, *comme une forme d'hérésie religieuse* ». Cette affirmation me semble toutefois exagérée de deux points de vue. Tout d'abord, il existe chez Voegelin une certaine ambivalence quant à la valeur attribuée à la modernité, qui n'est pas uniformément négative, un point particulièrement souligné par Hans-Jörg Sigwart dans « Crise de la modernité et démocratie moderne : L'interprétation néoclassique du régime civil occidental par Eric Voegelin », in T. Gontier (éd.), *Politique, religion et histoire chez Eric Voegelin*, Paris, Cerf, 2011. D'autre part, parler d'une forme d'hérésie « religieuse » est problématique, car la modernité ne peut être, dans une perspective voegelinienne, définie comme un mouvement seulement religieux. Son caractère problématique vient au contraire de la « re-divinisation » du politique, un projet qui n'est donc pas en soi religieux, mais avant tout politique. C'est pourquoi il est davantage justifié de parler d'une perspective hérésiologique chez Voegelin à un autre niveau, celui de l'usage des catégories. Voegelin ne considère pas l'ensemble de la modernité « comme une forme d'hérésie religieuse », mais le fait de qualifier certains courants comme « gnostiques » s'apparente effectivement, au niveau de la structure argumentative, à un anathème.

117 Voir la lettre à Alfred Schütz du 1er janvier 1933 in *Briefwechsel über « Die Neue Wissenschaft der Politik »*, éd. par P. J. Opitz, München, Karl Alber Verlag, 1993, p. 111.

seulement en ce sens, on pourrait donner raison à une critique qui voit Voegelin endosser le rôle d'un inquisiteur, maniant la gnose comme une arme « politothéologique[118] ».

Quoiqu'il en soit, dans le cadre de la généalogie du sens de l'histoire, les concepts de « gnose » et de « gnosticisme » ne sont manifestement pas tenables et doivent être abandonnés[119]. Cela ne signifie pas pour autant qu'ils doivent ni ne peuvent être totalement exclus dans l'étude de l'œuvre de Voegelin, qui connaît des évolutions. En effet, à partir d'un certain stade de son œuvre, le gnosticisme y perd sa valeur de concept empirique désignant une réalité historique[120]. Le gnosticisme, avant tout appliqué à la modernité davantage qu'aux mouvements anciens, devient alors davantage une étiquette dont la signification s'émancipe du substrat historique. Cependant, cette « deuxième thèse de la gnose » n'intervenant pas directement dans la généalogie du sens de l'histoire, elle peut être provisoirement écartée de l'analyse.

---

118 Richard Faber désigne ainsi une perspective où la théologie ne sert que de prétexte pour défendre des buts politiques. Le pamphlet de Richard Faber, *Der Prometheus-Komplex. Zur Kritik der Politotheologie Eric Voegelins und Hans Blumenbergs*, Würzburg, Königshausen & Neumann, 1984, présente d'autres idées provocatrices et intéressantes mais il tombe régulièrement dans la polémique grossière, souvent fondée sur des rumeurs rapportées par Jacob Taubes, dont la crédibilité est pour le moins douteuse.

119 C'est pourquoi chercher à regrouper Voegelin et Löwith précisément sous l'étiquette du « gnosticisme » me semble être non seulement totalement inapproprié en ce qui concerne Löwith, mais aussi la pire des stratégies si l'on souhaite montrer la pertinence de leur pensée. Voir par exemple W. Styfhals, « The Eternal Return of Gnosticism ? Secularization and the Problem of Evil », in S. Latré *et al.* (éds.), *Radical Secularization ? An inquiry into the religious roots of secular culture*, New York, Bloomsbury, 2015. Il n'est par ailleurs pas correct d'affirmer que, en mettant au cœur de sa lecture de l'histoire les concepts de « gnose » et de « gnosticisme », Voegelin suit une voie déjà tracée à l'époque par Karl Löwith, Hans Jonas et Jacob Taubes. Löwith n'utilise pas le concept de gnose, Jonas l'utilise en un sens différent. Seul Taubes, qui partage un même goût pour la polémique, pourrait sur ce point être rapproché de Voegelin. Voir T. Gontier, « Gnosticisme et sécularisation. La critique de la modernité chez Eric Voegelin », *Droits*, n° 59, 2014/1, p. 59.

120 Rossbach, en particulier, argumente en ce sens. Voir S. Rossbach, « Gnosis in Eric Voegelin's Philosophy », *op. cit.*, p. 87 *sqq.*

LE SENS DE L'HISTOIRE, UNE NOTION IDÉOLOGIQUE

Quelles que soient les différences entre Voegelin et Löwith au sujet de la généalogie du sens de l'histoire, tous deux s'accordent néanmoins pour rejeter cette idée en raison de son caractère idéologique. Compte tenu de la tonalité extrêmement critique de leur généalogie du concept, ce rejet n'est pas en soi véritablement étonnant, mais est-il motivé par les mêmes arguments et quelles conclusions en tirer quant à la politisation de l'histoire ?

L'argumentation avancée par Voegelin et Löwith contre le sens de l'histoire présente une grande similarité. La conception du sens de l'histoire présuppose que l'histoire puisse être considérée dans son ensemble, une connaissance incluant non seulement les événements passés et présents, mais également les événements futurs. Le sens de l'histoire présuppose donc aussi la fin de l'histoire, car seule une histoire finie, dont le processus est connu et la fin un accomplissement de l'ensemble du processus, peut être un objet d'expérience. Voegelin et Löwith articulent leurs critiques à partir de variations de ce même argument. Chez Voegelin, la critique du sens de l'histoire est liée à la critique, centrale dans son œuvre, du processus d'immanentisation. Selon lui, il est erroné d'attribuer une unité à l'histoire, de parler d'un *eidos* de l'histoire, tant du point de vue de la philosophie antique que du christianisme, lequel pose certes l'idée d'un accomplissement de l'homme et de l'humanité, mais cet accomplissement ne peut être atteint que dans le domaine surnaturel, transcendant l'histoire. Ce faisant, « le problème d'un *eidos* de l'histoire ne se pose que lorsque l'accomplissement chrétien transcendantal est immanentisé[121] ». Or cette immanentisation est erronée car elle s'oppose à la conception classique augustinienne, laquelle n'accorde un sens qu'à l'histoire divine, qui suit une direction eschatologique, tandis que l'histoire profane n'a de sens qu'en tant qu'attente passagère. Parler d'un sens de l'histoire a pour conséquence d'abolir la tension existant entre l'histoire et ce qui la transcende, en ramenant le sens au seul présent immanent[122]. Cependant,

121 Voir E. Voegelin, *The New Science of Politics*, p. 175 *sq.* (*CW* 5, p. 185 *sq.*).

122 Voir E. Voegelin, « The Beyond and Its Parousia », *CW* 33, p. 409.

s'il est exclu d'attribuer un sens à l'histoire dans son ensemble, dans la mesure où elle n'est pas une chose donnée à la connaissance[123], une possibilité d'association entre sens et histoire subsiste, celle non pas d'un sens *de* l'histoire, mais d'un sens *dans* l'histoire. Pour Voegelin, bien qu'un énoncé sur le sens de l'histoire soit impossible du point de vue théorique, il n'en reste pas moins une « occupation constante de l'esprit humain », si bien qu'il est tout à fait possible de défendre une « science empirique des opinions qui ont été prononcées à un moment ou à un autre sur le sens de l'histoire[124] ». Le sens *dans* l'histoire désigne alors les séquences de sens, constituées par ces énoncés sur le sens *de* l'histoire, qui peuvent se former à l'intérieur de l'histoire et être donc l'objet d'une science empirique. C'est là, selon Voegelin, la position défendue par Löwith[125].

De fait, Löwith développe une réfutation du sens de l'histoire reposant sur des arguments similaires. S'il est selon lui légitime de parler d'une signification (*Bedeutung*) des événements historiques, le sens (*Sinn*) présuppose au contraire l'idée d'un but futur ayant valeur d'accomplissement, laquelle n'est présente que dans l'espérance tournée vers le futur introduite par la tradition judéo-chrétienne. Cependant, dans la mesure où Löwith n'est pas à la recherche d'une ligne de continuité robuste, il ne pose pas, comme Voegelin, un processus d'immanentisation mais considère la pensée biblique comme « source de notre conscience historique moderne[126] ». Certes, il ne faudrait pas pour autant « interpréter notre pensée moderne, mondaine, à l'intérieur de la conscience 'historique' de l'Ancien et du Nouveau Testament », dont la conception de l'histoire, marquée par l'attente proche du Jugement, reste bien différente. Mais, malgré cette concession, c'est bien « la vision eschatologique du Nouveau Testament [qui] a ouvert le regard sur l'accomplissement à venir – à l'origine au-delà, puis plus tard à l'intérieur de la vie historique[127] ». On remarque ici deux différences par rapport à l'argumentation de Voegelin. D'une part, la source principale de l'idée du sens de l'histoire et de la conscience historique moderne n'est pas rapportée à une immanentisation, mais à la pensée biblique elle-même. Löwith ne cherche pas à préserver une interprétation authentique du christianisme qui n'aurait un rapport

123 Voir *ibid.*, p. 402.
124 E. Voegelin, « Configurations of History », *CW* 12, p. 96.
125 Voir *ibid.*, p. 96 et E. Voegelin, « The Beyond and Its Parousia », *CW* 33, p. 402.
126 K. Löwith, *Weltgeschichte und Heilsgeschehen*, *SS* 2, p. 210.
127 *Ibid.*, p. 211.

avec le sens de l'histoire que par l'intermédiaire de sa perversion immanentiste. D'autre part, contrairement à ce qu'affirme Voegelin, Löwith ne considère par la question du sens de l'histoire comme une constante de l'esprit humain, mais comme historiquement et culturellement déterminée. Un élément fondamental du projet de *Meaning in History* est justement de chercher à historiciser la question du sens de l'histoire afin d'en montrer le caractère construit :

> Le fait que nous posions à l'histoire dans son ensemble la question du sens ou du non-sens est lui-même déterminé historiquement : la pensée juive et chrétienne ont créé cette question incommensurable. Poser sérieusement la question du sens ultime de l'histoire dépasse tout pouvoir de connaissance et nous coupe le souffle ; cela nous place dans un vide, que seule l'espoir et la foi peuvent combler[128].

Malgré ces différences, Löwith comme Voegelin rejettent d'un commun accord le sens de l'histoire en tant que terme idéologique. Même si la question du sens dans l'histoire reste donc ouverte, un sens de l'histoire est en soi impossible. Le maintien d'une telle conception ne peut mener qu'à la lutte idéologique entre conceptions concurrentes, aboutissant ainsi à un combat des valeurs généralisé et sans issue[129]. C'est dans ce cadre que le relativisme peut apparaître comme une solution. Si aucune des conceptions du monde ne peut s'imposer comme vraie, car toutes sont idéologiques, seul un « polythéisme » peut permettre de neutraliser cette lutte.

---

128 *Ibid.*, p. 14.
129 Voir E. Voegelin, « Configurations of History », *CW* 12, p. 96 *sq.*

L'HISTORICISME, UNE RÉPONSE À LA POLITISATION DE L'HISTOIRE ?

Si le sens de l'histoire est avant tout une notion idéologique dont aucune variante n'est plus légitime qu'une autre, toute nouvelle affirmation d'un sens de l'histoire ne représente alors que l'entrée d'un nouveau combattant dans l'arène de la lutte idéologique. Par conséquent, si toute mise en sens de l'histoire est vaine, et s'il est donc impossible d'unifier le politique et l'histoire, quel rapport doivent-ils entretenir ? L'historicisme, né en réaction aux philosophies de l'histoire progressistes des Lumières, peut être compris comme une réponse à cette question dans la mesure où il récuse tout sens de l'histoire englobant et vise à découpler histoire et politique[1]. Étant donné qu'il est en définitive impossible de justifier une conception du sens de l'histoire face à une autre, toute situation historique acquiert une égale valeur. Chaque époque est, selon la formule

1 Sur l'historicisme en général, en particulier dans les sciences historiques, voir G. G. Iggers, *Deutsche Geschichtswissenschaft*, München, DTV, 1971 et F. Jaeger ; J. Rüsen, *Geschichte des Historismus. Eine Einführung*, München, Beck, 1992. Le concept a connu différents usages, que l'on peut regrouper en deux ensembles. Le terme tel que nous l'utilisons ici, suivant l'usage dominant dans la littérature, renvoie à une position épistémologique refusant toute loi générale de l'histoire, au profit de l'événement unique et particulier. L'historicisme défend une historicisation fondamentale de la pensée de l'homme, de sa culture et de ses valeurs, qui ne sont valables que pour une période déterminée. Par conséquent, rien ne peut prétendre à l'éternité et à la permanence. Toute essence, identité ou nature est le produit de l'histoire, toutes les actions et idées humaines ne peuvent être expliquées que par leurs causes historiques spécifiques. À cette compréhension s'oppose principalement celle de Karl Popper (K. R. Popper, *The Poverty of Historicism*, London, Routledge, 1961), qui associe l'historicisme à la position opposée, en la confondant avec la philosophie de l'histoire. Pour Popper, l'historicisme renvoie à la recherche des lois générales de l'histoire qui gouvernent son développement nécessaire, c'est-à-dire du sens de l'histoire, une entreprise qu'il lie au fascisme et au communisme. Cependant, rien dans les sources couramment associées à l'historicisme (en particulier du côté des historiens tel Ranke) ne vient justifier une telle interprétation du terme, qui a depuis été souvent critiquée. Sur cette question, voir F. C. Beiser, *The German Historicist Tradition*, Oxford, Oxford University Press, 2011, « Introduction : The Concept and Context of Historicism », p. 1-26.

de Ranke, dans un rapport immédiat avec Dieu, chaque modèle politique possèderait donc sa propre vérité, indépendamment d'un progrès historique. Ce modèle est cependant confronté principalement à deux difficultés. D'une part se pose la question de savoir s'il parvient véritablement à découpler politique et histoire, et ce faisant à échapper à la politisation de l'histoire que porte l'idée d'un sens de l'histoire, ou s'il revient au contraire à défendre une variante de la politisation. À ce problème de cohérence systématique s'ajoute la question des conséquences politiques d'un tel modèle, en particulier du relativisme dont il peut être porteur et qui a souvent été critiqué. Pour Leo Strauss en particulier, l'historicisme n'est pas une solution mais le principal problème de la modernité, et même une menace pour la philosophie politique en tant que telle. Dans la mesure où il fut proche de Löwith et Voegelin[2], tant au niveau personnel qu'intellectuel, sa critique de l'historicisme mérite d'être rappelée car elle permet, de par son caractère radical, de montrer les principales lignes de fracture autour desquelles s'organise le débat.

L'historicisme est selon Strauss un produit de l'école historique du XIXe siècle, laquelle représente une « réaction contre la Révolution française et les doctrines du droit naturel qui avaient préparé ce bouleversement[3] ». Alors que le droit naturel affirme la possibilité de fonder de nouveaux principes sur un socle universel, l'historicisme vise à détruire toute norme universelle en affirmant la supériorité du particulier. Mais les conséquences de cette démarche sont, pour Strauss, encore plus néfastes que celles du mal qu'elle était censé combattre.

> En récusant la signification, sinon l'existence de normes universelles, l'école historique détruisait les seules bases solides de tout effort sérieux pour transcender l'actualité. [...] En comprenant leur passé, leur héritage, leur situation historique, les hommes étaient capables, croyait-on, de parvenir à des principes aussi objectifs qu'avaient espéré l'être ceux de la philosophie

---

2 Strauss et Löwith firent connaissance au cours de leurs études à l'université de Marburg, durant les années 1920, et restèrent en contact toute leur vie, en particulier dans les années 1930 et 1940. Suite à la nomination de Leo Strauss à l'Université de Chicago en 1949, Löwith reprendra même son poste à la New School for Social Research de New York. Strauss et Voegelin furent également proches, bien qu'ils firent connaissance plus tardivement. Strauss est notamment à l'origine de l'invitation de Voegelin pour les Walgreen Lectures à l'Université de Chicago en 1951, qui furent à l'origine de *The New Science of Politics*.

3 L. Strauss, *Droit naturel et histoire*, trad. française M. Nathan et E. de Dampierre, Paris, Flammarion, 1986, p. 24.

> politique préhistoriciste : aussi objectifs et, qui plus est, non point abstraits ou universels, donc nuisibles à une action sage aussi bien qu'à une vie vraiment humaine, mais concrets ou particuliers – relatifs, adaptés à une époque, à une nation déterminée[4].

En cherchant à découpler politique et histoire, à renvoyer la situation politique non à un principe universel se développant dans l'histoire, mais à une situation particulière, l'historicisme aboutit paradoxalement non à un découplage, mais à une fusion complète entre histoire et politique. C'est surtout dans le domaine politique que Strauss localise les principaux bouleversements apportés par cette position. Si tous les principes ne sont en définitive valables que relativement à une situation historique donnée, il n'existe alors aucun critère permettant de distinguer, en transcendant la situation historique, ce qui est bien. Tout choix ne peut être que relatif, la question du meilleur ordre et de la vie bonne en soi n'est donc pas seulement abandonnée, elle est même rendue impossible. L'exclusion de ces questions fondamentales, qui étaient notamment au cœur de la philosophie antique, révèle toute l'ampleur d'un problème qui n'est épistémologique qu'en apparence. En excluant toute réponse intemporelle aux questions fondamentales, en rendant impossible tout cadre de référence durable, l'historicisme mène au nihilisme, à la destruction de toute valeur absolue. Il consacre le variable et l'historique au détriment du permanent et de l'universel[5]. Cette « seconde caverne » dans laquelle s'est enfermée la pensée moderne ne se limite pas à la philosophie politique, elle remet plus largement en question la possibilité même de la philosophie, laquelle n'est possible pour Strauss « au sens plein et premier du terme » que dans le cadre du droit naturel, c'est-à-dire d'un droit non conventionnel, non positif, fondé sur la nature de l'homme mais pouvant être découvert par l'usage de la raison[6].

La conclusion nihiliste de l'historicisme n'est pas sans lien avec l'idée du sens de l'histoire qu'elle réfute, bien que cette dernière semble à première vue incompatible avec le relativisme. Comme le souligne Löwith, l'historicisme est apparenté à la spéculation hégélienne dans la mesure où celle-ci donne un sens au domaine historique, en tant que l'absolu s'y manifeste. Cependant, comme la pensée de Hegel s'articule autour

---

4 *Ibid.*, p. 27.
5 Voir *ibid.*, p. 29.
6 Voir *ibid.*, p. 40.

du développement déterminé de l'esprit dans l'histoire, son historicisme reste fondé sur une métaphysique et n'est donc pas relativiste. La métaphysique de l'histoire postule l'avènement, dans et par l'histoire, d'une structure définie et absolue, et maintient donc un certain découplage entre histoire et politique. Mais cet historicisme métaphysique se transforme rapidement en un « historicisme absolu » :

> Les véritables élèves de Hegel ont fait de sa *métaphysique* de l'histoire de l'esprit un *historicisme absolu* en ne reprenant de l'absoluté de l'esprit se développant dans l'histoire que le caractère historique, et en faisant du déroulement des événements dans le temps l'autorité suprême [régnant] aussi sur la philosophie et l'esprit[7].

Bien que Strauss et Löwith diffèrent légèrement dans leur conception de la genèse de l'historicisme, combiner leurs interprétations permet de mettre en relief les enjeux tant politiques que philosophiques de ce courant. La politisation du temps dans sa forme spécifiquement moderne, c'est-à-dire la politisation de l'histoire dans son ensemble, présuppose la conception d'un sens de l'histoire. La généalogie avancée par Voegelin et Löwith, présentée plus haut, vise à retracer le développement de l'idée du sens de l'histoire et à souligner son caractère idéologique, qui semble à première vue pouvoir être dépassé au moyen de l'historicisme dans la mesure où celui-ci vise à récuser tout principe universel de l'histoire auquel le politique serait subordonné. Cependant, comme le montre en particulier Strauss, l'historicisme retombe dans un mode de pensée historique rendant impossible toute réflexion normative sur le politique. Par conséquent, compte tenu de la proximité souvent soulignée entre Strauss, Löwith et Voegelin, on pourrait s'attendre à ce que tant Löwith que Voegelin considèrent aussi l'historicisme comme le problème majeur des Temps modernes et cherchent une autre solution au sens de l'histoire. Pourtant, leur interprétation est plus nuancée.

---

7 K. Löwith, *Von Hegel zu Nietzsche. Der revolutionäre Bruch im Denken des 19. Jahrhunderts*, *SS* 4, p. 274.

KARL LÖWITH : L'HISTORICISME, CONSÉQUENCE INÉVITABLE DE LA CONSCIENCE HISTORIQUE MODERNE

La critique de l'historicisme chez Löwith se construit avec et contre Strauss, dont il reste proche dans le cadre général où intervient son analyse de l'historicisme, qu'il considère aussi comme un problème majeur de la pensée européenne, lié au nihilisme moderne. Cependant, tandis que Strauss voit dans le nihilisme une conséquence de l'historicisme, Löwith tend davantage à le considérer comme sa cause. Le développement de la philosophie européenne menant au nihilisme, au sein duquel le développement de l'historicisme prend son sens, est reconstruit en détail dans *Von Hegel zu Nietzsche*, auquel Strauss consacre une recension particulièrement élogieuse en 1941 dans *Social Research*[8]. Ce développement, c'est la transformation de la philosophie comme contemplation *sub specie aeternitatis* du tout à la pensée de l'époque temporelle donnée, « une pensée devenue démesurément historique, pour laquelle il n'y a rien de naturellement étant-toujours-ainsi [*Immer-so-Seiendes*] et de stable, d'éternel ou se répétant éternellement, mais uniquement le temps et le mouvement, l'histoire et le processus[9] ». Après l'échec du dépassement tenté par Nietzsche avec l'éternel retour du même, la conscience historique est devenue le destin d'une époque où toutes les normes, tout ce qui est stable, vacille. Pour reprendre les termes du théologien Friedrich Gogarten, « l'historicisation de notre pensée dans son ensemble s'est aujourd'hui imposée de manière si englobante qu'aucun produit de notre pensée ne peut s'y soustraire. Et chaque pensée qui cherche une norme ou veut elle-même en devenir une est menacée d'être purement et simplement abrogée[10] ». Une telle transformation

8 Löwith, écrit Strauss, « ayant suivi l'évolution durant l'après-guerre [l'entre-deux-guerres ; BG] avec une attention passionnée et une sympathie critique, et étant arrivé à un point échappant presque à son emprise, il la résume et l'abandonne en nous présentant un récit lucide et sobre du développement typique ». Voir L. Strauss, recension de K. Löwith, *Von Hegel zu Nietzsche*, *Social Research*, vol. 8, n° 4 (nov. 1941), p. 513.

9 K. Löwith, « Die Dynamik der Geschichte und der Historismus » (1952), *SS* 2, p. 307.

10 F. Gogarten, « Historismus », in *Zwischen den Zeiten*, 8/1924, p. 171. Voir aussi « Zwischen den Zeiten », in *Christliche Welt*, 24/1920, p 97 : « Que devons-nous donc retenir ? Et

n'est, pour Löwith, rendue possible que par la disparition des cadres cosmologique et théologique qui fondaient respectivement la cosmologie classique et la théologie chrétienne. Seule la disparition de la valeur suprême accordée au cosmos immanent ou au Dieu transcendant, qui encadraient le sens du tout, permet à la foi en l'histoire, à l'insistance sur la seule existence historique, et par conséquent à l'historicisme, de se développer[11]. L'historicisme correspond donc à la tentative de créer, dans le contexte de la perte des valeurs absolues, du nihilisme européen, un cadre nouveau permettant de donner malgré tout un sens, même très relatif, à l'existence historique. C'est désormais cette dernière qui devient le point de référence fondamental de l'existence humaine, indépendamment de toute norme hors du temps.

Le principal représentant de cette « dernière religion des intellectuels » est, pour Löwith, Wilhelm Dilthey[12]. Ce dernier affirme l'impossibilité de tout système, de toute métaphysique, et même d'une nature de l'homme, laquelle doit se dissoudre dans le processus de l'histoire. Cependant, Dilthey est bien conscient des conséquences pratiques de l'historicisme, en particulier de la « profonde contradiction » qui habite une époque où l'on peut « se repaître de la richesse des traditions historiques, des convictions et des modes de vie, des cultures, des religions, des mythes et des philosophies et, d'un autre côté, ne pas savoir quelle est la norme indissoluble devant diriger notre agir et quels sont les buts ultimes de la vie, et se trouver encore plus désemparé face aux questions décisives qu'on ne l'a été lors de toute époque précédente[13] ». L'historicisme est

comment devrions-nous le faire ? Tout ces choses sont, depuis longtemps, détruites. Elles ont depuis longtemps été expliquées comme une évolution historique, elles ont depuis longtemps été intégrées au cours de l'histoire universelle. [...] Désormais, le courant du développement historique emporte toutes ces choses. Le monde est, jusqu'en ses plus lointains recoins, empli du grondement de ce flot ». Ces deux textes ont été réédités dans J. Moltmann (éd.), *Anfänge der dialektischen Theologie*, vol. 2, München, Kaiser Verlag, 1987.

11 Cette thèse est reprise de multiples fois par Löwith. Voir entre autres « Die Dynamik der Geschichte und der Historismus », *op. cit.*, p. 320 : « La foi en l'histoire en tant que telle est devenue la 'dernière religion des intellectuels'. Elle est le résultat de notre aliénation vis-à-vis de la théologie naturelle de l'Antiquité et de la théologie surnaturelle du christianisme, qui donnaient tous deux un cadre à l'histoire et un horizon d'expérience et de compréhension non historique. Ce n'est qu'avec la perte de cette limitation et fondation de l'histoire dans la cosmologie classique et dans la théologie chrétienne qui l'histoire a pu s'élever à la pertinence absolue que nous acceptons désormais comme évidente ».

12 Sur l'historicisme comme religion, voir entre autres J. Rüsen, *Geschichte im Kulturprozess*, Köln, Böhlau Verlag, 2002, p. 34 *sqq.*

13 K. Löwith, « Die Dynamik der Geschichte und der Historismus », *SS* 2, p. 309.

le fruit d'une situation historique paradoxale, riche en connaissances variées sur les traditions et les cultures les plus diverses mais où règne l'« anarchie de toutes les convictions profondes[14] ». Mais, bien qu'il soit conscient de ce paradoxe, Dilthey reste malgré tout dans le cadre de pensée historiciste car il ne renonce pas à l'espoir que l'historicisme se soigne progressivement par ses propres moyens. Cependant, l'historicisme « conscient » de Dilthey ne devait pas se résoudre de lui-même, mais être au contraire dépassé par celui de Heidegger, auquel Löwith attribue, en accord sur ce point avec Strauss, un « historicisme radical » qui s'étend jusqu'à englober l'existence humaine elle-même[15].

Pour Löwith, l'espoir de Dilthey était d'emblée illusoire : l'historicisme ne peut apporter une solution au nihilisme européen, au conflit entre les sens de l'histoire concurrents, car il est lui-même la forme extrême de la conscience historique[16]. Tant les philosophies de l'histoire que l'historicisme font donc partie du même problème, auquel Löwith tente d'apporter une solution. Strauss a bien remarqué, dès sa recension de *Von Hegel zu Nietzsche*, que la manière dont Löwith retrace le développement de l'historicisme a un but essentiellement critique et qu'il doit être compris comme une « contribution à la libération vis-à-vis de ce dernier[17] », un objectif que tous deux partagent. Lorsque sa critique devient plus ouverte, Löwith s'appuie directement sur l'argument de Strauss, qui met à jour dans l'historicisme une contradiction interne[18]. Si l'historicisme était cohérent, il devrait selon Strauss se comprendre lui aussi comme un produit de l'histoire dépendant d'une époque, et par conséquent soit dissoudre la validité apparemment universelle de sa thèse, soit supposer qu'un énoncé transcendant la situation historique dans lequel il émerge est bien possible, et donc se contredire[19]. Cependant, même s'il s'agit là d'un argument devenu classique, il reste imparfait. Comme l'a montré Gadamer, il n'est pas évident que les propositions « Toute découverte est historiquement déterminée » et « Cette découverte est inconditionnellement

14 *Ibid.*

15 Voir K. Löwith, « Die Dynamik der Geschichte und der Historismus », *op. cit.*, p. 309. Même si Strauss ne cite pas Heidegger, c'est probablement ce dernier qu'il associe à l'historicisme radical, notamment dans *Droit naturel et histoire*, *op. cit.*, p. 36.

16 Voir K. Löwith, « Die Dynamik der Geschichte und der Historismus », *SS* 2, p. 296.

17 L. Strauss, recension de K. Löwith, *Von Hegel zu Nietzsche*, *op. cit.*, p. 514.

18 Voir L. Strauss, *Droit naturel et histoire*, *op. cit.*, p. 38.

19 Voir K. Löwith, « Die Dynamik der Geschichte und der Historismus », *op. cit.*, p. 314. La référence à Strauss se trouve p. 311, n. 10.

valable » se situent au même niveau et se contredisent[20]. L'historicisme peut affirmer l'historicité fondamentale de toute découverte en incluant sa propre découverte dans cette proposition, si bien que ce qui est tenu pour valable maintenant n'est pas nécessairement tenu pour valable en tout temps. L'historicisme conçoit et accepte la possibilité de sa disparition à venir au profit d'une pensée non historique. Gadamer est cependant conscient que la réfutation de l'historicisme n'est, à travers cet argument, pas le principal objectif de Strauss :

> Ce que Strauss a en vue et pensé à l'intérieur de la pensée historique a valeur de correctif. Ce qu'il critique, c'est que la compréhension 'historique' des pensées issues de la tradition prétend mieux comprendre ce monde passé de la pensée qu'il ne le pouvait lui-même. En pensant ainsi, on exclurait d'emblée la possibilité que les pensées issues de la tradition puissent être tout simplement vraies. Ce serait là précisément le dogmatisme universel de la manière de penser historiciste[21].

Ici, Gadamer discerne bien les enjeux véritables de la critique de l'historicisme par Strauss, laquelle vise en même temps à le surmonter en le « corrigeant ». En attaquant l'historicisme, Strauss cherche à défendre, à l'intérieur de la pensée historique, la possibilité d'une découverte de la vérité à un moment historique particulier, dans la philosophie grecque, mais ayant une valeur transcendant ce seul moment historique. C'est pourquoi le principal outil du dépassement de l'historicisme est, pour Strauss, le retour aux textes classiques, qui peuvent selon lui être compris tels que leurs auteurs voulaient être compris. Or c'est précisément sur cette question du dépassement qu'apparaît une divergence majeure entre Strauss et Löwith, bien que leur critique du relativisme historique s'appuie sur les mêmes arguments.

Le reproche adressé par Strauss à Löwith est relativement clair et constant au cours de leur échange, lequel s'étend tout au long de leur vie[22]. S'ils s'accordent sur le « caractère général de notre *situation* »,

---

20 Voir H.-G. Gadamer, « Hermeneutik und Historismus », in *Hermeneutik II. Wahrheit und Methode* (*Gesammelte Werke 2*), Tübingen, J. C. B. Mohr, 1993, p. 416.

21 *Ibid.*

22 La correspondance conservée entre Strauss et Löwith s'étend de 1933 à 1971 et témoigne d'un échange intellectuel régulier et intense. Elle est publiée dans sa version originale (allemand et anglais) dans L. Strauss, *Gesammelte Schriften*, vol. 3, éd. H. Meier, Stuttgart, J.B. Metzler, 2001, p. 607-697. La traduction française de la correspondance, par B. Durand, est parue dans *Cités*, n° 8, 2004/1, p. 173-227. Certaines lettres y sont cependant tronquées,

principalement marquée par une « anarchie sans borne » et l'absence de toute norme « universellement contraignante[23] », Strauss reproche à Löwith de s'être approché d'un dépassement de l'historicisme sans toutefois parvenir à le réaliser car il resterait, à la suite de Nietzsche, ancré dans le XIXe siècle. Pour Strauss, une critique radicale – au sens littéral – de l'historicisme ne peut être développée qu'à partir d'un point de vue émancipé de toute dépendance vis-à-vis de la tradition chrétienne et de la polémique contre cette tradition, c'est-à-dire un point de vue nécessairement « pré-chrétien », celui de la philosophie grecque[24]. Seule cette base permettrait de rétablir la possibilité de la philosophie, en particulier de la philosophie politique. Löwith, en acceptant la nature humaine comme une norme éternelle, mais pouvant être diversement interprétée au cours du temps, s'approcherait du dépassement de l'historicisme tout en en restant prisonnier, car il n'admet pas qu'une vérité universellement valable ait pu être découverte à un instant donné mais voit la philosophie, selon Strauss, comme une « auto-interprétation de l'homme, c'est-à-dire de l'homme historiquement déterminé ». Pour Strauss, la philosophie est au contraire « simple », elle est la tentative de remplacer des opinions par un « savoir véritable du tout », tel que le cherchaient les philosophes grecs[25].

La défense par Strauss de ce qu'il considère être une découverte universellement vraie et indépassable est cependant remise en question par Löwith, qui y voit au contraire une « absolutisation historique » restant dépendante de la conscience historique[26]. Comme on peut le constater, les deux auteurs se font en définitive le même reproche, celui de n'avoir pas réussi à s'émanciper de la conscience historique. En 1933, Löwith formule ce paradoxe comme suit :

> Je pense donc de manière plus *historique* que vous ne le faites, car l'historicité de la raison est devenue pour moi une évidence et, ce faisant, je pense aussi de manière moins historique car je place toujours le droit historique du côté du *présent*, dans

je fais donc systématiquement référence à l'édition en langue originale et propose une nouvelle traduction. La numérotation est celle utilisée dans l'édition de H. Meier.

23 L. Strauss, Lettre n° 16 (sans date), p. 630.

24 L. Strauss, Lettre n° 5 (30/12/32), p. 614.

25 L. Strauss, Lettre n° 36 (20/08/46), p. 666. À ce sujet, voir aussi L. Strauss, « What is Political Philosophy », in L. Strauss, *What is Political Philosophy ? And Other Studies*, Chicago, University of Chicago Press, 1988.

26 K. Löwith, Lettre n° 6 (08/01/33), p. 615.

> l'optique du futur. Mais vous absolutisez une histoire qui n'est précisément plus la nôtre *et remplacez la chrétienté absolue par une Antiquité absolue. Vous* posez les questions suivantes : qu'est-ce que *l'*homme et 2.) qu'est-il advenu de lui – je formule certes la question de départ de la même manière, mais j'en viens de fait à me dire : 'ainsi *sommes* nous maintenant' et 2.) 'que peut-il encore advenir de l'homme' ! Non pas moi, mais bien plutôt le malheureux Kierkegaard et les partisans actuels de la restauration veulent encore récupérer et réhabiliter ce qui a été 'perdu' – je pense au contraire de manière tout à fait *ahistorique* [...][27].

La difficulté à comprendre la différence pourtant majeure entre Strauss et Löwith vient de la dialectique entre ahistoricité et historicité revendiquée par ce dernier. Tout en reconnaissant l'écroulement de la tradition, en particulier de la tradition européenne, comme un fait historique indépassable, Löwith veut retrouver à partir de la situation présente, donc de manière ahistorique, une position pouvant échapper à l'historicité. Strauss, quant à lui, pense pouvoir s'appuyer sur une tradition passée que Löwith juge, précisément en tant que tradition, caduque. Alors que Strauss voit le présent comme étant « advenu » du passé, Löwith le considère comme un état de fait inévitable devant servir de point de départ pour penser les évolutions futures. Sans l'expliciter, il attribue donc à Strauss une position réactionnaire et, surtout, toujours dépendante de la conscience historique, tandis que le projet de Löwith repose dans un premier temps sur l'acceptation du développement moderne comme un fait, même s'il est problématique, pour ensuite s'en émanciper[28]. Selon lui, c'est même précisément parce que l'historicisme conduit à la destruction de toute norme et de toute tradition qu'il est désormais possible de retrouver un point de vue véritablement indépendant[29]. Même si, après la Seconde guerre mondiale, Löwith voit de manière plus critique son engagement dans la destruction philosophique de la tradition européenne et de la « sécurité bourgeoise[30] », le même désaccord quant au rôle de l'historicisme reste prépondérant[31]. Malgré le danger

27 *Ibid.*, p. 617.

28 Cette attribution d'une position réactionnaire à Strauss de la part de Löwith est surtout visible au début de la correspondance. Deux lettres de Strauss vont particulièrement en ce sens, la lettre n° 7 du 02/02/33 et la très discutée lettre n° 11 du 19/05/33, dans laquelle Strauss défend les « principes » fascistes.

29 Voir K. Löwith, Lettre n° 6 (08/01/33), p. 615.

30 K. Löwith, Lettre n° 6 (08/01/33), p. 618.

31 Voir en particulier K. Löwith, Lettre n° 35 (18/08/46) et L. Strauss, Lettre n° 36 (20/08/46), p. 664-670. Comme Strauss le remarque (p. 666), « il est étonnant que (bien que nous

qui y est lié, faire table rase de tout sens de l'histoire reste bénéfique afin de laisser libre cours à la reconstruction.

L'HISTORICISME PARADOXAL D'ERIC VOEGELIN

Si Löwith et Strauss s'accordent quant à la nécessité de dépasser l'historicisme, même si leurs solutions diffèrent nettement, le désaccord entre Voegelin et Strauss est beaucoup plus profond. Cette thèse pourrait surprendre, dans la mesure où la proximité entre Strauss et Voegelin est devenu un lieu commun de leur réception, bien résumée par l'introduction publiée dans l'édition française de leur correspondance : un « accord de principe » serait seulement troublé par des « désaccords sur des points de détail[32] ». Strauss et Voegelin partageraient la même position quant à la « crise de la modernité », une expression assez floue pour être appliquée aux deux auteurs, et leur principal désaccord concernerait avant tout, comme l'indique le titre donné à la correspondance, l'opposition entre philosophie et foi, raison et révélation. Aussi légitime que puisse être une telle interprétation, elle ne fait pas apparaître un autre thème majeur de la pensée de Strauss, la critique de l'historicisme. Or c'est sur ce point que Strauss et Voegelin divergent. En le prenant pour point de départ, un désaccord beaucoup plus profond se fait jour et permet de montrer, à partir des critiques formulées par Strauss, en quoi la position de Voegelin se révèle être elle-même historiciste.

Alors que ces deux auteurs sont supposés proches, il est notable que Voegelin n'évoque l'historicisme que très rarement et n'utilise ce concept qu'à de très rares occasions, en l'associant aux autres maux de la modernité. On ne peut comprendre la raison de cette absence manifeste si l'on s'en

---

nous entendions très bien jusqu'à un certain point) nous nous entendions si peu au-delà de celui-ci – c'est étonnant compte tenu de l'importance de ce sur quoi nous nous entendons ».

32 L. Strauss ; E. Voegelin, *Foi et philosophie politique. Correspondance 1934-1964*, Paris, Vrin, 2004, p. 11. L'édition française de la correspondance entre Strauss et Voegelin semble être une traduction de l'édition américaine, laquelle comprend déjà des traductions en anglais des lettres rédigées en allemand. Nous avons donc parfois affaire à une traduction de traduction. Pour davantage de précision, je me réfère à l'édition allemande, laquelle comprend les lettres en langue originale (anglais et allemand).

tient au niveau le plus évident de leur désaccord, l'opposition entre raison et révélation, Strauss plaidant pour une séparation nette entre foi et philosophie, entre la philosophie grecque non chrétienne et la révélation, tandis que Voegelin refuse de poser une différence fondamentale entre les deux, la révélation chrétienne étant pour lui un développement supplémentaire de la philosophie, laquelle reposait déjà sur une expérience divine. Alors que cette dichotomie semble en apparence résumer leur désaccord, on omet souvent qu'elle fait intervenir, à une niveau plus profond, le problème de l'historicisme. En effet, comme l'a bien remarqué Gadamer, l'idée selon laquelle il serait possible de découvrir une vérité ahistorique dans la philosophie classique repose, chez Strauss, sur sa critique de l'historicisme. Voegelin, au contraire, refuse de distinguer entre raison et révélation non par principe, mais car il prend pour acquis le développement historique au cours duquel la philosophie grecque se voit surpassée et absorbée par le christianisme, en particulier chez les apologètes chrétiens. Voegelin donne donc raison au développement historique et affirme l'« historicité de la vérité[33] », tandis que Strauss cherche précisément à nier son historicité afin de retourner à ce que Voegelin nommerait un stade antérieur du développement. On voit donc que l'opposition entre raison et révélation n'est pas simplement donnée, mais repose sur un niveau de désaccord plus profond, où le problème de l'historicisme joue un rôle central. En effet, Strauss construit sa propre pensée autour de la critique de l'historicisme tandis que Voegelin est lui-même, dans sa méthode, historiciste dans la mesure où il affirme la primauté de l'existence historique et voit un sens dans le déroulement de l'histoire[34]. Le fondement historiciste de sa pensée est pourtant particulièrement manifeste dès les premières phrases de *The New Science of Politics* : « L'existence de l'homme dans la société politique est une existence historique ; et une théorie du politique, si elle veut remonter au principe, doit être simultanément une théorie de l'histoire[35] ». *Order and History*, le principal projet de Voegelin, qui n'est

---

33 Voir E. Voegelin, *Order and History*, vol. 3, *Plato and Aristotle*, *CW* 16, p. 418.

34 À ma connaissance, seul Ronald Beiner défend clairement cette interprétation. Voir R. Beiner, *Political Philosophy. What It Is and Why It Matters*, New York, Cambridge University Press, 2014, p. 95 : « Bien que Voegelin considère clairement certaines philosophies de l'histoire comme exprimant précisément la sorte d''immanentisation' pathologique qui l'occupe le plus – notamment celle de Hegel – il est lui-même clairement un historiciste convaincu [...] ».

35 E. Voegelin, *The New Science of Politics*, p. 33 (*CW* 5, p. 88).

pas abordé dans la correspondance mais dont il est difficile d'imaginer qu'il ait pu être approuvé par Strauss, repose sur les mêmes principes : « L'ordre de l'histoire émerge de l'histoire de l'ordre[36] ». Cependant, cette affirmation contient déjà tout le paradoxe d'une démarche historiciste au service d'un objectif non relativiste, Voegelin cherchant, par l'histoire, à déterminer un principe d'ordre, et ce faisant à intégrer l'historicisme à une philosophie politique normative.

Strauss ne critique pas ouvertement l'historicisme de Voegelin, le concept lui-même n'apparaissant que rarement dans leur correspondance, si ce n'est lorsque Strauss note avec approbation en 1953 que Voegelin « rompt toujours plus décidément avec l'historicisme » à l'occasion de sa critique de Collingwood, ce qui suppose bien une certaine proximité initiale[37]. Beaucoup plus explicite est la critique développée à cet égard par certains élèves de Strauss, en particulier par Stanley Rosen[38], mais surtout celle que révèlent les notes de lecture de Strauss sur *The New Science of Politics*[39]. Dans ces notes bien plus que dans la correspondance, il est clair que l'historicisme de Voegelin n'a pas échappé à Strauss, qui y accorde même une importance dépassant la question du rapport entre raison et révélation. La motivation de Voegelin « n'est pas premièrement théologique, mais '*historiciste*' », écrit Strauss[40], qui remarque bien l'équivalence initialement posée par Voegelin entre la philosophie politique et la théorie

---

36 E. Voegelin, *Order and History*, vol. 1, *Israel and Revelation*, *CW* 14, p. 19. Voir L. Strauss ; E. Voegelin, *Glaube und Wissen. Der Briefwechsel zwischen Eric Voegelin und Leo Strauss von 1934 bis 1964*, éd. P. J. Opitz, München, Fink, 2010, p. 183. P. Opitz cite une remarque de Stephan Sattler intéressante à ce propos : « Ce qui causa sans doute la plus grande déception de Strauss vis-à-vis de Voegelin, c'est le premier volume d'*Ordre et Histoire*, *Israël et la révélation*. Mais il n'en dit rien à Voegelin. Hans Jonas me raconta, à la fin des années 1980, que Gershom Scholem, Leo Strauss et naturellement lui-même étaient entièrement d'accord dans leurs critiques sur un point : Voegelin considèrerait 'Israël', la Bible, comme une *praeparatio evangelica*, ses omissions sur le judaïsme rabbinique seraient pleines de préjugés et d'ignorance mais, surtout, son concept d'une philosophie de l'histoire graviterait autour de la prétention chrétienne à la vérité absolue [...] ». Ces manquements sont également soulignés dans ma recension de la traduction française d'*Israël et la révélation*, « L'Israël de Voegelin ou l'ambiguïté des commencements », *Commentaire*, n° 142, 2013/2, p. 443-445.

37 L. Strauss, Lettre n° 48 (22/05/53), p. 117.

38 Voir S. Rosen, « Order and History », *The Review of Metaphysics*, vol. 12, n° 2 (décembre 1958), p. 257-276.

39 Ces notes ont été éditées et publiées dans l'édition allemande de leur correspondance. Voir « Leo Strauss' Anmerkungen zu Eric Voegelins *The New Science of Politics* », éd. E. Patard, in L. Strauss ; E. Voegelin, *Glaube und Wissen*, *op. cit.*, p. 129-148.

40 *Ibid.* p. 135. Les éléments soulignés par Strauss sont transcrits en italique.

de l'histoire. Pour Voegelin, « la théorie est liée par l'histoire, comprise au sens d'un processus de différenciation des expériences ». Il est impossible pour le théoricien de trouver un « point d'Archimède situé en dehors de la substance de l'histoire[41] », il doit au contraire partir des expériences apparaissant dans l'histoire et les prendre comme point de départ de sa théorie. Dans ses notes, Strauss s'interroge, à de nombreuses reprises, sur cette « *confiance* en l'histoire » dont fait preuve Voegelin dans sa recherche de l'ordre. Elle ne s'explique selon Strauss que si le processus historique est porté par un sens qui justifierait la nécessité des états ultérieurs de différenciation des expériences par rapport aux états antérieurs. Comment, sinon, affirmer que le processus de différenciation est porteur d'une normativité ? Et pourtant, il faut aussi tenir compte du fait que l'histoire n'a, selon Voegelin, pas d'*eidos*, qu'il n'existe donc pas de sens de l'histoire mais plutôt un « mystère du cours de l'être[42] » devenant manifeste dans la révélation biblique, son expression la plus différenciée. Il en résulte pour Strauss « une mixture de théologisme et d'historicisme », le second ayant besoin du premier pour donner sens à l'histoire[43]. Cet historicisme « dérivé » de Voegelin désigne, selon Strauss, « la conception selon laquelle la pensée humaine est radicalement dépendante de l'*histoire*, ce qui signifiait à l'origine que la pensée humaine *progresse* – le processus historique est intrinsèquement en progrès ». Mais, dans la mesure où les catastrophes des Temps modernes tendent à remettre le progrès en question, la théorie de l'histoire, si elle ne renonce pas à tout sens, ne peut désormais que se replier sur un sens invisible. C'est pourquoi, dans la lecture de Strauss, Voegelin fait dépendre la pensée humaine d'un « *destin mystérieux* », retombant ainsi dans les travers de la philosophie de l'existence, à laquelle Strauss l'associe ici indirectement[44]. Pour Strauss, Voegelin est donc en vérité du côté de l'historicisme « radical » qu'il critique et associe, comme Löwith, à Heidegger[45].

---

41 E. Voegelin, *The New Science of Politics*, p. 127 (*CW* 5, p. 152).

42 *Ibid.*, p. 231 (*CW* 5, p. 224).

43 « Leo Strauss' Anmerkungen », *op. cit.*, p. 145.

44 Voir *ibid.*, p. 146. Strauss ajoute : « *Pôle opposé de Platon et Aristote* – pourtant, Voegelin *identifie* cette vue avec Platon et Aristote – pourquoi ? Avoir le beurre et l'argent du beurre [*eat the cake and have it*] – en ce cas particulier, 'politique conservatrice', 'tradition occidentale' [...] ».

45 Voir en particulier L. Strauss, *Droit naturel et histoire*, *op. cit.*, p. 39. La dépendance de Voegelin vis-à-vis de la philosophie de l'existence fait aussi l'objet d'une critique radicale dans la lettre n° 32, 14/03/50, p. 70-71.

Néanmoins, l'historicisme de Voegelin est traversé par un paradoxe qui le distingue de la destruction de la philosophie opérée par les historicistes modernes, dans la mesure où son historicisme n'est pas relativiste. Voegelin ne défend pas l'anarchie des valeurs, il n'affirme pas l'égale validité de toutes les conceptions du sens de l'histoire, mais cherche au contraire à trouver l'ordre de l'histoire dans l'histoire, à surmonter l'histoire par l'histoire, c'est-à-dire à dépasser le relativisme historiciste de l'intérieur. C'est là qu'intervient le « théologisme », voire le « fanatisme théologique[46] » que Strauss voit à l'œuvre dans *The New Science of Politics* et qui permet de déduire de l'histoire un contenu normatif transhistorique. Politique et histoire, que Voegelin ne cherche pas à séparer, sont rapportés à un troisième principe transcendant qui leur sert d'ancrage. Comment Voegelin parvient-il à atteindre cet objectif ?

L'attaque de l'historicisme que développe Strauss correspond, dans l'œuvre de Voegelin, à l'attaque de l'« immanentisation ». C'est en effet au moyen de ce concept que Voegelin cherche à rendre compte des mêmes phénomènes que Strauss, en particulier du relativisme et du nihilisme moderne. Mais, tandis que Strauss considère le nihilisme comme une conséquence de l'historicisme, Voegelin pose le problème en des termes différents. L'immanentisation du sens de l'histoire est une réponse à la « dé-divinisation de la sphère temporelle du pouvoir », un processus aussi ancien que le christianisme[47]. L'immanentisation répond à cette « dé-divinisation » au moyen de la « re-divinisation » moderne, qui tend à donner un sens totalisant à l'ordre politique et trouve sa source dans des « composantes que l'Église universelle a supprimées comme hérétiques[48] », c'est-à-dire dans les tendances que Voegelin regroupe sous le terme de « gnosticisme ». Voegelin ne met donc pas, comme Strauss et Löwith, l'accent sur la dissolution des traditions diverses, mais voit un mouvement de corruption doté d'une véritable puissance, et non seulement l'absence de normes, comme étant à la source du relativisme moderne. Cette manière de concevoir le problème montre à la fois pourquoi Voegelin tend, du point de vue de Strauss, à tomber du côté des représentants de l'historicisme, mais aussi dans quelle mesure son historicisme se distingue de la forme traditionnelle. D'une

46 « Leo Strauss' Anmerkungen », *op. cit.*, p. 145.
47 Voir E. Voegelin, *The New Science of Politics*, p. 160 (*CW* 5, p. 175).
48 *Ibid.*, p. 161 (*CW* 5, p. 175).

part, chez Voegelin, la distinction entre le courant « gnostique » et le « christianisme essentiel » non corrompu, qui sert de critère à sa critique de l'« immanentisation », a un fondement historiciste : c'est parce qu'un certain courant, le christianisme non immanentisé de l'Église, s'est imposé dans l'histoire et est devenu une « puissance historique » qu'il est considéré comme « essentiel[49] ». La norme est déduite de l'histoire. La critique de l'immanentisation du sens de l'histoire reste donc dans le cadre de pensée historiciste, ce qui semble donner raison à Strauss. Cependant, ce dernier a aussi vu l'importance du « théologisme » de Voegelin. En effet, tandis que Löwith pense l'anarchie des sens de l'histoire négativement, comme fondée sur une absence de repères, Voegelin voit dans ce problème moderne la marque d'une force positive de corruption dotée d'une certaine cohérence, qui peut et doit être combattue en tant qu'erreur théologique. L'historicisme de Voegelin n'est donc pas relativiste, mais possède un fondement dogmatique. La vérité théologique extraite du développement historique, qui permet de distinguer ce qui relève de l'immanentisation, n'est pas comprise comme étant relative à une époque, mais posée comme une vérité transhistorique. C'est pourquoi, à la différence de Strauss et de Löwith, Voegelin ne considère pas l'historicisme comme le problème principal, mais cherche à le dépasser de l'intérieur, en retenant sa démarche épistémologique, et donc à remplacer l'historicisme relativiste par un historicisme dogmatique. Cette différence majeure devient particulièrement manifeste dans leur lecture de Max Weber.

MAX WEBER, SYMPTÔME DE L'HISTORICISME OU INTERPRÈTE LUCIDE ?

Max Weber, dans sa personne comme dans son œuvre, joue un rôle de premier plan tant pour Löwith que Voegelin et permet de cristalliser leurs interprétations de l'historicisme et les différences profondes qui

---

49 Lettre de Voegelin à Alfred Schütz du 1er janvier 1933, publiée en langue originale dans E. Voegelin ; A. Schütz ; L. Strauss ; A. Gurwitsch, *Briefwechsel über die « Neue Wissenschaft der Politik »*, Freiburg, Karl Alber Verlag, 1993, p. 112.

les séparent[50]. À nouveau, Strauss fait office de révélateur. Pour Strauss, Weber se démarque de l'historicisme dans la mesure où il reconnaît l'existence de valeurs intemporelles[51]. Cependant, ces dernières sont réduites à « une pluralité de principes invariables du droit et du bien qui s'opposent entre eux sans que l'on puisse prouver la supériorité d'aucun[52] ». Ce faisant, la position de Weber ne se distingue pas dans ses conséquences de l'historicisme, elle aboutit au même « nihilisme[53] » : comme toute préférence se vaut, chacun doit écouter son démon, qu'il soit bon ou mauvais. Pour Strauss, Weber représente donc le moment où le conflit entre les conceptions du monde atteint sa visibilité maximale et est théorisé comme un stade indépassable, offrant du même coup une justification au niveau philosophique à l'impossibilité de toute philosophie politique véritable. Qu'en est-il de Voegelin et de Löwith ? Comment leur interprétation de Weber s'accorde-t-elle à leur conception particulière du problème dont l'historicisme est le révélateur ?

Si les critiques formulées par Voegelin à l'encontre de Weber, notamment sur le relativisme de sa position et le danger qu'elle représente pour la philosophie politique, font écho à celles de Strauss, elles se trouvent confrontées à la position elle-même historiciste de Voegelin. Comment comprendre, dans ce cadre, sa critique de Weber ? La différence la plus évidente entre l'interprétation de Weber dans *Natural Right and History* et dans *The New Science of Politics* vient du fait que Voegelin n'associe pas Weber, contrairement à Strauss, à l'historicisme, mais au positivisme[54].

---

50 Dans leur correspondance, Löwith mentionne dans sa première lettre sa seule et unique rencontre avec Voegelin en Allemagne « à l'occasion de Max Weber » (KL 14/11/44, p. 767). Dans son autobiographie, Löwith revient longuement sur son rapport à Max Weber et mentionne en particulier les conférences *Politik als Beruf* et *Wissenschaft als Beruf*, tenues à Munich, où Löwith faisait partie du groupe d'étudiants ayant invité Weber (K. Löwith, *Mein Leben in Deutschland vor und nach 1933*, *op. cit.*, p. 18 *sq.*). On aurait donc pu supposer que leur première rencontre eut lieu à cette occasion, mais il est pratiquement exclu que Voegelin ait été présent à Munich à ce moment (information de Peter J. Optiz, ancien assistant de Voegelin lors de son retour à Munich entre 1958 et 1969). La question reste donc ouverte.

51 L. Strauss, *Droit naturel et histoire*, *op. cit.*, p. 48.

52 *Ibid.*, p. 45.

53 *Ibid.*, p. 50.

54 Les textes de Voegelin consacrés à Weber sont édités en langue originale (à l'exception d'un extrait de la *New Science of Politics*) dans le volume *Die Größe Max Webers*, éd. P. J. Opitz, München, Fink, 1995. Dans son œuvre d'avant-guerre, Voegelin est beaucoup plus proche de Weber, comme le souligne H.-J. Sigwart, qui montre le rapport entre le développement de la « science de l'ordre » de Voegelin et la compréhension de la science chez Weber. Voir

Weber interprèterait l'histoire, selon Voegelin, « comme une évolution vers la rationalité, et sa propre époque comme le niveau le plus élevé jamais atteint de l'"autodétermination' rationnelle de l'homme ». La conception de Weber serait par conséquent « manifestement dérivée de la philosophie de l'histoire de Comte, et l'on peut à juste titre considérer l'interprétation webérienne de l'histoire comme le dernier grand système positiviste[55] ». L'association de Weber au positivisme, par l'intermédiaire de Comte, ne paraît cependant tenable qu'à un niveau superficiel. D'un côté, Comte interprète le processus de rationalisation de la société en projetant dans l'histoire un principe issu du système de pensée positiviste, qui doit ainsi se vérifier dans le développement historique. La rationalisation est donc une projection dans le futur conforme à la loi des trois états découverte par Comte, qui voit la rationalisation comme le prélude à une réorganisation de la société selon des principes qu'il définit[56]. L'aspect religieux y joue un rôle fondamental, car il s'agit là d'une reprise consciente de la faculté de l'Église catholique, admirée par Comte, à contrôler et à motiver les masses. Chez Comte, le processus de rationalisation va donc de pair avec un réenchantement conscient et voulu, devant servir d'instrument du renouveau. Pour Weber au contraire, l'évolution vers la rationalité est l'objet d'un constat lucide qui ne repose pas sur la même motivation que le programme comtien et est, surtout, porteur d'un désenchantement difficilement compatible avec l'idée d'une religion positiviste. Weber constate la rationalisation, tandis que Comte veut l'accélérer pour réaliser sa doctrine. Il semblerait donc, dans l'intérêt même de la perspective critique de Voegelin, plus approprié d'associer, comme chez Strauss, Weber à l'historicisme relativiste plutôt qu'au positivisme comtien.

Cependant, comme nous l'avons vu, Voegelin pose implicitement une distinction entre l'historicisme relativiste, qu'il condamne, et l'historicisme

---

H.-J. Sigwart, « Wirklichkeitswissenschaft und Ordnungswissenschaft : Eric Voegelins Auseinandersetzung mit Max Weber », *Zeitschrift für Politik*, 4/2007, p. 379-407. Malgré ces similarités sous-jacentes, il n'en reste pas moins que Voegelin, dans la *New Science of Politics*, utilise Weber comme contre-modèle pour affirmer la nécessité d'une refondation.

55 E. Voegelin, *The New Science of Politics*, p. 59 (*CW* 5, p. 104). Voegelin reconnaît toutefois une différence majeure entre Comte et Weber, ce dernier n'associant pas le processus de rationalisation à un progrès, mais à un désenchantement du monde qui représente un destin inévitable.

56 Voir notamment A. Comte, *Plan des travaux scientifiques nécessaires pour réorganiser la société*, Paris, Harmattan, 2001.

dogmatique de sa propre position, qui a pour objectif de surmonter l'historicisme de l'intérieur, de découvrir l'ordre de l'histoire dans les phénomènes historiques. Cette distinction se reflète dans sa critique de Weber qui repose – comme chez Löwith – sur une distinction entre l'œuvre de Weber et sa personne. Pour Voegelin, si l'historicisme relativiste de Weber ne pouvait surmonter le problème du nihilisme en devenant un historicisme dogmatique, c'est en raison de la personnalité de Weber lui-même. Weber fait preuve, comme Voegelin lui-même, d'un intérêt très large pour les phénomènes culturels et historiques mais renonce à trouver un principe d'ordre dans l'histoire. Selon les termes de Voegelin, « il aperçut la Terre promise, mais il ne fut pas autorisé à y pénétrer[57] ». Il n'est pas « autorisé à y pénétrer » non en raison d'un manque dans son œuvre, mais d'un défaut de sa personnalité car Weber resterait prisonnier, en tant qu'individu, de la « désillusion de l'immanence[58] ». Dans ce texte plus tardif de 1964, *Die Größe Max Webers*, Voegelin va même plus loin dans le diagnostic : Weber est un « homme conscient de la transcendance » mais refuse pourtant de s'y ouvrir[59]. Il affirme le « polythéisme des valeurs » et se ferme à la transcendance une et unique, ce qui l'empêche précisément de développer une « science de l'ordre », laquelle présuppose l'ouverture à la source transcendante de l'ordre. Pour Voegelin, cette fermeture n'est pas seulement fausse, elle est aussi, d'un point de vue méthodologique, inadaptée aux défis auxquels Weber était confronté :

> Il ne comprend pas – et c'est là que se trouvent à nouveau les limites de sa compréhension de la transcendance – que ces hommes [les révolutionnaires de son temps ; BG] ont une fausse relation vis-à-vis de la transcendance, qui ne peut pas être ébranlée par des réflexions d'ordre scientifique, précisément parce qu'il s'agit d'une relation à la transcendance d'une variété particulière, bien que déformée[60].

Weber se tromperait en pensant pouvoir amener les révolutionnaires à reconnaître leurs responsabilités simplement en leur montrant les conséquences de leurs actions. À ces déformations du rapport à la

57 E. Voegelin, *The New Science of Politics*, p. 60 (*CW* 5, p. 105).
58 E. Voegelin, « Die Größe Max Webers », in E. Voegelin, *Die Größe Max Webers*, *op. cit.*, p. 94.
59 Voir *ibid.*, p. 102.
60 *Ibid.*, p. 96.

transcendance ne peut répondre qu'une « science de l'ordre » rétablissant le rapport à la transcendance, donc une position dogmatique[61]. Cette position, en rapport avec la critique de Weber, est précisée dans l'échange intervenant après la publication de *The New Science of Politics* entre Voegelin et Alfred Schütz, un ami proche de Voegelin. Schütz n'émet pas seulement des doutes quant à la tentative de relier les manquements de la méthode wébérienne à sa personnalité[62], il pousse aussi Voegelin à préciser sa critique de Weber et les présupposés associés à la « science de l'ordre » :

> Par 'théorie', je tends à comprendre une méthode apte à décrire de façon communicable certains domaines (les expériences vécues [*Erlebnisse*] de la transcendance). Plus largement, je comprendrais par théorie la science de l'homme et de la société qui se fonde sur une ontologie dans laquelle les expériences vécues de la transcendance sont reconnues comme un composant de l'essence de l'homme. Toutes les notions-types de la science sociale doivent donc, pour être tenables du point de vue théorique, être fondées sur l'ontologie. Et mon principal argument contre les notions-types de Weber est le manque d'une telle fondation[63].

Pour Voegelin, combattre la déformation de la transcendance n'est possible qu'à partir d'une position détentrice d'une conception non déformée de la transcendance, fondée sur une ontologie. La science sociale webérienne en est incapable car elle ne dispose pas d'une telle ontologie, bien que Voegelin relève lui-même l'impossibilité, dans le climat intellectuel auquel Weber était confronté, d'affirmer une nouvelle idée de l'ordre qui répondrait à ce critère. Il resterait à savoir si le climat intellectuel où Voegelin écrit son œuvre est véritablement différent. L'affirmation d'une transcendance vraie, d'une ontologie, peut-elle davantage convaincre les « gnostiques » que la discussion scientifique argumentée ? Les quelques exemples d'échanges lors desquels Voegelin fut confronté à des détracteurs

---

61 L'aspect dogmatique des arguments de Voegelin dans *The New Science of Politics* est notamment relevé par Schütz dans sa lettre à Gurwitsch du 10/11/52, p. 140. Voir aussi K. Löwith, « Max Weber und Karl Marx » (1932), *SS* 5, p. 405 : « [...] [Weber] n'était lié par aucun domaine de la vie ou de la connaissance et combattait toute méthode 'dogmatique' – en tant que forme scientifique d'une position de l'homme vis-à-vis du monde enfermée dans le transcendant, en tant que fixation prématurée sur une instance présumée 'ultime', qu'elle soit d'ordre religieux, social ou économique ».

62 Voir A. Schütz à E. Voegelin (22/04/51), in *Briefwechsel*, *op. cit.*, p. 61.

63 E. Voegelin à A. Schütz (30/04/51), in *Briefwechsel*, *op. cit.*, p. 69.

compétents tendent à montrer le contraire[64]. Du point de vue de Voegelin, tout le paradoxe frustrant de Weber tient sans doute dans le fait que ce dernier est capable de maintenir la tension de son époque sans même vouloir la résoudre[65] : bien qu'il observe avec une lucidité désabusée l'anarchie des valeurs, il n'abandonne pas pour autant l'*ethos* relativiste du scientifique et reste en ce sens plus optimiste que Voegelin, qui ne fait plus confiance à la discussion argumentée. Il n'est donc pas véritablement étonnant que le dernier argument avancé par Voegelin pour montrer, malgré tout, le désir de transcendance réfréné de Weber se trouve réduit à une anecdote biographique[66].

La méthode de Löwith est à cet égard comparable, car elle fait aussi de la personnalité de Weber une clef d'interprétation de son œuvre, mais cette méthode est mise au service d'une lecture de Weber qui diffère radicalement en plusieurs points. Bien que Löwith soit, comme Strauss, très critique des conséquences de l'historicisme, il n'inclut pas Weber dans cette critique, là où Strauss voit un lien entre le courant historiciste et le nihilisme de la position de Weber. De même, contrairement à Voegelin, Löwith conserve une appréciation globalement positive de Weber tout au long de son œuvre, où ce dernier fait souvent figure d'alter ego. Tous deux s'accordent en effet sur un point fondamental, se trouvant déjà au fondement de l'ambiguïté de la critique de l'historicisme chez Löwith : le fait que tout sens de l'histoire et toute norme transcendante sont désormais véritablement révolus.

C'est là la principale différence avec l'interprétation de Voegelin, qui fait de l'absence de la transcendance, rapportée à un défaut de la personnalité de Weber, l'argument central de sa critique. Löwith, dès ses premières œuvres consacrées à Weber, approuve au contraire la liberté de Weber vis-à-vis de tout présupposé transcendant dans sa conception de la science, dont le rôle est au contraire de combattre ces présupposés en les mettant en lumière[67]. Pour Löwith, il est « absurde » de vouloir attribuer à Weber une « foi cachée » ou de faire de lui un « homo

64 Voir notamment R. Aron (dir.), *L'Histoire et ses interprétations. Autour d'Arnold Toynbee*, Paris, Hermann (coll. Cerisy Archives), 2012 (réimpression des actes du colloque initialement tenu en juillet 1958), p. 133-151.

65 Voir E. Voegelin, « Die Größe Max Webers », *op. cit.*, p. 99.

66 Voir *ibid.*, p. 98.

67 Voir en particulier K. Löwith, « Max Weber und Karl Marx », *SS* 5, p. 345 et p. 405 ; K. Löwith, « Max Webers Stellung zur Wissenschaft » (1964), *SS* 5, p. 443.

religiosus[68] », car c'est justement ce qui le distingue du marxisme, dans le cadre duquel intervient la première étude consacrée par Löwith à Weber en 1932, *Max Weber und Karl Marx*[69]. Alors que le marxisme cherche à attribuer un sens englobant au processus historique et reste donc dépendant d'un présupposé transcendant les seuls événements, Weber part du même problème, la rationalisation généralisée caractéristique de la modernité, mais « il ne la nie manifestement *ni* du point de vue du bonheur, tel le marxisme, comme quelque chose d''inhumain', *ni* ne l'approuve comme une étape du progrès de l'humanité [...] ». S'il en est ainsi, pourquoi ne combat-il pas, comme Marx, cette « 'aliénation' universelle de l'homme[70] » ? Weber ne combat pas le processus de rationalisation car il y voit également un aspect positif dans la mesure où seule la rationalisation, car elle libère des présupposés transcendants, rend également possible la liberté « *au sein* de la 'cage de fer' » moderne[71]. On retrouve donc le même paradoxe que, chez Löwith, dans l'interprétation de l'historicisme, lequel certes détruit mais rend possible par la destruction la formation d'une position nouvelle, véritablement libérée de la tradition. Il y aurait donc une conséquence « *positive* » du désenchantement du monde, qui rend possible « l'acceptation 'sobre' de la *vie de tous les jours* et de ses 'exigences' [voir la fin de la conférence "Wissenschaft als Beruf" ; BG]. L'acceptation de cette vie de tous les jours signifie aussi la négation de toute transcendance, y compris celle du 'progrès'. Le progrès ne signifie alors plus qu'une avancée sur les voies préétablies du destin, avec passion et résignation. Comparée à toute foi transcendante, cette foi dans le destin du temps et dans la passion mise dans l'action temporelle est une *absence de foi* positive[72] ». La position de Weber n'est pas nihiliste, mais positive dans la négation, car elle libère des préjugés transcendants, y compris de la notion de progrès, pour ménager un espace à la liberté de l'individu. Elle fait signe vers une compréhension de l'homme dans le cadre d'un « système ouvert de 'possibilités'[73] » que Löwith appelle également de ses vœux dans sa

68 Voir K. Löwith, « Max Webers Stellung zur Wissenschaft », *op. cit.*, p. 441.

69 Sur l'influence de cette étude jusqu'à nos jours, voir notamment J. Vahland, *Max Webers entzauberte Welt*, Würzburg, Königshausen & Neumann, 2001, p. 21.

70 K. Löwith, « Max Weber und Karl Marx », *SS* 5, p. 357 *sq.*

71 *Ibid.*, p. 360.

72 *Ibid.*, p. 364.

73 *Ibid.*, p. 405.

correspondance avec Strauss[74]. Cependant, malgré son rejet de toute instance dernière transcendante, Weber reste concentré sur un « tout », un « principe » : la problématique du monde de l'homme telle qu'il se présente dans la modernité[75]. De même sa pensée possède-t-elle bien un cœur insoluble, le combat entre les différentes visions du monde, qui repose sur un doute fondamental l'opposant au marxisme, le doute qu'il soit un jour possible d'arriver à un état stable où les rapports de domination et les conflits d'idéaux n'auraient plus cours. Pour Löwith, Weber est donc loin d'être un positiviste ayant foi dans le processus de rationalisation. Le problème est autre : s'il est impossible de surpasser l'état conflictuel, Weber participe-t-il lui-même de ce combat ? Ou Weber propose-t-il, malgré son refus de toute illusion, un antidote à cette situation historique ?

La réponse à cette question est le seul élément véritablement changeant dans l'interprétation de Löwith, qui publie en 1939/1940 un texte beaucoup plus critique vis-à-vis de Weber, nettement marqué par la situation politique d'alors : *Max Weber und seine Nachfolger*[76]. À nouveau, Löwith se concentre sur la question de la liberté individuelle, rendue d'autant plus urgente par l'avènement du pouvoir dictatorial bureaucratisé prédit par Weber. Pour ce dernier, il est possible de préserver une portion de liberté individuelle au sein de la bureaucratisation inévitable en niant toute valeur substantielle aux structures mises en place, Weber rappelant la distinction entre « homme » et « citoyen[77] ». Ce faisant, il peut affirmer une liberté « individuelle », celle de l'homme, « qui est certes dans le monde, mais qui n'est pas de ce monde[78] ». C'est là tout l'« héroïsme » de Weber, qui maintient la possibilité d'une résistance individuelle, mais dont la position reste en définitive sans effet direct sur la situation politique. De plus Weber a, selon Löwith en 1939, également préparé la voie à la dictature bureaucratisée de Hitler en soutenant l'avènement d'une « démocratie du Führer alliée à la machine » et, surtout, rendu indirectement possible celle-ci par « l'absence voulue de contenu, le caractère formel de son ethos

74 Voir K. Löwith, Lettre n° 6 (08/01/33), p. 617. Voir aussi les textes de Löwith consacrés à Paul Valéry, chez lequel il retrouve cette idée : K. Löwith, *Paul Valéry. Grundzüge seines philosophischen Denkens* (1971), *SS* 9.

75 Voir K. Löwith, « Max Weber und Karl Marx », *SS* 5, p. 407.

76 K. Löwith, « Max Weber und seine Nachfolger » (1939/1940), *SS* 5, p. 408-418.

77 Voir *ibid.*, p. 413.

78 *Ibid.*

politique, dont la dernière instance n'est que le choix déterminé d'une affirmation de valeurs, quelle qu'elle soit, parmi d'autres[79] ». L'individu dont la personnalité ne serait pas aussi héroïque que celle de Weber serait en définitive heureux, dans la situation d'anarchie des valeurs, de ne plus avoir à choisir et d'obéir au *Führer*, une réaction contre laquelle la retenue de Weber ne peut rien. C'est pourquoi, dans ce texte, Löwith attribue à Weber une position fondamentalement décisionniste : le *Nachfolger* en question dans le titre n'est nul autre que Carl Schmitt.

Cependant, Löwith relativise dans son texte le plus tardif cette filiation en recourant, comme Voegelin mais avec un but opposé, à la personnalité de Weber, qui est certes tenant d'un « relativisme historique » mais porté par un ethos inflexible, tandis que Schmitt n'était qu'un « arriviste talentueux » capable de passer du normativisme au décisionnisme, pour en venir après la guerre à s'inquiéter du salut de son âme[80]. Dans son texte le plus tardif consacré à Weber, il est même clair que, une fois le danger politique immédiat écarté, il importe avant tout de défendre certains éléments de la pensée webérienne et ce, notamment, face à l'accusation de nihilisme formulée par Strauss. Löwith relève que si Strauss pense pouvoir se soustraire à la situation décrite par Weber, il devrait prouver qu'une position normative est possible, présenter une « étude systématique » et « ne pas se limiter à l'interprétation historique des textes essentiels de l'histoire de la philosophie politique », ce qui est précisément le propre de la démarche straussienne[81].

Dans son interprétation de Weber, Löwith argumente donc dans deux directions apparemment contradictoires. Dans le texte de 1939, Weber paraît très proche du nihilisme et du décisionnisme, tandis que les études d'avant et d'après-guerre mettent l'accent sur la lucidité du diagnostic de Weber, qui précisément empêche que toute conception du monde puisse prétendre posséder une valeur absolue. Toutefois, il faut souligner que si le texte de 1939 insiste sur le danger du décisionnisme, Weber lui-même ne prend pas cette direction. Au contraire, il

---

79 *Ibid.*

80 Voir K. Löwith, « Max Webers Stellung zur Wissenschaft », *SS* 5, p. 434-436, où une longue note est consacrée à la critique de Schmitt.

81 *Ibid.* Löwith fait également référence à Raymond Aron, qui développe une critique similaire mais plus développée des objections de Strauss dans sa préface à la traduction française de *Wissenschaft als Beruf* et *Politik als Beruf* par J. Freund : M. Weber, *Le savant et le politique*, Paris, 10/18, p. 40 *sqq.*

se distingue des partisans d'une telle solution par sa capacité à maintenir la tension, le doute, le « polythéisme des valeurs », non seulement dans sa personne, mais également dans sa conception de la science[82], laquelle doit contribuer à la destructions de préjugés devenus caducs[83]. Bien que cette destruction prenne son sens dans le cadre du nihilisme européen, elle est aussi pour Löwith non un symptôme, mais une étape indispensable et donc positive de son dépassement.

La réception de Weber chez Voegelin et Löwith se déploie de manière remarquablement parallèle. Voegelin publie ses premiers textes sur Weber dans les années 1930, y revient dans *The New Science of Politics* en 1952 et lui consacre un discours prononcé à l'occasion du centième anniversaire de sa naissance en 1964. Löwith, quant à lui, publie *Max Weber und Karl Marx* en 1932, le texte critique rapprochant Weber et Schmitt en 1939 et un dernier texte, *Max Webers Stellung zur Wissenschaft*, également dans le cadre des commémorations de 1964. Dans un cas comme dans l'autre, leur réception de Weber est clairement affectée par l'arrivée au pouvoir de Hitler, vue comme une conséquence de l'anarchie des valeurs et de la corruption de la science régnant à l'époque. Il est donc d'autant plus frappant de constater les différences profondes qui séparent leurs interprétations et résument bien leurs divergences majeures dans la manière d'aborder le problème de l'historicisme et de la lutte idéologique entre les conceptions du sens de l'histoire.

Pour Löwith, l'historicisme ne peut être une solution car il est lui-même un avatar de la conscience historique, responsable de la politisation de l'histoire. L'historicisme ne s'émancipe pas de la tendance donnant une valeur absolue aux événements historiques, il se contente de faire cohabiter ces différentes mises en sens pour en définitive détruire toute idée de vérité permanente et ahistorique, mais il répète la fusion entre politique et histoire au niveau de la situation historique donnée. Cependant, Löwith accepte l'historicisme et ses conséquences nihilistes comme une étape indispensable du dépassement de la situation d'anarchie des valeurs, à

82 Voir *ibid.*, p. 433 : « L'exigence de la neutralité axiologique du jugement scientifique ne signifie pas un repli sur une pure scientificité, mais veut précisément mettre en lumière les normes *non* scientifiques du jugement scientifique. Weber ne requiert pas la suppression des 'idées de valeur' normatives mais leur objectification en tant qu'elle est le prélude à une possible prise de distance vis-à-vis d'elles ».

83 *Ibid.*, p. 437.

la différence de Strauss. Comment, cependant, surmonter la conscience historique dans son ensemble, comment être véritablement ahistorique ? Cette question, pour Voegelin, ne se pose pas, dans la mesure où il adopte une position elle-même historiciste. Néanmoins, il s'agit bien à l'époque de *The New Science of Politics* d'un historicisme dogmatique, et non relativiste. Voegelin ne renonce pas complètement à l'idée d'un sens dans l'histoire et à la possibilité d'affirmer une ontologie vraie, mais celle-ci doit être découverte dans l'histoire. Par conséquent, Voegelin ne cherche pas à éradiquer la politisation de l'histoire en soi, mais seulement sa forme corrompue – en ce sens, son projet de dépassement est donc moins radical que celui de Löwith. Pour Voegelin, le problème du sens de l'histoire vient avant tout non de l'historicisme, mais de l'immanentisation d'un sens qui, dans le christianisme authentique, transcende l'histoire. L'ennemi est donc clair, c'est le courant désigné alors par le terme de « gnosticisme », le courant que, afin d'éviter cette catégorie fallacieuse, on pourrait plus exactement nommer « immanentiste[84] ». Löwith, au contraire, prend le nihilisme pour point de départ. L'ennemi n'est pas rapporté à un courant défini, il s'agit plutôt d'un vide, de la disparition des cadres donnant sens au tout. Mais la difficulté est pour tous les deux la même. Comment dépasser la situation ainsi décrite et que Weber incarne plus que tout autre ? L'historicisme n'ouvre pas seulement la porte au relativisme, il incite aussi à un dépassement hasardeux, à un « saut », le décisionnisme. Sur ce point décisif, on constate que tant Löwith que Voegelin recourent à la personnalité de Max Weber comme dernier argument. Pour Löwith, l'option décisionniste est retenue par l'héroïsme viril de Weber, dont l'*ethos* scientifique est capable de supporter cette tension sans la résoudre. Pour Voegelin au contraire, Weber est incapable de réussir à dépasser la situation qu'il constate précisément en raison d'un manque, au niveau personnel, d'ouverture à la transcendance. Si Weber ne tombe ni dans le décisionnisme ni ne dépasse le relativisme, c'est donc seulement grâce, ou à cause de sa personnalité. Cependant, la situation qu'il décrit n'en reste pas moins réelle. L'absence de sens de l'histoire laisse place à un vide que l'affirmation d'un nouveau principe absolu peut combler.

84 Voegelin lui-même propose la distinction entre les « transcendantalistes religieux et philosophiques » et les « sectaires immanentistes libéraux et totalitaires » dans sa critique du livre de Hannah Arendt, *The Origins of Totalitarianism* parue dans *The Review of Politics*, n° 15, 1/1953, p. 75.

LE DÉPASSEMENT DE L'HISTORICISME ET LE NATIONAL-SOCIALISME

La situation de désorientation, d'anarchie de toutes les convictions profondes caractéristique de l'entre-deux-guerres forme le substrat sur lequel se développe une étape supplémentaire du processus de politisation du temps. Le découplage entre politique et histoire, que soutient en apparence l'historicisme contre l'idée d'un principe universel de l'histoire, tend à être surmonté par un recouplage forcé. En effet, pour les individus ne parvenant pas, comme Max Weber, à supporter la tension qu'induit l'absence de repères, la sortie du relativisme impose un saut, l'engagement dans une conception du monde totalisante apportant des réponses définitives. Durant l'entre-deux-guerres, les promesses de ce type ne manquent pas, des « saints de l'inflation », prophètes autoproclamés ayant eu leur heure de gloire pendant la crise économique des années 1920[1], à des mouvements moins marginaux et plus établis ayant exercé une influence durable sur la vie intellectuelle. Löwith est bien conscient de l'importance de cette situation, qu'il décrit ainsi en 1939 :

> Le petit nombre qui s'interroge encore sur l'éternité s'est converti aux vérités 'éternelles' de l'Église catholique, parle de 'l'éternel dans l'homme', s'enivre d''images' disparues de la vie cosmique et 'invoque' des 'chiffres' de l'être, tandis que la multitude obéissait aux exigences de l'époque, laquelle leur offrait comme ersatz d'éternité les produits racistes de longue conservation d'une zoologie politique[2].

Faisant ici référence respectivement au dadaïste Hugo Ball, aux philosophes Max Scheler et Ludwig Klages, qui fut – comme Stefan George – membre du cercle ésotérique munichois des « Kosmiker », mais aussi à Karl Jaspers, Löwith ne reste pas moins lucide quant à la faiblesse de ces tentatives, de

---

1 Voir U. Linse, *Barfüßige Propheten. Erlöser der zwanziger Jahre*, Berlin, Siedler, 1983.

2 K. Löwith, *Von Hegel zu Nietsche*, *SS* 4, p. 250. Voir aussi p. 259.

même que celle du cercle de George[3], face à la montée du national-socialisme, auxquelles certaines ne sont par ailleurs pas totalement étrangères. Là est toute la difficulté inhérente au contexte relativiste. Dans ce contexte intellectuel, tant Löwith que Voegelin s'accordent sur la nécessité d'un dépassement, de la mise en place d'un nouveau cadre de références stable et durable[4]. Mais ce qui se présente comme l'exemple le plus manifeste et le plus brutal d'un tel dépassement, la révolution nationale-socialiste, montre bien le risque qui y est intrinsèquement lié. La recherche d'absolu peut mener à la création d'ersatz offrant certes un principe englobant et durable, mais allant de pair avec une idéologie meurtrière à laquelle Löwith et Voegelin furent directement confrontés. Löwith lui-même, dans son autobiographie, reconnaît dès 1940 sa proximité initiale avec le courant nihiliste qui mena selon lui indirectement à l'avènement de la fausse solution nationale-socialiste[5]. Il existe donc une tension évidente entre le besoin reconnu d'un dépassement de l'historicisme relativiste et les dangers allant de pair avec ce projet.

3 Voir K. Löwith, *Mein Leben in Deutschland vor und nach 1933*, *op. cit.*, p. 21 *sqq.* Le renouvellement pouvant partir de « grandes personnalités religieuses » évoqué par Voegelin dans *Die politischen Religionen* révèle qu'il n'a à cette époque pas été insensible à l'influence du cercle, qu'il évoque lui-même dans ses *Autobiographical Reflections*, *CW* 34, p. 44 *sqq.*

4 Voir les propos révélateurs de Löwith dans *Von Hegel zu Nietzsche*, *SS* 4, p. 224 : « Quelle que soit la différence profonde entre la philosophie antichrétienne de Nietzsche et la théologie philosophique de Hegel, entre son 'marteau' et la 'spéculation' de Hegel, celle-ci est surmontée par les élèves de Hegel par une suite de révoltes allant jusqu'au bout contre la tradition chrétienne et la culture bourgeoise. Au commencement et à la fin de cette passerelle se tiennent Hegel et Nietzsche et la question est de savoir si – au-delà de Nietzsche – il existe encore un quelconque chemin praticable ».

5 Voir K. Löwith, *Mein Leben in Deutschland vor und nach 1933*, *op. cit.*, p. 171 : « Je me suis parfois demandé où je me trouverais aujourd'hui si je vivais comme un Allemand parmi des Allemands. La question, rapportée à moi, peut paraître oiseuse mais elle fait réfléchir quant à mes amis restés en Allemagne. En effet, même celui qui n'est pas membre du parti n'en reste pas moins, en tant qu'Allemand, partie prenante des événements allemands, et j'ai moi-même participé à la destruction avant que les chemins ne se séparent. Cela se produisit avec l'arrivée au pouvoir de Hitler, lequel voulait désormais de manière positive quelque chose qui devait mettre un terme au flot de la destruction formé de courants issus de sources extrêmement différentes, bien qu'un tel terme n'ait pas été celui envisagé par la destruction ». Un autre émigré allemand, Ernst Fraenkel, souligne en 1940 le danger des positions affirmant, selon une expression de Carl Schmitt, la « banqueroute des idées générales » : « Aujourd'hui, être fasciste ou antifasciste peut dépendre du rapport que l'on a à la validité des idées générales. Seul quelqu'un qui croit à l'existence de tels principes sera prêt à mettre en jeu sa vie dans le combat contre le système politique du national-socialisme et sa conception du monde nihiliste ». Voir E. Fraenkel, *Der Doppelstaat*, Hamburg, Europäische Verlagsanstalt, 2012, p. 182.

En raison même de la nature de leurs projets, lesquels prétendent aussi à un dépassement, il est essentiel pour tous deux de montrer que le nationale-socialisme ne représente pas une rupture véritable, mais bien davantage un développement supplémentaire des problèmes dont l'historicisme était la source. Cependant, comment un mouvement revendiquant une conception du monde englobante et définitive peut-il être lié à l'historicisme, qui tend au contraire à dissoudre tout sens de l'histoire ? En tant qu'il représente l'avènement de la conscience historique, l'historicisme a deux conséquences. Il tend d'une part à projeter tout sens dans le temps et à diluer toute vérité durable. Ce qui est vrai est « temporellement » vrai, donc uniquement pour une époque déterminée, et aucune norme ne peut revendiquer être éternelle. Cette première conséquence, critiquée en particulier par Strauss, est le relativisme. D'autre part, en rapportant la validité de tout ordre politique à une époque particulière, l'historicisme implique aussi une temporalisation du politique, qui est évalué non au regard du « bon ordre », mais en fonction du temps. Le bon ordre n'est pas celui qui correspond à des critères éternels, mais au sens de l'histoire. Ce faisant, cette seconde conséquence de l'historicisme, la temporalisation du politique, esquisse une voie dans laquelle peut s'orienter le dépassement de sa première conséquence, le relativisme. Si aucune norme ne peut être éternelle, c'est-à-dire hors du temps, et que l'ordre politique n'est évalué qu'en fonction du temps, il est clair que le relativisme ne peut être dépassé que si l'ordre politique revendique une durée sempiternelle. La politisation totale de l'histoire mise en place par l'idéologie nationale-socialiste ne représenterait en ce sens pas une sortie de l'historicisme, mais au contraire l'étape ultime de la politisation de l'histoire. La manière dont Voegelin et Löwith répondent à ce problème à travers l'analyse d'un phénomène particulier, le national-socialisme, est donc d'une importance cruciale car elle doit permettre d'évaluer dans quelle mesure il est possible d'échapper à cette difficulté, c'est-à-dire de montrer comment dépasser l'absence de sens de l'histoire sans pour autant poser un nouvel absolu.

LE NATIONAL-SOCIALISME, UN PROBLÈME POLITIQUE ? Le débat avec Hannah Arendt

Le dépassement promis par le national-socialisme est-il, comme on pourrait le supposer au premier abord, avant tout politique ? Est-il possible de comprendre la portée de ce bouleversement à partir de la nouvelle structure des institutions, de la répartition des pouvoirs, c'est-à-dire à partir de « la » politique[6] ? La définition existentielle du politique défendue par Voegelin, qu'il rattache à la création d'une analogie cosmique devant servir d'abri et donner un semblant de sens à l'existence humaine, explique son rejet d'une compréhension du national-socialisme comme mouvement politique dont le succès résiderait avant tout dans des facteurs sociaux et économiques. La particularité de sa manière de concevoir la nature politique du problème est particulièrement manifeste dans son échange avec Hannah Arendt intervenant après la publication par cette dernière, en 1951, de *The Origins of Totalitarianism*. Le débat commence en mars 1951 avec une lettre de Voegelin à laquelle Arendt répond brièvement en avril – on sait désormais que Arendt prépara une première version de sa lettre plus approfondie, mais finalement abandonnée, qui aurait cependant pu prévenir certains malentendus[7]. L'échange se poursuit sous une forme plus détaillée avec la recension publiée par Voegelin dans *The Review of Politics*, à laquelle est jointe la réponse de Arendt[8]. Il ne s'agit pas ici d'évaluer la pertinence des critiques de Voegelin, qui sont souvent desservies par des formulations polémiques tendant à simplifier le propos de Arendt[9], dont les réponses

6 Voir C. Lefort, « Permanence du théologico-politique ? », *op. cit.*, p. 279.

7 Cette lettre a été publiée dans sa traduction anglaise dans *History and Theory* par P. Baehr (éd.) ; G. C. Wells (trad.), « Debating Totalitarianism : An Exchange of Letters Between Hannah Arendt and Eric Voegelin », *History and Theory*, n° 51, octobre 2012, p. 364-380.

8 Voir E. Voegelin, « The Origins of Totalitarianism » suivi de H. Arendt, « A Reply », *The Review of Politics*, n° 15, 1/1953, p. 68-85. Arendt reprend le problème des religions politiques, entre autres à partir de Voegelin, dans « Religion and Politics », in H. Arendt, *Essays in Understanding*, New York, Harcourt Brace, 1994, p. 368-390.

9 Parmi celles-ci se trouve notamment une divagation polémique de Voegelin bien trop souvent citée par rapport à l'intérêt qu'elle présente, établissant un parallèle entre « le pasteur libéral qui rejette le péché originel, l'intellectuel laïc qui maintient que l'homme

restent d'ailleurs assez courtes et défensives – à l'exception de sa lettre non publiée, qui avance des arguments plus substantiels. Le propos de Voegelin est donc moins intéressant vis-à-vis de Arendt que pour comprendre sa propre interprétation du national-socialisme et, en particulier, en quoi ce dernier peut être considéré comme un phénomène politique.

La critique formulée par Voegelin porte principalement sur deux points : la méthode employée dans *The Origins of Totalitarianism* et la question de l'essence du totalitarisme. Du point de vue de Voegelin, Arendt est représentative d'une méthode prenant pour point de départ « la » politique. Le fil directeur du livre de Arendt, qui doit permettre de comprendre le totalitarisme, est « l'obsolescence de l'État-nation comme l'organisation abritant [*sheltering*, qui renvoie à la fonction de *shelter* de l'ordre politique ; BG] les sociétés politiques occidentales, en raison de changements technologiques, économiques et de leurs conséquences sur le pouvoir politique[10] ». Le principe expliquant que ces différents phénomènes forment un développement menant au totalitarisme est la « désintégration d'une civilisation en masses d'êtres humains dépourvus de statut social et économique[11] ». Pour Voegelin, retracer cette évolution tant à occulter l'importance des individus, alors que la situation à laquelle ils sont confrontés ne détermine nullement leur réaction face à celle-ci. Tous ne se tournent pas vers le ressentiment, la cruauté et la violence qu'offre le totalitarisme, et c'est cette nuance décisive que la méthode de Arendt tendrait à effacer, car elle refuse de voir la véritable ligne de fracture à l'origine de ce choix, au niveau de l'individu. Rejoignant les conclusions de *The New Science of Politics*, Voegelin voit au cœur du totalitarisme non le produit d'une situation économique et sociale, mais la « maladie spirituelle » atteignant les individus, une « maladie » qu'il rattache dans sa critique au développement du gnosticisme depuis

est bon, le philosophe qui justifie une éthique utilitariste, le juriste positiviste qui nie la loi naturelle, le psychologue qui interprète les phénomènes de l'esprit dans les termes de la vie instinctive – aucun d'entre eux n'a commis des crimes comparables à ceux des meurtriers SS dans les camps de concentration – mais ils en sont les pères spirituels, la cause historique immédiate » (P. Baehr (éd.), « Debatting Totalitarianism », *op. cit.*, p. 373). Malgré le caractère pittoresque qu'une telle exagération peut avoir, elle représente un exemple typique de formulation polémique grossière qui tend davantage à décrédibiliser le propos de Voegelin qu'à apporter une quelconque information.

10 E. Voegelin ; H. Arendt, « The Origins of Totalitarianism », *op. cit.*, p. 70.

11 *Ibid.*, p. 72.

Joachim de Flore[12]. Le problème n'est donc pas limité à « la » politique. L'essence du totalitarisme est un « mouvement de croyance immanentiste ». Pour Voegelin, « les mouvements totalitaires ne veulent pas remédier aux maux de la société par des changements industriels, mais ils veulent créer un millenium au sens eschatologique en transformant la nature humaine[13] ». Selon Arendt, une telle perspective est beaucoup trop large pour expliquer le phénomène spécifique du totalitarisme. Le « déclin de la civilisation chrétienne » est certes un élément du cadre dans lequel le développement du totalitarisme est possible, mais il n'offre pas une explication « positive » de son développement[14]. L'insistance de Voegelin sur la « maladie spirituelle » de l'Occident ne doit toutefois pas occulter le fait que son œuvre contient bien une analyse de la spécificité du contexte allemand, notamment de l'échec des institutions tant étatiques que sociales et religieuses[15] – les questions économiques étant cependant peu abordées. Mais, pour Voegelin, l'échec des institutions n'est pas un élément décisif expliquant l'apparition du totalitarisme. Prenant à ce titre le contre-pied de Arendt, il considère le déclin des institutions non comme le « thème directeur » de l'explication du totalitarisme, mais comme un élément du contexte dans lequel la maladie spirituelle qu'il diagnostique a pu se propager en ne rencontrant qu'une faible résistance. Ce que Voegelin considère comme l'élément central dans l'interprétation de Arendt devient secondaire, tandis que ce qu'elle comprend comme faisant seulement partie du contexte prend pour Voegelin une importance décisive. Leurs interprétations sont donc nettement opposées : pour Voegelin, Arendt reste du fait de son choix ancrée dans l'« immanentisme » se trouvant à la source même du problème, tandis que, du point de vue de Arendt, la généralité de la perspective

12 Voir *ibid.*, p. 74.

13 *Ibid.*

14 Voir P. Baehr (éd.), « Debatting Totalitarianism », p. 379 : « Mais même si je pouvais accepter le point de vue chrétien [...], le contexte de ce déclin serait trop large pour expliquer un phénomène aussi spécifique que les mouvements totalitaires et leurs formes de domination. Il en irait différemment si, au lieu de rechercher l'origine de manière positive, on posait la question négative : Comment en sommes-nous venus à ne pouvoir, dans notre tradition, répondre et 'résoudre' les questions et problème politiques posés par notre temps ? En effet, cette question forcerait à ouvrir tout l'arrière-plan de notre tradition, c'est-à-dire de notre tradition de pensée politique ; je ne pose pas cette question et je ne pense pas avoir besoin de la poser ».

15 Voir E. Voegelin, *Hitler und die Deutschen*, München, Fink, 2006. Trad. française M. Köller et D. Séglard : *Hitler et les Allemands*, Paris, Seuil, 2003.

de Voegelin le rend aveugle à la spécificité même du totalitarisme et incapable d'aboutir à des distinctions claires et précises permettant de délimiter le phénomène et d'expliquer sa naissance[16].

À ce titre, Löwith se rapproche davantage de Voegelin que de Arendt, mais moins par choix que par manque d'intérêt pour les questions institutionnelles. Le national-socialisme est certes compris par Löwith comme un phénomène politique spécifiquement allemand, mais il l'interprète dans un cadre plus général, celui du nihilisme européen, où la question des institutions et de la structure des pouvoirs est secondaire – contrairement à Voegelin et Arendt, Löwith n'utilise d'ailleurs pas le terme « totalitarisme », ce qui explique que son propos, dont la dimension politique n'est qu'indirecte, ne soit que plus rarement utilisé à des fins polémiques. Le bouleversement politique apparaît comme un produit tardif et particulièrement extrême de l'esprit « protestataire » et même « protestant » de l'Allemagne, de son besoin de prendre une voie spécifique au sein de l'Europe, dont elle n'est plus le cœur mais, en 1940, le centre de sa dissolution[17]. Löwith reconnaît donc une certaine spécificité nationale à ce mouvement, mais dans la mesure où ce dernier se présente comme une réponse au nihilisme européen, croissant sur les ruines de la société bourgeoise, son caractère politique – au sens de « la » politique – n'est qu'un élément d'une idéologie qui ne peut répondre à l'effondrement de tous les repères qu'en tant qu'elle est totalisante. Dans ce cadre, la faiblesse des institutions allemandes de la République de Weimar pèse peu par rapport à un mouvement de fond dont Löwith voit les prémisses dans l'évolution de la philosophie « de Hegel à Nietzsche » et des signes avant-coureurs dans des mouvements précisément non directement politiques, tel le cercle de Stefan George, porteur, selon la remarque ironique de Löwith, d'un « nazisme noble »

16 Voir E. Voegelin ; H. Arendt, « The Origins of Totalitarianism », *op. cit.*, p. 80 : « De nombreuses affinités entre le totalitarisme et d'autres tendances de l'histoire politique et intellectuelle de l'Occident ont été décrites, avec selon moi le résultat suivant : toutes échouèrent à montrer la qualité distinctive de ce qui était vraiment en train de se passer. Les 'différences phénoménales', loin d''obscurcir' une quelconque identité essentielle, sont les phénomènes qui rendent le totalitarisme 'totalitaire', qui distinguent cette forme de gouvernement et de mouvement de toutes les autres et qui seules peuvent nous aider à découvrir son essence ».

17 Voir K. Löwith, *Mein Leben in Deutschland vor und nach 1933*, *op. cit.*, p. 135. Voir aussi « Deutschland – das protestierende Reich », dans K. Löwith, *Der europäische Nihilismus. Betrachtungen zur geistigen Vorgeschichte des europäischen Krieges* (1940), *SS* 2, p. 529 *sqq.*

(*Edelnazismus*)[18]. Löwith cherche donc moins à répondre à la question de savoir comment le national-socialisme a pu s'imposer qu'à la question de pourquoi son apparition et son succès ont été possibles. Il ne cherche pas à proposer une explication positive du phénomène politique, un point sur lequel l'œuvre de Arendt est indéniablement supérieure, mais à retracer le contexte intellectuel qui donne sens à ce phénomène. Comme Voegelin, il ne fait pas de doute que Löwith voit dans cette dimension de sens l'élément essentiel et particulier du national-socialisme, bien qu'il intervienne dans une tradition intellectuelle bien plus vaste. À l'inverse, la dimension politique mise en avant par Arendt constitue non sa particularité, mais ce qui fait de lui un phénomène politique parmi d'autres.

UNE « RELIGION POLITIQUE » ?

Si le dépassement en question n'est pas avant tout politique mais bien plus englobant, et qu'il implique une croyance, doit-on donc le comprendre comme un phénomène religieux ? C'est ce que semble impliquer le concept de « religion politique » avancé par Voegelin en 1938 et depuis fréquemment – voire exagérément – réutilisé[19]. Mais quelle est la dimension déterminante des phénomènes désignés par ce terme, le politique – cette fois au sens de Voegelin – ou le religieux ? *Die politischen Religionen*, publié dans des circonstances particulièrement difficiles[20], est clairement un pamphlet à la portée théorique limitée,

18 K. Löwith, *Mein Leben in Deutschland vor und nach 1933*, *op. cit.*, p. 22.

19 La littérature sur ce thème a récemment connu une inflation telle qu'il est désormais difficile d'en avoir une vue d'ensemble. Pour une perspective générale, prenant en compte l'œuvre de Voegelin, voir notamment H. Maier (éd.), *'Totalitarismus' und 'Politische Religionen'. Konzepte des Diktaturvergleichs*, 3 vol., Paderborn, Schöningh, 1996-2003 ; E. Gentile, *Le Religioni della politica. Fra democrazie e totalitarismi*, Gius, Laterza & Figli, 2001, trad. française A. Colao : *Les Religions de la politique. Entre démocraties et totalitarismes*, Paris, Seuil, 2005 ; C.-E. Bärsch, *Die politische Religion des Nationalsozialismus. Die religiösen Dimensionen der NS-Ideologie in den Schriften von Dietrich Eckart, Joseph Goebbels, Alfred Rosenberg und Adolf Hitler*, München, Wilhelm Fink Verlag, 2002.

20 La publication du livre en 1938 par un éditeur viennois fut difficile et le livre n'eut en Allemagne qu'un écho très limité, toute publicité ayant été interdite.

mais il contient en germe les thèmes principaux des écrits d'après-guerre, ce que Gregor Sebba nomme la « pensée d'Eric Voegelin » (*Eric Voegelin's thought*)[21]. Il ne faut donc pas exagérément se concentrer sur le concept lui-même, mais plutôt sur la problématique qu'il cherche à exprimer et qui devient le thème central notamment de *The New Science of Politics*, la « re-divinisation » moderne de l'ordre politique, une problématique qui est donc avant tout politique[22]. Il est clair, dans *Die politischen Religionen*, que le concept de « religion politique » est principalement dirigé contre le national-socialisme, et désigne donc un mouvement politique cherchant à acquérir une valeur absolue le rapprochant, dans un sens qui reste à déterminer, du religieux. Mais il ne désigne en aucun cas la dimension politique que peut prendre une religion établie – Voegelin n'évoque ni la politique de l'Église romaine, ni les croisades, ni l'islam politique[23]. Une « religion politique » n'est pas une religion aux prétentions politiques, mais un ordre politique aux prétentions « religieuses », d'où la distinction centrale dans *Die politischen Religionen* entre les religions « supramondaines », dont le « *Realissimum* », ce qu'il y a de plus réel, est

21 G. Sebba, « Prelude and Variations on the Theme of Eric Voegelin », in E. Sandoz (éd.), *Eric Voegelin's Thought. A Critical Appraisal*, Durham, Duke University Press, 1982, p. 3. Il est vrai que les thèmes abordés dans *Die politischen Religionen* font déjà plus ou moins directement partie des centres d'intérêt de Voegelin dans ses œuvres et ses recherches précédentes, mais il n'en reste pas moins que leur articulation et leur dimension critique sont dans ce livre clairement nouvelles, et davantage apparentées aux œuvres d'après-guerre. Il ne s'agit pas d'affirmer une rupture brutale, mais de reconnaître l'existence de certaines lignes générales de continuité dans son œuvre, contrairement à la dissolution de toute structure, et donc de toute thèse stable, à laquelle conduit une perspective purement immanente, centrée sur l'évolution parallèle de l'œuvre et de la personne, qui historicise ainsi toute affirmation. Pour un exemple paradigmatique, voir P. J. Opitz, « Eric Voegelins *Politische Religionen*. Kontexte und Kontinuitäten », *Occasional Papers* 47, Eric-Voegelin-Archiv, disponible à l'adresse http://www.gsi.uni-muenchen.de/forschung/forsch_zentr/voegelin/publikationen/papers/op_47.pdf (consulté le 20/05/2021).

22 Voir E. Voegelin, *Die politischen Religionen*, *op. cit.*, p. 12 (trad. fr. p. 30) : « Pour saisir convenablement les religions politiques, nous devrons dès lors élargir le concept du religieux de manière à pouvoir rendre compte non seulement des religions rédemptrices, *mais aussi d'autres apparitions que nous croyons percevoir comme religieuses dans le développement des États* [je souligne ; BG] ».

23 Toute une littérature plus ou moins polémique s'est développée autour de la tentative de faire de l'islam, à partir de Voegelin, une « religion politique » sans qu'il soit clair si ce concept, dans la perspective même de Voegelin, est approprié. Bien souvent, ces tentatives cherchent surtout à établir un parallèle douteux entre le national-socialisme, le communisme et l'islam. Voir par exemple le pamphlet de M. Ley, *Die kommende Revolte*, München, Fink, 2012 et, dans une moindre mesure, B. Cooper, *New Political Religions, or An Analysis of Modern Terrorism*, Columbia, University of Missouri Press, 2004.

situé hors du monde, et les religions « intramondaines », « qui trouvent le divin dans des éléments partiels du monde » et auxquelles s'applique exclusivement le concept de « religion politique[24] ». Mais si les religions politiques sont avant tout politiques, dans quel sens parle-t-on alors de « religieux » ? Faut-il présupposer, comme le suggère Arendt dans sa critique, que cette interprétation du totalitarisme présuppose un vague « besoin de religion » que ce dernier, en raison de la disparition des croyances traditionnelles, viendrait combler[25] ?

Le terme de « religion », reconnaît Voegelin en 1973 dans ses *Réflexions autobiographiques*, est « trop vague » et constitue « une déformation du véritable problème des expériences en le mêlant avec celui des dogmes ou de la doctrine », et entraîne donc des confusions avec son usage habituel, appliqué aux religions traditionnelles[26]. Le « véritable problème » que Voegelin cherchait à cerner au moyen du concept de « religion politique » n'est donc pas celui de la formation d'une doctrine et de dogmes imposés à la population, grâce au développement des techniques de propagande, une vision naïve du totalitarisme qu'il critiqua également dans la conférence de 1964, *Hitler und die Deutschen*[27]. La critique du national-socialisme en tant que « religion politique » ne doit pas davantage être comprise comme la critique d'une réponse pervertie à un vague besoin religieux de l'âme humaine, qui viendrait usurper la place des religions établies[28]. Quel est donc le « véritable problème » dont il est ici question ? Emilio Gentile, dans son ouvrage consacré aux « religions de la politique », distingue diverses manifestations de celles-ci, entre autres la fonction

24 E. Voegelin, *Die politischen Religionen*, *op. cit.*, p. 38.

25 Voir E. Voegelin ; H. Arendt, « The Origins of Totalitarianism », *op. cit.*, p. 82.

26 E. Voegelin, *Autobiographical Reflections*, *CW* 34, p. 78. Trad. française S. Courtine-Denamy : *Réflexions autobiographiques*, Paris, Bayard, 2004, p. 83.

27 E. Voegelin, *Hitler und die Deutschen*, München, Fink Verlag, 2006. Trad. française M. Köller et D. Séglard : *Hitler et les Allemands*, Paris, Seuil, 2003.

28 Arendt souligne à raison, non sans provocation, qu'une telle compréhension de la religion serait fonctionnaliste et relèverait d'une position athée, ce que Voegelin ne peut bien entendu en aucun cas accepter. Voir E. Voegelin ; H. Arendt, « The Origins of Totalitarianism », *op. cit.*, p. 82 : « D'autre part, l'introduction de ces arguments semi-théologiques dans la discussion autour du totalitarisme ne peut probablement que contribuer à la propagation des 'idées' modernes strictement blasphématoires au sujet de Dieu, qui est 'bon pour vous' – pour votre santé mentale ou autre, pour votre personnalité ou Dieu sait quoi – c'est-à-dire des 'idées' qui font de Dieu une fonction de l'homme ou de la société. Cette fonctionnalisation me semble être à de nombreux égards le dernier et sans doute le plus dangereux développement de l'athéisme ».

messianique prétendument assumée par une communauté dans le cadre de l'histoire de l'humanité[29]. En découle la conception d'une histoire sacrée, d'une histoire du salut, ce sur quoi Voegelin met aussi l'accent dans ses œuvres plus tardives. Compte tenu de la continuité existant entre celles-ci et *Die politischen Religionen*, on doit tenir compte de cette évolution afin de dépasser les erreurs liées aux concepts de « religion politique » et déterminer quel est le « véritable problème » qui est en jeu.

Le rapport entre l'ordre politique et l'histoire n'est pas analysé en détail dans *Die politischen Religionen*, dans la mesure où la méthode mise en œuvre dans cet ouvrage ne repose pas sur une analyse systématique du concept de « religion politique » mais s'articule, conformément à la méthode revendiquée par Voegelin, autour de l'étude de symboles particuliers devant indirectement illustrer son contenu[30]. Parmi ceux-ci, le « Troisième Reich » prend une place centrale, non seulement dans la structure du livre même, mais également dans l'approche des « religions politiques » et bien évidemment dans la critique sous-jacente adressée au régime national-socialiste. Surtout, l'étude de ce symbole révèle la présence dans le concept de « religion politique » de la question du rapport entre eschatologie et histoire, qui deviendra centrale dans les œuvres plus tardives. Le symbole « Troisième Reich » ne renvoie en effet pas à une simple réalité historique, à la succession des empires allemands, du Saint Empire romain germanique au second Empire proclamé dans la galerie des glaces de Versailles, mais est, comme le souligne Voegelin, un symbole apocalyptique qui perdure depuis le christianisme primitif :

> L'apocalypse du règne chrétien et le symbolisme du bas Moyen Âge constitueront le soubassement historique de la dynamique apocalyptique dans les religions

29 Voir E. Gentile, *Les Religions de la politique*, *op. cit.* Étonnamment, Gentile n'aborde l'œuvre de Voegelin que très brièvement et de manière superficielle. Le concept de « religion » qu'il utilise dans cet ouvrage tend par ailleurs à justifier les réserves soulevées par Voegelin dans ses *Réflexions autobiographiques*. Gentile insiste en effet sur le caractère dogmatique des religions politiques, qui imposent une vision du monde et sont donc totalitaires. En considérant avant tout cet aspect, il se rapproche implicitement d'une conception « fonctionnaliste » de la religion, qui reste aveugle au « véritable problème ». Pour Voegelin, les « religions politiques » ne renvoient pas à un pouvoir coercitif imposant un dogme au moyen d'institutions particulières, mais notamment à la réponse « intramondaine » apportée à une expérience véritable, celle de l'homme comme créature (*Kreatürlichkeit*).

30 Voir la critique de la définition « scolaire » de l'État et la description de la vie dans la communauté de l'État comme « expérience religieuse » et « processus mystique » : E. Voegelin, *Die politischen Religionen*, *op. cit.*, p. 31 *sqq.*

> politiques modernes. [...] Le symbolisme de l'apocalypse perdure dans le symbolisme du XIXe et du XXe siècle, dans les trois stades de la philosophie de l'histoire de Marx et Engels, dans le Troisième *Reich* du national-socialisme, dans la Troisième Rome fasciste, après l'antique et chrétienne[31].

Souligner la continuité historique entre le « Troisième Reich » moderne et les mouvements apocalyptiques chrétiens permet de placer ce symbole dans le cadre d'analyse qui lui convient, à savoir comme un symbole politique issu de ces spéculations et réutilisé dans le cadre d'une « réactivation de schémas d'interprétation apocalyptiques[32] ». L'affirmation d'une continuité historique, même telle qu'elle est répétée de manière parfois polémique dans *The New Science of Politics*, présente avant tout un intérêt heuristique quant à la généalogie des conceptions apocalyptiques et permet de trouver dans l'histoire des points de comparaison. Cependant, la « dynamique apocalyptique » des religions politiques relevée par Voegelin ne renvoie pas seulement à un héritage historique, à une continuité du millénarisme. L'autre aspect du symbolisme apocalyptique, sans doute le plus important afin de comprendre le succès des religions politiques, concerne son effectivité politique. « Apocalyptique » n'est pas seulement le qualificatif d'une tradition historique relevant d'une analyse diachronique mais désigne aussi une structure de pensée dont le sens politique intrinsèque est ici décisif.

Cette portée repose précisément non sur le caractère simplement « religieux », mais « apocalyptique » du symbole « Troisième Reich », c'est-à-dire, selon l'analyse de Claus-Ekkehard Bärsch, qui prolonge la perspective voegelinienne :

> Premièrement : le 'Troisième Reich' est un empire du futur, qui est principalement qualifié par le prédicat 'rédemption'. Deuxièmement : présent et futur sont séparés par un saut qualitatif. Ce saut qualitatif est précédé d'un temps de crise jusqu'à la catastrophe. [...] [Troisièmement :] les nationaux-socialistes sont les instruments de la volonté divine. Adolf Hitler et ses disciples sont qualifiés de 'parcelle de rédemption pour l'empire à venir'. C'est dans Adolf Hitler que le futur est déjà le plus largement développé [...][33].

31 E. Voegelin, *Die politischen Religionen*, *op. cit.*, p. 40 *sq.* (trad. fr. p. 72 *sq.*).

32 C.-E. Bärsch, *Die politische Religion des Nationalsozialismus. Die religiösen Dimensionen der NS-Ideologie in den Schriften von Dietrich Eckart, Joseph Goebbels, Alfred Rosenberg und Adolf Hitler*, München, Fink, 2e édition 2002, p. 140. Voir aussi E. Voegelin, *Die politischen Religionen*, *op. cit.*, p. 40 (trad. fr. p. 72).

33 C.-E. Bärsch, *Die politische Religion des Nationalsozialismus*, *op. cit.*, p. 141.

L'effectivité politique du symbole « Troisième Reich » repose principalement sur la création d'une tension entre présent et futur, sur l'idée de la « rédemption future » qui donne son sens au présent et mène par conséquent, selon Bärsch, à la « fin de la politique au sens strictement classique[34] ». La cohésion de la société ne repose pas sur des traditions, ou sur la nécessité de la vie en commun, mais vient de son statut de communauté de l'attente, d'*ecclesia*, selon un autre symbole analysé par Voegelin dans *Die politischen Religionen.* Elle tire sa substance d'un futur à venir, fondamentalement meilleur que le présent, un présent où les actions à entreprendre se trouvent néanmoins justifiées au moyen de cette inversion. La réponse à la « question sociale », au problème de la cohésion de la société, sort donc de la sphère socio-économique. Cette réponse est la promesse que contient le « Troisième Reich » en tant que symbole apocalyptique : l'avènement d'un règne sempiternel d'homogénéité complète au sein de la *Volksgemeinschaft.* À ce stade de l'analyse, on constate cependant une tension dans la terminologie utilisée par Bärsch et Voegelin entre ce caractère apocalyptique du symbole « Troisième Reich » et une dimension eschatologique également présente, dans la mesure où le « Troisième Reich » est aussi compris comme un but à atteindre impliquant une tension. L'aspect « religieux » des religions politiques renvoie par conséquent avant tout à leur dimension apocalyptique et eschatologique, dans laquelle se rejoignent religion et politique.

Le « véritable problème » apparaissant au centre de *Die politischen Religionen* par l'intermédiaire de symboles tels que le « Troisième Reich » est donc celui de la re-divinisation de l'ordre politique au moyen d'une mise en forme eschatologique du temps[35]. La « religion » dont il est question dans le concept de « religion politique » ne concerne que la proclamation d'un but, d'un *eschaton*, qui transforme la continuité des événements politiques passés et à venir dépourvue de sens en une histoire du salut. C'est pourquoi le concept d'« eschatologie politique » utilisé

34 *Ibid.*, p. 93.

35 Une interprétation du national-socialisme sous l'angle de l'eschatologie est proposée par J. Chapoutot dans « Le sang et le sens : l'eschatologie nazie », in D. de Courcelles ; G. Waterlot (éds.), *La mystique face aux guerres mondiales*, Paris, PUF, 2010. Néanmoins, cette tentative, en particulier en raison de l'imprécision de la notion d'eschatologie qui y est utilisée, est encore trop peu élaborée pour être convaincante. Mon propos se limite ici à l'importance de l'eschatologie dans l'interprétation du national-socialisme chez Voegelin et Löwith et ne prétend pas prendre définitivement position quant au national-socialisme lui-même.

par Löwith en lieu et place de « religion politique », bien que plus limité, est aussi plus précis[36]. Bien que ce concept n'occupe dans son œuvre qu'un rôle secondaire, il est cependant essentiel pour rendre compte du fait que le national-socialisme, en tant que mouvement politique, peut être vu comme un dépassement du nihilisme européen. C'est en effet en tant qu'« eschatologie politique » qu'un mouvement politique peut endosser la promesse d'une rédemption future de la situation de crise et se présenter comme porteur d'une dynamique venant briser le statu quo. Pour un auteur faisant preuve d'une grande réserve vis-à-vis de l'actualité, il est à ce titre révélateur que le seul passage de *Meaning in History* où Löwith fait directement référence aux événements politiques d'alors intervient dans le chapitre consacré à la projection de l'eschatologie dans l'histoire :

> L'attente d'un nouvel âge de la 'plénitude', exprimée par Joachim [de Flore], pouvait avoir deux conséquences opposées : elle pouvait promouvoir la rigueur de la vie cléricale par rapport au caractère profane de l'Église, et c'était là son intention ; elle pouvait aussi inversement stimuler l'élan vers de nouvelles réalisations historiques, et ce fut en effet le résultat tardif de sa prophétie d'un nouveau Testament. [...] Le troisième Testament des disciples de Joachim réapparut sous la forme de la 'Troisième Internationale' ou du 'Troisième Reich', annoncé par un *dux* ou un *Führer*, acclamé par tous comme un rédempteur et salué d'un *Heil* par des millions[37].

De multiples éléments, présents tout au long de l'œuvre de Löwith, tendent à confirmer que, pour lui, l'eschatologie est bien l'élément déterminant de la tradition chrétienne expliquant l'avènement des idéologies. Cette importance n'est pas seulement d'ordre généalogique, dans la mesure où le « Troisième Reich » serait une résurgence d'un symbolisme ancien, mais s'explique aussi, comme chez Voegelin, par l'efficacité politique de la conception eschatologique du temps, sur laquelle l'idéologie peut s'appuyer pour donner un sens global aux événements et à son action, justifiée quelle qu'elle soit car elle doit mener à l'accomplissement à venir. L'eschatologie répond bien à l'objectif de re-divinisation de l'ordre politique porté par les « religions politiques » : elle assure la cohésion de

36 K. Löwith, *Von Hegel zu Nietzsche*, *SS* 4, p. 261 : « Chez Marx, le chiliasme de l'épigone et le pathos de la liberté des jeunes hégéliens se transforme en l'eschatologie politique du manifeste communiste ».

37 K. Löwith, *Weltgeschichte und Heilsgeschehen*, *SS* 2, p. 172.

la communauté d'attente en vue d'un but et impose une mise en sens des événements intervenants dans le « temps qui reste[38] ».

Qu'en conclure ? Le concept de « religion politique » utilisé par Voegelin contre le national-socialisme ne désigne pas les excroissances politiques d'une religion instituée, mais la re-divinisation de l'ordre politique dans la situation relativiste faisant suite à l'historicisme. « Religion » est, comme Voegelin l'a reconnu lui-même, un terme trop vague qui masque le « véritable problème ». Dès *Die politischen Religionen*, il est clair qu'une dimension particulière de ce qui est alors improprement nommé « religion » prend une importance dominante, la dimension eschatologique. C'est pourquoi il est possible de rapprocher les « religions politiques » de l'« eschatologie politique », un concept plus précis et moins directement polémique, qui sert chez Löwith de fil directeur à sa critique du national-socialisme. Mais l'« eschatologie » ici évoquée renvoie-t-elle à un contenu théologique, si bien que le « véritable problème » serait malgré tout rapporté à un cadre « religieux » ? À quel niveau le dépassement de l'historicisme se situe-t-il ? Avec le passage du politique au religieux et du religieux à l'eschatologie, le processus de déconstruction devant mener au cœur du problème n'est pas encore achevé.

UNE POLITIQUE DU TEMPS

C'est au niveau chronopolitique qu'il faut chercher le noyau de la notion d'eschatologie dans son usage politique, un noyau temporel et non religieux qui la replace dans le cadre systématique de la relation entre temps et politique[39]. L'importance de la dimension temporelle dans la

---

38 Selon la formule de G. Agamben, *Il tempo che resta : un commento alla Lettera ai Romani*, Torino, Bollati Boringhieri, 2000. Trad. française J. Revel : *Le temps qui reste*, Paris, Éditions Payot & Rivages, 2004. Cet ouvrage est certes stimulant mais doit être abordé avec une certaine prudence dans la mesure où Paul sert surtout de prétexte à des développements originaux – comme chez Taubes et Schmitt, sur lesquels Agamben appuie son interprétation.

39 Un exemple montrant très nettement ce noyau temporel de la notion d'eschatologie est la discussion actuelle des épîtres de saint Paul, qui servent de prétexte à l'articulation

révolution promise par le national-socialisme a déjà été mise en lumière dans certaines études, en particulier par l'historien Robert Griffin[40]. Selon ce dernier, le fascisme – terme sous lequel sont regroupés le fascisme italien et le national-socialisme – est précisément caractérisé par une temporalité hybride qui combine la dimension eschatologique, l'élan révolutionnaire vers un futur donnant sens au cours des événements, à une dimension « palingénétique » désignant la recréation intervenant après la fin d'un cycle et qui doit, dans le cas présent, mettre fin à l'anarchie relativiste du nihilisme. En tant qu'eschatologie et « palingenesis », la politique du temps du national-socialisme vise à recréer après la fin d'un cycle une « éternité nationalisée[41] » devant surpasser le temps « de Cronos », le temps se nourrissant perpétuellement de la destruction de ses produits, au profit d'un temps perpétuel, le temps de l'*aevum*[42]. Le dépassement proposé par le national-socialisme peut donc être vu comme une politique du temps qui, en recourant à l'eschatologie, cherche à offrir une réponse définitive au problème de la continuité en retrouvant une substance sempiternelle, une forme d'*aevum*, dans un contexte de dissolution généralisée des repères. C'est précisément de cette manière que Löwith et Voegelin conçoivent en dernière instance les idéologies répondant, au-delà de l'historicisme, à la perte du sens de l'histoire.

L'œuvre de Löwith fait clairement apparaître la problématique du temps et de l'éternité, ainsi que sa valeur politique, en particulier suite à l'avènement du national-socialisme. À un niveau anthropologique,

---

d'une politique du temps à partir, par exemple, du « temps qui reste » ou de l'« événement ». Voir en particulier G. Agamben, *Le temps qui reste*, *op. cit.* et l'indigent ouvrage de A. Badiou, *Saint Paul. La fondation de l'universalisme*, Paris, PUF, 1999. Pour une vue d'ensemble de cette nouvelle tendance, voir D. Finkelde, *Politische Eschatologie nach Paulus. Badiou – Agamben – Žižek – Santner*, Wien, Turia + Kant, 2007.

40 Voir R. Griffin, *Modernism and Fascism. The Sense of a Beginning under Mussolini and Hitler*, New York, Palgrave Macmillian, 2007 et « Fixing Solutions : Fascist Temporalities as Remedies for Liquid Modernity », *Journal of European History*, vol. 13, 2015/1, p. 16.

41 R. Griffin, « Fixing Solutions : Fascist Temporalities as Remedies for Liquid Modernity », *op. cit.*, p. 18. Comme le souligne aussi C.-E. Bärsch, *Die politische Religion des Nationalsozialismus*, *op. cit.*, p. 375, « le collectif même [c'est-à-dire la race ; BG] a le caractère d'une substance surtemporelle [*überzeitlich*] » qui se réalise dans l'histoire dans sa manifestation, le « Führer ». On retrouve ici l'idée d'un ersatz d'éternité, évoqué ci-dessous. Voir aussi la citation d'Ernst Jünger reprise par Voegelin dans *Die politischen Religionen*, p. 37 (trad. fr p. 67) : « Les soldats tombés passèrent, par leur mort, d'une réalité inaccomplie à une réalité accomplie, de l'Allemagne de l'apparition temporelle à l'Allemagne éternelle ».

42 Voir R. Griffin, *Modernism and Fascism*, *op. cit.*, p. 84.

Löwith identifie un besoin d'éternité, un besoin de repères intemporels dans une époque, l'entre-deux-guerres, qui est précisément marquée par leur disparition. Ce diagnostic, dans ses écrits du début des années 1940, est exprimé indirectement – comme c'est souvent le cas chez Löwith –, notamment par l'intermédiaire de Kierkegaard. Dans *Von Hegel zu Nietzsche*, Löwith reprend le diagnostic de Kierkegaard sans cacher sa tonalité actuelle : « L'époque [*die Zeit*], dont le malheur est la temporalité [*die Zeitlichkeit*], aurait besoin de quelque chose d'absolument stable [*Feststehendes*][43] ». Dans un texte de 1942/1943 rapprochant Franz Rosenzweig et Heidegger, Löwith endosse encore plus clairement la position de Kierkegaard, selon laquelle « nous avons besoin d'éternité pour perdurer dans le temps » :

> Kierkegaard formula cette nécessité avec autant de clarté que de concision dans la préface à la notion d''individu'. Il débute par le constat suivant : 'En ces temps' (1848) 'tout est politique', et termine ainsi : 'ce que l'époque réclame', c'est-à-dire des réformes sociales et un nouvel ordre politique, 'est le contraire de ce dont elle a besoin : de quelque chose d'absolument stable'. Le malheur de l'époque [*die Zeit*] est qu'elle s'est fixée sur le temporel et pense pouvoir échapper à l'éternité[44] ».

Comme souvent chez Löwith, cette prise de position n'est pas exempte d'une pointe polémique dirigée contre Heidegger, à qui il reproche d'avoir introduit la temporalité jusque dans le *Dasein* humain tout en affirmant que le philosophe ne peut rien connaître de l'éternité. Heidegger est « décidé à comprendre le temps par le temps[45] » et ne reconnaît que des « vérités temporelles[46] ». Les camps sont clairement marqués, mais ils le deviennent encore davantage lorsque Löwith laisse entrevoir l'aspect politique de son insistance sur le temps et l'éternité, c'est-à-dire lorsqu'il prend en considération le phénomène de la politique du temps.

Les « ersatz d'éternité », déjà évoqués plus haut, forment le fil directeur de sa compréhension du national-socialisme comme politique du temps. Ce dernier offre selon Löwith les « produits racistes de longue

---

43 K. Löwith, *Von Hegel zu Nietzsche*, *SS* 4, p. 261.

44 K. Löwith, « M. Heidegger und F. Rosenzweig. Ein Nachtrag zu *Sein und Zeit* » (1942/1943), *SS* 8, n. 92, p. 100.

45 K. Löwith, *Heidegger – Denker in dürftiger Zeit*, *SS* 8, p. 164.

46 K. Löwith, « M. Heidegger und F. Rosenzweig. Ein Nachtrag zu *Sein und Zeit* », *SS* 8, p. 78.

conservation d'une zoologie politique comme ersatz d'éternité[47] ». Que l'éternité puisse être remplacée par un « ersatz », là est le résultat du processus de temporalisation évoqué plus haut : « les *ersatz d'éternité* émergent en même temps que la temporalisation consciente [du sens de l'histoire ; BG], et caractérisent le siècle de l'esprit ayant atteint sa fin [*verendlicht* – il s'agit là du XIXe siècle ; BG][48] ». Puisque tout est considéré comme temporel, n'importe quel élément de la sphère temporelle – immanente, dirait Voegelin – peut remplacer l'éternité dès lors qu'il dure. En particulier, dans la mesure où le sens de l'histoire est compris comme un processus immanent au temps, le principe qui le dirige est donc, lui aussi, temporel, et peut endosser la sempiternité. C'est par exemple le cas, selon Löwith, de la conception raciste, qui rattache l'ensemble du développement historique à une lutte infinie entre les races dans le temps. Le phénomène général des ersatz d'éternité imprègne aussi la pensée de Heidegger, malgré son insistance sur la seule temporalité : « Une sorte d'ersatz d'éternité est, dans *Sein und Zeit* de Heidegger, la mort comme fin absolue de notre pouvoir-être[49] ». Le phénomène des ersatz d'éternité est pour Löwith ce qui donne une cohérence au problème auquel l'époque est confrontée et qui le relie au processus de temporalisation qui le précède et le rend possible. La temporalisation tend à nier l'éternité, mais ne peut empêcher, en raison de ce « besoin », son retour sous la forme d'ersatz créés à partir des produits du processus de temporalisation. En tant qu'« ersatz », il est aussi clair qu'ils échouent à dépasser véritablement la situation historique, car ils ne représentent qu'un leurre qui impose arbitrairement au sein du nihilisme même un recouplage entre politique et temps.

Au cours de son œuvre, Voegelin en vient également à mettre l'accent sur cet aspect, lequel n'est encore qu'indirectement présent dans le concept de « religion politique ». L'importance de la dimension temporelle et de sa fonction politique est davantage accentuée dans un concept central de son œuvre tardive, l'« *historiogenesis* », qui s'applique aux mêmes phénomènes que les religions politiques mais reflète une analyse plus approfondie. Avec ce concept, Voegelin pense avoir découvert

47 K. Löwith, *Von Hegel zu Nietzsche*, *SS* 4, p. 250.
48 *Ibid.*, p. 259 *sq.*
49 K. Löwith, « M. Heidegger und F. Rosenzweig. Ein Nachtrag zu *Sein und Zeit* », *SS* 8, p. 96.

une constante du rapport entre politique et temps et « une des grandes constantes de la recherche de l'ordre de l'Antiquité au présent[50] ». Le néologisme *historiogenesis* désigne un « type particulier de spéculation sur l'ordre de la société, son origine, son évolution dans le temps[51] », une « construction unilinéaire de l'histoire, partant d'une origine divine et cosmique jusqu'à l'ordre du présent de l'auteur », dont Voegelin date l'apparition à la fin du troisième millénaire après Jésus-Christ dans les empires du Proche Orient[52]. Cependant, l'*historiogenesis* n'est pas chez Voegelin un concept correspondant à des phénomènes historiques uniques mais un « type » récurrent également applicable à la philosophie de l'histoire moderne, dont les conséquences politiques sont un élément essentiel[53]. Ainsi, selon lui, « Hegel voulait prolonger le symbolisme historiogénétique chrétien[54] » – ce que Löwith relève également, en des termes très proches[55] – remontant jusqu'à l'histoire d'Israël avant de redescendre le déroulement des événements historiques jusqu'au présent. Mais ce type de construction ayant été amplement critiqué par Voltaire chez Bossuet, son dernier représentant, une adaptation était nécessaire. Celle-ci intervient en transposant le symbolisme historiogénétique chrétien « au niveau d'une spéculation néoplatonicienne et immanentiste à propos de l'*esprit* [*Geist*] qui se développe dialectiquement dans l'histoire jusqu'à atteindre la complète conscience de soi dans le cadre de la Révolution française et de l'Empire napoléonien[56] ». Immanentisation et *historiogenesis* se complètent : afin d'obtenir une construction unilinéaire, Hegel utilise les mêmes procédés d'exclusion et de modification de certains phénomènes historiques que les souverains des empires anciens. Il réorganise ces phénomènes autour d'une ligne continue posant un développement immanent de l'esprit, des commencements jusqu'au stade de la perfection atteint dans le présent : « la technique moderne

50 E. Voegelin, *Order and History*, vol. 4, *CW* 17, p. 116 *sq.*

51 *Ibid.*, p. 108.

52 Voir *ibid.*, p. 51.

53 Voir *ibid.*, p. 116.

54 *Ibid.*

55 Löwith n'utilise pas le concept d'*historiogenesis*, mais s'appuie exactement sur la même idée dans sa critique de Hegel. Voir K. Löwith, *Von Hegel zu Nietzsche*, *SS* 4, p. 274 : « La structure de la construction hégélienne est telle qu'elle ne mesure le cours de l'histoire qu'au progrès temporel : elle construit rétrospectivement, en partant de la dernière étape, les étapes précédentes comme menant nécessairement à cette dernière ».

56 E. Voegelin, *Order and History*, vol. 4, *CW* 17, p. 116.

de la construction historiogénétique est, on le voit, encore la même que celle des Sumériens[57] », conclut Voegelin.

Ce n'est donc ni en tant que phénomène simplement politique, ni en tant que « religion politique » que le national-socialisme se présente comme un dépassement, bien que manqué, de l'historicisme, mais en tant que politique du temps dans sa variante moderne, comme politisation totale de l'histoire. Ce processus comporte différentes étapes. La politisation de l'histoire présuppose tout d'abord la conception du sens de l'histoire, qui permet de coupler politique et histoire. Cette mise en sens est un processus dont Löwith et Voegelin retracent la généalogie de manière similaire, si ce n'est l'ajout chez Voegelin de la gnose et du « gnosticisme », des termes certes centraux dans *The New Science of Politics* mais extrêmement problématiques. À la suite de cette généalogie, Voegelin et Löwith s'accordent aussi quant à leur évaluation du sens de l'histoire. Pour Voegelin, il n'existe pas d'*eidos* de l'histoire, elle n'est pas et ne peut être un objet donné à la connaissance. Pour Löwith, la question du sens de l'histoire, du fait de son origine, ne peut être posée que dans un cadre judéo-chrétien et résolue par la foi et l'espoir. Dans les deux cas, le sens de l'histoire est rejeté en tant que notion idéologique. Pour autant, ils n'embrassent pas une position théorique relativisant tout sens de l'histoire, tel l'historicisme. Pour Löwith, l'historicisme est, comme le sens de l'histoire, un produit de la conscience historique qui, s'il ne résout en aucun cas le problème, présente toutefois l'avantage de permettre de retrouver à partir du présent un point de vue véritablement indépendant, dans la mesure où il conduit à la destruction de toute norme, de toute tradition. Il s'oppose en cela à Strauss et, surtout, à Voegelin, dont la dépendance vis-à-vis de l'historicisme, au niveau de sa méthode, est souvent oubliée. Voegelin défend cependant un historicisme dogmatique qui se distingue de l'historicisme relativiste moderne au sens où il ne renonce pas à tout ordre intemporel, car il part du principe que c'est dans et par l'histoire que peut véritablement émerger l'ordre. Malgré cette différence d'appréciation, tous deux se rapprochent dans leur évaluation de la difficulté à dépasser l'historicisme, à travers l'exemple de Max Weber. Selon eux, Weber ne propose face au relativisme pas de véritable solution sur le plan théorique, mais davantage un ethos

---

57 *Ibid.* Une des principales sources utilisées par Voegelin pour démontrer l'importance de l'*historiogenesis* est la liste des rois sumériens, datée de 2050 av. J.-C.

personnel. Alors que le national-socialisme se présente comme une solution définitive à l'anarchie des valeurs, il est cependant nécessaire, en raison même de la nature de leurs projets qui affirment la nécessité d'un dépassement du relativisme en général, de montrer que l'idéologie national-socialiste ne représente pas son dépassement véritable. On retrouve à travers les analyses de Löwith et de Voegelin l'idée d'une « temporalité fasciste » visant à promouvoir une « éternité nationalisée », une « statisation du devenir[58] ». Il est par conséquent impossible de parler d'un véritable dépassement, dans la mesure où le fascisme reste inscrit dans le processus de temporalisation du politique déjà présent dans l'historicisme. En réponse au découplage entre politique et histoire, le fascisme impose une mise en sens au moyen d'un recouplage forcé. Pour Löwith et Voegelin, ces mouvements politiques font donc bien partie de la même problématique que la question du sens de l'histoire et de sa politisation. Loin de constituer un dépassement de ce processus, ils en sont au contraire la conséquence extrême.

58 Voir R. Griffin, *Modernism and Fascism*, *op. cit.* et « Fixing Temporalities as Remedies for Liquid Modernity », *op. cit.* La « statisation du devenir » est un concept introduit par Mircea Eliade et repris par Voegelin. Voir E. Voegelin, *Order and History*, vol. 4, *CW* 17, p. 123 : la statisation du devenir désigne « la tentative d'immobiliser le devenir, de restaurer l'être dans sa splendeur ordonnée, inéluctablement emportée par le flux du temps ».

LE RÉINVESTISSEMENT POLITIQUE DU CONCEPT DE CRISE

On pourrait penser qu'avec l'avènement de la « condition postmoderne », avec la disparition des idéologies et la suspicion vis-à-vis de tout « métarécit », le problème du temps politique serait désormais dépassé. Selon cette lecture, la démocratie libérale ne requerrait pas de légitimation mettant en jeu une philosophie de l'histoire, si bien que la thèse de la « fin de l'histoire » trouverait une confirmation paradoxale sous la forme de la disparition de la dimension temporelle du politique, qui se limiterait alors à l'administration du présent. La question du temps politique pourrait donc n'être qu'un reste « moderne » dans la « postmodernité », c'est-à-dire non un problème inhérent au politique, mais seulement limité à une époque.

Afin de répondre à cette question, il est nécessaire de montrer que le problème du temps politique est non seulement toujours actuel, et qu'il ne se limite donc pas à des phénomènes modernes, mais que s'ajoute désormais à la politisation du temps un volet complémentaire, la temporalisation du politique. Par ce processus, la conception du politique se trouve subordonnée au temps ; le politique n'est pas rapporté à un modèle intemporel du bon ordre, mais doit s'adapter à un « ordre du temps » sur lequel il n'a aucune prise. Ce second volet du rapport entre temps et politique se traduit dans la forme actuellement dominante de la politique du temps, caractérisée par une téléologie négative fondée sur une philosophie de l'histoire apocalyptique. Malgré les illusions encore présentes chez certains, comme Fukuyama, ce n'est plus l'espoir d'un sens de l'histoire nécessaire menant à un futur à atteindre, mais la menace de la catastrophe à venir qui sert désormais d'instance normative. Cependant, malgré cette transition d'une pensée eschatologique à une pensée apocalyptique, les mêmes structures de pensée restent en place dans un cas comme dans l'autre. Ainsi, tandis que l'ordre politique pouvait revendiquer la nécessité inhérente au sens de l'histoire et se poser comme éternel, il est désormais considéré comme un rempart face à la catastrophe, devant être préservé à tout prix. C'est donc toujours de la dimension temporelle, en particulier du futur, que l'ordre politique reçoit la légitimation de sa durabilité nécessaire ; cependant, tandis que la politisation du temps pose le futur comme but à atteindre, la temporalisation du politique le pose comme une contrainte s'imposant au politique.

Le concept de crise, omniprésent dans le discours politique contemporain, offre un exemple particulièrement révélateur du rapport actuel entre politique et temps[1]. Cette importance se traduit dans le regain d'intérêt pour ce concept, même si rares sont les analyses théoriques qui discernent sa portée, en particulier sa valeur politique en tant que catégorie impliquant une philosophie de l'histoire[2]. Comme le relève Janet Roitman, dont l'ouvrage *Anti-Crisis* fait figure d'exception, « lorsque la crise est posée comme la condition propre aux situations contemporaines, certaines questions deviennent possibles tandis que d'autres sont exclues d'emblée[3] ». Parler de « crise » encadre et détermine l'analyse de la situation. En ce sens, elle est un élément particulièrement révélateur de la temporalisation du politique.

Au moyen d'une étude plus poussée de l'histoire du concept de crise proposée par Reinhart Koselleck, nous montrerons les différentes facettes du concept, dans lequel se mêlent une philosophie de l'histoire et une revendication politique. Mais il convient également de montrer comment Koselleck lui-même, conscient de cette valeur, développe au moyen du concept de crise sa propre politique du temps. Plus précisément, il s'agit d'une part de distinguer, grâce à la généalogie du concept de crise

---

1 Pour une analyse davantage centrée sur les questions politiques contemporaines liées à l'usage du concept de crise, voir B. Godefroy, « Von der Krise zur Versicherheitlichung. Reinhart Kosellecks Krisentheorie in 'unsicheren Zeiten' », in K.-R. Korte, (éd.), *Politik in unsicheren Zeiten : Kriege, Krisen und neue Antagonismen*, Baden-Baden, Nomos, 2016.

2 Dans la littérature française, un des seuls essais philosophiques consacré au concept de crise est à ce titre révélateur. Dans *La crise sans fin. Essai sur l'expérience moderne du temps*, un livre ambitieux si l'on s'en réfère au titre, M. Revault d'Allonnes rassemble en les inscrivant dans un même développement des perspectives aussi différentes que celles de R. Koselleck, H. Blumenberg, P. Ricœur et M. Foucault, si bien que le propos du livre devient obscur. Koselleck est abordé comme une référence canonique sur le concept de crise, tandis que les implications politiques de sa théorie et sa proximité avec Carl Schmitt ne sont pas évoquées.

3 J. Roitman, *Anti-Crisis*, London/Durham, Duke University Press, p. 41.

que propose Koselleck, la valeur temporelle et politique de ce concept, développé par les Lumières comme un « cheval de Troie » renfermant une philosophie de l'histoire anti-étatique visant à la subversion de l'État absolutiste. Le mérite de Koselleck est ici de mettre en valeur le lien entre crise, histoire et temps. Mais d'autre part, afin d'éviter l'écueil de la naïveté, il est nécessaire de distinguer comment Koselleck modèle lui-même le concept, au moyen de sa théorie de la crise, afin de transformer un concept révolutionnaire originellement subversif en un concept conservateur visant au maintien de l'ordre en place. Ce faisant, Koselleck anticipe les usages actuels du concept de crise et montre en quoi celui-ci peut servir à réactiver le sens de l'histoire.

CRISE ET POLITIQUE
La généalogie du concept chez Koselleck

Le rapport entre crise et politique ne se limite pas aux problèmes posés par une situation socio-économique donnée. Comme le montre Roitman à travers son analyse du discours de Barack Obama prononcé le 20 janvier 2009[4], lors de l'*Inauguration Day* célébrant sa prise de fonction, le concept de crise tel qu'il est utilisé dans ce type de récits intégrant une vision globale de l'histoire ne se limite pas à la seule conjoncture historique, mais prétend désigner davantage que les phénomènes socio-économiques. Ces récits évoquent une « *expérience* de crise », un « état durable de crise[5] » vague et non mesurable, suivi paradoxalement de

4 Roitman cite le passage suivant, qui illustre bien l'usage du concept de crise dans le discours politique actuel : « [...] après avoir fait l'inventaire des faits historiques liés à la crise – perte de biens immobiliers, emplois détruits, entreprises fermées – Obama ajouta la nuance suivante : 'Ce sont les indicateurs de la crise, dit-il, ils font l'objet de données et de statistiques. Moins mesurable, mais non moins profonde, est la perte de confiance à travers notre pays – une peur tenace selon laquelle le déclin de l'Amérique est inévitable, et selon laquelle la prochaine génération devrait réduire ses attentes'. Pour conclure ensuite : 'Mais ceci est la source de notre confiance : savoir que Dieu nous ordonne de modeler une destinée incertaine' ». L'insistance sur la profondeur de la crise bascule dans l'assurance de la rédemption à venir, grâce à la certitude que Dieu se trouve du bon côté. J. Roitman, *Anti-Crisis*, *op. cit.*, p. 2.

5 *Ibid.*, p. 2.

l'affirmation de la certitude de la rédemption à venir. Évoquer la crise du temps présent sert principalement à attiser les espoirs que la sphère politique prétend incarner. La relation entre crise et politique va donc au-delà du constat, de l'observation d'une situation donnée, elle intègre une projection vers le futur. En quoi la généalogie du concept permet-elle d'illustrer cette profondeur de sens ainsi que l'évolution du concept de crise vers un concept en lui-même politique ? Comment la crise en est-elle arrivée à signifier « davantage », et quel est cet excès de sens ?

Renvoyant initialement à l'idée de décision, la notion de crise se réfère, dans son sens politique en Grèce antique, à un combat décisif dans le déroulement d'une guerre[6]. Par élargissement, elle prend également le sens de jugement, de tribunal, elle a donc un sens politique dans le cadre de l'organisation de la communauté : la crise « détermine, en tant que titre juridique et en tant que mise en place du droit, l'ordre de la communauté des citoyens[7] ». La valeur de « jugement » est encore accentuée dans l'Ancien et le Nouveau Testament, avec l'addition d'une signification supplémentaire dans la mesure où le jugement, qui est le fait de Dieu, prend la valeur sotériologique de « promesse du Salut[8] ». La crise entre alors dans le domaine des attentes apocalyptiques, la véritable justice n'étant accomplie par Dieu que lors de la crise finale, à la fin des temps. Pour les chrétiens, cette crise finale est le Jugement dernier, dont la venue est certaine mais la date exacte inconnue[9]. Avec cette association de la certitude à l'attente, la première venue du Christ signifiant l'assurance de la grâce lors du jugement, lequel n'intervient toutefois véritablement qu'à la fin des temps, la crise forme l'« horizon d'attente » (*Erwartungshorizont*) qui « détermine, du point de vue théologique, le temps historique à venir[10] ». Parallèlement au sens de jugement et de son arrière-plan théologique s'est maintenu un usage médical de la notion de crise, hérité de la médecine hippocratique. La crise renvoie alors « au diagnostic observable, tout comme au jugement

6 Voir R. Koselleck, « Krise », *Geschichtliche Grundbegriffe. Historisches Lexikon zur politisch-sozialen Sprache in Deutschland*, vol. 3, p. 617-650, ici p. 618, qui renvoie à Thucydide.

7 *Ibid.*

8 *Ibid.*

9 Voir à ce sujet l'article « Jüngstes Gericht », *Lexikon für Theologie und Kirche*, vol. 4, p. 730, et, dans le Nouveau Testament, en particulier Mt 13, 24-30, 36-43 et 43-51 ; 2 Co 9, 6 ; Ga 6, 7-10 ; 1 Co 10, 1-13.

10 R. Koselleck, « Krise », *op. cit.*, p. 619.

(*judicium*) qui se rapporte au déroulement [de la maladie] qui, certains jours, mène à la décision de savoir si le malade survit ou meurt[11] ». La crise de la maladie est l'instant, dont l'imminence est déterminée par le diagnostic, lors duquel l'état du malade bascule vers le retour à l'état initial de pleine santé, ou au contraire vers la mort. Ce double sens se maintient selon Koselleck dans l'usage politique de la notion de crise. Premièrement, cet usage fait intervenir des éléments objectifs pour justifier la proclamation d'un état de crise. Le diagnostic argumenté peut être « scientifiquement remis en question », et est donc dépendant des critères de jugement mis en œuvre, en particulier de l'instance qui les pose. Deuxièmement, la crise « présuppose un état de santé, quel que soit son caractère véritable[12] », retrouvé après la période de crise, c'est-à-dire un ordre politique « normal » mais menacé. C'est pourquoi la question de la crise doit être abordée comme un problème axiologique, son usage impliquant inévitablement – mais implicitement – un telos, une norme[13]. Le concept de crise appelle donc non seulement la question « qui décide ? », mais également celle de l'état « de santé » présupposé.

La signification politique de la crise se dévoile dans toute son ampleur dans le cadre d'une situation historique particulière, les Lumières, lors de laquelle se forme l'usage actuel de la notion en relation avec la « critique[14] ». Selon la thèse développée par Koselleck dans *Kritik und Krise*, la critique et la crise sont les deux faces d'une même pièce, l'une servant de prétexte à l'autre, bien que leur essor soit lié. La critique germe et s'étend dans l'Europe du XVIIIe siècle avec le développement de la société bourgeoise et de ses revendications, en réaction à la crise de l'absolutisme qu'elle a elle-même contribué à déclencher. Apparaissant progressivement au XVIIe et XVIIIe siècles, l'absolutisme se forme en réponse aux guerres de religion qui, à partir du XVIe siècle, détruisirent l'ordre établi et toute possibilité de vie en commun. Cette réponse, notamment chez Hobbes, repose sur l'affirmation du primat du politique sur le religieux au détriment d'un « monde pluraliste » dont le sens s'était mué en un

11 *Ibid.*

12 *Ibid.*

13 Voir J. Roitman, *Anti-Crisis*, *op. cit.*, p. 4.

14 La « critique » renvoie chez Koselleck tout d'abord à la philosophie critique des Lumières, mais aussi de manière plus générale à la critique politique de l'ordre en place, dans la mesure où *Kritik und Krise* vise notamment à montrer que la critique développée par les philosophes est une revendication politique masquée.

« non-sens de la guerre civile[15] ». La séparation nette entre intérieur et extérieur, entre la conscience, qui reste libre dans la sphère qui lui est désignée, et les actions extérieures du sujet, soumises à la volonté du souverain, devait rendre possible une pacification passant par la neutralisation des sources de conflit au niveau de l'individu : « Celui qui se soumet au souverain vit par le souverain : celui qui ne se soumet pas est anéanti, mais la faute revient alors à celui qui est anéanti. Le sujet doit, simplement pour survivre, dissimuler sa conscience[16] ». Cette nouvelle forme de l'ordre politique se résume alors dans la célèbre formule de Hobbes : *Auctoritas, non veritas facit legem*[17]. L'État n'est pas dépendant d'une vérité religieuse, mais tire sa légitimité de sa seule autorité. La loi présidant à l'établissement de l'ordre des États européens au sortir des guerres de religion était donc trouvée, celle de la « soumission de la morale à la politique[18] ».

Paradoxalement, c'est cette exclusion de la morale de la sphère politique qui permit le développement d'un « monde moral » indépendant, germe de la contestation future. En effet, la disparition progressive des conflits confessionnels assura la paix et la stabilité nécessaires au développement d'un espace social et d'une nouvelle élite, laquelle devait à l'avenir revendiquer pour elle-même l'exclusivité de la morale, alors qu'elle était elle-même le « produit de la stabilité politique [...] reposant sur une constitution politique à laquelle la morale était obligatoirement subordonnée ». La société civile présuppose pour son développement un ordre qu'elle fera imploser : « à la suite de son épanouissement, le monde moral dût, aussi obligatoirement qu'il trouvait ses fondations dans l'ordre politique, sortir de cet ordre[19] ». Comment cette subversion intervient-elle ?

La puissance subversive de la critique se développe originellement à partir de « l'espace intérieur privé » créé par l'absolutisme, l'espace auquel la morale avait été circonscrite. L'utopie bourgeoise est l'« 'enfant naturel' de la souveraineté absolutiste[20] », même si cet enfant reste

15 R. Koselleck, *Kritik und Krise. Eine Studie zur Pathogenese der bürgerlichen Welt*, Frankfurt am Main, Suhrkamp, 1973, *ibid.*, p. 14.

16 *Ibid.*, p. 15.

17 *Ibid.*, p. 23.

18 *Ibid.*, p. 37.

19 *Ibid.*, p. 38.

20 *Ibid.*, p. 154.

caché. Koselleck voit dans les organisations secrètes, en particulier la République des lettres et la franc-maçonnerie, des concrétisations de cet « espace intérieur », des embryons de la « société », laquelle en vient progressivement à contester l'autorité du souverain[21]. Cette contestation n'est toutefois jamais ouverte. La société ne revendique pas explicitement le pouvoir politique, mais premièrement une supériorité morale et de vertu. Néanmoins, la prétention à une supériorité morale n'en est pas moins une revendication indirectement politique, dans la mesure où la légitimité de l'autorité est rendue dépendante du respect de la morale : le pouvoir n'est légitime que s'il se soumet aux lois morales. En effet, « le plus grand obstacle pour la réalisation de la morale, qui força la société à se constituer dans le secret, le pouvoir absolutiste, ne pouvait être éliminé directement », d'où l'utilisation de la morale comme moyen indirect de destruction. Par ce moyen, la société, détentrice de la décision morale, s'accapare également la souveraineté politique. « L'opposition est intensifiée du point de vue moral, mais cachée sur le plan politique[22] » ; voilà la « dialectique de la crise[23] », la dissimulation de la revendication politique accompagnée de l'intensification morale de l'affrontement. Quel rôle la crise joue-t-elle donc dans la prise de pouvoir de la critique au moyen de la morale ? Et plus généralement, comment définir la crise dans son rapport à la critique ?

La crise est à la fois une réalité, en tant que crise politique affectant l'absolutisme, et une arme au service de la prise de pouvoir par la critique, qui utilise et accentue cette crise à ses propres fins. Pourtant, comme le précise Koselleck, le siècle de la critique « n'a pas connu la crise comme une notion centrale[24] », l'essence véritable de la crise politique ayant été

21 À ce sujet, voir le deuxième chapitre de *Kritik und Krise*, p. 41 *sqq.* Koselleck se réfère à Pierre Bayle qui, dans son *Dictionnaire historique et critique* (article « Catius ») publié initialement en 1697, formule déjà cette revendication de manière explicite : « Cette République [la République des lettres] est un État extrêmement libre, on n'y reconnaît que l'Empire de la Vérité et de la Raison, et sous leurs auspices on fait la guerre innocemment à qui que ce soit. Les amis doivent s'y tenir en garde contre leurs amis, les pères contre leurs enfants, les beaux-pères contre leurs gendres : c'est comme au siècle de fer : *Non hospes ab hospite tutus, Non socer a genero.* Chacun y est tout ensemble Souverain, et justiciable de chacun. Les Lois de la Société n'ont pas fait de préjudice à l'indépendance de l'état de Nature, par rapport à l'erreur et à l'ignorance : tous les particuliers ont à cet égard le droit du glaive, et le peuvent exercer sans en demander la permission à ceux qui gouvernent ».

22 R. Koselleck, *Kritik und Krise*, *op. cit.*, p. 80.

23 *Ibid.*

24 *Ibid.*, p. 132.

masquée. Cette crise politique, c'est la question centrale visant à savoir « si l'État continue à régner, ou si c'est plutôt l''esprit', la société[25] ». L'« essence de la crise » suppose qu'une décision est requise pour répondre à cette question, une décision dont le résultat reste ouvert, conformément à l'« incertitude générale [régnant] dans une situation critique[26] ». Mais dans le contexte de la critique de l'absolutisme, la crise comme appel à une décision encore indéterminée est occultée par l'affirmation d'un futur nécessaire, le progrès, où le résultat de cette décision est déjà anticipé. La crise « invoque la question posée au futur historique[27] », mais ce futur est déjà fixé par la philosophie de l'histoire, qui prédit le déroulement du processus moral. La crise n'apparaît donc pas comme une crise au dénouement ouvert, la question « qui règne ? », « qui décide ? », n'est pas explicitement posée, tandis que le passage du plan politique au plan moral implique la radicalisation des oppositions : l'État immoral est l'ennemi de tous. Ce procédé a pour but le « contrôle indirect des événements politiques à partir de l'espace intérieur de la morale[28] ». La détermination du processus moral menant à cette transformation et l'assurance qui en découle trouvent leur source dans une motivation d'ordre particulier, « une certitude ni religieuse ni rationnelle, mais spécifiquement propre à la philosophie de l'histoire [*geschichtsphilosophisch*][29] ». Celle-ci fournit en effet une mise en forme indirectement politique du temps, en tant que processus d'avancement moral. À l'intérieur de ce récit, l'ennemi – l'État – « reste occulté en tant qu'ennemi par l'assurance que produit la philosophie de l'histoire », car le regard tourné vers le futur anticipe déjà son anéantissement.

> Ce faisant, la décision, encore attendue, à laquelle on aspire dans le présent, c'est-à-dire l'abolition du régime absolutiste, est éclipsée en tant que décision présente, tout en étant pourtant assurée. On planifie l'abolition de l'État et on y aspire indirectement, mais la Révolution est inutile, car l'État tombera de toute façon. Ce paradoxe, à travers l'identification entre plan et histoire que produit la philosophie de l'histoire, devint une évidence. Elle garantit la victoire à un point tel que tout affrontement direct est rendu inutile. La possibilité de la Révolution est masquée[30].

25 *Ibid.*, p. 128.
26 *Ibid.*, p. 105.
27 *Ibid.*
28 *Ibid.*, p. 110.
29 *Ibid.*, p. 111.
30 *Ibid.*, p. 111 *sq.*

au temps. Son écoulement n'est pas indifférent, il est une progression vers un but défini dans le cadre d'un processus structuré par une philosophie de l'histoire. Dans le cas des Lumières, l'écoulement du temps est une progression vers la destruction de l'État absolutiste et l'avènement d'un ordre reposant sur la morale. Mais malgré cette extension conséquente de la portée du concept de crise, cette transformation ne s'est accompagnée, comme le remarque Koselleck, ni d'une « théorie explicite de la crise[44] », ni d'une théorie explicite du temps. C'est donc à ce niveau que se situe le travail explicatif de Koselleck, mais c'est également à ce niveau que s'amorce dans son analyse un renversement significatif.

DESTRUCTION OU PRÉSERVATION DE L'ORDRE
La crise comme notion de combat

Implicitement, l'analyse que développe Koselleck vise à répondre à l'absence d'une théorie de la crise au moyen d'un modèle sémantique du concept qui se limite, à première vue, à discerner ses différents sens. Le modèle développé par Koselleck ne s'appuie pas sur l'ordre chronologique de leur apparition, mais sur la distinction générale entre trois « modèles sémantiques », lesquels ne sont pas totalement équivalents[45]. En effet, à l'intérieur même de cette analyse sémantique de la crise, Koselleck entreprend un travail sur la notion qui ne relève plus seulement de l'analyse historique, mais révèle un objectif plus important : le développement d'une théorie de la crise qui lui est propre, où apparaît par l'intermédiaire de l'histoire des concepts un propos politique[46]. En ce

44 R. Koselleck, « Einige Fragen… », *op. cit.*, p. 207.

45 Il s'agit à la fois de la méthode revendiquée par l'histoire des notions (*Begriffsgeschichte*) et sans doute d'une tentative de dépasser les problèmes liés à une approche chronologique du développement de la notion de crise, en particulier la question de la sécularisation de contenus théologiques. En développant un « modèle sémantique » en apparence atemporel – seulement en partie, car il reste dépendant de l'époque à laquelle l'historien se saisit de la notion –, Koselleck peut réintégrer différents contenus dans la notion sans devoir justifier une ligne de développement.

46 Pour une critique de Koselleck allant dans la même direction que celle proposée ici, mais beaucoup plus radicale, voir M. Schwartz, « Leviathan oder Lucifer. Reinhart Kosellecks 'Kritik und Krise' revisitated », *Zeitschrift für Religions- und Geistesgeschichte*

sens, cette « théorie de la crise » ne se contente pas de mettre en valeur le sens politique de la notion de crise, mais devient elle-même l'exemple d'une politique du temps passant par la réoccupation de cette notion.

Le premier usage du concept de crise isolé par Koselleck est la crise en tant que « notion-procès » (*Prozeßbegriff*), lorsqu'elle renvoie à la totalité de l'histoire comprise comme une « crise durable[47] ». Cet usage transparaît en particulier dans la sentence de Schiller, « l'histoire du monde est le tribunal du monde » (*Die Weltgeschichte ist das Weltgericht*), symbolisant la temporalisation du Jugement dernier, qui désormais « a lieu toujours et constamment », tant au sein du cours de l'histoire dans son ensemble qu'à chacun de ses instants. La force de cette analogie réside dans la légitimité qu'elle ajoute implicitement aux événements historiques qui, du simple fait qu'ils adviennent, sont légitimes. L'histoire du monde est habitée d'une justice immanente qui se révèle dans son déroulement. La décision n'intervient pas à la fin des temps, mais est requise à chaque instant, la crise étant alors elle-même l'état normal du temps historique. En raison de cette puissance de légitimation, la conception de l'histoire du monde comme Jugement dernier est un motif politique récurrent et apprécié, « car le succès, la victoire des plus forts, accomplissait la prétention à la légitimité historique – jusqu'à Hitler et son refus sentimental de tout apitoiement sur soi-même : celui qui disparaît l'a justement mérité[48] ». À juste titre, Koselleck souligne l'efficacité politique légitimante dont est doté ce modèle sémantique. La crise est un « tribunal » du monde faisant à tout instant son procès et décrétant comme juste les événements historiques, utilisant leur succès comme seul critère.

Le deuxième modèle sémantique de la crise souligné par Koselleck est la crise comme « notion-période itérative », qui renvoie « à ce qui conditionne les différents déroulements historiques possibles, pour faire ressortir de cette comparaison des points communs et des différences[49] ». Il s'agit là du concept tel qu'il est utilisé par l'historien véritable qui, sur le modèle de Jacob Burckhardt – le « plus important analyste de

---

45, 1993. Schwartz désigne la perspective de Koselleck comme « Contre-Lumières » (*Gegen-Aufklärung*) construisant une « *philosophie de l'histoire dialectique comme* Kulturkritik *politique englobante de la modernité* » (italiques dans le texte), p. 35.

47 R. Koselleck, « Einige Fragen... », *op. cit.*, p. 207.

48 *Ibid.*, p. 209.

49 *Ibid.*

la crise[50] » –, ne cherche pas à interpréter l'histoire dans son ensemble. Burckhardt met au contraire en évidence des « constantes anthropologiques », des « continuités » qui relativisent nombre de crises prétendues, si bien que la seule véritable crise qui puisse à ses yeux être comparée à la crise des Temps modernes en raison de son caractère exceptionnel et de sa complexité est celle des « invasions barbares ».

Enfin, Koselleck distingue un troisième modèle sémantique de la crise, vue comme « décision finale » à la fin des temps, sur le modèle du Jugement dernier. Ce modèle, « d'autant plus utilisé que décroissait la croyance en une fin des temps absolue par un Jugement dernier[51] », est une « réoccupation [*Umbesetzung*] d'un dogme théologique[52] ». Comme le montre le rapport entre crise et critique à l'époque des Lumières, cette « réoccupation » ne signifie toutefois pas une sortie du théologique, mais une continuité de l'eschatologie sur un mode « post-théologique », dans la philosophie de l'histoire.

La théorie de la crise que propose Koselleck est à de nombreux égards un compromis. Distinguant trois modèles sémantiques – « notion-procès », « notion-période » et décision finale – Koselleck semble à première vue juxtaposer plus qu'il ne hiérarchise ces différents éléments. Malgré tout, il est possible de distinguer dans la perspective même de Koselleck un élément dominant, qui révèle le cœur de sa propre théorie de la crise et éclaire son diagnostic de l'usage actuel du concept. À propos de cet usage, Koselleck souligne que la crise reste un « slogan » largement utilisé, souvent sans définition rigoureuse. Il relève ainsi, dans les médias mais aussi dans les sciences humaines, une « inflation » de la notion de crise dont l'imprécision va jusqu'à être considérée de manière positive, en tant qu'elle laisserait ouverte la possibilité d'interprétations alternatives. Cette imprécision, pour Koselleck, révèle au contraire que « l'ancienne force de la notion, poser des alternatives indépassables, franches et non interchangeables, s'est évaporée sous la forme de l'incertitude entre des alternatives indifférentes ». Cette incapacité, loin d'être une chance, serait bien plutôt le « symptôme d'une 'crise' historique qui échappe à une définition exacte[53] ». Il y aurait donc bien pour Koselleck, au-

50 R. Koselleck, « Krise », *op. cit.*, p. 640.
51 R. Koselleck, « Einige Fragen… », *op. cit.*, p. 212.
52 *Ibid.*
53 R. Koselleck, « Krise », *op. cit.*, p. 649 *sq.*

delà de l'analyse sémantique de la notion de crise, une véritable crise historique contemporaine définie principalement, comme chez Carl Schmitt, par une dissolution du politique et de la souveraineté, visible dans l'incapacité à distinguer des alternatives franches et à trancher par la décision. Indirectement, c'est à la réhabilitation de cette compréhension authentique du politique qu'il s'emploie.

Dans un opuscule plus tardif datant de 1985 et consacré directement au concept de crise, Koselleck remarque que les circonstances actuelles – l'accélération du développement technique, l'accélération de l'accroissement de la population humaine mais aussi de sa capacité à s'autodétruire – tendent à rendre plus pertinent qu'il ne l'a jamais été le troisième modèle sémantique de la crise, celui de la décision finale. Koselleck conçoit alors la crise comme une « question posée à la tradition chrétienne » car elle désigne le résultat dans la sphère historique de l'attente apocalyptique[54]. En effet, le raccourcissement des temps de la cosmologie biblique tend aujourd'hui à être « vérifié empiriquement » par l'accélération du rythme des séquences d'événements historiques[55]. Cette accélération n'est pas accueillie comme la promesse d'une amélioration toujours plus rapide des conditions de vie de l'espèce humaine, mais au contraire comme le signe d'une catastrophe à venir, si bien que « la seule chose qui compterait serait de mobiliser toutes les forces pour empêcher le déclin » qui s'annonce. Ce programme est reformulé par Koselleck sur un mode théologico-politique : « le katechon est aussi une réponse théologique à la crisis [*Krisis*][56] ». Pour l'historien, il importe donc « de ne pas perdre de vue les stabilisateurs que l'on peut déduire en considérant la longue durée de l'histoire de l'humanité qui s'est écoulée jusqu'ici[57] ». Koselleck dépasse ici l'apparente neutralité de la théorie de la crise développée dans le cadre de l'histoire des concepts au profit d'une théorie de la crise porteuse d'une normativité politique, bien qu'il ne révèle pas quels sont ces « stabilisateurs », ni quel est le *katechon*. Néanmoins, sa théorie implique bien, par l'intermédiaire de la réactivation de l'héritage apocalyptique, un concept de crise qui renvoie à une alternative franche, qui impose une décision tranchée, alors que l'usage actuel du concept, imprécis, masque ce sens. Bien que

54 Voir R. Koselleck, « Einige Fragen... », *op. cit.*, p. 213.
55 *Ibid.*, p. 215.
56 *Ibid.*, p. 216.
57 *Ibid.*, p. 217.

cet aspect ne soit pas manifeste dans l'article « Crise » des *Geschichtliche Grundbegriffe*, la théorie que développe Koselleck s'oriente en définitive vers une reformulation théologico-politique du concept : le problème de la crise bascule vers la question du *katechon*, la force retenant la catastrophe finale, un thème central dans l'œuvre tardive de Carl Schmitt servant de mot-clef au retournement conservateur de l'eschatologie chrétienne[58]. Selon la thèse de Koselleck, la véritable crise serait donc avant tout une alternative forte – mais occultée en tant que telle par l'imprécision de son usage actuel – en vue d'une catastrophe finale à venir, à laquelle une force indéterminée, le *katechon*, s'oppose.

La manière dont Koselleck remodèle en dernière instance son analyse de la crise montre que, malgré la « déthéologisation » de la notion, une charge théologique subsiste. En effet, c'est sur le plan théologico-politique que se joue la question du sens du temps. Doit-on l'accélérer, avec la promesse d'un futur radieux, ou le retenir, car la catastrophe est proche ? Dans la perspective de Koselleck, il devient clair que, de même que la critique utilise la crise pour subvertir l'État en reformulant le concept sur un mode « post-théologique », de même la contre-critique utilise-t-elle le concept de crise sur le même plan pour renforcer le pouvoir établi[59]. La rédemption que doit apporter le règne de la morale

---

58 Contrairement à ce que laissent penser Schmitt et une partie de la réception de ses œuvres, le « katechon » n'est pas un terme central de la théologie chrétienne, bien au contraire, et son rôle n'est pas explicitement positif. Le passage ambigu auquel se réfère Schmitt est 2 Th 2, 5-8 : « Ne vous rappelez-vous pas que je vous parlais de cela quand j'étais encore près de vous ? Et maintenant, vous savez ce qui le retient [κατέχον], pour qu'il ne soit révélé qu'en son temps. Car le mystère de l'impiété est déjà à l'œuvre ; il suffit que soit écarté celui qui le retient [κατέχων] à présent. Alors se révélera l'*Impie*, que le Seigneur Jésus *détruira du souffle de sa bouche* et anéantira par l'éclat de sa venue ». Pour une critique de Schmitt fondée sur une étude de l'arrière-plan théologique de cette notion, voir A. Motschenbacher, *Katechon oder Großinquisitor. Eine Studie zu Inhalt und Struktur der Politischen Theologie Carl Schmitts*, Marburg, Tectum, 2000.

59 Cette réoccupation de la position adverse est bien décrite par Jan-Werner Müller, dans *A Dangerous Mind. Carl Schmitt in Post-War European Thought*, Yale, Yale University Press, 2003, p. 113 : « Bien entendu, les critiques de la critique avancées par Koselleck, Kesting et Schnur, étaient elles-mêmes motivées par un point de vue moral – cependant, ce point de vue resta inarticulé. Toute affirmation concernant le futur politique menaçait de tomber sous l'accusation de téléologie et d'hypocrisie. En ce sens, la position des trois étudiants de Schmitt répétait ce qu'ils accusaient les *philosophes* de faire – mais dans une veine conservatrice ». Pour une analyse similaire, voir J.-F. Missfelder, « Die Gegenkraft und ihre Geschichte. Carl Schmitt, Reinhart Koselleck und der Bürgerkrieg », *Zeitschrift für Religions- und Geistesgeschichte*, 58/4 (2006), p. 333 *sq.*

est remplacée par la catastrophe finale. Loin de révoquer la politisation et la temporalisation du concept de crise, Koselleck place le retournement conservateur du concept à ce niveau. Comme sa force au niveau politique vient de sa temporalisation, du sens qu'il donne au temps, Koselleck y introduit un modèle conservateur de l'eschatologie autour du *katechon*. Selon ce modèle, la crise n'appelle plus à surmonter l'ordre en place, mais au contraire à le conserver et à le renforcer. La crise est ici clairement utilisée comme une « notion de combat » (*Kampfbegriff*)[60].

LE REFUGE ACTUEL DE LA PHILOSOPHIE DE L'HISTOIRE

Dans le contexte actuel, l'omniprésence du concept de crise ne renvoie pas, comme à l'époque des Lumières, à un renforcement de la critique, mais au contraire à sa neutralisation. Proclamer la « crise » ne sert pas à introduire la critique des institutions prises en défaut, mais à renforcer leur pouvoir. On peut à ce titre observer une correspondance entre l'usage actuel du concept et la transformation conservatrice entreprise par Koselleck, ce qui rend d'autant plus problématiques les analyses contemporaines de la crise reprenant ses catégories comme point de départ neutre[61]. Le principal intérêt de Koselleck est au contraire, en tant que sa propre pensée en est l'exemple, de rendre manifeste la persistance de la philosophie de l'histoire dans le concept de crise sous une forme particulière, une forme apocalyptique. Ainsi, malgré l'apparente disparition de la philosophie de l'histoire dans sa dimension progressiste et utopique, elle se maintient précisément dans le concept de crise sous une forme conservatrice tirant son pouvoir normatif non de la promesse d'un futur meilleur à venir, mais de la nécessité d'éviter la catastrophe. Cette dernière étape de l'évolution du concept, absente de la généalogie de Koselleck car il contribue lui-même à cette transformation, conduit à l'appropriation de la crise par le pouvoir, dont l'intérêt est de séparer la notion de crise de la critique qui y était initialement liée. Dans quelle

60 R. Koselleck, « Krise », *op. cit.*, p. 631.
61 Voir en particulier M. Revault d'Allonnes, *La crise sans fin*, *op. cit.*

mesure ce nouveau sens de la crise reste-t-il fondé sur une philosophie de l'histoire, une philosophie de l'histoire apocalyptique ?

La crise masque la question fondamentale qui est en jeu. Mais il ne s'agit plus de la question implicite que Koselleck voit à l'œuvre dans les Lumières, de déterminer « si l'État continue à régner, ou si c'est plutôt l''esprit', la société[62] », mais, selon l'interprétation de certains événements contemporains proposée par Roitman, la question de savoir « quels acteurs sociaux doivent supporter le fardeau d'une prospérité déclinante[63] ». La crise intervient ici en tant que « catégorie narrative », non comme catégorie philosophique. En effet, elle reste indéfinie et obscure car c'est avant tout le sens qu'elle donne au récit des événements qui justifie son usage. Le recours à cette catégorie narrative permet en effet, dans une situation donnée, de conférer un sens particulier à des événements concrets : « la proclamation de la crise contenait des distinctions qui donnèrent du sens à la 'socialisation des pertes du secteur privé', qui donnèrent raison à la capitalisation de marchés privés au moyen de l'endettement public, et qui finalement firent de la crise l'horizon *toujours insaisissable* du futur[64] ». La proclamation de la crise donne un sens à la situation historique, elle l'inclut dans un mouvement englobant d'où la contingence est absente, où toutes les décisions sont nécessaires. Dans ce cadre disparaît non seulement la question de la définition de la crise – qu'est-ce qui fait une crise ? –, mais surtout la question essentielle, « qui proclame la crise ? ». Dans la mesure où la crise implique un état normal, un cadre axiologique et par conséquent une téléologie, cette question est décisive car la crise, si elle désigne tout d'abord un diagnostic de l'état actuel, renvoie également à un état futur souhaité, pris en charge par une certaine instance. Alors que la crise des Lumières fut proclamée par ceux qui s'affirmaient comme les représentants de la société, en vue de la destruction de l'ordre établi au profit d'un ordre fondé sur la morale, Roitman souligne dans le cas actuel que ce sont le gouvernement américain et les institutions bancaires qui décidèrent, à un instant donné, de qualifier la situation économique de « crise[65] ». Ce faisant, alors que la situation de crise pourrait tendre à

62 R. Koselleck, *Kritik und Krise*, *op. cit.*, p. 128.
63 J. Roitman, *Anti-Crisis*, *op. cit.*, p. 84.
64 *Ibid.*, p. 83.
65 *Ibid.*, p. 93.

rendre manifeste l'échec de ces institutions et la nécessité de changer leur fonctionnement, le fait que celles-ci décident de la crise leur permet, de manière parallèle à l'état d'exception, de revendiquer le pouvoir de décision dans la crise, excluant d'emblée la critique. La crise proclamée par ces institutions ne peut être résolue que par elles-mêmes, par un renforcement de leur pouvoir.

Au sein du nouvel usage du concept de crise, l'apparition d'une crise sans critique est toutefois une conséquence dans laquelle la philosophie de l'histoire reste masquée, sous la forme d'une téléologie implicite. Cet héritage est bien plus manifeste dans les « politiques de la rédemption[66] » que les institutions présentent comme des réponses aux menaces de la crise. Roitman montre que ces politiques faisant usage de promesses, d'espoirs et de la conviction que la grâce de Dieu préside à la destinée du pays élu ne sont pas seulement un lieu commun de la rhétorique politique américaine[67], mais surtout qu'il existe un lien entre le concept de crise et la création par l'État d'une vision de l'histoire légitimante, centrée sur le futur. La crise, comprise comme « moment de vérité[68] », constitue la porte d'accès à la vérité historique, elle révèle le sens jusqu'ici caché des événements, qui ne forment plus une suite contingente et vide de sens, mais un ensemble cohérent, identifié dans son rapport à la « crise ». Ce « moment de vérité » sert de point de départ à la tentative d'« inaugurer de nouveaux temps historiques[69] » : « la qualité rédemptrice et utopique [des] récits historiques répond à la nature normative et téléologique du concept de crise qui [...] est construit comme le fondement de l'action transformatrice [...][70] ». Alors que le concept de crise semble désigner, en un sens descriptif, une situation présente, il est le point de départ d'une détermination du futur au service de l'instance décidant de la crise. La crise « sert une philosophie de l'histoire[71] », elle « offre la 'promesse de l'histoire'. Elle n'est donc pas [...] un terme 'innocent'. [...] La crise possède une sorte de puissance sanctifiée. Elle est présentée avec une foi non remise en question comme le moyen de définir, de localiser et

---

66 *Ibid.*, p. 96.

67 Voir les discours de Barack Obama et Martin Luther King, mis en parallèle par Roitman, p. 1 *sq.*

68 *Ibid.*, p. 3.

69 *Ibid.*, p. 6.

70 *Ibid.*, p. 7.

71 *Ibid.*

d'observer le changement historique, et elle signifie, sans être remise en question, le changement lui-même[72] ». Proclamer la crise est donc le point de départ d'un réinvestissement du futur par les « politiques de la rédemption » servant au renforcement de la structure du pouvoir en place. C'est là tout le sens du réinvestissement de la philosophie de l'histoire par un « conservatisme philosophique[73] ». La philosophie de l'histoire ne sert plus à affirmer l'effondrement nécessaire de l'ordre en place, cet instrument initialement au service de la critique sert désormais précisément à exclure cette dernière. Mais un tel réinvestissement ne peut s'appuyer sur la seule notion de crise, à laquelle une conception du temps explicitement articulée fait défaut. Koselleck, déjà, fait le lien entre la crise et un autre concept tout aussi omniprésent dans le débat actuel, l'accélération[74]. Cette dernière apporte un élément complémentaire sous la forme d'une théorie du temps compatible avec la proclamation de la crise ainsi qu'avec la philosophie de l'histoire apocalyptique qui y est liée.

72 *Ibid.*, p. 64.
73 J.-W. Müller, *Ein gefährlicher Geist*, *op. cit.*, p. 113.
74 Voir R. Koselleck, « Einige Fragen… », *op. cit.*, p. 215.

L'ACCÉLÉRATION, UNE NOUVELLE PHILOSOPHIE DE L'HISTOIRE ?

La théorie de l'accélération se présente comme une théorie des structures temporelles de la modernité, laquelle serait caractérisée par une accélération globale, toujours croissante, une accélération non seulement des évolutions techniques, mais également des changements sociaux et de la vie de tous les jours[1]. L'analyse centrée autour de l'accélération ne prétend pas être une alternative à celle qui prend la crise pour point de départ, ces deux perspectives étant au contraire complémentaires. Toutes deux se placent dans le cadre d'un temps social, historique et politique et soulignent les conséquences pratiques des transformations de l'expérience du temps dans la modernité. Tandis que la crise désigne un instant ou une période critique, l'accélération renvoie à un processus de long terme non borné, au temps comme durée historique. Crise et accélération peuvent ainsi se rapporter aux mêmes phénomènes à deux échelles différentes et désigner la même situation historique sans nécessairement se contredire. La proximité entre les deux concepts est soulignée par Koselleck, qui discerne un rapport direct entre la crise et l'accélération – en particulier à travers l'exemple, pour lui paradigmatique, de la Révolution française. D'un point de vue simplement descriptif, la période de crise peut entraîner une accélération réelle du changement des régimes, telle qu'elle fut particulièrement manifeste et remarquée dans les années faisant suite à la Révolution. Cette accélération empiriquement observable s'accompagne à cette période d'une accélération consciente et voulue en direction d'un but de l'histoire, une arme que Koselleck voit à l'œuvre du côté de la pensée critique, par l'intermédiaire de la philosophie de l'histoire qu'elle utilise dans le combat politique[2]. La crise entraîne donc, volontairement

1 H. Rosa, *Beschleunigung. Die Veränderungen der Zeitstrukturen in der Moderne*, Frankfurt am Main, Suhrkamp, 2005.

2 Voir R. Koselleck, « Gibt es eine Beschleunigung der Geschichte ? », in R. Koselleck, *Zeitschichten. Studien zur Historik*, Frankfurt am Main, Suhrkamp, 2003, p. 173. À la fête

ou non, l'accélération. Inversement, l'accélération entraîne aussi la crise. Pour Koselleck, c'est en effet l'accélération réelle de la séquence des événements historiques, de la croissance de la population humaine ou encore du développement technique et des capacités de l'humanité à s'autodétruire qui annonce la crise majeure à venir[3].

Au niveau de la temporalisation du politique, le deuxième volet de la politique du temps, la crise et l'accélération se recoupent en tant qu'elles représentent deux grands récits d'un ordre du temps qui s'impose au politique et le détermine. La politisation du temps ayant rendu possible l'attribution d'un sens politique au temps, la crise et l'accélération illustrent comment un tel temps politique peut être présenté comme le fondement normatif de la conception du politique, désormais subordonné au temps. Cependant, ces deux exemples permettent aussi de montrer que le renversement du rapport entre temps et politique dans la temporalisation du politique reste motivé par un arrière-plan politique et reste donc dans le cadre de la politique du temps, dont la temporalisation du politique représente un volet supplémentaire. Alors que la politisation du temps a été principalement associée à des phénomènes modernes, la temporalisation du politique est en effet un phénomène politique plus directement contemporain, qui répond à la fin des grands récits émancipateurs par un retournement conservateur de la politique du temps. La théorie de la crise de Koselleck ne se limite pas, comme nous l'avons vu, à une simple histoire des concepts puisqu'elle introduit à travers la critique de la philosophie de l'histoire un réinvestissement de celle-ci, dans une perspective conservatrice. De même, la théorie de l'accélération développée par Hartmut Rosa dans un ouvrage faisant figure de référence revendique davantage, puisqu'elle se présente comme une théorie de la structure temporelle de la modernité, ce en quoi elle rejoint la théorie de la crise[4]. Plus encore que cette dernière, la théorie de l'accélération illustre un réinvestissement de la philosophie de l'histoire porteur d'une politique du temps adaptée aux attentes et craintes actuelles.

---

de la Constitution de 1793, Robespierre proclame comme devoir de tout citoyen d'accélérer la réalisation du bonheur et de la liberté et, la même année, Condorcet formule les « lois révolutionnaires » ayant pour but de maintenir la Révolution, de la diriger et de l'accélérer.

3 Voir R. Koselleck, « Einige Fragen an die Begriffsgeschichte von 'Krise' », in R. Koselleck, *Begriffsgeschichten. Studien zur Semantik und Pragmatik der politischen und sozialen Sprache*, Frankfurt am Main, Suhrkamp, 2010, p. 216.

4 Voir H. Rosa, *Beschleunigung*, *op. cit.* Rosa mentionne ouvertement un des buts de son étude : un « diagnostic des évolutions 'pathologiques' », p. 66.

LES ENJEUX DE L'ACCÉLÉRATION : UNE THÉORIE DE LA MODERNITÉ

La théorie de l'accélération que développe Rosa ne se limite pas, comme on pourrait le croire à première vue, à la compilation d'un ensemble de phénomènes dans lesquels se manifesterait la structure temporelle de la modernité, telle l'accélération la plus évidente, celle des évolutions techniques. L'enjeu est plus vaste : la théorie de l'accélération revendique d'être une théorie de la modernité, dont les différents phénomènes marquants – la globalisation, la désintégration, l'individualisation, la société d'information etc. – pourraient être « la forme d'apparition multiple d'une seule et unique logique de développement[5] », la logique de l'accélération : « *l'expérience de la modernisation est une expérience de l'accélération*[6] ».

En présentant sa théorie de l'accélération comme une théorie de la modernité, Rosa entre en concurrence avec des théories classiques qui pressentirent selon lui l'importance de l'accélération sans toutefois lui donner la place centrale qu'elle devrait occuper. Parmi celles-ci, l'analyse de la modernité développée par Marx se démarque car elle accorde un rôle déterminant à deux processus mettant en jeu l'accélération : d'une part une conception de l'histoire dynamique, d'autre part la découverte que le temps constitue une ressource dans le processus de production capitaliste. Marx met donc en lumière deux aspects essentiels de l'accélération, sa dimension historique et sa dimension économique. On retrouve une même attention pour la question du temps chez Weber, lequel est également, selon Rosa, un précurseur de la théorie de l'accélération. Il discerne pour sa part sa dimension culturelle dans l'« impératif catégorique » de l'éthique protestante : l'obligation d'« *utiliser le temps aussi intensivement que possible*[7] ». En faisant de l'éthique protestante l'embryon de l'esprit capitaliste, Weber montre qu'à l'origine de la modernité se trouve une éthique du temps prônant son utilisation maximale et donc, indirectement, l'accélération. Au-delà de cette dimension culturelle,

---

5 *Ibid.*, p. 51.
6 *Ibid.* (italiques dans le texte).
7 *Ibid.*, p. 93.

Weber aurait, comme Marx, également perçu la dimension historique de l'accélération. La nouvelle valeur accordée au temps par l'éthique protestante fait en effet partie d'un « mouvement historique[8] » plus vaste, le processus de rationalisation caractéristique de la modernité, dont le cœur serait donc également une économie du temps. Pour Rosa, le processus de rationalisation décrit par Weber « peut être interprété comme un *processus d'accélération*, qui vise à la réalisation accélérée de buts grâce à la minimisation des étapes nécessaires ou à l'augmentation du degré d'effectivité des moyens mis en œuvre[9] ».

Marx et Weber sont les deux sources principales auxquelles se réfère Rosa pour défendre la conception de l'accélération comme mouvement historique englobant et, au-delà, comme théorie générale de la modernité. Rosa doit pour ce faire dépasser la perspective marxiste, dont il reprend néanmoins la structure tout en remplaçant sa ligne directrice : « non le développement des forces productives (bien qu'il soit naturellement étroitement lié à la dynamique de l'accélération), mais l'*accroissement de la vitesse* paraît être le moment véritablement moteur de l'histoire (moderne)[10] ». Marx et Weber, bien que précurseurs, ne reconnaissent le rôle de l'accélération qu'indirectement, d'un côté dans le cadre de la dialectique des forces productives, de l'autre dans le processus de rationalisation issu de l'éthique protestante. Rosa prétend au contraire développer une théorie de la modernité autour du seul principe de l'accélération, prenant pour point de départ une définition de l'accélération unique, qui se ramifie ensuite en trois « catégories » ou « domaines » de l'accélération différents. La définition de l'accélération, issue des sciences naturelles, servant de point de départ – l'« augmentation de quantité par unité de temps[11] » – est aussi le principal point faible, mais non le seul, de la théorie proposée par Rosa. Extrêmement vague[12], cette définition est tellement indifférenciée qu'elle peut être appliquée à d'innombrables phénomènes et sert en définitive moins à définir l'accélération – Rosa y consacre très peu de temps – qu'à trouver une formule apte à englober les trois domaines de l'accélération sur lesquels se concentre véritablement

8 *Ibid.*, p. 94.
9 *Ibid.*
10 *Ibid.*, p. 158.
11 *Ibid.*, p. 115.
12 Voir *ibid.*, p. 52, où Rosa déplore lui-même l'absence d'une notion de l'accélération clairement définie. Malheureusement, son œuvre ne fait pas exception.

la théorie, qui préfère l'illustration empirique au travail sur les notions. Ces trois domaines sont l'accélération technique, l'accélération des changements sociaux et l'accélération du rythme de vie.

L'accélération technique est « l'accélération intentionnelle, technique et surtout technologique (c'est-à-dire mécanique) de processus orientés vers un but[13] ». Elle concerne tant l'augmentation de la vitesse de déplacement des hommes, des biens et des informations que celle de la production des biens. Bien que cette accélération technique soit liée « empiriquement » et « historiquement » à l'accélération des changements sociaux, Rosa les distingue dans la mesure où un changement technique, tel le taylorisme, peut certes induire un changement social, mais pas nécessairement une augmentation du rythme des changements sociaux.

L'accélération des changements sociaux, qui occupe une place dominante dans l'analyse, est conceptualisée à l'aide de la notion de « compression du présent » (*Gegenwartsschrumpfung*), que Rosa emprunte au philosophe Hermann Lübbe. Selon Lübbe, le passé et le présent se rapprochent temporellement de plus en plus, si bien que ce qui est considéré comme passé devient toujours plus récent[14]. Lübbe observe cette évolution en particulier dans l'art contemporain, où il critique une tendance de l'avant-garde à considérer une place au musée comme source sûre de débouchés. Mais, comme chez Rosa, la « compression du présent » a principalement une dimension sociale et politique, avant tout déstabilisatrice. Cette compression est définie comme la « diminution du nombre des années pour lesquelles nous pouvons compter sur des conditions plus ou moins constantes de notre praxis professionnelle et politique, ou aussi de notre cadre de vie social et culturel[15] ». La notion de « compression du présent » contient donc un fort élément subjectif, dans la mesure où elle se rapporte à une accélération ressentie par le sujet, et imposerait une description plus précise des « constantes » qu'elle implique. Lübbe suggère en effet une certaine flexibilité – les conditions « plus ou moins constantes » – sans toutefois préciser le seuil à partir duquel les conditions perdent leur constance, ni si ce seuil peut être objectivement déterminé ou s'il est relatif à chaque individu.

13 *Ibid.*, p. 124.

14 Voir H. Lübbe, *Im Zug der Zeit. Verkürzter Aufenthalt in der Gegenwart*, Berlin, Springer, 2003, p. 94.

15 *Ibid.*, p. 402.

Rosa annonce quant à lui trouver une « mesure de la stabilité et du changement ». L'accélération des changements sociaux désigne une périssabilité accrue des expériences et attentes qui peuvent orienter l'action, accompagnée d'un raccourcissement des périodes tenant lieu de « présent », relativement à la sphère des fonctions, des valeurs ou de l'action[16]. En d'autres termes, la durée de validité des points de référence passés ou espérés diminue, tandis que ce qui tient lieu de « présent », de moment défini et stable, devient toujours plus court. La « mesure de la stabilité et du changement » que Rosa affirme exprimer au moyen de cette définition correspond donc à un état d'équilibre entre le présent et les expériences pouvant orienter l'action, qu'elles soient issues de la tradition ou d'une attente projetée dans l'avenir. Cette conception est une reprise directe de l'idée d'un équilibre entre « espace d'expérience » (*Erfahrungsraum*) et « horizon d'attente » (*Erwartungshorizont*), les deux catégories façonnées par Koselleck. L'état d'équilibre supposé entre ces deux catégories fait partie intégrante de sa thèse selon laquelle les Temps modernes seraient caractérisés par une différence croissante entre expérience et attente se développant à partir du XVIIIe siècle, en particulier à partir de la rupture marquée par la Révolution française[17]. La « mesure de la stabilité et du changement », qui permet de mettre en lumière l'accélération sociale, est donc une situation supposée d'équilibre entre l'espace d'expérience et l'horizon d'attente, une situation pré-moderne, antérieure aux Lumières[18].

La troisième catégorie est l'accélération du rythme de vie, comprise comme « augmentation des épisodes d'action ou d'expérience vécue par unité de temps ». Elle correspond à la compréhension vulgaire de l'accélération, comportant des éléments empiriques – comme, selon l'exemple de Rosa, le fait de mâcher plus vite pour réduire la durée des

16 H. Rosa, *Beschleunigung*, *op. cit.*, p 133. La traduction de la définition proposée par Rosa est ici profondément remaniée afin d'en améliorer la compréhension.

17 R. Koselleck, « 'Erfahrungsraum' und 'Erwartungshorizont' – zwei historische Kategorien » (1976), in R. Koselleck, *Vergangene Zukunft. Zur Semantik der geschichtlichen Zeiten*, Frankfurt am Main, Suhrkamp, 1979, p. 359.

18 Koselleck évoque lui aussi une situation où les attentes ne font pas « exploser » le *Lebenswelt* traditionnel, dans le monde paysan tel qu'il était encore présent au XVIIIe siècle. Cette stabilité n'était toutefois pas présente de la même manière dans toutes les classes sociales, mais les attentes restèrent limitées tant que l'eschatologie chrétienne prenait en charge le discours sur la fin du monde dans l'au-delà et bornait ainsi l'horizon d'attente, empêchant que se développent des attentes révolutionnaires. Voir *ibid.*, p. 360-362.

repas[19] – et un élément subjectif, la sensation de manque de temps, cause d'énervement et de malaise. Cette dernière catégorie, peu développée, ne joue pas un rôle décisif dans la compréhension de la théorie de l'accélération comme théorie de la modernité.

En découvrant dans l'accélération le moteur de l'histoire moderne, la théorie de l'accélération développée par Rosa devient, de deux points de vue, une théorie de la modernité. Elle prétend d'une part découvrir le principe de la modernité. D'autre part, elle délimite chronologiquement son objet, la modernité, et introduit donc une périodisation. Ces deux aspects sont liés, dans la mesure où l'essence de la modernité est ce qui la distingue tant de la période qui la précède, la période « pré-moderne », que de la période postérieure, que Rosa nomme « modernité tardive » (*Spätmoderne*). La rupture avec la période pré-moderne, déjà évoquée, trouve sa source dans la rupture de l'état d'équilibre par la disjonction accélérée entre l'espace d'expérience, les traditions, et l'horizon d'attente. Rosa, à la suite de Koselleck, place cette rupture au « *Sattelzeit* » de la fin du XVIIIe siècle. La période moderne – que Rosa nomme modernité « classique » – est principalement caractérisée par le processus d'accélération et par la promesse qui l'accompagne, le « projet de la modernité », une « promesse de progrès et d'autonomie individuelle et politique[20] ». La transition de la modernité « classique » à la modernité « tardive » résulte du conflit latent entre l'essence de la modernité, le processus d'accélération, et le projet de la modernité, la promesse d'autonomie. Selon Rosa, tandis que la promesse d'autonomie présuppose le processus d'accélération, en tant que, notamment dans sa dimension technique et sociale, il abolit des contraintes matérielles et apporte une certaine flexibilité aux structures sociales, le processus d'accélération s'est quant à lui émancipé des « visions progressistes et des énergies utopiques » sur lesquelles il repose dans la modernité « classique ». Au contraire, les acquis du projet de la modernité apparaissent désormais comme des obstacles à une accélération toujours plus importante, laquelle n'est plus considérée comme la promesse d'une amélioration, mais comme une menace[21]. C'est l'aspect problématique de cette évolution, qui voit le processus d'accélération devenir autonome

19 H. Rosa, *Beschleunigung*, *op. cit.*, p. 135.

20 *Ibid.*, p. 451.

21 *Ibid.*, p. 452 *sq.*

et toujours plus englobant, que Rosa cherche à souligner en recourant aux « données quasi-anthropologiques de l'expérience du temps[22] », incompatibles avec une accélération sans fin.

ACCÉLÉRATION ET APOCALYPTIQUE

Dans un article antérieur esquissant les principales thèses développées dans *Beschleunigung* et publié, ce qui est révélateur au vu de son propos, dans le *Jahrbuch für Politische Theologie*, Rosa précise le danger devant lequel nous place l'accélération effrénée de la modernité : elle nous conduit inévitablement à la catastrophe[23]. L'issue la « plus vraisemblable » de ce processus mène, selon la vision apocalyptique reprise et développée à la fin de *Beschleunigung*, à « la course continue vers un gouffre [...]. On peut supposer que la société moderne payera finalement la perte de la capacité à trouver un équilibre entre mouvement et stabilité [*Bewegung und Beharrung*] par l'engendrement de catastrophes nucléaires et climatiques, par la propagation fulgurante de nouvelles maladies ou de nouvelles formes d'effondrement politique et par l'éruption d'une violence incontrôlée [...][24] ». Pourquoi une théorie de la modernité, qui revendique son caractère empirique en s'appuyant sur une « phénoménologie » de l'accélération sociale, bascule-t-elle ainsi dans la prophétie apocalyptique ? S'agit-il en définitive d'une théorie sociale ou d'une théologie politique ? Les implications d'une théorie de l'accélération gagnent en clarté si l'on considère l'arrière-plan et le contenu symbolique de la notion d'accélération, qui ne sont pas ouvertement mentionnés dans *Beschleunigung*. C'est précisément sur ce point que se concentrent les quelques études consacrées par Koselleck à l'accélération, principalement à la généalogie du concept. Elles dépeignent la transformation d'une catégorie apocalyptique en une « catégorie épistémologique historique[25] », mais elles permettent surtout

22 *Ibid.*, p. 458.

23 Voir H. Rosa, « Rasender Stillstand ? Individuum und Gesellschaft im Zeitalter der Beschleunigung », *Befristete Zeit. Jahrbuch für Politische Theologie*, t. 3, 1999.

24 H. Rosa, *Beschleunigung*, *op. cit.*, p. 489.

25 R. Koselleck, « 'Erfahrungsraum' und 'Erwartungshorizont' – zwei in historische Kategorien », *op. cit.*, p. 359.

de mettre en lumière le « sécularisat », c'est-à-dire le reste de l'héritage apocalyptique chrétien qui persiste dans la notion. C'est à partir de ce reste que peuvent être expliqués les liens entre l'accélération et une politique du temps fondée sur une philosophie de l'histoire apocalyptique.

Les « prémisses apocalyptiques de l'axiome moderne de l'accélération[26] » débutent avec la tradition judéo-chrétienne, où Koselleck fait commencer sa généalogie du concept. Cette tradition accorde en effet un rôle de premier plan à la « réduction du temps » (*Zeitverkürzung*), qui renvoie dans le cadre de l'histoire du salut à l'attente de la parousie devant advenir à la fin du monde et à la possibilité d'un raccourcissement de cet intervalle d'attente[27]. La réduction du temps serait le fait de la grâce de Dieu, qui mettrait ainsi un terme aux souffrances des hommes ici-bas en accélérant le délai les séparant encore du salut[28]. Mais un flottement subsiste dans cette étape de l'analyse de Koselleck, qui accorde d'un côté une importance de premier plan à la tradition apocalyptique chrétienne dans la généalogie de l'accélération, mais insiste aussi constamment sur le fait que Dieu seul peut accélérer le temps et que cette accélération se produit toujours en vue d'un but « extérieur à l'histoire » ou « supra-historique[29] ». Ce faisant, la conviction que le temps s'accélère semble être, dans son interprétation de l'apocalyptique chrétienne, toujours d'une importance seulement relative. Cette conviction est limitée aux cercles hérétiques ou au domaine individuel privé, comme chez Luther, qui ne la mentionne que dans ses *Propos de table*[30], sans que l'accélération n'ait dans la tradition chrétienne la moindre conséquence pratique. La seule explication permettant alors d'expliquer que l'accélération acquit néanmoins une signification pratique, notamment politique, est celle d'un saut brusque intervenant – comme souvent chez Koselleck – avec les débuts des Temps modernes, période où l'accélération aurait alors été

26 R. Koselleck, « Gibt es eine Beschleunigung der Geschichte ? », *op. cit.*, p. 168.

27 Voir Mc 13, 20 (« Et si le Seigneur n'avait pas abrégé ces jours, personne n'aurait la vie sauve ; mais, à cause des élus qu'il a choisis, il a abrégé ces jours ») ; Mt 24, 22 (« Et si ces jours-là n'étaient abrégés, personne n'aurait la vie sauve ; mais à cause des élus, ces jours-là seront abrégés ») ; 1 Co 7, 29 (« Voici ce que je dis, frères : le temps est écourté »).

28 R. Koselleck, « Gibt es eine Beschleunigung der Geschichte », *op. cit.*, p. 169 et « Zeitverkürzung und Beschleunigung. Eine Studie zur Säkularisation » (1985), in R. Koselleck, *Zeitschichten. Studien zur Historik*, *op. cit.*, p. 185.

29 *Ibid.*, p. 187.

30 Voir *ibid.*, p. 186.

revendiquée et prise en charge par les hommes de manière volontariste, dans un geste prométhéen[31].

L'étude classique de Ernst Benz, *Akzeleration der Zeit als geschichtliches und heilsgeschichtliches Problem*[32], offre une perspective plus différenciée permettant de répondre aux lacunes de l'analyse de Koselleck. Benz insiste d'une part sur le lien entre la conception chrétienne du temps et l'accélération, cette dernière ne devenant manifeste comme « phénomène historique marquant » qu'avec l'apparition du christianisme[33]. Mais il met également en lumière les conséquences directement pratiques de l'accélération, y compris à l'intérieur de la tradition chrétienne. Le lien entre accélération et christianisme vient du fait que l'accélération ne peut avoir de sens que dans le cadre de la conception linéaire et structurée du temps et de l'histoire propre au christianisme : le temps comme un intervalle traversé par l'histoire du salut, de la chute de l'homme aux étapes sur le chemin de sa rédemption. L'accélération renvoie dans ce cadre de pensée à une réduction, octroyée par Dieu, de l'intervalle d'attente avant la fin des temps, dont la première venue du Christ marque le début. La conviction chez les chrétiens que l'accélération du temps est le propre de cette nouvelle période historique est visible dans la hâte omniprésente dans de nombreux passages des Évangiles. La naissance de Jésus a lieu en chemin, dans une étable, et les bergers vont « en hâte » lui rendre hommage (Lc 2, 16). La résurrection est marquée par une effervescence généralisée, les femmes qui ont vu la tombe vide se hâtent d'aller répandre la nouvelle (Mt 28, 8). Les événements majeurs de l'histoire du salut sont également caractérisés par ce rythme effréné : la conversion de Paul sur le chemin de Damas (Ac 9, 3), sa libération de la prison de Philippes (Ac 16, 26), et surtout le retour du « fils de l'homme » comme un « voleur dans la nuit » (1 Th 5, 2). L'omniprésence de la vitesse crée un « climat d'alarme », une atmosphère particulière « nouvelle et totalement étrangère à l'attitude classique, qui préfère remettre au lendemain[34] ». Cette

31 Voir R. Koselleck, *Zeitverkürzung und Beschleunigung*, *op. cit.*, p. 188 : « La réduction du temps était applicable à l'histoire en tout temps, mais elle-même était une mesure hors de l'histoire, supra-historique, une mesure sur laquelle les hommes ne pouvaient statuer. Cela change avec le début des Temps modernes ».

32 E. Benz, *Akzeleration der Zeit als geschichtliches und heilsgeschichtliches Problem*, Mainz, Akademie der Wissenschaften und der Literatur, 1977.

33 *Ibid.*, p. 4.

34 *Ibid.*, p. 7 *sq.*

fébrilité est d'autant plus grande que l'accélération de l'histoire du salut est aussi liée à l'accélération de l'activité d'une « deuxième puissance métaphysique », le diable : « il existe également un côté diabolique de l'accélération[35] ». Le diable sait que « peu de temps lui reste » (Ap 12, 12), car la fin de ce monde, où il est en exil suite à sa chute, a déjà commencé.

Au-delà de ces spéculations quant à la structure de l'histoire, Benz montre que l'atmosphère particulière qu'elles créent ne reste pas sans conséquences pratiques. L'accélération présente dans l'apocalyptique du christianisme primitif est pour lui à l'origine de l'expansion sans commune mesure du pouvoir exercé par les puissances occidentales sur le reste de la terre, qui va de pair avec la propagation du christianisme au niveau mondial[36]. Si Paul est ici l'exemple le plus emblématique de l'universalisme militant motivé par la « pression eschatologique » exercée par le temps accéléré, Benz mentionne également le cas du jésuite François Xavier, qui évangélisa l'Extrême-Orient de l'Inde au Japon au XVIe siècle et qui utilisa la menace de l'approche du Jugement dernier pour convaincre João III, roi du Portugal, de soutenir sa mission évangélisatrice en nommant des gouverneurs qui lui soient favorables. C'est également le cas dans un exemple plus récent, celui de John Mott, prix Nobel de la paix en 1946, qui fut longtemps secrétaire général des YMCA (*Young Men's Christian Association*), une organisation de jeunesse chrétienne missionnaire implantée dans de nombreux pays. Mott, mû par une « attente apocalyptique agressive[37] », poursuivait avec fanatisme sa mission d'apporter « Jesus Christ to the nations *in this generation* » tout en planifiant les « points stratégiques » pour la conquête de ce monde[38]. Les missionnaires ne sont pas les seuls à redoubler d'ardeur à l'approche de la fin des temps. Benz considère également Christoph Colomb comme un représentant de l'activisme motivé par des attentes apocalyptiques. Colomb lui-même est l'auteur d'un *Livre des prophéties* qui place son action colonisatrice dans le cadre de l'accélération de la fin des temps à venir[39]. Le Jugement approche, mais l'Inde, « réserve de Satan », « s'oppose encore à la proclamation de l'Évangile sur toute

35 *Ibid.*, p. 8 *sq.*
36 *Ibid.*, p. 13.
37 *Ibid.* p. 18.
38 Selon le titre de son ouvrage *Strategic Points in the World's Conquest*, publié en 1897.
39 C. Colomb, *Livre des prophéties*, trad. S. Estorach et M. Lequenne, Grenoble, J. Millon, 1992.

la terre[40] ». C'est pourquoi Colomb considère la conquête des Indes – et plus tard des Amériques – et, surtout, la conversion de sa population, comme un moyen d'accélérer le retour du Christ et l'avènement du Jugement dernier.

Contrairement à Koselleck, Benz montre donc la proximité entre l'espérance chrétienne dirigée vers le futur et la révolution, « à quel point la deuxième étape peut aisément découler de la première[41] ». L'intérêt de cette position est de rendre compréhensible la transition entre ces deux attitudes et de sortir de l'apparente contradiction entre une attitude religieuse d'attente passive et l'action politique violente. Toutefois, la transition entre l'accélération de l'intervalle d'attente et la remise en cause radicale de l'ordre établi est graduelle. Pour Benz, elle intervient précisément au moment « où les membres de tels groupes radicaux, qui comptent sur l'arrivée immédiatement prochaine du royaume de Dieu, ne se contentent plus d'attendre la venue du royaume, d'espérer, de prier pour sa venue, mais au contraire passent à l'accélération de la venue du royaume au moyen de la *violence*[42] ». Cette possibilité est aussi ancienne que l'attente chrétienne de la fin des temps, qui peut toujours évoluer vers une forme violente. L'accélération telle qu'elle est présente dans l'apocalyptique chrétienne a donc déjà des conséquences pratiques. Néanmoins, les débuts des Temps modernes vont de pair avec le développement de nouvelles expériences et de nouvelles attentes menant à une transformation supplémentaire et décisive de l'accélération. Les progrès scientifiques, toujours plus rapides depuis le XVIe siècle, tendent à confirmer sur un mode nouveau l'accélération posée par l'apocalyptique, laquelle disparaît progressivement. C'est désormais l'expérience de nouveautés concrètes, apportées par les avancées scientifiques, qui prend le pas sur l'apocalyptique comme « noyau d'expérience[43] » de l'accélération. Cette accélération palpable, faite par l'homme, fait de l'« espérance » un « principe empirique », l'accélération faisant désormais partie des expériences intra-mondaines, quantifiables et immédiatement disponibles. L'horizon d'attente s'appuie sur un nouvel espace d'expérience, bien que cette transition soit complexe.

40 E. Benz, *Akzeleration der Zeit als geschichtliches und heilsgeschichtliches Problem*, *op. cit.*, p. 19.
41 *Ibid.*
42 *Ibid.*, p. 42.
43 R. Koselleck, « Zeitverkürzung und Beschleunigung », *op. cit.*, p. 189.

En effet, malgré la mondanisation de l'accélération, une similarité subsiste entre l'accélération des Temps modernes et l'apocalyptique chrétienne : « dans un cas comme dans l'autre, les argumentations se nourrissent de la définition d'un but, de téléologie, d'un telos qui doit être atteint toujours plus vite. Le but des progrès accélérés était la domination de la nature et également, de plus en plus, l'auto-organisation de la société comprise sur son plan politique[44] ». La notion de progrès des Temps modernes reste « teintée d'attentes autrefois chrétiennes », il reste toujours « dans les espérances un excès d'attentes chrétiennes, sous l'emballage scientifique [*naturwissenschaftlich*][45] ». Cet excès apparaît au grand jour chez les « illuminés » et « millénaristes » qui sévissent également au sein des Lumières et auxquels Lessing s'opposa[46]. Même si le but à atteindre est immanent à l'histoire, l'excès religieux est toujours présent. Dans une moindre mesure, il est selon Koselleck aussi présent dans les figures chiliastiques utilisées par Kant pour établir le projet de société des nations et de paix perpétuelle comme le « but terrestre permanent de l'action politique[47] », jusqu'à la position on ne peut plus activiste de Robespierre, proclamant dans son discours à la Convention du 10 mai 1793 que « les progrès de la raison humaine ont préparé cette grande révolution, et [que] c'est à vous qu'est spécialement imposé le devoir de l'accélérer[48] ». Avec le début des Temps modernes, on assiste donc selon Koselleck à une transformation de l'accélération, orientée désormais vers un but intra-mondain, immanent. Le nouvel espace d'expérience, fondé sur des progrès techniques réels, entraîne une « mondanisation » (*Verweltlichung*) du but du processus d'accélération[49]. Dans ce processus, on constate une prise de distance vis-à-vis de l'apocalyptique chrétienne, qui ne fournit plus le *telos* de l'accélération mais reste malgré tout présente sous la forme d'un « excès d'attente » qui motive l'attente

44 *Ibid.*

45 *Ibid.*, p. 190.

46 G. E. Lessing, *Die Erziehung des Menschengeschlechts* (1780) § 90, in : *Gesammelte Werke*, Leipzig, 1858, t. 9, p. 423. Cité par Koselleck, « Zeitverkürzung und Beschleunigung », *op. cit.*, p. 190 *sq.*

47 R. Koselleck, « Zeitverkürzung und Beschleunigung », *op. cit.*, p. 191.

48 Robespierre, « Discours 'sur la constitution', 10/05/1793 », cité par Koselleck, *ibid.*, p. 192.

49 À ce sujet, Koselleck prend position pour Löwith, dont la démonstration de cette thèse dans *Meaning in History* résiste selon Koselleck à la critique de Blumenberg. Voir *ibid.*, p. 193 n. 28.

de la fin. Même dans sa forme immanente, l'accélération doit mener au bonheur, à la rédemption, à la paix perpétuelle.

La troisième et dernière phase de la généalogie de l'accélération, le XIXe siècle, est marquée par un progrès technique toujours plus rapide sur lequel se « cristallisent » les attentes chrétiennes, encore présentes, mais désormais seulement au rang de « phénomène secondaire[50] ». On associe par exemple au train une dimension salvatrice[51], qui disparaît néanmoins peu à peu avant d'être reportée sur d'autres inventions techniques, lorsqu'il devint évident qu'aucune rédemption n'en viendrait. L'accélération n'est donc plus directement liée à l'apocalyptique, mais elle ne s'en affranchit pas totalement. Elle devient une notion « post-chrétienne » où subsiste, outre l'excès d'attente précédemment évoqué, un « sécularisat », ce qui a été importé et transformé à partir de l'héritage chrétien[52]. Ce reste correspond d'une part à la définition d'un but lié à des espérances progressistes, « le règne du bonheur et de la liberté », d'autre part à l'idée même que l'histoire devrait avoir un but[53]. Ce sécularisat n'indique donc pas seulement la dépendance de la notion d'accélération vis-à-vis de l'apocalyptique chrétienne, mais montre également que, précisément en tant que notion « post-chrétienne », elle contient aussi une philosophie de l'histoire.

LES PRÉSUPPOSÉS NORMATIFS DE LA THÉORIE DE L'ACCÉLÉRATION

La « philosophie de l'histoire » désigne, selon Löwith, « l'interprétation systématique de l'histoire du monde conformément à un principe directeur, par lequel les événements historiques et leurs conséquences sont mis en rapport les uns avec les autres et reliés à un sens définitif[54] ». La théorie de l'accélération développée par Rosa remplit le premier critère,

---

50 *Ibid.*, p. 194.

51 Voir W. Schivelbusch, *Geschichte der Eisenbahnreise. Zur Industrialisierung von Raum und Zeit im 19. Jahrhundert*, München, Hanser, 1977.

52 Voir H. Rosa, *Beschleunigung*, *op. cit.*, p. 195.

53 *Ibid.*

54 K. Löwith, *Weltgeschichte und Heilsgeschehen*, *SS* 2, p. 11.

dans la mesure où elle prend pour point de départ la prétention affirmée de regrouper tous les phénomènes décisifs de la modernité sous une « seule et unique logique de développement[55] » : le principe directeur de la modernité serait l'accélération. Qu'en est-il alors de son sens ? Et, car ces deux éléments sont liés, la théorie de l'accélération prophétise-t-elle une fin de l'histoire, dans lequel ce sens arriverait à complète maturité[56] ? Étant donné que la notion d'accélération provient de l'apocalyptique chrétienne et en reste profondément marquée, tant par l'excès d'attentes que par le « sécularisat », elle implique du fait même de sa structure post-théologique une tension vers un but, vers une fin de l'histoire. Mais ces résultats de l'analyse sont insuffisants, car ils se limitent à la structure et ne disent encore rien sur le sens concret attribué à l'histoire et à son but dans la théorie de l'accélération.

Contrairement aux philosophies de l'histoire progressistes, la théorie de l'accélération de Rosa se place du côté des conceptions du déclin de l'Occident. En tant que philosophie de l'histoire pessimiste, elle interprète les événements historiques et leurs conséquences comme un développement négatif, comme une dislocation généralisée dont la fin de l'histoire marque le terme. Ce n'est donc qu'en comprenant l'état de départ stable que le sens de l'histoire posé par cette théorie deviendra apparent. La dislocation des normes et structures de la société n'a en effet de sens que vis-à-vis d'entités existantes victimes de la dislocation. L'affirmation de ce processus a donc également une valeur normative et politique, dans la mesure où il définit un état de départ stable et nécessaire, et ce n'est pas un hasard si Rosa relève que « celui qui souhaiterait défendre un diagnostic de déclin de la culture [*Kulturverfalldiagnose*] serait selon moi bien inspiré d'accorder un importance centrale à la dimension du temps[57] ». Mais quelle « culture » s'agit-il de défendre ? Le déclin se manifeste dans une dissolution généralisée, qui touche tout d'abord l'identité des individus. Dans la « modernité tardive », l'identité « stable » deviendrait identité « situative[58] », une identité plurielle et changeant selon la situation dans laquelle l'individu se trouve, à chaque moment de

55 H. Rosa, *Beschleunigung*, *op. cit.*, p. 51.

56 Sur le lien entre « fin » de l'histoire et « accomplissement », voir J. Taubes, *Abendländische Eschatologie*, *op. cit.*, p. 4.

57 H. Rosa, *Beschleunigung*, *op. cit.*, p. 226.

58 *Ibid.*, p. 373.

sa vie. La « biographie normale » perd sa « force d'orientation[59] ». Rosa ne rejette pas totalement ce nouveau modèle et souligne la possibilité que se mettent en place de nouvelles formes de stabilisation dans l'identité situative, qui garantiraient donc la persistance de repères auxquels le sujet peut se référer. Cependant, l'identité situative est immédiatement interprétée comme étant pathologique : elle conduit à la dépression, la « pathologie de la modernité tardive[60] ». L'identité situative serait caractérisée de manière générale par « la perte de la perception d'un mouvement du soi ou de la vie doté d'une direction dans le temps, et donc par la perte de toute perspective de développement[61] ». Le caractère pathologique de cette identité domine très largement les processus de stabilisation qui peuvent y subsister. Cependant, évoquer une « pathologie » implique une norme, et il semble difficile de décider si la pathologie révèle la norme, comme l'affirme Rosa[62], ou si, au contraire, c'est seulement l'affirmation arbitraire de cette norme qui donne un caractère « pathologique » à l'identité situative de la « modernité tardive ». La norme en question, dans laquelle une identité stable est possible, correspond à la situation historique précédant la dissolution, ce qui, si l'on considère la théorie de l'accélération comme une philosophie de l'histoire, n'est pas surprenant. Dans la mesure où l'histoire est conçue comme un développement linéaire allant, dans cette variante pessimiste, de la stabilité à la dissolution, l'état de référence ne peut donc qu'être passé. C'est pourquoi la norme peut être trouvée, selon Rosa, dans la « modernité classique », sous la forme d'une « mission constituante d'identité » : « *Trouve ta place dans le monde, c'est-à-dire : choisis une profession, fonde une famille, décide toi pour une communauté religieuse et trouve une orientation politique*[63] ». La perte de cette norme s'accompagne, dans le domaine politique, de changements profonds causés par l'accélération. Les processus délibératifs mis en œuvre dans le modèle démocratique seraient devenus trop lents, entraînant une transposition des compétences

59 *Ibid.*, p. 366.

60 *Ibid.*, p. 388.

61 *Ibid.*, p. 390.

62 Voir *ibid.*, p. 361 : « L'importance qu'ont ces formes de constance [le mariage, la profession, l'orientation politique, l'assurance maladie choisie et même la marque automobile préférée] pour la possibilité d'une identité stable devient évidente si l'on juxtapose par contraste l'instabilité des rapports dans la modernité tardive ».

63 *Ibid.*, p. 359. Les italiques sont dans le texte original.

de décision du législatif vers l'exécutif[64]. Avec des accents schmittiens, Rosa affirme « qu'il ne reste plus rien à décider[65] » et dénonce – sans pour autant la combattre – la « fin de la politique », conséquence du libéralisme[66]. La politique subit la même dissolution que l'identité des individus et, de même que cette dissolution marque la fin des identités stables, de même conduit-elle à la fin du modèle démocratique et, plus généralement, du projet de la modernité.

Que signifie, dans un contexte hanté par tant de dissolutions multiples, la « fin de l'histoire » ? Rosa différencie quatre possibilités. Considérant les trois premières comme hautement irréalistes, il se concentre sur la dernière, qui postule une « course sans frein vers un abîme[67] ». Le processus d'accélération sera incapable d'arriver à un équilibre entre stabilité et mouvement, menant à la destruction des systèmes écologiques ou à l'effondrement définitif des ordres sociaux et des ordres de valeur. Pire, « la société moderne, on peut le supposer, paiera la perte de la capacité à trouver un équilibre entre mouvement et stabilité par l'engendrement de catastrophes nucléaires et climatiques, par la propagation fulgurante de nouvelles maladies ou de nouvelles formes d'effondrement politique et par l'éruption d'une violence incontrôlée [...][68] ». Le vocabulaire lui-même nous ramène aux origines de la notion d'accélération dans l'apocalyptique chrétienne. La société moderne « paiera », des « catastrophes » se profilent à l'horizon. Mais, contrairement à la conception chrétienne, la catastrophe finale n'a ici aucune valeur rédemptrice, elle est dépourvue de sens. Par conséquent, il n'est pas non plus question d'accélérer son arrivée, mais bien plutôt de la retarder – précisément comme dans la « théorie de la crise » de Koselleck et chez Schmitt – afin de préserver ce qui peut encore l'être. Bien que la « fin de l'histoire » prophétisée par Rosa n'ait aucun sens, elle permet d'actualiser une structure du temps apocalyptique qui, quant à elle, est porteuse d'un sens politique. En prédisant un processus menant à la catastrophe, elle importe et réoccupe la valeur normative et persuasive que Lübbe voit dans les philosophies de l'histoire optimistes du

64 *Ibid.*, p. 394.

65 *Ibid.*, p. 424. Les seules références directes à Schmitt sont p. 394 et p. 407.

66 H. Rosa, *Weltbeziehungen im Zeitalter der Beschleunigung. Umrisse einer neuen Gesellschaftskritik*, Frankfurt am Main, Suhrkamp, 2012, p. 154.

67 H. Rosa, *Beschleunigung*, *op. cit.*, p. 489.

68 *Ibid.*

siècle des Lumières[69]. Si la démonstration de la théorie de l'accélération peine à convaincre par son argumentation, elle peut toutefois miser sur l'inquiétude que génère la prophétie pour faire passer son message politique, fondamentalement conservateur, appelant à « retenir » la catastrophe en défendant une « culture » menacée. On observe donc, par rapport à la politisation du temps moderne, un double retournement : la vision émancipatrice, qui repose sur une projection du politique dans le temps, cède sa place à une neutralisation conservatrice, qui se fonde sur un ordre du temps venant déterminer le politique.

Loin d'être une analyse des « structures temporelles », la théorie de l'accélération fait donc elle-même partie du problème qu'elle tente d'aborder. Elle ne thématise pas véritablement le temps, ni même l'expérience de celui-ci, mais construit à partir d'une accumulation de phénomènes une philosophie de l'histoire, une conception totalisante ayant pour but d'interpréter la modernité dans son ensemble. La fascination qu'exerce immanquablement une telle conception est peut-être l'explication de son succès[70]. Mais la théorie de l'accélération va plus loin. L'héritage apocalyptique de la notion d'accélération, issue de la tradition chrétienne, reste présent dans un « sécularisat », un reste non éliminé au cours de la transformation de la notion, lequel associe à la suite des événements historiques un sens, un but, un excès d'attentes. Dans la théorie de l'accélération, ce « sécularisat » se manifeste dans l'annonce d'une catastrophe finale, qui clos le processus et lui donne son sens. En remontant la généalogie de la notion d'accélération jusqu'à ses origines apocalyptiques, on constate qu'il ne s'agit pas ici d'un pronostic rationnel, mais bien d'une résurgence de la prophétie apocalyptique sur un mode post-théologique, c'est-à-dire comme philosophie de l'histoire. Cependant, cette philosophie de l'histoire se distingue clairement de

69 H. Lübbe, *Im Zug der Zeit. Verkürzter Aufenthalt in der Gegenwart*, *op. cit.*, p. 148 *sq.*

70 Dans la littérature francophone, la réception de l'ouvrage de Rosa fut très majoritairement positive. Seules quelques critiques d'importance secondaire sont avancées, mais la thèse principale est acceptée sans hésitation. Voir par exemple M. Revault d'Allonnes, *La crise sans fin. Essai sur l'expérience moderne du temps*, Paris, Seuil, 2012, p. 124 *sqq.* ; M. Foessel, « Tout va plus vite et rien ne change : le paradoxe de l'accélération », *Esprit* 2010/6 ; A. Escudier « Le sentiment d'accélération de l'histoire moderne : éléments pour une histoire », *Esprit* 2008/6. Il est en particulier étonnant que Foessel ne considère pas la thèse de l'accélération comme un avatar de la « raison apocalyptique » qu'il critique dans *Après la fin du monde. Critique de la raison apocalyptique*, Paris, Seuil, 2012.

ses représentants progressistes du XVIIIe siècle. De manière similaire à la théorie de la crise de Koselleck, la théorie de l'accélération aboutit au réinvestissement de la philosophie de l'histoire par un « conservatisme philosophique ». Face au processus de dissolution de la « modernité tardive », elle ne semble proposer rien d'autre qu'un idéal bourgeois ainsi qu'une certaine nostalgie pour une politique capable de « décider ». À ce titre, les théories de la crise et de l'accélération sont représentatives d'un volet supplémentaire de la politique du temps, marqué par une temporalisation du politique. Le politique est considéré comme secondaire par rapport à un ordre du temps auquel il est impossible d'échapper, et qui impose ses exigences. Politique et temps restent donc inséparablement liés, mais leur ordre de priorité est inversé.

PRINCIPE RESPONSABILITÉ ET POLITIQUE DU TEMPS APOCALYPTIQUE

Les théories de la crise et de l'accélération réinvestissent toutes deux la philosophie progressiste de l'histoire et lui donnent, à partir d'une conception du temps apocalyptique, une forme conservatrice. La catastrophe annoncée sert d'horizon de l'analyse du présent et vient justifier la recherche d'un « retardateur » ou l'appel à une révision radicale du projet de la modernité, voire à son abandon. Toutefois, bien que la crise et l'accélération représentent aujourd'hui les formes les plus manifestes de l'expérience du temps, ni la théorie de la crise ni la théorie de l'accélération ne développent ouvertement le lien existant entre ces expériences du temps et leur articulation politique. La temporalisation du politique qu'elles impliquent reste implicite, obscure. On exalte le sentiment d'urgence, mais ses implications normatives sont laissées en suspens. C'est donc ailleurs qu'il faut chercher une articulation consciente, détaillée et explicite du temps apocalyptique et de sa dimension politique, permettant ainsi de comprendre la structure interne de la temporalisation du politique propre à la situation actuelle. Le *Principe responsabilité*, une œuvre dans laquelle Hans Jonas travaille ouvertement le lien entre temps et politique, permet de pallier les manques des théories de la crise et de l'accélération. Tous prennent le même constat pour point de départ. On retrouve chez Jonas la même présupposition apocalyptique d'une catastrophe générale à venir et la volonté d'en tirer des impératifs politiques pour le présent, mais ce lien est davantage développé et permet de mettre en lumière la politique du temps apocalyptique et son fonctionnement. Il n'est donc pas question d'analyser l'ensemble du propos de Jonas dans le *Principe responsabilité*, ni de suivre son fil directeur, la construction d'une « éthique de la civilisation technologique ». De même, il n'est pas question de savoir si l'ensemble du projet est véritablement justifié par une situation d'urgence écologique, ni d'évaluer les preuves scientifiques de celle-ci, sur lesquelles Jonas lui-même ne s'attarde pas. L'intérêt du *Principe responsabilité* pour notre propos réside bien plutôt dans la structure de son argumentation, qui vise à fonder une politique sur une conception du temps, et dans la métaphysique à laquelle Jonas se réfère constamment comme étant à la base de son projet. Sa théorie est représentative de la tendance à déterminer le politique à partir du temps, comme le font moins explicitement les théories de la crise et de l'accélération, et permet de comprendre plus précisément comment fonctionne le lien entre temps apocalyptique et politique.

LA CATASTROPHE À VENIR, UNIQUE GUIDE DE L'ACTION HUMAINE

Dans un monde en proie au relativisme des valeurs, c'est la catastrophe prévue qui doit servir à orienter l'action des hommes[1]. Cette prémisse posée par Jonas est cependant loin d'être évidente et demande à être précisée, d'autant plus qu'il accorde à la catastrophe un rôle de premier plan dans la traduction politique de la perspective éthique développée dans le *Principe responsabilité.* Accorder un tel rôle à la catastrophe exige de montrer que la catastrophe prévue est vraisemblable et que, si tel est le cas, il est possible de déterminer sa nature par anticipation. Il est d'autre part impératif de montrer comment la seule connaissance de la catastrophe à venir peut justifier son rôle de « boussole » pour l'action des hommes, c'est-à-dire, en d'autres termes, de montrer comment son pouvoir normatif s'exerce sur le présent.

Comment connaître la catastrophe ? La menace que font peser sur l'humanité les dangers nouveaux apportés par le progrès technique, en particulier la perspective d'une guerre nucléaire, est palpable dans

1 H. Jonas, *Das Prinzip Verantwortung. Versuch einer Ethik für die technologische Zivilisation*, Frankfurt am Main, Suhrkamp, 1986 (1re édition 1979), p. 7. Trad. française par J. Greisch : *Le principe responsabilité. Une éthique pour la civilisation technologique*, Paris, Flammarion, 1998. Nous citons la traduction française de J. Greisch, parfois modifiée, mais donnons uniquement la pagination de l'édition allemande, également indiquée dans l'édition française.

le texte de Jonas, publié en 1979. C'est clairement cette crainte qui motive son projet d'une éthique du futur, une éthique qui doit être apte à répondre à l'extension dans le temps des effets de la technique. Le propre de la technique moderne tient, selon lui, dans le fait qu'elle a considérablement étendu le pouvoir de l'homme, qui est désormais en mesure de détruire l'humanité dans son ensemble, ou à tout le moins d'altérer durablement ses conditions d'existence. Cette extension des effets de l'action humaine dans le temps appelle à une adaptation du domaine de l'éthique, qui ne peut désormais se limiter au présent. Un tel diagnostic amène Jonas à affirmer la nécessité d'élaborer une éthique prenant en considération le futur et se démarquant des éthiques de la présence prévalant jusqu'alors. L'image du futur qui motive cette éthique est celle d'une catastrophe universelle, c'est pourquoi l'éthique du futur n'est « valable que s'il est vrai, comme on l'accepte ici, que nous vivons dans une situation apocalyptique, c'est-à-dire qu'une catastrophe universelle s'annonce [...][2] ».

Jonas « accepte » cette présupposition mais, au niveau politique, il est nécessaire de prouver que cette « situation apocalyptique » est bien réelle, ne serait-ce que dans le but de convaincre la population. Comment la connaissance dont dispose une petite minorité peut-elle influencer l'action du « grand nombre[3] » ? Afin d'assurer l'« autorité » de la minorité savante sur la multitude, la minorité doit justifier qu'elle possède bien la connaissance certaine de la catastrophe future. Une telle connaissance de la catastrophe est obtenue par l'intermédiaire d'une « science des pronostics hypothétiques », une « futurologie comparative », qui fait le lien entre la doctrine théorique des principes éthiques et leur application politique. En effet, la traduction politique de l'éthique du futur, qui doit permettre de changer la réalité, est ce qui, pour Jonas, importe le plus, mais elle a besoin de pronostics crédibles. Néanmoins, Jonas admet que les pronostics requis, des pronostics à long terme, ne sont aujourd'hui pas encore l'objet d'une connaissance comparable aux pronostics à court terme, qui déterminent habituellement l'orientation de l'action politique dans la civilisation technologique[4]. Au niveau théorique, une connaissance des possibilités est suffisante dans la mesure où elle permet l'élaboration

2 *Ibid.*, p. 251.
3 *Ibid.*, p. 61.
4 *Ibid.*, p. 66.

de nouveaux principes éthiques – en se projetant dans des situations imaginaires. Mais ces projections ouvertes, si elles suffisent dans le cadre des principes éthiques, ne suffisent pas à justifier une application pratique-politique qui réclame un degré de précision supplémentaire que ne peut apporter la « science des principes hypothétiques ».

La solution au problème de l'incertitude de l'arrivée de la catastrophe – elle est une possibilité, mais pas un objet de connaissance –, est palliée au moyen d'une prescription (*Vorschrift*) pratique : « accorder davantage d'attention à la prophétie de malheur qu'à la prophétie de salut[5] ». Jonas ne cherche pas à démontrer cette prescription, mais avance des arguments en faveur de son acceptation. Premièrement, la technique moderne entraîne une situation excluant tout droit à l'erreur, et où l'on devrait donc avant tout envisager le pire scénario. Deuxièmement, l'apparition d'une évolution technique entraînerait un processus autonome s'accélérant et impossible à reprendre en main, si bien que seul une action préventive serait possible – ce qui correspond au « principe de précaution ». Enfin, Jonas avance un troisième élément, dont il concède la dimension « moins pragmatique » : le caractère « sacro-saint » de la nature humaine en tant que produit d'une évolution qui l'a rendue ouverte à la vérité, au jugement de valeur et à la liberté[6]. Dans l'inéluctable flux du devenir, la nature humaine est un héritage « énorme », « infini », qu'il convient de préserver à tout prix. Ces arguments ne visent donc pas à convaincre de l'inéluctabilité de la catastrophe mais s'adressent aux dépositaires de l'autorité politique et, éventuellement, à une partie de la multitude afin de leur montrer la nécessité de tenir cette catastrophe future pour réelle, d'accepter la réalité de la catastrophe non en tant que telle, mais pour la fonction heuristique qu'elle joue[7]. Dans le projet d'éthique du futur, la catastrophe est une « idée régulatrice[8] ». Aucun pronostic ne permet de prévoir son arrivée, mais elle doit être tenue pour vraie car elle justifie l'ensemble de l'entreprise.

De quelle manière s'exerce alors le pouvoir normatif de la catastrophe dans le présent ? Exactement comme Koselleck et Rosa, Jonas récupère la structure normative de la philosophie de l'histoire au profit

5 *Ibid.*, p. 70.
6 *Ibid.*, p. 74.
7 Voir également la référence positive de Jonas à la science-fiction (*Brave New World* de Aldous Huxley) pour sa fonction heuristique, *ibid.*, p. 68.
8 *Ibid.*, p. 227.

de sa propre perspective. Cependant, à la différence des théories de la crise et de l'accélération, cette récupération est explicite. Jonas insiste sur l'immanentisation du but de l'histoire, mais il ne critique pas ce procédé ; au contraire, il le reprend à son propre compte. L'éthique du futur, qui présuppose la vision de la catastrophe à venir, est une éthique « horizontale », qui se démarque de la dimension « verticale » de la philosophie classique. Selon Jonas, l'éthique platonicienne repose en effet sur une tension vers l'éternel, une « soif d'éternité[9] ». L'éros platonicien pousse à s'approcher autant que possible du Bien, hors du temps et du devenir, et donc, métaphoriquement, à s'élever vers lui. Jonas, au contraire, place son projet d'éthique du futur dans la lignée des éthiques « horizontales », produits d'une sécularisation qui mène à l'immanentisation du but à atteindre. La rupture avec l'éthique platonicienne, le « basculement de l'axe de rapprochement de la verticale à l'horizontale[10] », est déjà manifeste chez Kant, qui place le but à atteindre dans la « série temporelle qui s'étend indéfiniment vers l'avenir en avant du sujet ». Mais Kant ne mène pas la sécularisation à son terme. Afin d'assurer que la dignité morale mène bel et bien à la béatitude, sans quoi la volonté morale dans le monde serait vaine, Kant conserve l'espérance de la foi. La sécularisation n'est qu'à « contrecœur », et le sujet peut se contenter de considérer son comportement moral « *comme si* [...] il contribuait à rendre le monde plus moral », ce qui ne fonde alors qu'une responsabilité « fictive », « qui peut se permettre d'ignorer le cours probable des choses terrestres, et qui pourtant dote l'acte individuel d'un horizon quasi eschatologique[11] ». L'immanentisation opérée par Kant, bien qu'elle donne une horizon eschatologique à l'action humaine, est donc insuffisante car elle ne permet pas de faire entièrement reposer le poids de la responsabilité sur le sujet. Il peut agir moralement sans pour autant se sentir responsable du futur de l'humanité.

Comme Voegelin et Löwith, Jonas voit chez Hegel une étape décisive de l'« immanentisation radicale » faisant du temps lui-même le médium de la réalisation du but de l'histoire dans l'histoire. Cependant, cette sécularisation plus avancée aboutit chez Hegel à l'idée d'un processus autonome, se développant « par-dessus les têtes de ceux qui veulent et

9 *Ibid.*

10 *Ibid.*

11 *Ibid.*, p. 228.

agissent[12] ». Un tel processus a pour conséquence de retirer toute valeur à l'action des sujets et ne peut donc pas fonder l'éthique du futur recherchée par Jonas. Néanmoins, l'« immanentisation radicale » de Hegel reste une étape décisive dans la mesure où elle conduit, chez Marx, à l'apparition « pour la première fois » d'une responsabilité pour l'avenir historique[13]. Dans la perspective de Marx, la ruse de la raison devient inutile ; le développement historique est pris en charge par les acteurs de la révolution qui, s'ils ne dirigent pas eux-mêmes la direction du processus, contribuent à le mener à son terme. Cependant, le marxisme reste selon Jonas sous l'influence de l'idée régulatrice de Kant, dans la mesure où il prétend connaître le but et la direction du processus historique. La « prise de pouvoir » de la technologie mène au contraire à un horizon que même le marxisme ne pouvait prévoir, la « catastrophe universelle » au lieu de l'accomplissement. Par conséquent, « nous devons prendre en main de façon entièrement nouvelle le processus qui pousse en avant *sans savoir préalable* du but[14] » – tout en devant croire que le processus aboutira à la catastrophe universelle si rien n'est fait.

Si Jonas critique l'eschatologie sécularisée, qu'il associe à une conception optimiste et utopique du processus historique, ce n'est donc pas, comme le font Voegelin et Löwith, pour récuser la construction normative de l'histoire qu'elle implique, mais parce qu'il vise à remplacer une conception eschatologique par une conception apocalyptique. L'attente des lendemains qui chantent doit faire place à la peur de la destruction totale. Ainsi, tout en critiquant les eschatologies sécularisées, en particulier le marxisme, Jonas en reprend la structure normative. Le présent est considéré du point de vue du futur, mais c'est la catastrophe et non la rédemption qui motive les efforts demandés. Les sentiments sur lesquels mise la théorie pour justifier des mesures politiques diffèrent ; la peur remplace l'espérance, mais toutes deux se rejoignent dans la normativité politique qu'elles impliquent. Comme la promesse de salut, la promesse de malheur structure le champ politique présent à partir du futur.

On comprend donc que le fait que la catastrophe doive servir de boussole à l'action des hommes ne nécessite pas qu'on en ait une connaissance véritable. Les pronostics présentent avant tout un intérêt pour la théorie

12 *Ibid.*
13 *Ibid.*, p. 229.
14 *Ibid.*, p. 230.

des principes éthiques, mais ils ne suffisent pas à justifier leur application politique pratique. Dans ce domaine, une « prescription pratique » imposant d'accorder davantage d'attention à la prophétie de malheur suffit à justifier le rôle de premier rang attribué à la catastrophe. Enfin, comme une minorité savante est d'emblée présupposée, la question de la réalité de la catastrophe à venir perd en importance vis-à-vis de la simple question des rapports de force dans le champ politique, qui déterminent si la minorité savante peut parvenir à s'imposer. D'autre part, afin de justifier la normativité de la catastrophe, Jonas reprend l'immanentisation du but de l'histoire, telle qu'elle intervient chez Kant, Hegel, mais surtout Marx. C'est précisément ce modèle d'eschatologie historique qui apporte au but de l'histoire une puissance normative. Toutefois, si l'on sait désormais comment faire en sorte que la prophétie de malheur soit transférée dans le champ politique, la manifestation concrète de cette traduction politique reste indéterminée. La catastrophe doit modeler les décisions présentes, mais quelle forme d'ordre politique impose-t-elle ?

LA TRADUCTION POLITIQUE DE LA CATASTROPHE

Le pouvoir politique doit être capable d'intégrer l'éthique du futur à son action et, ce faisant, de répondre à la catastrophe prédite par Jonas. Le principe selon lequel la catastrophe elle-même devrait servir de « boussole » aux principes éthiques dans un monde en proie au relativisme des valeurs est également valable dans le domaine politique. Le bon ordre politique n'est pas fondé sur des valeurs déterminées et immuables, mais en tant que réponse adaptée à la catastrophe à venir. La question politique est donc réduite à « une question d'adéquation aux buts [*Zweckmäßigkeit*], peut-être d'impératif de survie ». Elle n'est plus « une question engageant une conception du monde [*Weltanschauung*][15] ». Quelle forme d'ordre politique correspond à ces prémisses et permet de répondre au mieux à la conception catastrophiste du temps ? Quel acteur politique prend alors en charge la responsabilité qu'impose l'éthique du futur ?

15 *Ibid.*, p. 230. Traduction modifiée.

Le seul porteur de cette lourde charge est « l'homme d'État » (*der Staatsmann*). Non sans un certain pathos, Jonas proclame : « sans qu'on le lui ait demandé, 'sans en avoir besoin', sans mission et sans accord [...], le prétendant brigue le pouvoir afin de se charger de responsabilité ». Bien entendu, Jonas n'est pas ici dans le registre de la description, mais de la prescription – une ambiguïté fréquente dans le *Principe responsabilité*. Il ajoute ainsi : « En particulier le péril menaçant la communauté, coïncidant avec la conviction de *connaître* la voie du salut et de pouvoir y *mener* [*führen*], devient une puissante impulsion de l'homme de courage à proposer sa candidature et à s'emparer de la responsabilité[16] ». L'homme d'État – dont le modèle est, pour Jonas, Churchill – concentre entre ses mains toute la responsabilité vis-à-vis du futur et l'assume de manière entièrement volontaire. Le caractère englobant de la responsabilité qui est en jeu est particulièrement manifeste dans le parallèle établi par Jonas entre l'homme d'État et les parents, les deux « paradigmes éminents » de la théorie de la responsabilité[17]. Cette analogie est développée dans les trois notions de « totalité », « continuité » et « futur », qui caractérisent tant la responsabilité des parents que celle de l'homme d'État.

Par « totalité », Jonas comprend une responsabilité englobant « l'être total de [ses] objets, c'est-à-dire tous les aspects de ceux-ci, allant de la simple existence jusqu'aux intérêts les plus élevés[18] ». De même que les parents ont la responsabilité de la totalité de l'existence de leur enfant, des besoins corporels à l'éducation jusqu'au bonheur, l'homme d'État assume la responsabilité de « la totalité de la vie de la collectivité, ce qu'on appelle le bien public[19] », qui s'étend lui aussi des besoins les plus primaires à la recherche du bonheur. On observerait par ailleurs, selon Jonas, un déplacement grandissant de compétences de la sphère privée vers l'État, accentuant son caractère totalisant. Selon lui, puisque l'État absorbe ainsi toujours plus la responsabilité des parents, il deviendra – quelle que soit sa forme, autoritaire ou libérale – toujours plus « paternaliste[20] », et donc aussi toujours plus totalisant. Cependant, comme nous le verrons, ce qualificatif n'est pour Jonas pas nécessairement négatif.

---

16 *Ibid.*, p. 181.
17 *Ibid.*, p. 184.
18 *Ibid.*, p. 189.
19 *Ibid.*, p. 190.
20 *Ibid.*, p. 192.

L'analogie entre la responsabilité des parents et celle de l'homme d'État est fondée, deuxièmement, sur la continuité. Une responsabilité totale doit en effet, selon Jonas, également envisager les événements dans leur totalité temporelle et inclure le futur comme le passé ; en d'autres termes, la responsabilité totale doit procéder « 'historiquement', saisir son objet dans son historicité », ce que Jonas désigne comme étant « le véritable sens de ce que nous désignons ici avec l'élément de la 'continuité'[21] », une thèse dont la justification implicite se trouve dans la notion d'historicité telle qu'elle est développée par Heidegger[22]. C'est parce que le *Dasein* se projette vers l'avenir que la responsabilité, en tant qu'elle prend en charge la continuité, doit aussi inclure cet horizon temporel. La traduction politique de l'historicité signifie assumer la responsabilité des actes passés de la communauté et le futur de celle-ci, au-delà de ses membres vivants actuels. Au niveau de la communauté, cette projection de l'action politique vers le futur répond à une responsabilité collective dont le but est de « préserver une *identité* dans la continuité, à travers le temps[23] ».

Enfin, la responsabilité de l'homme d'État comme celle des parents se rejoignent, bien qu'à un degré différent, sur l'importance qu'elles accordent au futur. Pourquoi cette dimension temporelle occupe-t-elle une place privilégiée ? L'inclusion du lendemain dans le souci de l'aujourd'hui est un fait évident dans la vie de tous les jours, dans la planification des tâches les plus banales. Selon Jonas, la préoccupation pour le lendemain est un fait anthropologique, elle est « donnée avec la temporalité comme telle[24] ». Mais la prise en compte du lendemain prend une dimension tout autre dans le cadre de la responsabilité « totale », celle de l'homme d'État, qui doit prendre en charge l'« existence entière » dans une durée temporelle infinie, laquelle échappe donc, contrairement à l'inclusion du lendemain dans la vie de tous les jours, aux prévisions et aux calculs. De plus, la responsabilité de l'homme

21 *Ibid.*, p. 196.

22 Voir en particulier M. Heidegger, *Sein und Zeit*, § 74.

23 H. Jonas, *Das Prinzip Verantwortung*, *op. cit.*, p. 197. Sur le lien entre la compréhension authentique de l'historicité et la reprise et préservation d'un héritage, voir M. Heidegger, *Sein und Zeit*, p. 383.

24 H. Jonas, *Das Prinzip Verantwortung*, *op. cit.*, p. 200. Ce lien entre la temporalité et l'avenir de même que le primat de l'avenir par rapport aux autres modalités de la temporalité correspondent à la conception développée par Heidegger dans *Sein und Zeit*. Voir notamment § 65, en particulier p. 329.

d'État est confrontée à l'impossibilité de prévoir le comportement des individus futurs, dès lors que leurs actions sont libres. Néanmoins, cette liberté de la vie future doit être incluse dans la responsabilité totale ; la responsabilité de l'homme d'État à l'instant présent ne peut déterminer les vies futures, mais elle doit au moins assurer leurs conditions de possibilité, assurer leur « aptitude au futur » (*Zukünftigkeit*). Selon Jonas, l'extension indéterminée de la responsabilité de l'homme d'État vers l'avenir trouve donc sa source dans l'orientation vers le futur propre à l'existence humaine. C'est pourquoi « la responsabilité comme telle n'est rien d'autre que le complément moral de la constitution ontologique de notre être *temporel*[25] ». La prédominance du futur dans la théorie de la responsabilité est donc fondée sur une ontologie.

Si la responsabilité de l'homme d'État – totale, continue et orientée vers le futur – est le complément de la constitution ontologique de notre être temporel, reste à savoir quel ordre politique correspond à une telle ontologie. La principale conséquence est une rupture radicale avec la philosophie politique classique. Jonas pense en effet que la question de l'ordre politique doit s'adapter à la « signature de la modernité », la « dynamique[26] », importée dans l'ontologie par Heidegger. Jonas soutient le rejet de l'ontologie classique, tournée vers l'éternité, au profit d'une « ontologie du temps[27] », conscient que l'inclusion du futur dans la théorie politique qu'impose cette ontologie aurait été considérée par les Anciens comme une pure *hybris*[28]. Du point de vue de la philosophie politique, ce renversement ontologique a des conséquences majeures. Le rejet, déjà évoqué, de l'éthique « verticale » orientée vers des normes échappant au temps au profit d'une éthique « horizontale », qui tire de l'avenir les principes de son action dans le présent, détruit aussi la question du bon ordre politique, lequel ne peut être fondé sur une ontologie du temps. Ainsi, Jonas ne conçoit pas l'ordre politique comme impliquant une vision stable du Bien, mais comme un moyen jugé suivant le seul critère de l'adéquation aux fins recherchées et s'adaptant à un ordre du temps qui s'impose à lui[29]. La recherche du bon ordre politique est ainsi transformée en recherche de l'ordre adéquat aux buts donnés par

25 H. Jonas, *Das Prinzip Verantwortung*, *op. cit.*, p. 198.
26 *Ibid.*, p. 216.
27 *Ibid.*, p. 226.
28 *Ibid.*, p. 225.
29 Voir *ibid.*, p. 230.

l'éthique du futur : il doit assurer un « maximum de discipline politiquement imposée [...] capable de réaliser la subordination de l'avantage du moment au commandement à long terme de l'avenir[30] ».

Lorsque Jonas écrit le *Principe responsabilité*, deux possibilités s'offrent à lui dans la situation historique d'alors pour déterminer quel ordre politique est le plus à même de répondre au critère d'adéquation aux buts : le capitalisme et le communisme. Comme le marxisme donne une place centrale à l'avenir dans la détermination du processus régissant les actions humaines, Jonas lui accorde d'emblée une attention privilégiée. Par conséquent, les développements qu'il consacre à l'ordre politique adéquat, le « pouvoir de troisième degré », pourraient être compris comme principalement descriptifs. Il s'agirait de décrire le régime communiste et en quoi celui-ci, dans une situation historique particulière, correspond le mieux à l'éthique du futur. Toutefois, dans la mesure où Jonas semble considérer le communisme seulement comme un exemple du type de régime apte à mettre en œuvre l'éthique du futur, il est difficile de ne pas voir également une dimension normative dans sa pensée. En effet, le communisme n'est pas le seul régime capable de porter cette éthique ; il peut le faire car certaines de ses caractéristiques correspondent au « portrait-robot » dressé par Jonas.

Comme on l'a vu, l'éthique du futur s'adresse avant tout à une élite, même si elle doit potentiellement convaincre tout être humain[31]. La responsabilité politique incombe avant tout à l'homme d'État plutôt qu'à chaque citoyen. Cette conception se répercute dans l'ordre politique adéquat, dont la forme générale est celle de la tyrannie, ou « pouvoir gouvernemental total[32] ». Son avantage, notamment dans le cas communiste, est de permettre une application immédiate des décisions prises par le plus haut niveau, sans que celles-ci ne soient soumises à la discussion. Cette caractéristique est d'autant plus intéressante que les décisions que réclame l'éthique du futur sont nécessairement impopulaires : elles exigent un sacrifice de la part des êtres humains actuels au profit des êtres humains à venir. Dans un régime démocratique, de telles mesures requerraient un travail de persuasion important, que la tyrannie permet

30 *Ibid.*, p. 255.

31 Voir M. Kettner, « Verantwortung als Moralprinzip ? Eine kritische Betrachtung der Verantwortungsethik von Hans Jonas », *Bijdragen. Tijdschrift voor filosofie en theologie* 51 (1990), p. 422 *sq.*

32 H. Jonas, *Das Prinzip Verantwortung*, *op. cit.*, p. 262.

d'éviter. Néanmoins, Jonas est bien conscient des risques liés à ce régime, dont la nature bonne ou mauvaise est dépendante de celle du tyran. C'est pourquoi la structure de l'ordre politique doit correspondre à la répartition de la responsabilité : l'élite prenant celle-ci en charge doit également être à la tête du régime. Cette tyrannie « dans notre contexte doit justement être une tyrannie bienveillante, bien informée et animée par le juste discernement[33] ». Au-delà de cette affirmation se pose donc la question du recrutement de l'élite et de la manière dont le pouvoir peut lui être donné. « Si, comme nous le pensons, seule une élite peut d'un point de vue éthique et intellectuel assumer la responsabilité pour l'avenir que nous avons indiquée – comment une telle élite est-elle produite et comment est-elle dotée du pouvoir de l'exercer[34] ? ». Malheureusement, Jonas ne répond pas à cette question.

Il reste néanmoins fidèle à une approche de la question politique se voulant pragmatique, et se concentre avant tout sur la forme que prend le pouvoir dans une tyrannie contrôlée par l'élite qu'il appelle de ses vœux. Comment en effet assurer que la population suive les décisions prises par l'élite éclairée, alors que seule cette dernière est capable de comprendre pleinement l'enjeu et de prendre en charge la responsabilité pour l'avenir ? Sans sous-estimer les mérites de la terreur, Jonas privilégie toutefois une « identification de la communauté avec le gouvernement », facilitée dans les pays communistes par la présence d'un « esprit de frugalité[35] » – une sorte de morale publique – dans la communauté. On retrouverait cette forme d'« ascèse » aux débuts du capitalisme, mais elle a disparu à la suite des progrès matériels qu'il apporte. L'identification de la communauté avec le gouvernement ne suffit toutefois pas à assurer le pouvoir de l'élite. À cet élément contraignant, il est nécessaire d'ajouter une dimension positive, l'enthousiasme. Dans le contexte communiste, c'est l'utopie, l'attente de jours meilleurs, qui apporte cet enthousiasme mais entre en contradiction avec le catastrophisme que présuppose le principe responsabilité. Pour Jonas, il faudrait donc retravailler l'utopie, cacher sous cette apparence les buts véritables de l'éthique du futur. En d'autres termes, Jonas mise sur la « mystification des masses[36] », contre les « naïvetés libérales » : il faut

33 *Ibid.* Trad. modifiée.
34 *Ibid.* Trad. modifiée.
35 *Ibid.*, p. 263.
36 *Ibid.*, p. 266.

« donner de l'influence au 'principe Crainte' sous le masque du 'principe Espérance'[37] ». Mais comment être sûr que l'élite véritable, et non un nouveau tyran, utilisera les moyens de la propagande pour les justes fins et non pour le simple usage brutal du pouvoir ? Jonas appelle de ses vœux une « élite avec des loyautés secrètes et des finalités secrètes », un « nouveau Machiavel [...] qui devrait exposer sa doctrine de manière rigoureusement ésotérique[38] ». La tyrannie envisagée par Jonas n'est donc pas un régime de terreur mais une aristocratie autoritaire se reconnaissant au sein de la masse à travers une communication ésotérique et faisant davantage usage de la propagande que de la violence brute.

Dans la situation historique contemporaine du *Principe responsabilité*, c'est donc le communisme qui, selon Jonas, est le mieux à même de porter l'éthique du futur, à la condition incertaine qu'une élite éclairée soit dotée du pouvoir. Cependant, le communisme souffre d'un défaut majeur : sa dépendance vis-à-vis de l'utopie. Jonas voit en elle un problème car l'utopie est essentiellement liée à la promesse d'une amélioration, par exemple du niveau de vie, qui entre en contradiction avec les sacrifices nécessaires que l'éthique du futur cherche à faire accepter[39]. Mais Jonas ne sous-estime pas la « valeur psychologique » de l'utopie, sa capacité à pousser les foules à l'action et à leur faire supporter de grandes souffrances. Si l'utopie peut donc être envisagée comme un moyen de propagande au service du discours politique, il est néanmoins nécessaire que l'élite éclairée des détenteurs du pouvoir ne soient eux-mêmes pas aveuglés par l'utopie[40]. C'est cette condition qui impose à Jonas de développer une critique de l'utopie qui ne se limite pas à sa dimension pragmatique, notamment aux obstacles environnementaux, mais se concentre sur la question même de sa vérité, qui doit être réfutée[41]. Il ne s'agit pas de convaincre les élites que l'utopie n'est pas possible mais qu'elle est, en elle-même, fausse.

---

37 *Ibid.*

38 *Ibid.*, p. 267. Cette attention portée à la dimension ésotérique du discours politique rappelle à certains égards les réflexions de Leo Strauss dans *Persecution And The Art Of Writing* (1952), Chicago, University of Chicago Press, 1988.

39 Voir H. Jonas, *Das Prinzip Verantwortung*, *op. cit.*, p. 288. « *In summa* : la décroissance [*Kontraktion*] beaucoup plus que la croissance devra devenir le mot d'ordre et celui-ci sera encore plus difficile à faire accepter aux prêcheurs de l'utopie qu'aux pragmatiques qui ne sont pas liés par une idéologie » (trad. modifiée).

40 *Ibid.*, p. 289.

41 La critique de l'utopie développée par Jonas comporte d'autres dimensions de moindre importance, qui ne sont pas traitées ici : la dimension environnementale (p. 327-341)

CRITIQUE DE L'UTOPIE ET ONTOLOGIE TEMPORELLE

Nier toute vérité à l'utopie requiert une critique radicale, c'est pourquoi Jonas remonte jusqu'à l'ontologie sur laquelle l'utopie marxiste est fondée. La cible principale de sa critique est l'ontologie du « ne-pas-encore-être » (*Ontologie des Noch-Nicht-Seins*) d'Ernst Bloch. Jonas présente en effet son *Principe responsabilité* comme une réponse au *Principe espérance* de Bloch et voit dans l'ontologie de ce dernier le fondement de l'ensemble de son projet. La critique de l'ontologie du ne-pas-encore-être répond par conséquent à deux objectifs. Il s'agit d'une part d'invalider l'utopie dans le cadre de la question politique, car elle est aux yeux de Jonas le principal défaut du communisme. En montrant l'impossibilité de l'utopie, Jonas cherche à exclure cette dernière de la doctrine du régime tyrannique qu'il appelle de ses vœux. D'autre part, la critique de l'ontologie de Bloch est une attaque directe du *Principe espérance*. En attaquant ses fondements, Jonas vise par ce moyen à affirmer son propre projet, à remplacer l'espérance par la responsabilité. S'il est donc nécessaire de comprendre tout d'abord comment la critique de Jonas fonctionne, l'opposition ouverte entre les deux projets ne doit toutefois pas masquer leur similitude, dans la mesure où il s'agit bien de deux projets concurrents se plaçant au même niveau. Or c'est à travers cette similitude qu'apparaissent certaines constantes de la politique du temps.

Afin de comprendre la critique de l'ontologie du ne-pas-encore-être dans le *Principe responsabilité*, on peut se contenter dans un premier temps de la définition provisionnelle constituant le point de départ de la critique de Jonas. L'ontologie de Bloch est résumée dans la formule « S n'est pas encore P », S étant le sujet, P le prédicat. Entre S et P existe une relation de nécessité, exprimée dans la notion de « tendance-latence ». S n'est pas encore P, mais S « doit » atteindre P pour être réellement S. S est donc soumis à une tension, à une « téléologie secrète[42] ». Malgré des points

et la question de la désirabilité de l'utopie marxiste (p. 342-373). Ces deux dimensions sont abordées de manière pragmatique, autour de la question de leur caractère possible ou souhaitable. Jonas vise alors à réfuter l'utopie à partir de considérations empiriques.

42 Voir H. Jonas, *Das Prinzip Verantwortung*, *op. cit.*, p. 376 *sq.*

communs, il ne s'agit pas pour autant d'une ontologie aristotélicienne, dans la mesure où Bloch pose un univers « par principe *inachevé*[43] » : P peut être absolument nouveau, jamais vu, tout en étant le P de S. La critique principale de Jonas contre l'ontologie avancée par Bloch est indirecte. Elle ne se situe pas au niveau de l'ontologie elle-même, mais passe par un argument sur la nature de l'homme : « l'erreur de l'utopie est [...] une erreur de l'anthropologie qu'elle présuppose, une erreur de la conception de l'essence de l'homme[44] ». L'ontologie du ne-pas-encore-être serait fausse car elle présuppose une fausse conception de l'homme. En choisissant cette ligne d'argumentation, Jonas s'expose au risque de réduire sa critique à l'affirmation d'une conception de l'homme irréconciliable avec celle de Bloch, le lecteur n'ayant plus qu'à décider en faveur de l'un ou de l'autre. Néanmoins, l'argumentation anthropologique de Jonas n'est pas pour autant dénuée d'intérêt, dans la mesure où elle est cohérente avec certains éléments centraux de sa pensée et précise indirectement ses enjeux. Ainsi, la conception de l'homme utilisée comme argument contre Bloch est fondée par Jonas sur un élément, la « temporalité humaine », qu'il avançait déjà pour justifier la responsabilité vis-à-vis de l'avenir. S'il insistait alors sur la temporalité humaine comme projection vers l'avenir, Jonas semble désormais, dans le cadre de sa critique de l'utopie, davantage insister sur le présent. L'homme n'est pas « une larve qui doit devenir papillon[45] », il est toujours entièrement présent, dans toute son ambigüité, qui ne peut jamais être dépassée. Tandis que Bloch souligne l'absence actuelle d'« existence sans aliénation » pour affirmer sa nécessité future, Jonas nie la possibilité même d'une telle existence : « elle ne *peut* jamais exister en vertu de la temporalité humaine, sinon peut-être en des instants d'élévation mystique [...][46] ». Selon ses propres termes, l'erreur majeure de l'utopisme serait donc de penser « que le *nunc stans* subjectif de l'instant mystique est transposé dans l'objectivité permanente d'un état public[47] ». Au contraire, la « vérité de l'homme » est une temporalité propre, caractérisée par la présence entière de l'homme en chaque instant, par sa nature ambigüe, dont chaque réalisation est une « surprise » qui ne peut être ni déterminée ni prédite.

43 *Ibid.*, p. 377.
44 *Ibid.*, p. 383.
45 *Ibid.*, p. 383.
46 *Ibid.* Voir E. Bloch, *Prinzip Hoffnung*, vol. 3, Frankfurt am Main, Suhrkamp, 1967, p. 1624.
47 *Ibid.*, p. 384.

La réfutation de l'utopie du point de vue de la temporalité humaine se répercute chez Jonas dans un second angle d'attaque moins développé, celui de l'histoire. De même que l'essence de l'homme est entièrement présente à chaque instant, tout instant historique a sa propre fin en soi. Jonas fait sienne la formule historiciste de Ranke, « chaque époque historique est immédiate par rapport à Dieu[48] ». Il faudrait donc rompre avec toute idée de « préhistoire » et accepter que certains « précurseurs » – Jonas mentionne une liste de grands hommes, avec l'espoir que cette chaîne ne s'interrompe pas – aient une « valeur autonome ». L'utopie, au contraire, provoque un « nivellement téléologique » de cet héritage, qui n'est plus qu'une étape dans la progression vers le dénouement, alors que cet héritage est précisément ce sur quoi la véritable espérance devrait être fondée. La critique de la conception de l'histoire accompagnant l'utopisme a donc au moins deux buts. Il s'agit d'une part de justifier la valeur autonome des instants passés, et donc de l'héritage que l'éthique de la responsabilité entend préserver[49]. D'autre part, la critique de l'utopisme est une critique de la « détermination de l'histoire vers sa fin[50] », la responsabilité entendant au contraire échapper à la nécessité qu'implique une telle téléologie. À la place du « principe espérance », porteur de l'utopie, Jonas souhaite donc placer le « principe responsabilité » – mais non le « principe crainte », affirme-t-il[51]. Cependant, dans la structure de l'éthique développée dans le *Principe responsabilité*, c'est bien la crainte qui correspond à l'espérance, lesquelles jouent chez Bloch et Jonas un rôle parallèle. Chez Bloch, c'est l'espérance portée par l'utopie qui motive l'action des hommes. Jonas, quant à lui, insiste sur le fait que « la crainte qui fait essentiellement partie de la responsabilité n'est pas celle qui déconseille d'agir, mais celle qui invite à agir[52] » pour éviter la situation catastrophique dont on prédit l'arrivée. Elle remplit par conséquent exactement le même rôle que l'espérance chez Bloch. Le projet de Jonas n'est donc pas véritablement « non-utopique[53] », puisqu'il présente une grande similitude avec celui de Bloch

48 *Ibid.*, p. 387.
49 Voir aussi *ibid.*, p. 393.
50 *Ibid.*, p. 389.
51 *Ibid.*, p. 390.
52 *Ibid.*, p. 391.
53 *Ibid.*, p. 390. Trad. modifiée. La traduction française fait une erreur et inverse les termes (« utopie non éthique »).

dans sa structure générale. Il vise plutôt à remplacer l'utopie positive par une utopie négative au profit d'une action non pas révolutionnaire, mais conservatrice.

Quelles sont les causes plus profondes de cette similitude ? Si Jonas et Bloch sont véritablement plus proches qu'ils ne semblent l'être, il convient alors de réévaluer la critique de l'ontologie du ne-pas-encore-être. Comme on l'a vu, Jonas évite d'attaquer Bloch sur le plan de l'ontologie elle-même, en développant une critique seulement indirecte prenant pour point de départ la réfutation de la conception de l'homme qu'il attribue à Bloch. Pourtant, l'ontologie est aussi un élément essentiel du *Principe responsabilité*. On se souvient en effet que Jonas présente son projet d'éthique comme une réponse à la fin de l'ontologie classique et à l'avènement d'une nouvelle ontologie : « l'ontologie est devenue une autre. La nôtre n'est pas celle de l'éternité, mais celle du temps. Ce n'est pas la durée permanente qui est le critère de la perfection : c'est presque le contraire[54] ». La responsabilité, quant à elle, « n'est rien d'autre que le complément moral de la constitution ontologique de notre être *temporel*[55] ». D'où l'hypothèse suivante : Jonas n'attaque pas Bloch sur le plan de l'ontologie car tous deux partagent la même conception d'une ontologie « du temps » en rupture avec l'ontologie classique de l'éternité, ce qui explique également que le *Principe responsabilité* ne se démarque du *Principe espérance* qu'au niveau de ses conséquences pratiques, et non de ses principes directeurs.

L'ontologie du ne-pas-encore-être est exposée par Bloch dans un conférence faite à Tübingen et Heidelberg en 1960, publiée sous le titre *Zur Ontologie des Noch-Nicht-Seins*[56]. Dans ce texte, Bloch s'oppose ouvertement à la tradition philosophique, œuvre de « fermeurs de monde » (*Weltschließer*) qui, dans le domaine de l'ontologie, ont consciemment rejeté l'avenir et ont cherché à affaiblir la catégorie de possibilité. Contre ces derniers, Bloch affirme une ontologie du ne-pas-encore-être comme « ontologie de l'étant processuel doté d'une forme et ayant constamment un rapport avec l'être en tant que l'être est être-en-éclosion [*In-Aufgang-Sein*], médié par l'étant[57] ». L'être n'est jamais clos, mais toujours ouvert

54 *Ibid.*, p. 226.

55 *Ibid.*, p. 198.

56 E. Bloch, *Philosophische Grundfragen I. Zur Ontologie des Noch-Nicht-Seins*, Frankfurt am Main, Suhrkamp, 1961.

57 *Ibid.*, p. 15.

vers l'avenir, et se réalise par l'intermédiaire de l'étant qui, en tant que processus, est lié à l'être. Cette réalisation de l'être n'est toutefois pas laissée au hasard. Faire progresser « l'étant du monde » vers le stade où son être devient connaissable est le « devoir » du travail humain[58], qui doit prendre en charge la tension induite dans le « pas-encore ». Selon Bloch, si le « pas-encore » n'a pas été suffisamment pensé dans l'ontologie, c'est en raison d'un « tabou » excluant l'avenir tandis que l'être est « déjà définitivement vidé de toutes ses évolutions, se trouve dans un passé éternel, un présent éternel, mais à l'exclusion de tout avenir[59] ». C'est pourquoi Bloch critique la tendance conservatrice de toute tentative de neutralisation du futur dans l'ontologie, qui le réduirait à la répétition du passé, en particulier la « malédiction-anamnèse » suite à laquelle tout être est réduit à ce qui a été[60]. Elle est déjà présente chez Platon, bien qu'il introduise également la notion « originellement utopique » de l'éros, immédiatement neutralisée dans le mouvement circulaire du cycle des âmes. La mise en avant du « pas-encore » chez Bloch résulte au contraire de la volonté d'ouvrir l'ontologie sur l'avenir, afin de la libérer de son héritage conservateur.

Il est donc, comme chez Jonas, question d'une ontologie dynamique en rupture avec l'ontologie classique, qui associe être et éternité. La différence principale entre Jonas et Bloch se situe seulement au niveau de la définition de la nouveauté à venir. Pour Bloch, « elle arrive et se fonde dans la possibilité réelle du pas-encore-conscient, pas-encore-devenu, et cela avec la prévalence d'une promesse bonne, dès lors que les possibilités ténébreuses peuvent être théoriquement-pratiquement exclues et les possibilités lumineuses promues[61] ». La nouveauté doit donc, dès le niveau théorique, être associée à une promesse bonne et exclure le catastrophisme. Or c'est précisément ce que Jonas réfute, car la stratégie qu'il préconise repose sur la crainte, et non sur l'espérance, comme élément motivateur. Cependant, il s'agit là seulement d'une question avant tout pratique. Au niveau de l'ontologie, Bloch et Jonas sont plus proches que ne le laisse penser la critique de l'utopie dans le *Principe responsabilité.* Tous deux se retrouvent dans la critique de l'ontologie

58 *Ibid.*, p. 19.
59 *Ibid.*, p. 21.
60 *Ibid.*, p. 23.
61 *Ibid.*, p. 26.

classique de l'éternité et dans la mise en avant d'une ontologie du temps, capable de penser la nouveauté radicale. Tous deux accordent également une place de premier ordre à cette conception de l'ontologie dans leur projet global. Seule une ontologie tournée vers l'avenir permet en effet de faire émerger le principe responsabilité comme son « complément moral[62] » ou, de l'autre point de vue, de faire de l'utopie l'élément fondamental de l'être-homme[63]. Enfin, c'est cette ontologie du temps qui dans les deux cas fonde l'ordre politique, lequel devient un moyen en vue d'une fin imposée par l'ordre du temps.

Ainsi, alors qu'une sorte d'évidence semble de nos jours jouer en faveur des catégories de la crise, de l'accélération et de la responsabilité, leur analyse montre que les nombreux diagnostics actuels, qui reprennent et propagent ces concepts souvent façonnés pour être des « notions de combat », sont problématiques. Un regard plus lucide sur ces catégories montre comment ce discours sur le temps devient un discours politique normatif reposant sur une conception apocalyptique du temps. À cet égard, les théories étudiées ici forment une relative unité dans la mesure où elles partagent une même affirmation de départ, celle du caractère fondamentalement dynamique de la modernité, en rupture avec toute période antérieure. Elle partagent en outre un même procédé : au lieu de rompre avec ce dynamisme, elles renversent le rapport entre temps et politique, subordonnant ce dernier à un ordre du temps sur lequel aucune prise n'est possible. Enfin, elles partagent un même arrière-plan politique, qui reste sous-jacent mais peut être dans chacun des cas être considéré comme l'émanation d'un « conservatisme philosophique » soutenant une politique « katéchontique », qui mise sur le renforcement de l'autorité en place. La temporalisation du politique, dans sa forme actuelle, défend au moyen de la philosophie de l'histoire apocalyptique une politique fondamentalement conservatrice et, au besoin, autoritaire, qui vient réoccuper la place laissée vacante par les philosophies de l'histoire eschatologiques associées à des politiques émancipatrices.

Au niveau systématique, on peut donc constater que les politiques du temps conservatrices, qui prennent actuellement différentes formes, cherchent à assurer leur légitimité par des philosophies de l'histoire dont

62 H. Jonas, *Das Prinzip Verantwortung*, *op. cit.*, p. 198.
63 E. Bloch, *Zur Ontologie des Noch-Nicht-Seins*, *op. cit.*, p. 36.

la tension eschatologique est éclipsée par une prophétie apocalyptique. Dans ce cadre, la temporalité de l'ordre politique et l'absence de tout point de référence atemporel ne sont pas perçues comme un problème, mais comme des prémisses implicitement acceptées et permettant le renforcement autoritaire de l'ordre en place. Chez Jonas, l'ontologie temporelle est même revendiquée comme fondement sur lequel bâtir une conception temporalisée de l'ordre politique, lequel ne doit pas représenter un principe éternel, mais répondre à une situation. La politique du temps ne s'en trouve par conséquent qu'intensifiée, car elle acquiert même une dimension ontologique.

DEUXIÈME PARTIE

FONDER LE POLITIQUE AU-DELÀ DE L'HISTOIRE

Les principaux éléments du cadre dans lequel intervient la réponse à la politique du temps sont désormais en place. La première partie a mis en lumière la question du temps politique comme un problème d'ordre systématique auquel l'ordre politique est confronté, ainsi que le processus de politisation du temps visant à y répondre. Ce processus mène, à l'époque moderne, à la création de constructions idéologiques, en particulier l'idée d'un sens de l'histoire, dont la fonction est de légitimer l'ordre politique et, potentiellement, de l'« éterniser ». Des résurgences contemporaines du problèmes du temps politique, telles les théories de la crise, de l'accélération et du principe responsabilité, représentent un processus complémentaire à la politisation du temps : la temporalisation du politique. Cette subordination du politique à des impératifs temporels conduit à une conception du politique déterminée uniquement par la nécessité de répondre à une situtation donnée. L'ordre politique serait ainsi déterminé par un ordre du temps, en particulier par la menace d'une catastrophe à venir. La réponse à la politique du temps doit prendre en compte ces deux aspects.

Dans ce qui suit, nous nous concentrerons sur les réponses apportées à ce problème par Voegelin et Löwith, dans la mesure où elles sont représentatives des deux principales solutions pouvant être adoptées. Tous deux refusent, comme pourraient le faire des partisans de la « postmodernité », d'abandonner tout idée de continuité, de fondation stable, de principe atemporel. C'est pourquoi leurs réponses naviguent nécessairement entre deux extrêmes tout aussi dangereux, entre le décisionnisme temporel qu'elles cherchent à dépasser et les ersatz d'éternité qu'elles critiquent. Tout le défi auquel elles sont confrontées consiste en effet à trouver une solution à la temporalisation sans pour autant rechuter dans la politisation, c'est-à-dire à éviter que le politique ne soit déterminé par la situation sans toutefois le stabiliser en posant une nécessité historique ou un principe éternel. Nous mettrons premièrement l'accent sur les précurseurs dans lesquels Voegelin et Löwith se reconnaissent et qui, par leur réussite, leur échec ou leurs limites, posent le cadre dans lequel s'inscrivent leurs propres tentatives. Dans un second temps, nous étudierons la réponse apportée par Voegelin sous la forme d'une philosophie historiciste de l'existence, construite autour de l'expérience de la transcendance, qui se présente comme une tentative de replacer l'homme dans sa temporalité propre, entre temps et éternité. Ce projet comporte néanmoins certaines difficultés, que la perspective de Löwith, fondamentalement différente, permet d'éviter. C'est pourquoi, dans un troisième temps, nous analyserons sa recherche d'un fondement immanent mais non historique, le monde naturel, qui doit permettre de relativiser le politique tout en assurant une sociabilité immédiate, indépendante de tout processus temporel. Voegelin mise sur la transcendance et l'histoire, Löwith sur l'immanence ahistorique. Ce faisant, il est clair que l'opposition entre Voegelin et Löwith ne doit pas être réduite au seul désaccord entre ces deux auteurs, ce désaccord est au contraire représentatif d'une alternative qui dépasse leurs seules œuvres. À travers elles se joue une opposition sur le fond entre deux positions fondamentales vis-à-vis de la question du temps politique.

UNE ALTERNATIVE ET SES PRÉCURSEURS

Quels sont les termes de l'alternative ? Comme on l'a vu, la réponse à la politique du temps se joue tant contre la politisation du temps – comprise comme l'application d'un sens politique au temps, rendue possible par une conception du temps linéaire et dotée de sens – que contre la temporalisation du politique – désignant la subordination du politique à un impératif temporel. Premièrement, contre la politisation du temps, Voegelin et Löwith cherchent à développer une conception du temps non politisable, donc non linéaire et ne pouvant être dotée d'un sens. Deuxièmement, contre la temporalisation du politique, tous deux mettent au centre de leur philosophie un fondement éternel, ou sempiternel, qui par conséquent dépasse le temps et ne peut servir d'instance normative vis-à-vis du politique. Dans les deux cas, la réponse à la politique du temps s'articule donc autour de la recherche d'un fondement éternel, ou sempiternel, dont l'éternité, ou la durée, est non politisable car elle est sans rapport avec le temps du monde humain, et donc le temps de l'ordre politique. Dans la mesure où leurs projets restent cependant portés par une réflexion politique, deux rapports entre l'ordre politique et le fondement éternel, ou sempiternel, sont possibles. Une première possibilité, choisie par Voegelin, est de chercher à accorder la temporalité du fondement éternel avec l'ordre politique, à poser un lien entre les deux et, par conséquent, à réévaluer le temps politique à partir de la temporalité du fondement – avec le risque de reproduire une politisation du temps. L'autre possibilité, plus radicale, consiste à rompre le lien entre temps et politique, à ne pas faire dépendre le politique du temps et de l'histoire, une possibilité vers laquelle Löwith semble s'orienter.

La quête de la temporalité du fondement se trouve donc confrontée à deux alternatives : un fondement transcendant ou immanent – hors du monde ou dans le monde –, historique ou non historique. Dans cette grille de lecture, Voegelin opte pour la transcendance historique, pour un fondement transcendant se manifestant dans un développement historique – l'« être éternel dans le temps », selon le titre d'un des textes majeurs de son œuvre tardive[1]. Löwith, quant à lui, choisit l'immanence ahistorique, dans la mesure où c'est le monde naturel sempiternel qui lui sert de fondement. En partant de leurs œuvres, deux options resteront donc non traitées : la transcendance ahistorique, telle qu'elle est représentée dans un modèle théologique séparant radicalement le divin du monde historique, mais qui refuse du même coup tout énoncé politique[2] – et l'immanence historique, qui pose un fondement immanent dans l'histoire, comme c'est par exemple le cas chez Marx, mais qui constitue précisément une des sources de la politique du temps. Compte tenu de l'inadéquation de ces deux positions en tant que réponses à la politique du temps, on peut donc considérer les projets de Voegelin et Löwith comme représentatifs des deux solutions possibles, le transcendantalisme historique et l'immanentisme ahistorique.

Ces deux projets ne sont cependant pas construits sur un modèle systématique, tel qu'il est ici esquissé, mais comme des interventions s'intégrant dans et réagissant à la tradition philosophique occidentale, dont ils sont eux-mêmes le produit. Les réponses qu'ils développent face à la politique du temps – transcendance historique ou immanence ahistorique – sont donc aussi et avant tout le produit d'une genèse historique, elles s'inscrivent dans cette tradition, comme prolongement de certaines lignes ou comme rupture. Afin de rendre intelligibles cette genèse et son rôle chez Löwith et Voegelin, nous nous concentrerons sur ses principaux moments : Nietzsche, dont l'influence est constante chez Löwith mais qui fait chez Voegelin l'objet d'un rejet croissant, et Platon et Schelling, fondements du projet de Voegelin.

1 E. Voegelin, « Ewiges Sein in der Zeit », in *Anamnesis*, p. 254-282.
2 Voir par exemple K. Barth, *Theologische Existenz heute !* (1933), München, Kaiser, 1984.

NEUTRALISER L'HISTOIRE AVEC L'ÉTERNEL RETOUR DU MÊME DE NIETZSCHE

Conformément à une constante de son œuvre, Löwith construit sa propre réponse au problème en se positionnant par rapport au développement qu'il constate dans l'histoire des idées. C'est pourquoi il présente sa réponse comme prenant son point de départ dans la tentative, certes en définitive infructueuse, de Nietzsche, lequel selon lui clôt le développement de la philosophie allemande au XIXe siècle. En tant que tel, il représente donc un passage obligé pour toute philosophie ultérieure. Un élément de la pensée de Nietzsche est, pour Löwith, fondamental : la doctrine de l'éternel retour du même. Elle est fondamentale non seulement en raison de son importance dans l'œuvre de Nietzsche, mais surtout comme élément sur lequel Löwith va s'appuyer pour élaborer sa propre position au sujet du temps et de l'histoire. Ce n'est donc pas un hasard si cette importance est particulièrement nette dans son échange avec Voegelin, tous deux cherchant, avec ou contre Nietzsche, à préciser leurs vues. Considérer l'échange entre Löwith et Voegelin sous l'angle de leur compréhension de Nietzsche permet de mettre en évidence les différences fondamentales entre leurs perspectives, à l'opposé de la vision trop conciliante souvent défendue dans la réception[3]. Plus précisément, ces différences fondamentales montrent que leur dépassement de la politique du temps s'oriente dans des directions plus divergentes qu'il ne paraît au premier abord. Deuxièmement, l'interprétation de Nietzsche dans leurs œuvres rend visible certaines particularités de leur approche dans son ensemble. Par conséquent, bien que Nietzsche joue un rôle différent pour chacun des auteurs – Löwith lui accorde une importance bien plus grande – il n'en représente pas moins un excellent point de départ pour mettre en lumière les traits caractéristiques de leur tentative de dépassement du problème.

3 La correspondance entre Voegelin et Löwith débuta en novembre 1944, apparemment à l'initiative de Löwith, et dura jusqu'à août 1969. Il n'existe aucune trace de lettres postérieures, même si leur existence ne peut être totalement exclue. La correspondance comprend 31 lettres et augmente clairement en intensité durant deux périodes, entre 1944 et 1946 (sur Nietzsche) et entre 1950 et 1952 (sur *The New Science of Politics*). D'emblée, Nietzsche est le principal sujet de discussion.

Löwith accorde tout au long de son œuvre une attention particulière à Nietzsche, qui est progressivement intégré à son propre projet philosophique en tant que précurseur dont la tentative s'est certes soldée par un échec, mais reste la fondation déterminante sur laquelle s'appuyer. Dès sa thèse présentée en 1923, intitulée *Auslegung von Nietzsches Selbst-Interpretation und von Nietzsches Interpretationen*, Löwith se concentre sur ce qui devint le thème constant et majeur de son appropriation de la pensée de Nietzsche, l'éternel retour du même avec, en arrière-plan, le problème du nihilisme européen. Dans cette première phase, le rôle de l'éternel retour du même, à la fois comme cœur philosophique de la pensée de Nietzsche et comme argument repris par Löwith dans le cadre de sa propre perspective, reste cependant difficile à évaluer[4]. Ce rôle devient bien plus évident dans l'ouvrage que Löwith consacre entièrement à Nietzsche en 1935, *Nietzsches Philosophie der ewigen Wiederkehr des Gleichen*, qu'il termine en exil à Rome et dont la publication est assurée par Die Runde, une maison d'édition créée par d'anciens membres du cercle de Stefan George avec lesquels Löwith était familier[5]. Dans cet ouvrage, Löwith pose les fondations de son interprétation de Nietzsche, qui ne connaîtra pas de changement fondamental dans ses œuvres ultérieures. Elle se concentre sur le problème du temps en partant de la doctrine nietzschéenne de l'éternel retour du même, dans laquelle Löwith voit une « ébauche systématique[6] ». L'insistance de Löwith sur l'ébauche d'un projet systématique chez Nietzsche s'explique aussi par le contexte de la réception de l'époque, laquelle se

4 La thèse de Löwith n'a pas été publiée et n'a pas pu être consultée. On trouve toutefois quelques indications sur son contenu dans le résumé écrit par Löwith à l'usage des bibliothèques et publié dans *SS* 5, p. 535-538.

5 Voir U. Raulff, *Kreis ohne Meister. Stefan Georges Nachleben*, München, C. H. Beck, 2009, p. 197 *sq.* Löwith entretint une amitié complexe avec Percy Gothein, un des principaux meneurs de Die Runde, qui l'aida probablement à entrer en contact avec les éditeurs. La liste des publications de Die Runde n'était pas limitée aux œuvres consacrées à Stefan George, mais englobait un vaste champ de sujets philosophiques et, après 1933, resta ouverte aux auteurs juifs qui ne pouvaient plus publier en Allemagne. L'attitude de Die Runde vis-à-vis du national-socialisme n'en était pas moins équivoque : la maison d'édition publia également des œuvres de Kurt Hildebrandt, ancien membre du cercle de George devenu un national-socialiste convaincu. Le gouvernement national-socialiste dissipa cette ambiguïté : le livre programmatique emblématique de Die Runde, *Der dritte Humanismus* de Wolfgang Frommel, fut interdit, Percy Gothein mourut dans un camp de concentration en 1944 et, progressivement, les livraisons de papier prirent fin si bien qu'en 1943, Die Runde n'existe plus.

6 K. Löwith, *Nietzsches Philosophie der ewigen Wiederkehr des Gleichen* (abrégé : *Nietzsche*), *SS* 6, p. 116.

caractérise par la tentative d'intégrer Nietzsche à l'idéologie du national-socialisme. Contre les interprètes voulant faire de Nietzsche l'idéologue d'une époque spécifique – tels, en particulier, Alfred Baeumler –, Löwith présente Nietzsche comme un philosophe à la recherche de l'intemporel, qui ne se contenta pas de discerner l'arrivée du nihilisme, mais chercha à le dépasser en développant sa propre doctrine.

Von Hegel zu Nietzsche, publié en 1939 alors que Löwith est au Japon, sa deuxième terre d'asile, accentue le rôle de Nietzsche dans le développement de la philosophie européenne ainsi que son actualité politique, dans une perspective critique. C'est en effet dans cette étude que Löwith cherche à mettre en place une critique philosophique de son époque – en particulier du nouvel ordre régnant en Allemagne – en se servant de l'œuvre de Nietzsche tout en réfutant à nouveau l'interprétation qu'en donnent les nationaux-socialistes[7]. Selon Löwith, Nietzsche se situe à la fin du processus de dissolution de la tradition chrétienne et de la société bourgeoise, débutant avec Hegel, mais il est en même temps le « premier philosophe de notre 'époque' » et en ce sens « actuel » (*zeitgemäß*). Mais, en tant que *philosophe*, Nietzsche reste « inactuel » (*unzeitgemäß*), c'est pourquoi il est un des derniers « amants de la 'sagesse' et, ce faisant, de l'*éternité*[8] ». Dans le même texte, Löwith ne manque pas de préciser qu'à son époque, à l'inverse, « le petit nombre qui s'interrogeait encore sur l'éternité s'est converti aux vérités 'éternelles' de l'Église catholique, parla de 'l'éternel dans l'homme', s'enivra d''images' disparues de la vie cosmique et 'invoqua' des 'chiffres' de l'être, tandis que la multitude obéissait aux exigences de l'époque, laquelle leur offrait comme ersatz d'éternité les produits racistes de longue conservation d'une zoologie politique[9] ». Contre ces tentatives trompeuses, Nietzsche montre la nécessité d'une recherche authentique, même si son alternative se solde, en définitive, par un échec. La recherche philosophique inactuelle doit s'opposer aux réponses soumises à l'actualité de l'idéologie du moment.

---

7 La critique de la situation politique dans *Von Hegel zu Nietzsche* est particulièrement évidente, en particulier si l'on considère les modification apportées ultérieurement à l'ouvrage. Voir « Anhang », *SS* 4, p. 539-559.

8 K. Löwith, *Von Hegel zu Nietzsche*, *SS* 4, p. 240.

9 *Ibid.*, p. 250. Dans une note de bas de page, Löwith précise son attaque. Les vérités « éternelles » de l'Église catholique renvoient à Hugo Ball et Theodor Haecker, l'« éternel dans l'homme » à Max Scheler, les « images » de la vie cosmique à Ludwig Klages et les « chiffres » de l'être à Karl Jaspers.

Cependant, Löwith ne cherche pas à occulter l'ambiguïté de Nietzsche, lui qui non seulement discerna l'arrivée du nihilisme, mais chercha aussi à l'intensifier. Dans *Der europäische Nihilismus*, publié initialement en japonais en 1940, Löwith cherche à expliquer à un public non européen l'éruption d'une crise dont l'origine est fondamentalement européenne et en vient à la question de la responsabilité de Nietzsche en tant que « précurseur intellectuel » du national-socialisme. Dans ce contexte différent, son interprétation de Nietzsche devient plus critique, tout en restant équilibrée. Selon lui, « les pensées de Nietzsche ont préparé la voie au Troisième Reich », en particulier sa glorification de l'héroïsme et de la « vie dangereuse[10] ». Mais, dans le même temps, Löwith insiste sur le fait que « les précurseurs [*Wegbereiter*] préparent toujours la voie à d'*autres*, mais *eux-mêmes* ne l'empruntent pas[11] ». Il répète cette thèse en 1949 dans *Meaning in History*, dans le dernier appendice du livre, au sujet de la doctrine de l'éternel retour du même chez Nietzsche, insistant ouvertement sur sa pertinence comme réponse à l'eschatologie chrétienne[12]. Dès la fin de la Seconde guerre mondiale, son interprétation de Nietzsche s'éloigne de la question de sa responsabilité historique, comme « précurseur ». Bien que Löwith pose toujours la question de la « responsabilité » de Nietzsche, il considère le « gouffre historique[13] » – tel que le montre le titre d'un de ses articles, « Nietzsche nach 60 Jahren » – comme offrant la possibilité de prendre le questionnement philosophique de Nietzsche au sérieux, au-delà du problème de sa récupération idéologique. C'est donc la « tentative philosophique » de Nietzsche, visant à trouver dans l'éternel retour du même une temporalité naturelle à même de réconcilier l'homme et le monde, qui revient au centre de son dernier ouvrage, *Gott, Mensch und Welt in der Metaphysik von Descartes bis zu Nietzsche*. Bien que l'insistance de Löwith sur l'éternel retour du même doive être comprise pour le rôle qu'elle joue dans un contexte historique spécifique, comme réaction à la récupération de Nietzsche par le national-socialisme, son omniprésence dans l'œuvre

10 Voir K. Löwith, *Mein Leben in Deutschland vor und nach 1933*, p. 7 *sq*.

11 K. Löwith, *Der europäische Nihilismus. Betrachtungen zur Vorgeschichte des europäischen Krieges*, *SS* 2, p. 511.

12 Voir K. Löwith, *Weltgeschichte und Heilsgeschehen*, *SS* 2, p. 228 *sqq*. Ce texte fut déjà publié sous le titre « Nietzsche's Doctrine of the Eternal Recurrence » dans le *Journal of the History of Ideas*, n° 6, 1945, désormais reproduit dans *SS* 6.

13 K. Löwith, « Nietzsche nach 60 Jahren », *SS* 6, p. 453.

de Löwith s'explique donc avant tout par l'intérêt qu'elle présente pour son propre projet.

Selon la reconstruction systématique proposée par Löwith, c'est vers cette théorie que converge l'ensemble des motifs de l'œuvre de Nietzsche. Mais comment comprendre l'éternel retour du même ? S'agit-il d'une prophétie, d'une philosophie vitaliste, ou encore d'une philosophie de l'histoire ? L'éternel retour est, selon Löwith un système englobant, porteur d'une « prétention métaphysique[14] », qui prend deux significations : d'une part un versant anthropologique porteur d'un message éthique, de l'autre un versant cosmologique. Dans l'« analogie anthropologique », la doctrine de l'éternel retour du même, en tant que « religion athée », vise à remplacer la foi chrétienne en l'immortalité par une « auto-éternisation » (*Selbstverewigung*) à travers l'*amor fati*. L'éternel retour doit donner un « nouveau but » (*neues Wozu*) à l'humanité, mais non par la création d'une seconde réalité, d'une nouvel « arrière-monde » trompeur ou d'une promesse réveillant l'eschatologie. Ce nouveau but est au contraire un futur immanent à l'humanité et au monde : la doctrine de l'éternel retour doit devenir pour Nietzsche la boussole éthique de la « volonté devenue sans but d'un *Dasein* se dissipant » et fonder une « *responsabilité* vis-à-vis du futur[15] ». Cette responsabilité trouve son origine dans le nouvel « impératif catégorique » qu'implique l'éternel retour : « vivre à chaque moment tel qu'on *pourrait* le vouloir à nouveau[16] ». En tant qu'analogie anthropologique, la doctrine de l'éternel retour doit supprimer les anciennes croyances devenues obsolètes tout en remplaçant la morale d'inspiration chrétienne afin de reconstruire une forme de responsabilité pour le futur. Sous cet aspect anthropologique, comme Löwith le remarque à juste titre, on pourrait considérer la doctrine de l'éternel retour comme « subjective » ou comme une simple fiction, comme un appel à vivre « comme si » tout devait se répéter, conformément au nouvel impératif catégorique[17]. Mais un tel jugement ne prend pas en considération le second aspect de la doctrine de Nietzsche, l'« analogie cosmologique ».

L'« analogie cosmologique » renvoie selon Löwith à une « métaphysique physique » qui se fonde sur la reconnaissance d'un simple « fait » : le

14 *Ibid.*, p. 205.
15 *Ibid.*, p. 208.
16 *Ibid.*
17 *Ibid.*, p. 210.

monde change, mais il n'a ni fin, ni commencement[18]. En ce sens, il ne peut être question d'une fiction nécessaire à la morale, mais bien d'une cosmologie physique. L'éternel retour, en tant qu'analogie cosmologique, doit offrir un antidote contre la religion du progrès dans la réponse qu'il donne à cette question fondamentale : « Mais où est le lien qui viendra, en définitive, englober l'homme ? Est-ce le *monde* ou est-ce *Dieu*[19] ? ». En réintégrant l'ego chrétien dans l'ordre de la nécessité cosmique, l'éternel retour du même pourrait selon Löwith rétablir l'équilibre entre le monde et l'homme et réfréner les pulsions destructrices de ce dernier. Cependant, comment l'éternel retour peut-il alors renvoyer à la fois à un acte de la volonté humaine, *vouloir* réintégrer la nécessité naturelle, et à un phénomène naturel de toute façon nécessaire ? Selon Löwith, c'est là la principale difficulté de la construction de Nietzsche, qui ne peut être considérée que comme une « tentative de lier le *Dasein* de l'homme moderne, qui a perdu son centre, à la totalité naturelle du monde[20] ». En raison de cette absence de centre, de la disparition de toute évidence qui est le point de départ inévitable de l'homme moderne confronté au nihilisme, la réintroduction de l'homme dans le monde naturel doit prendre la forme d'un acte de la volonté, afin de dépasser la séparation introduite par le christianisme. Cependant, pour Löwith, l'anti-christianisme de Nietzsche est particulièrement ambigu, et reste en définitive déterminé par son ennemi. Il est d'une part entièrement préoccupé par le futur, et ne voit le passé et le présent que comme des conditions nécessaires à celui-ci. Son entière philosophie est un « prélude d'une philosophie de l'avenir » et, en ce sens, une « eschatologie sécularisée puis désécularisée », entièrement « non grecque[21] ». Elle est aussi entièrement non grecque dans son insistance sur la nécessité de « vouloir » l'éternel retour, sans pouvoir toutefois concilier la volonté dirigée vers un but au mouvement circulaire du cosmos, qui ne peut être voulu, mais seulement constaté comme phénomène sensible. Pour Löwith, « toute métaphysique du vouloir s'inspire du modèle de la théologie chrétienne et de son eschatologie, posant à l'origine du monde

18 C'est là que se situe la ressemblance entre Nietzsche et Siger de Brabant évoquée par Voegelin dans l'*History of Political Ideas*, *CW* 20, p. 178-204.

19 C'est justement en tant qu'antidote contre la religion du progrès que Nietzsche intervient dans le dernier appendice de *Meaning in History*.

20 K. Löwith, *Nietzsche*, *op. cit.*, p. 221.

21 K. Löwith, « Friedrich Nietzsche (1844-1900) » (1944), *SS* 6, p. 411.

une volonté créatrice, qui pour l'amour de l'homme a produit le monde comme but final[22] ». Dans la situation historique de Nietzsche, après deux millénaires de domination chrétienne, il est simplement impossible et même contradictoire de « vouloir » retrouver une compréhension naïve de la nature. Löwith souligne bien le caractère à la fois radical et vain de la tentative de Nietzsche, une « répétition anti-chrétienne de l'Antiquité au sommet de la modernité[23] ». Cependant, malgré les limites de Nietzsche, Löwith n'abandonne pas complètement l'éternel retour du même car il représente une première tentative moderne de retrouver une conception de l'éternité immanente, inactuelle et sans but, et par conséquent tant immunisée contre la politisation qu'incapable de conférer un sens au politique.

Nietzsche est également très présent dans l'œuvre de Voegelin, en particulier dans les années 1940 et 1950, bien que peu de textes lui soient directement consacrés. Dans sa correspondance avec Löwith, Voegelin souligne que « comme vous, Nietzsche m'a occupé depuis mes années de lycée, mais jamais de manière déterminante[24] ». Si Nietzsche ne constitue pas un fondement de son propre projet philosophique, il n'en détermine pas moins les contours dans la mesure où Voegelin ne cesse de se confronter à un auteur qu'il considère comme représentatif de la crise de son époque. Il existe bien une interprétation de Nietzsche propre à Voegelin, présente surtout dans « Nietzsche, the Crisis and the War » et « Nietzsche and Pascal », deux textes écrits en 1944, et dans *The New Science of Politics* de 1958. Cependant, cette interprétation est marquée par des changements importants ; la différence entre les deux périodes est en effet frappante et a souvent été discutée[25]. Dans les deux textes de 1944, Voegelin présente une analyse plutôt favorable et équilibrée de Nietzsche. « Nietzsche, the Crisis and the War », a pour but de défendre Nietzsche contre une interprétation anglo-américaine trouvant sa source dans la Première guerre mondiale et qui gagna un nouvel élan avec la

22 K. Löwith, « Nietzsche et sa tentative de récupération du monde », in *Nietzsche*, Cahiers de Royaumont, Philosophie n° 6, Paris, Éditions de Minuit, 1967, p. 61.

23 K. Löwith, *Nietzsche*, *op. cit.*, p. 238. Cette critique laisse ouverte la possibilité de chercher à retrouver une compréhension de l'homme dans le monde naturel *au-delà* de l'opposition au christianisme, en prenant simplement pour acquis l'effacement de ce dernier.

24 VL 17/12/44, p. 770.

25 Voir P. J. Opitz, « Eric Voegelins Nietzsche – eine Forschungsnotiz », *Nietzsche-Studien* 25 (1996), p. 172-190 et H. Ottmann, « Das Spiel der Masken. Nietzsche im Werk Eric Voegelins », *Nietzsche-Studien* 26 (1996), p. 191-199.

Seconde guerre mondiale, voyant en Nietzsche une cause des idéologies nationalistes allemandes et, en définitive, de la guerre. Se plaçant au contraire du côté de George Santayana et, plus ouvertement, de Stefan George, Voegelin cherche alors à défendre Nietzsche en tant qu'« analyste politique » de la crise, et va jusqu'à discerner une « composante platonicienne dans la personnalité de Nietzsche et dans son travail[26] ». Ce faisant, Voegelin attribue à Nietzsche un rôle extrêmement positif que lui-même revendique, celui du philosophe qui analyse et résiste en temps de crise. D'une manière similaire, « Nietzsche et Pascal » présente Nietzsche comme un « mystique[27] » et souligne des « parallèles de doctrine », des « parallèles d'expérience[28] » et finalement des « parallèles fonctionnels[29] » entre Nietzsche et Pascal, or on sait que le mysticisme est aussi une position revendiquée par Voegelin. Ainsi, même s'il critique Nietzsche dans ces deux textes en raison des limites de son platonisme et de son mysticisme, le fait qu'il l'associe à des courants jouant un rôle ouvertement positif dans son œuvre montre qu'il adopte une attitude favorable vis-à-vis de Nietzsche et vise à le comprendre comme un penseur qui discerna la crise à venir et établit un diagnostic valable. Le second moment de la réception est bien différent. Dans *Wissenschaft, Politik und Gnosis*, un texte représentatif de cette période, Nietzsche est désormais considéré comme faisant partie intégrante de la crise moderne, il est un « escroc », un « gnostique spéculatif » qui cherche à devenir Dieu en assassinant Dieu lui-même. L'objectif de Voegelin n'est alors plus de comprendre Nietzsche et de l'intégrer à sa propre démarche, mais de l'attaquer à partir d'un point de vue extérieur, la première « thèse de la gnose », en se limitant à des éléments superficiels.

Ce changement dans la réception, davantage que le contenu de l'interprétation elle-même, a jusqu'alors attiré l'attention, ce qui s'explique par le fait que les principaux commentateurs s'intéressent, dans ce contexte, plus à l'évolution de l'œuvre de Voegelin qu'à ce qu'elle peut dire sur Nietzsche. Peter Opitz et Henning Ottmann s'accordent tous deux sur la cause de ce changement, qui n'est selon eux pas le résultat d'une nouvelle lecture de l'œuvre de Nietzsche ou d'une adaptation à la

26 E. Voegelin, « Nietzsche, the Crisis and the War », *CW* 10, p. 141 *sq.*
27 E. Voegelin, « Nietzsche and Pascal », *CW* 25, p. 257.
28 *Ibid.*, p. 275.
29 *Ibid.*, p. 281.

réception de l'époque, mais viendrait d'une évolution au sein de la pensée de Voegelin lui-même. Ottmann distingue trois étapes : l'apologie de Nietzsche durant la Seconde guerre mondiale (« Nietzsche, the Crisis and the War »), l'interprétation sensible et nuancée (« Nietzsche and Pascal »), et pour finir le rejet total (*Wissenschaft, Politik und Gnosis*) déjà préfiguré dans *The New Science of Politics*. Selon Ottmann, ce changement dans la pensée de Voegelin à partir de la *New Science of Politics* est la conséquence d'un passage d'une « histoire des idées politiques au sens traditionnel » à une « histoire des symboles d'expériences », allant de pair avec l'abandon du projet de l'*History of Political Ideas* au profit de *Order and History*[30]. Dans cette nouvelle perspective, l'histoire devient pour Voegelin une « suite dramatique d'événements entre Dieu et l'homme », un « drame de l'âme » dans lequel il n'y a que des « participants », mais pas d'« analyste distant[31] ». Cependant, ce passage d'une histoire des idées politiques à une histoire des symboles comprise comme un drame de l'âme ne vient pas de nulle part. L'intérêt de Voegelin pour les expériences et les symboles est déjà manifeste dans des œuvres plus anciennes, comme *Die politischen Religionen*. S'il est vrai que la transition d'une histoire des idées politiques « au sens traditionnel » – une désignation elle-même problématique dans le cas de Voegelin – à une histoire des symboles permet d'éclairer partiellement le changement de l'interprétation de Nietzsche chez Voegelin, il faut bien reconnaître que la transition en question correspond davantage à une accentuation de thèmes déjà présents dans les textes de 1944, en particulier l'importance accordée à l'expérience de la transcendance. En reliant le changement dans l'interprétation de Nietzsche à un autre changement dans l'œuvre de Voegelin, un changement qui reste finalement inexpliqué, Ottmann échoue non seulement à apporter une explication convaincante, mais prend aussi pour un changement radical ce qui n'est avant tout qu'un développement.

Comme Ottmann, Opitz insiste sur le changement dans l'interprétation de Nietzsche chez Voegelin, mais son analyse de la cause de ce changement est plus précise et plus convaincante. Selon lui, il faut voir l'origine de ce changement dans une double évolution de l'œuvre de Voegelin, une évolution à la fois en direction d'une philosophie de la

30 H. Ottmann, « Das Spiel der Masken », *op. cit.*, p. 196.
31 Voir *ibid.*, p. 197.

conscience et d'une philosophie de l'histoire, visible dans *The New Science of Politics* et dans son œuvre tardive, en particulier dans *Anamnesis*. Le tournant vers une philosophie de la conscience est d'une importance plus grande, selon Opitz, qui insiste sur le rôle nouveau et central des « expériences de la transcendance » et, à la suite de Bergson, sur les réponses différentes qu'elles suscitent, de l'ouverture à la fermeture de l'âme. Cependant, comme c'est trop souvent le cas dans la réception de Voegelin, Opitz se concentre sur la réponse à une « expérience de la transcendance » qui est simplement présupposée et semble parfaitement évidente. Mais, surtout, ce critère s'avère inapproprié pour expliquer le changement de l'interprétation de Nietzsche chez Voegelin. En effet, l'importance de la tentative de créer une philosophie de la conscience autour de l'expérience de la transcendance est indéniable, mais Voegelin en esquisse les premiers traits avant même que ne s'opère le changement constaté dans son interprétation de Nietzsche. Dès la « Lettre à Schütz à propos d'Edmund Husserl », écrite en 1943 et publiée dans *Anamnesis*, Voegelin affirme qu'une véritable histoire intellectuelle « a le devoir de pénétrer toute position intellectuelle historique jusqu'à sa fondation, c'est-à-dire jusqu'au point où elle est enracinée dans les expériences de la transcendance du penseur en question[32] ». De plus, c'est là selon Voegelin la seule méthode par laquelle l'histoire intellectuelle peut atteindre son but philosophique, c'est-à-dire de « comprendre l'esprit dans son historicité ou, pour le formuler différemment, de comprendre les formes historiques prises par l'esprit comme des variations sur le thème des expériences de la transcendance[33] ». Cet intérêt pour les expériences de la transcendance est en outre déjà manifeste dans « Nietzsche, the Crisis and the War » de même que dans « Nietzsche and Pascal », et encore davantage dans la correspondance avec Löwith datant de cette époque. Par conséquent, l'évolution de la pensée de Voegelin en direction d'une philosophie de l'existence fondée sur les expériences de la transcendence ne peut être la cause décisive du changement observé dans son interprétation de Nietzsche, qui doit être plus précisément analysé.

La lettre de Voegelin consacrée à Edmund Husserl ne met pas seulement en évidence le développement de la philosophie de la conscience, mais aussi une autre direction également mentionnée par Opitz : la

32 E. Voegelin, *Anamnesis*, p. 31 (*CW* 6, p. 55).
33 *Ibid.*

philosophie de l'histoire. Cette philosophie de l'histoire est étroitement liée à la philosophie de la conscience, dans la mesure où elle se concentre sur la structure donnant un sens aux séries d'expériences de la transcendance dans l'histoire. En effet, les « variations sur le thème des expériences de la transcendance » se succèdent, selon Voegelin, « d'une manière empirique et factuelle, et non arbitraire ; elles ne forment pas une série anarchique ; on peut y déceler des lignes d'ordre, même si l'ordre peut être un peu plus compliqué que ce que souhaitent les métaphysiciens du progrès[34] ». Opitz a certainement raison de voir dans la combinaison de la philosophie de la conscience et de la philosophie de l'histoire la source du rejet de Nietzsche dans l'œuvre tardive de Voegelin. La conception de l'histoire comme un ordre correspondant à la transformation de l'expérience de la transcendance, entre ouverture et fermeture de l'âme, transforme l'histoire des idées occidentales en une « histoire du déclin : en l'histoire d'un renfermement vis-à-vis d'une clarté spirituelle et d'une différentiation » précédemment atteinte au cours du processus historique[35]. En considérant la transformation de l'expérience de la transcendance comme une « ligne d'ordre », et non comme une évolution dénuée de sens, on tend à injecter une forme de nécessité, ou de sens ultime, dans les événements historiques. La philosophie de l'histoire développée par Voegelin, laquelle apporte une dimension supplémentaire à sa philosophie de la conscience, semble être la cause véritable du changement noté dans son interprétation de Nietzsche. Nietzsche ne devient pas problématique avec l'importance croissante de l'expérience de la transcendance en tant que telle, mais avec l'idée d'un développement de ces expériences au cours de l'histoire, formant une « ligne d'ordre ». Au sein de ce nouveau paradigme, Nietzsche devient un acteur de la « crise de la modernité », comprise du point de vue de cette philosophie de l'histoire comme une fermeture vis-à-vis de la transcendance, une immanentisation, une dissolution de l'ordre.

Le cœur de la position de Voegelin se trouve donc dans la notion de transcendance à la fois comme catégorie de sa philosophie de la conscience et de sa philosophie de l'histoire. Cette double compréhension de la transcendance permet d'expliquer pourquoi il rejette la doctrine de l'éternel retour du même, pourquoi il est sceptique vis-à-vis du

34 *Ibid.*
35 Voir P. Opitz, « Eric Voegelins Nietzsche », *op. cit.*, p. 187.

« platonisme vicié » de Nietzsche dans ses premiers textes jusqu'à le dénigrer sommairement comme un « gnostique » et un « escroc » dans ses textes plus tardifs. Cependant, la notion de transcendance n'acquiert que progressivement un rôle central dans son interprétation de Nietzsche. Le développement de son œuvre montre qu'il lui accordait déjà une importance capitale dans la « Lettre à Schütz à propos d'Edmund Husserl » en 1943, sans toutefois la définir précisément. Durant la première période d'échange intense avec Löwith, en 1944-1945, de même que dans ses premiers textes sur Nietzsche, Voegelin s'appuie sur une compréhension de la transcendance développée à partir de la « position de la theologie négative », qui conduit à une réduction de l'expérience de Dieu, ou du divin, à une expérience de la transcendance qui ne peut être exprimée par des catégories[36]. Cette expérience de la transcendance est le point de départ de sa critique de Nietzsche et lui permet d'écarter d'emblée la proclamation de la « mort de Dieu », dans laquelle Voegelin ne voit pas le diagnostic du nihilisme européen, mais un problème psychologique propre à Nietzsche en tant que personne, la négation de l'expérience individuelle de la transcendance[37]. Durant la première phase de son interprétation de Nietzsche, sa critique vise par conséquent à mettre en lumière des déficiences existentielles. Dans « Nietzsche, the Crisis and the War », Voegelin relie le « platonisme vicié[38] » de Nietzsche à sa fermeture vis-à-vis des expériences de la transcendance, « il n'est pas touché dans ses sentiments par les expériences transcendantales qui sont la fondation de la conception chrétienne de l'homme[39] » – une évidence que Voegelin ne peut transformer en critique que d'un point de vue étranger à l'œuvre de Nietzsche. Cette insistance sur les « sentiments » est approfondie dans « Nietzsche and Pascal », où Nietzsche devient un exemple de mystique inaccompli, qui « souffre » de la fermeture de son âme[40]. Dans la correspondance avec Löwith, les limites de la pensée de Nietzsche – en particulier sa « fixation dogmatique » sur l'éternel retour du même – sont vues comme des conséquences de « l'absence de l'expérience

36 Voir VL 17/12/44, p. 771.

37 Cette neutralisation hâtive est particulièrement manifeste dans l'assimilation de la critique de la religion comme projet philosophique au « meurtre de Dieu ». Voir en particulier E. Voegelin, *Science, politique et gnose*, *CW* 5, p. 284.

38 E. Voegelin, « Nietzsche, the Crisis and the War », *op. cit.*, p. 144.

39 *Ibid.*, p. 148.

40 E. Voegelin, « Nietzsche and Pascal », *op. cit.*, p. 293 *sq.*

de la transcendance » (*das Fehlen des Transzendenzerlebnisses*)[41]. Selon cette interprétation, le problème *philosophique* de la doctrine de Nietzsche prend sa source dans l'*existence* de Nietzsche, Voegelin utilisant comme critère la notion de la transcendance issue de sa propre philosophie de la conscience.

Relier directement les manquements philosophiques de la perspective nietzschéenne à son « existence » voire, comme cela semble être parfois le cas, à des déficiences psychologiques, est un saut hasardeux qui devient davantage compréhensible si l'on tient compte du courant d'interprétation dans lequel s'inscrit Voegelin. Sa lecture « existentialiste » présente en effet une grande similarité avec celle développée par Karl Jaspers dans *Nietzsche. Einführung in das Verständnis seines Philosophierens*, qui exerça une influence majeure sur Voegelin, comme il le reconnaît lui-même en le mentionnant aux côtés d'Ernst Bertram, un membre du cercle de Stefan George[42]. Löwith, dès sa lettre du 7 janvier 1945, remarque bien que la notion de transcendance utilisée par Voegelin doit beaucoup à Jaspers, un auteur qu'il a lui-même violemment critiqué dans les années 1930[43]. Dans sa lecture de Nietzsche, Jaspers se concentre avant tout sur son « existence » et consacre une partie importante de son livre à une analyse psychologique critique de la vie personnelle de Nietzsche, dont Voegelin semble s'inspirer. Dans la mesure où l'existence est, pour Jaspers, toujours une relation à la transcendance – « l'homme est toujours lui-même dans sa relation à la transcendance[44] » –, c'est cette dernière qui sert de critère à l'analyse de l'existence de Nietzsche et, par là même, de son projet philosophique. Ce faisant, Jaspers ignore simplement la destruction de la tradition chrétienne opérée par Nietzsche, ou encore Overbeck, et appuie au contraire sa propre analyse sur celle-ci en faisant comme si un tel recours à l'héritage chrétien pouvait être évident[45].

41 VL 17/12/44, p. 772.

42 VL 17/12/44, p. 770. L'influence d'Ernst Bertram est particulièrement nette dans « Nietzsche, the Crisis and the War », où Voegelin voit en Stefan George un « continuateur » de Nietzsche (p. 146), ce qui correspond exactement à la légende créée par le cercle de George, en particulier par Bertram dans son esquisse d'une « mythologie ». Sur cet usage biaisé de Nietzsche dans le cercle de George, voir H. Raschel, *Das Nietzsche-Bild im George-Kreis. Ein Beitrag zur Geschichte der deutschen Mythologeme*, Berlin / New York, de Gruyter, 1984.

43 Voir LV 07/01/45, p. 775, et K. Löwith, « Existenzphilosophie » et « Die geistige Situation der Zeit », *SS* 8.

44 K. Jaspers, *Nietzsche*, *op. cit.*, p. 427.

45 Sur l'incapacité de Jaspers à prendre au sérieux la destruction de la tradition chrétienne chez Nietzsche, voir M. Bormuth, « Unzeitgemäße Transzendenz. Karl Jaspers liest

À nouveau, il est clair qu'une telle perspective ne peut aboutir qu'à un rejet, car elle applique à l'œuvre de Nietzsche un cadre qui lui est fondamentalement étranger, et dont Nietzsche lui-même avait cherché à montrer l'inanité[46]. Effectivement, Jaspers ne voit dans la pensée de Nietzsche que des « ersatz » de transcendance, qui visent à remplacer ce dont Nietzsche ne peut faire l'expérience. Le principal ersatz est, précisément, l'éternel retour du même. Ainsi, c'est précisément cette doctrine qui, selon Jaspers, révèlerait que Nietzsche « aspire constamment à transcender » mais, en raison de son âme close, reste enfermé dans l'immanence[47]. Ce faisant, on peut se demander si le point de départ existentialiste choisit par Jaspers ne lui barre pas tout accès à la pensée de Nietzsche comme projet *philosophique*. Du point de vue de Nietzsche, comme Jaspers le reconnaît lui-même, l'éternel retour du même est une forme légitime de transcendance, l'humain se transcendant pour adopter un point de vue cosmologique[48]. L'éternel retour ne devient un « ersatz » que du point de vue de Jaspers, si la transcendance est a priori définie comme dirigée vers un au-delà opposé au monde, lequel est associé à l'immanence. Du même coup, l'existence de Nietzsche n'est déficiente que du point de vue de l'existence authentique posée par Jaspers. Mais comme le critère de l'existence authentique est précisément sa relation avec la transcendance, découvrir l'« absence d'expériences de la transcendance » chez Nietzsche revient simplement à répéter les présuppositions de l'analyse[49].

Afin de rompre ce cercle, dans lequel une conception présupposée de l'authenticité se redécouvre à la fin de l'analyse, Voegelin choisit d'ancrer

---

Nietzsche nach 1933 », in S. Barbera, Sandro ; R. Müller-Buck, (éd.), *Nietzsche nach dem ersten Weltkrieg*, Band 1, Pisa, Edizioni ETS, 2007.

46 Voir R. L. Howey, *Heidegger and Jaspers on Nietzsche. A critical examination of Heidegger's and Jaspers' interpretations of Nietzsche*, The Hague, Nijhoff, p. 63 *sq.* : « Jaspers utilise ses propres notions de transcendance et de 'chiffres de l'être' comme fondement pour sa critique de la position de Nietzsche ».

47 Voir K. Jaspers, *Nietzsche*, *op. cit.*, p. 432.

48 Selon Löwith, il n'est pas nécessaire d'opposer Nietzsche et les « expériences de la transcendance » si l'on associe à ces dernières l'idée de « dépasser tous les faits naturels ». En effet, Nietzsche serait alors « extrêmement transcendant » car il reconnaît la capacité de l'homme à se dépasser et à adopter un point de vue cosmologique. Voir LV 07/01/45, p. 775.

49 C'est aussi l'argument avancé par Löwith dans sa recension du livre de Jaspers consacré à Nietzsche, publiée dans K. Löwith, *Nietzsche*, *SS* 6, p. 376-379 et, de manière similaire, dans « Die geistige Situation der Zeit », *SS* 8.

cette conception de l'existence authentique dans la réalité empirique, comme un fait historique. Les manifestations de l'expérience de la transcendance deviennent donc le principal objet de sa philosophie de l'histoire. C'est dans le contexte de ce nouveau projet qu'intervient la seconde période d'échange intense avec Löwith, entre 1950 et 1952, où le débat autour de Nietzsche s'étend à un thème plus général, jusque là resté à l'arrière-plan, celui de la relation entre l'histoire et l'histoire du salut, c'est-à-dire aussi du rôle du christianisme. Durant cette période, il devient clair que Voegelin cherche à fonder sa philosophie de la conscience sur une philosophie de l'histoire, mais est pour cela confronté à une difficulté majeure : comme il considère l'expérience d'une transcendance totalement différenciée comme le plus haut « niveau de conscience », il se trouve dans l'obligation de montrer que cette conscience totalement différenciée de la transcendance est un fait historique – et non une présupposition de l'analyse. La tentative de Nietzsche, qui vise à retourner en amont du christianisme au moyen de la doctrine de l'éternel retour du même, est d'emblée radicalement incompatible avec un tel projet. En effet, Voegelin comprend le christianisme comme le « point de clarté où le Dieu transcendant le monde se révèle comme la source originelle et ultime de l'ordre dans le monde et dans l'homme, dans la société et dans l'histoire, c'est-à-dire dans tout être immanent au monde[50] ». Par conséquent, montrer que la conscience totalement différenciée de la transcendance est un fait historique se résume à la question suivante : comment s'assurer que la révélation chrétienne est un fait historique empirique et que la transition de l'Antiquité au christianisme est un progrès ? Pour Voegelin, la réalité empirique de la révélation chrétienne est un fait avéré. L'« histoire du salut comme différenciation des expériences de la transcendance » est « de fait » (*faktisch*) ; l'expérience du salut est un « fait de l'histoire » (*Faktum der Geschichte*). Si l'histoire du salut n'est pas une simple « interprétation de l'histoire » mais la « différentiation des expériences de la transcendance », l'histoire du salut devient de fait « l'histoire de l'humanité », dès lors que « la différentiation des expériences de la transcendance jusqu'au point d'ouverture totale vis-à-vis de

50 E. Voegelin, *Order and History*, vol. 1, p. 21. Le « point de clarté » semble dans un premier temps désigner la révélation de Yahvé à Israël, mais Voegelin insiste ensuite sur la « compacité » de l'idée d'un peuple élu. Le « point de clarté » correspond donc à la révélation accordée à tous les membres de l'humanité par l'intermédiaire de Jésus-Christ.

la transcendance est compris comme étant fondamentalement humain[51] ». De ce point de vue, un « retrait » d'un état de conscience est certes possible, mais en un sens « purement factuel » dans l'histoire et ne peut alors être interprété que comme un déclin, une perte – comme c'est le cas du développement de l'immanentisme opposé au christianisme. La doctrine de l'éternel retour du même représente alors un retrait volontaire d'un niveau de conscience atteint et ne peut être que « dénué de sens », une « chute » (*Abfall*)[52]. En fondant sa philosophie de la conscience sur une philosophie de l'histoire, à l'opposé de la neutralisation à laquelle aspire Löwith, Voegelin adopte une position telle qu'il ne peut effectivement voir en Nietzsche qu'un « escroc » voulant remonter le cours du processus de différenciation[53].

PLATON, SCHELLING ET LE RETOUR INTÉRIEUR VERS LA SOURCE DE L'ORDRE

Si Nietzsche constitue donc, malgré les insuffisances de sa pensée, un point de repère permanent dans l'œuvre de Löwith, qui voit dans la doctrine de l'éternel retour du même une tentative de dépasser la fixation moderne sur la temporalité et l'historicité, on ne peut en dire autant de Voegelin, lequel tend plutôt, en particulier dans son œuvre tardive, à rejeter catégoriquement Nietzsche au profit d'un autre précurseur. La mise en scène de certaines figures de l'histoire des idées comme précurseurs de sa propre pensée n'est, chez Voegelin, pas rare. Elle touche

51 VL 09/01/50, p. 785.

52 Voir VL 08/02/45, p. 778.

53 Cette évolution de la pensée de Voegelin est d'autant plus regrettable qu'il semblait sensible à ce problème dans ses premiers textes consacrés à Nietzsche, comme le révèle une note de « Nietzsche and Pascal », *CW* 25, p. 292 : « Dans son interprétation, Jaspers utilise son propre système philosophique comme cadre de référence [...]. Son interprétation a l'avantage, par rapport à l'interprétation présente, d'élucider le contenu systématique de la pensée de Nietzsche. Cependant, elle est handicapée par le fait que Nietzsche n'orienta pas ses problèmes vers une philosophie générique de l'existence du type de celle développée par Jaspers, mais vers la conception chrétienne-pascalienne de l'existence. Par conséquent, les motivations historiques de Nietzsche restent obscures dans la présentation de Jaspers. Le fait fondamental, par exemple, que Nietzsche tente d'apporter une solution anti-chrétienne au problème de la grâce n'y apparaît pas du tout ».

en particulier des figures de la résistance en temps de crise, auxquelles il s'identifie. *The New Science of Politics* fait ainsi ouvertement référence à la *Scienza nuova* de Vico et à son attaque contre Descartes, présenté souvent comme étant à l'origine du déraillement moderne. Hobbes y est certes critiqué, mais fait également figure de résistant à la crise de son époque. Parmi ses contemporains, Voegelin mentionne régulièrement des figures originales mais aussi différentes que Henri Bergson ou Karl Kraus comme sources d'inspiration. Cependant, on doit distinguer ces références servant avant tout à mettre en lumière, lors de chaque époque, une tradition de résistance intellectuelle en temps de crise, dont Voegelin se présente comme l'héritier, des influences ayant joué un rôle véritablement central dans son œuvre, tant au niveau du contenu que de la méthode philosophique. C'est à ce niveau qu'il convient de déterminer s'il existe chez Voegelin une figure analogue à celle de Nietzsche dans l'œuvre de Löwith, qui pourrait également servir de révélateur quant à la nature de la réponse qu'il apporte au problème du temps.

L'influence sans doute la plus déterminante et également la plus souvent remarquée, dans l'œuvre de Voegelin, est celle de Platon. Voegelin lui-même ne cherche pas à la dissimuler, mais au contraire à l'accentuer. Sa nouvelle science du politique cherche ouvertement à réactualiser la pensée de celui que Voegelin considère comme le fondateur de cette nouvelle science, une pensée présentée, avec la métaphysique chrétienne, comme la principale force de résistance aux dérives modernes. Un volume complet d'*Order and History* est consacré à Platon, Aristote y étant relégué à un rôle secondaire, sans toutefois que l'importance de Platon ne soit limitée à ce seul volume. Elle reste en effet omniprésente tant dans la première phase d'*Order and History*, les trois premiers volumes, qu'après la longue pause précédant la publication des deux derniers volumes. *The Ecumenic Age*, en particulier, s'articule autour de la tension entre Platon et saint Paul, entre la révélation « noétique » et la révélation « pneumatique ». Ce faisant, on pourrait être amené à penser que l'influence principale dans l'œuvre de Voegelin est celle de Platon, ce que semble confirmer un vaste pan de la réception voyant chez Voegelin le représentant d'une position « néoclassique ». Cependant, une telle lecture omet certaines particularités de la lecture voegelinienne de Platon, une lecture pour le moins hétérodoxe et parfois déroutante. Comme nous l'avons déjà souligné à plusieurs reprises, Voegelin défend notamment une position fondamentalement historiciste, laquelle ne semble en apparence que difficilement compatible avec Platon, que Voegelin cherche pourtant à réintégrer dans sa propre perspective.

De ce décalage manifeste naît une autre hypothèse, selon laquelle l'interprétation de Platon telle qu'on la rencontre dans l'œuvre de Voegelin témoigne de la présence d'une autre influence, moins apparente mais plus profonde. Dans l'œuvre de Voegelin, ce n'est pas immédiatement de la philosophie de Platon qu'il est question, mais de Platon tel qu'il peut être utilisé dans le cadre d'une philosophie de l'histoire et d'une philosophie de la conscience. Ce n'est donc pas Platon lui-même qui est à l'origine du cadre de lecture choisi par Voegelin, mais une figure apparaissant plus rarement au premier plan, celle de Schelling[54]. Au sujet de Schelling, il est nécessaire de distinguer l'influence profonde qu'il a exercée sur la pensée de Voegelin de ce que ce dernier en laisse apparaître dans ses textes publiés. Une première phase, de *Rasse und Staat* à l'article « Plato's Egyptian Myth » (des années 1930 à la fin des années 1940), est caractérisée par une approche positive, Schelling apparaissant comme un précurseur important, dont les questions fondamentales dirigent la pensée de Voegelin. Dans une deuxième phase, allant de *The New Science of Politics* jusqu'au quatrième volume d'*Order and History* (des années 1950 à la fin des années 1970), Voegelin adopte, alors qu'il se tourne vers une audience américaine et cherche sans doute à s'éloigner de la tradition allemande, une position beaucoup plus critique, associant Schelling au gnosticisme sans le distinguer clairement de Hegel, sa principale cible. Enfin, dans une troisième phase, regroupant les dernières années de sa vie, Voegelin reconnaît désormais l'importance décisive de Schelling dans sa pensée, abandonnant les accusations de gnosticisme[55]. Cette réhabilitation finale de Schelling montre bien que, malgré les critiques polémiques dont il fait parfois l'objet dans les écrits de Voegelin, la question de son influence reste posée.

54 Les œuvres de Schelling seront citées dans l'édition de Manfred Schröter en douze volumes (six volumes principaux et six volumes complémentaires rassemblant les œuvres posthumes) établie à partir de l'édition originale. Une édition critique de Schelling est actuellement en cours de publication, mais elle n'inclut pas encore la *Philosophie der Mythologie* et la *Philosophie der Offenbarung*.

55 Sur les différentes phases de la réception de Schelling dans les écrits de Voegelin, voir J. Day, *Voegelin, Schelling, and the Philosophy of Historical Existence*, Columbia/London, University of Missouri Press, 2003, p. 18 *sqq.*

L'influence majeure exercée par Schelling sur Voegelin, en particulier sur la période de son œuvre au centre de notre analyse, peut être démontrée à partir de deux points en rapport direct avec le problème de la politique du temps et de son dépassement dans l'œuvre de Voegelin. Premièrement, Schelling est considéré par Voegelin comme un précurseur essentiel du fait de son insistance sur la dimension historique du développement des expériences. C'est à Schelling que Voegelin emprunte ce cadre de lecture qui structure l'ensemble de sa pensée, en particulier dans *Order and History*. Deuxièmement, Voegelin voit chez Schelling une solution alternative à l'éternel retour du même de Nietzsche, le « retour intérieur », qui fonde le programme d'une reconstruction de l'ordre politique passant par la récupération de l'ordre de l'âme au moyen de l'anamnèse, qui s'inscrit chez Voegelin dans une filiation bien plus schellingienne que platonicienne.

La lecture « néoclassique » de l'œuvre de Voegelin est devenue courante dans la réception et est couramment utilisée dans le but d'associer Voegelin à d'autres penseurs défendant aussi une actualisation critique de la philosophie grecque, tels Hannah Arendt et Leo Strauss[56]. Cette lecture peut revendiquer une certaine crédibilité, l'importance de Platon chez Voegelin allant au-delà de sa seule omniprésence dans les textes déjà évoqués. En effet, Platon occupe avant tout une place de premier plan dans le cadre conceptuel du projet même de Voegelin, dans son esquisse d'une nouvelle philosophie politique prenant la forme d'une « philosophie de l'ordre ». L'importance de Platon est ainsi nette dès les fondements posés dans la *New Science of Politics*. La méthode de la nouvelle science du politique en question est construite autour du « point où les principes de la politique rencontrent une philosophie de l'histoire », ce que Voegelin conçoit comme une « restauration » de la « théorie intégrale de la politique » dont il considère Platon comme le fondateur[57].

56 Voir en particulier l'ouvrage classique de H. Ottmann, *Geschichte des politischen Denkens*, vol. 4 : *Das 20. Jahrhundert*, t. 1 : *Der Totalitarismus und seine Überwindung*, Stuttgart, J. B. Metzler, 2010, chap. 8, p. 408 *sqq.* Voir aussi H.-J. Sigwart, « Krise der Moderne und moderne Demokratie : Eric Voegelins neoklassische Interpretation des westlichen Zivilregimes », *Zeitschrift für Politikwissenschaft*, 2008/4, p. 473-501. Une version légèrement modifiée de cet article est parue en français sous le titre « Crise de la modernité et démocratie moderne : l'interprétation néoclassique du régime civil occidental par Eric Voegelin », in T. Gontier (éd.), *Politique, religion et histoire chez Eric Voegelin*, Paris, Cerf, 2011.

57 Voir E. Voegelin, *The New Science of Politics*, p. 33 *sq.* (*CW* 5, p. 88 *sq.*).

Toujours au niveau de la méthode, Voegelin attribue à Platon d'avoir vu la nécessité d'établir une distinction entre les concepts théoriques et les symboles, à travers le terme de *doxa*, ainsi que de remonter à l'expérience dans laquelle ceux-ci trouvent leur source[58]. Enfin, Platon se distingue particulièrement pour avoir énoncé le « principe anthropologique », fondement de la nouvelle science du politique, un principe que Voegelin discerne chez Platon dans l'idée selon laquelle la *polis* a les mêmes traits que les individus qui la composent : la *polis* est l'individu écrit en grand[59]. Ce principe a d'une part une valeur épistémologique, il est un « principe général pour l'interprétation de la société », mais il est aussi un « instrument de critique sociale », car il permet de mettre en valeur les troubles de l'âme individuelle dans une société dont l'ordre est menacé. Ces deux éléments combinés deviennent les principes directeurs de la nouvelle science de Voegelin.

En tant que principe général d'interprétation, le « principe anthropologique » révèle le fait que « l'ordre de toute société reflète le type d'hommes qui la composent[60] ». En suivant ce principe, l'interprétation d'une société ne peut donc s'arrêter aux seules structures politiques, mais doit au contraire s'intéresser aux individus qui la composent. Le nouvelle science prend l'individu pour point de départ de la réflexion, en tant qu'il est la source de l'ordre social. La forme que cette étude du « type d'hommes » doit prendre devient plus claire dans le deuxième aspect du principe anthropologique, compris comme un instrument de critique sociale. Les différences entre « types d'hommes » sont rapportées à la question de l'ordre de l'âme, plus particulièrement à la découverte d'un « ordre authentique de la *psychê* humaine » devenant le « critère d'évaluation et de classification de la diversité empirique des types humains ainsi que de l'ordre social où ils trouvent à s'exprimer[61] ». Cet ordre de l'âme authentique se caractérise par son ouverture à la « transcendance », par l'acceptation que « Dieu est la mesure de toute chose[62] ». Au « principe anthropologique » répond donc un « principe théologique » que Voegelin attribue également à Platon, car sa conception de l'homme ne devient la mesure de la société qu'en tant que Dieu est

58 Voir *ibid.*, p. 68 (*CW* 5, p. 111).

59 Voir *ibid.*, p. 106 (*CW* 5, p. 136). Voir Platon, *La République*, 369a.

60 *Ibid.*

61 *Ibid.*, p. 109 (*CW* 5, p. 138).

62 *Ibid.*, p. 113 *sq.* (*CW* 5, p. 141 *sq.*).

la mesure de son âme. C'est pourquoi la nouvelle science du politique, en tant que science critique, doit prendre l'existence humaine pour point de départ et remonter, par une « descente anamnétique dans l'inconscient[63] », à l'ordre de l'âme, ultime critère d'évaluation de l'ordre politique. C'est en ce sens que cette nouvelle science du politique est, du fait de la fondation platonicienne qu'elle revendique, une science à la fois critique et normative.

La méthode élaborée dans *The New Science of Politics* à partir de Platon contient en germe les principaux éléments de l'interprétation de ce dernier que l'on trouve dans les textes plus tardifs de Voegelin. Le rétablissement de l'ordre de l'existence humaine, auquel le grand projet d'*Order and History* doit contribuer, est placé sous le signe de Platon – mais également, ce qui n'est comme nous le verrons pas sans poser problème, sous le signe d'Augustin[64]. C'est bien entendu dans le troisième tome d'*Order and History* publié en 1957, *Plato and Aristotle*, que la lecture voegelinienne de Platon est la plus détaillée. Elle prend toujours pour point de départ le « point où les principes de la politique rencontrent une philosophie de l'histoire », le principe fondamental avancé par Voegelin dans *The New Science of Politics*[65]. Une part importante de son interprétation de Platon est par conséquent consacrée à la « philosophie de l'histoire » de ce dernier, que Voegelin voit apparaître dans les mythes platoniciens. Chaque chapitre de *Plato and Aristotle* s'attarde longuement sur les différents mythes inclus dans les dialogues, mais c'est incontestablement le chapitre consacré au *Timée* et au *Critias*, exclusivement consacré au mythe et associant à l'analyse des textes des considérations théoriques sur la méthode d'interprétation, qui retient l'attention[66]. En effet, c'est dans le *Timée* et le *Critias* que Voegelin voit émerger la « philosophie de

63 *Ibid.*, p. 111 (*CW* 5, p. 140).

64 Voir E. Voegelin, *Order and History*, vol. 1, *CW* 14, p. 24. Le signe le plus visible de l'importance d'Augustin est la citation présente en ouverture de chaque tome d'*Order and History*, extraite de *De vera religione* (XXIX, 52) : « In consideratione creaturarum non est vana et peritura curiositas exercenda ; sed gradus ad immortalia et semper manentia faciendus ». Selon la traduction française de J. Pegon (*Œuvres de Saint Augustin*, vol. 8, *La foi chrétienne*, Paris, Desclée de Brouwer, 1951, p. 99) : « Ce spectacle [celui des astres, des rythmes astronomiques, de la génération des espèces ; BG] n'est pas fait pour exercer une curiosité vaine et sans objet, mais pour nous élever graduellement vers les réalités impérissables qui toujours demeurent ».

65 Voir E. Voegelin, *The New Science of Politics*, p. 33 (*CW* 5, p. 88).

66 Voir E. Voegelin, *Order and History*, vol. 3, *CW* 16, p. 224 *sqq.* Sur Platon et l'histoire, voir aussi *Order and History*, vol. 4, *CW* 17, p. 281 *sqq.*

l'histoire » platonicienne. Voegelin construit ce chapitre comme le sommet et la récapitulation des chapitres précédents, en particulier comme la continuation des questions posées par la *République*. Le *Timée* répondrait en effet à un problème resté ouvert, celui de la concrétisation de l'idée de la *polis* bien ordonnée, en la transposant dans la « réalité historique » au moyen du mythe. Selon Voegelin, tout le mythe du *Timée*, prolongé par le *Critias*, vise à représenter la dépendance profonde entre l'ordre de l'âme, l'ordre du cosmos, l'ordre de l'histoire et l'ordre de la *polis*. L'ordre politique, en particulier, se développe parallèlement à l'ordre de l'histoire. Une telle interprétation serait possible car les mythes ne doivent pas être compris littéralement, mais comme des expressions symboliques de l'ordre de l'âme, émanant de l'inconscient collectif, redécouvert par Platon grâce à l'anamnèse. Voegelin peint ainsi, à partir du *Timée*, une grande fresque de la tension entre *nous* et *anankê* au cours de l'histoire, s'étendant de la création démiurgique du cosmos à l'âme humaine, jusqu'à la tentative de résistance au désordre s'installant dans la *polis*, menée par Platon. Le *Timée* occupe ainsi une place centrale dans la « philosophie de l'histoire et de la politique de Platon[67] ». Cette « philosophie de l'histoire mondiale[68] » est, selon Voegelin, approfondie dans le *Critias*. Selon Voegelin, l'Atlantide représenterait le « devenir », c'est-à-dire Athènes après sa chute de l'être véritable. Le sens du *Critias* serait donc de retracer le combat entre l'être et le devenir, entre l'être et sa corruption. Par extension, le combat entre l'Athènes originelle et sa version altérée, l'Atlantide, devrait être compris comme une analogie de la situation historique de Platon, qui se pose comme le défenseur de l'être face à la corruption de la *polis*. Comme la perte de l'être véritable que représente l'Atlantide aboutit à sa destruction par un désastre extérieur, il s'agirait là d'un avertissement dirigé contre l'Athènes de son temps mais n'excluant pas l'espoir d'une régénération de l'idée, d'un retour à l'être véritable. Le sens du *Critias* est donc pour Voegelin « clair » : il s'agit d'un « mythe du déclin et de renaissance de l'idée dans l'histoire[69] ». Platon développerait ici, sous la forme qui lui est accessible, le mythe, une philosophie de l'histoire.

La voie dans laquelle cette régénération de l'être véritable doit s'orienter est donnée, comme nous l'avons vu dans *The New Science of Politics*, par le

---

67 E. Voegelin, *Order and History*, vol. 3, *CW* 16, p. 259.
68 *Ibid.*, p. 262.
69 *Ibid.*, p. 268.

« principe anthropologique » découvert par Platon. Selon Voegelin, Platon lui-même aurait compris que la solution à la corruption de l'ordre dans l'histoire ne peut être trouvée que dans un retour à l'ordre véritable de l'âme, que le problème en question serait donc avant tout un problème « existentiel[70] ». L'interprétation du *Gorgias* avancée par Voegelin est représentative de cette lecture existentialiste du problème auquel Platon fait front[71]. Ce dialogue serait en effet selon lui construit autour d'un « conflit existentiel[72] » entre Socrate et Calliclès, entre l'« appel existentiel socratique » et la « philosophie de l'existence inversée » de Calliclès[73]. Face à l'*eros* du mystique dont Socrate est le porteur, Calliclès adopte une « contre-position existentielle » visant à faire de l'affirmation de la *physis* la plus forte sur la plus faible le sens véritable de la vie, aboutissant à la complète « transvaluation des valeurs », Voegelin établissant ici ouvertement un parallèle entre Calliclès et Nietzsche[74]. Ce faisant, le « conflit existentiel » dont il est question entre Socrate et Calliclès est en permanence utilisé par Voegelin comme un miroir de la situation historique dans laquelle lui-même se trouve, Socrate devenant un allié de circonstance contre la philosophie de l'existence inversée caractéristique, selon Voegelin, de l'âge des Lumières et du positivisme[75]. Le « principe anthropologique » intervient comme une solution à un conflit dont la dimension existentielle fut découverte par Platon, mais qui se joue avant tout à l'époque moderne. Par conséquent, s'il existe un lien essentiel entre l'ordre social et l'ordre de l'âme, la corruption du premier ne peut être combattue que par un retour à l'ordre véritable de l'âme, un retour qui est l'objectif principal de la « philosophie de l'ordre » voegelinienne.

Au-delà de la méthode de la nouvelle science du politique et de la spécification du problème en jeu comme un « conflit existentiel », la lecture néoclassique de l'œuvre de Voegelin peut donc aussi revendiquer le fait

70 *Ibid.*, p. 78.

71 Rappelons à nouveau que le terme « existentialiste » ne renvoie pas ici à l'existentialisme français, mais à la philosophie de l'existence allemande.

72 *Ibid.*, p. 82.

73 *Ibid.*, p. 85.

74 Voir *ibid.*, p. 86.

75 Voir *ibid.*, p. 88. De manière générale, Voegelin oublie d'établir une distinction appropriée entre Nietzsche et les Lumières. La « philosophie de l'existence inversée » tend à conduire à un amalgame des positions qui lui sont associées, bien qu'elles puissent être dans le détail très différentes voire, comme dans les cas de Nietzsche et des Lumières, opposées.

que la solution qu'il esquisse lui-même semble s'appuyer directement sur Platon. Telle est en effet l'image que Voegelin lui-même cherche à faire passer dans le programme sur lequel s'ouvre l'ouvrage principal de son œuvre tardive, *Anamnesis* : « La philosophie de l'ordre est le processus dans lequel nous trouvons, en tant qu'hommes, l'ordre de notre existence dans l'ordre de la conscience. Platon a placé ce processus sous le symbole de l'anamnèse, de la réminiscence[76] ». La « philosophie de l'ordre » se présente donc comme un prolongement, un développement de la pensée platonicienne, dont elle reprend les fondements et la méthode anamnétique. Dans *Anamnesis*, Voegelin rappelle longuement l'importance qu'il y a accordée dans *Order and History* et insiste en particulier sur la découverte dans le *Timée* et le *Critias*, par l'anamnèse, de l'indénouable intrication de l'ordre humain et social avec l'ordre de l'histoire et du cosmos[77]. Que l'ordre véritable de l'âme, et donc de l'homme, soient découvert dans le *metaxy*, l'« entre-deux », un point essentiel attribué à Platon sur lequel nous reviendrons, ne fait que confirmer le poids de la dette platonicienne dans l'œuvre de Voegelin, qui va jusqu'à construire sa propre réponse au problème du temps autour d'une notion platonicienne.

Compte tenu de ces multiples éléments, il peut paraître justifié d'attribuer d'une part à Voegelin une position « néoclassique » qu'il semble lui-même revendiquer et, d'autre part, à Platon une importance analogue à celle de Nietzsche dans l'œuvre de Löwith. Cependant, la lecture « néoclassique » souffre d'une certaine superficialité. Elle tend en effet à négliger le fait que l'interprétation de Platon parfois surprenante que l'on trouve dans les textes de Voegelin n'est pas le fruit de sa seule pensée, mais qu'elle tire certains de ses éléments d'une tradition bien particulière évoquée par Voegelin lui-même, celle du cercle de Stefan George, qu'on ne pourrait qualifier de « néoclassique » sans précaution[78].

76 E. Voegelin, *Anamnesis*, p. 11.

77 Voir *ibid.*, p. 12.

78 Voegelin lui-même insiste sur l'influence qu'eurent les platoniciens du cercle de George sur son travail. Voir la lettre à Gregor Sebba du 31/05/71 (*CW* 30, p. 702) et surtout la lettre à Russell Nieli du 22/05/73 (*CW* 30, p. 766) : « [...] tout le groupe d'universitaires appartenant au cercle de Stefan George, comme Gundolf, Kommerell, Friedlander, Hildebrandt, et Salin, eurent une influence sur la formation de ma conception de l'Antiquité classique et de la littérature allemande ». Voir aussi *Autobiographical Reflections*, *CW* 34, p. 44 *sqq.* (trad. fr. p. 41 *sqq.*). Pour une vue d'ensemble de la dette de Voegelin envers le cercle de George, voir W. Petropulos, « Stefan George und Eric Voegelin », *Occasional Papers*, n° 51, 2005, Eric-Voegelin-Archiv, Ludwig-Maximilians-Universität München.

Avant d'appliquer ce même qualificatif à l'œuvre de Voegelin, il serait donc nécessaire de déterminer dans quelle mesure sa lecture de Platon s'inscrit dans une réception moderne, et donc dans quelle mesure le « néo » prend le pas sur le « classique », voire l'outrepasse clairement. La lecture « néoclassique » souffre en effet d'un second défaut : elle fait de la seule omniprésence de Platon dans l'œuvre de Voegelin le signe d'une pensée « néoclassique », sans tenir compte du caractère profondément non classique des problématiques dans lesquelles Voegelin le fait intervenir. Pourtant, attribuer une philosophie de l'existence ou une philosophie l'histoire à Platon, voir dans ses œuvres un « mythe du déclin et de renaissance de l'idée dans l'histoire » et une compréhension de l'histoire comme « avancée de la civilisation dans le temps[79] » ne semble pas du tout évident et met bien en lumière le caractère fondamentalement moderne d'une telle entreprise. L'interprétation « néoclassique » tend à aplanir ces difficultés, qui sont pourtant d'une importance décisive. Loin d'un *précurseur* de la démarche voegelinienne, il fait davantage l'objet d'une transformation dont l'origine reste à déterminer. La question du précurseur qui jouerait un rôle analogue à celui de Nietzsche chez Löwith reste ouverte.

De nombreux éléments plaident en faveur de Schelling. « Plato's Egyptian Myth », un article de Voegelin paru en 1947 dans *The Journal of Politics*, est presque intégralement repris dans le chapitre d'*Order and History* consacré au *Timée*, à l'exception d'une « note » finale pourtant d'un grand intérêt. Dans celle-ci, Voegelin affirme que son interprétation du mythe platonicien, qui aboutit à l'idée d'une structure de l'inconscient se reflétant dans l'ordre de l'histoire, se fonde exclusivement sur les textes de Platon, tout en faisant immédiatement référence à l'œuvre de Schelling, laquelle permettrait de « clarifier » les questions en jeu[80]. Cet avertissement n'est pas repris dans *Order and History*, mais il incite à considérer l'interprétation du mythe platonicien, et donc le cœur de sa lecture de Platon, sous un jour différent. Dans cet article, Voegelin souligne surtout un parallèle dans la situation historique qui guide la pensée des deux philosophes : « dans les deux cas, la philosophie

79 E. Voegelin, *Order and History*, vol. 4, *CW* 17, p. 285.

80 E. Voegelin, « Plato's Egyptian Myth », *The Journal of Politics*, vol. 9, n° 3 (août 1947), p. 323.

de l'inconscient devient d'une importance systématique dans le cadre d'une réaction contre l'âge des Lumières qui les précède[81] ». De manière générale, Voegelin va plus loin, indiquant que c'est en prenant pour point de départ les phénomènes modernes que la portée de cette « réaction » platonicienne devient intelligible. Il est donc manifeste que, dans cette remarque, Platon et Schelling ne sont pas totalement équivalents. La « réaction contre l'âge des Lumières » ne peut faire référence au sens propre qu'à la situation historique de Schelling, elle est l'original projeté sur l'œuvre de Platon afin de lui donner un sens particulier. Par conséquent, si Voegelin s'identifie à la réaction contre les Lumières – ce qui semble être le cas –, il se place avant tout du côté de Schelling, Platon n'étant que récupéré dans un second temps et lu à travers le filtre de l'œuvre de Schelling.

Mais la question de la situation historique est secondaire par rapport à celle du cadre global dans lequel Voegelin développe sa pensée. C'est en effet par son insistance sur la dimension historique que se démarque la philosophie politique qu'il esquisse. Comme nous l'avons déjà vu au sujet de l'historicisme, Voegelin ne cherche pas à répondre au problème de la politique du temps en se libérant de la dimension historique, mais au contraire en adoptant une position résolument historiciste : la « théorie intégrale de la politique » doit, pour rappeler les termes de *The New Science of Politics*, partir du « point où les principes de la politique rencontrent une philosophie de l'histoire[82] ». Si l'on accepte la lecture « néoclassique », la nouvelle science se fonderait donc sur une philosophie de l'histoire que Platon lui-même, dans ses mythes, aurait créée. Cependant, c'est bien plutôt Schelling, et non Platon, qui se rapproche le plus de la pensée de Voegelin en mettant l'accent sur un développement historique de la conscience humaine dans sa *Philosophie der Mythologie* et sa *Philosophie der Offenbarung*[83]. Dans ces deux ouvrages successifs appartenant à son œuvre tardive, Schelling retrace l'évolution

81 *Ibid.*

82 E. Voegelin, *The New Science of Politics*, p. 33 (*CW* 5, p. 88).

83 Voir J. Day, *Voegelin, Schelling, and the Philosophy of Historical Existence*, *op. cit.*, p. 28. Je m'appuie ici sur certains éléments de l'analyse de Day, qui est le premier à avoir analysé de manière convaincante l'importance décisive de la pensée de Schelling pour Voegelin. Dans *Eric Voegelin and the Foundations of Modern Political Science*, Columbia/London, University of Missouri Press, 1999, Barry Cooper considère aussi l'œuvre de Schelling comme la fondation de la science du politique de Voegelin, mais expose ce lien de manière beaucoup plus sommaire.

menant de la mythologie, la religion naturelle, à un monothéisme relatif, puis absolu, une évolution qui intervient au cours de l'histoire et se développe en suivant la structure de sa « doctrine des puissances » (*Potenzenlehre*), qui forme le fondement de l'ordre de l'histoire[84]. Dans le cadre de cette idée d'évolution, Schelling interprète la mythologie comme une forme religieuse compacte, dans laquelle seraient encore contenues les traces d'un monothéisme originel[85]. À l'évolution de la mythologie jusqu'à sa plus haute forme dans la Grèce antique, retracée dans la *Philosophie der Mythologie*, fait suite la *Philosophie der Offenbarung*. La première est une préparation de la seconde, dont elle contient déjà en germe les principes[86]. Cette évolution est donc bien un développement téléologique, une *praeparatio evangelica*[87]. En effet, au-delà de la mythologie, le judaïsme développe certes une forme stable de monothéisme, mais Schelling lui reproche de retenir de nombreux éléments païens. La révélation de l'Ancien Testament est « limitée[88] », et ce n'est qu'avec le Christ que cette limite est dépassée, que le monothéisme véritable est entièrement achevé par une révélation parfaite. La révélation n'est alors plus seulement présente comme idée, mais elle est devenue réalité. Cette démarche téléologique, inévitable dans la mesure où l'ordre de l'histoire repose sur la doctrine des puissances, pose cependant quelques difficultés. Schelling, bien qu'il cherche à intégrer dans sa philosophie de l'histoire un maximum de civilisations, ne peut en définitive que rejeter les cultures qui viendraient troubler l'ordre de l'histoire donné par le développement des puissances. C'est en particulier le cas de la Chine,

84 Voir en particulier le résumé donné par Schelling lui-même du rôle de la philosophie de la mythologie dans sa philosophie de la révélation, *Schellings Werke*, vol. 6 EB (*Ergänzungsband*), p. 382-410.

85 Voir *Schellings Werke*, vol. 6 EB, p. 388 *sq.* Le « monothéisme originel » vient de l'idée selon laquelle les hommes nomades, membres d'une humanité encore unie, vivaient sous l'autorité du « roi du ciel ».

86 Voir *ibid.*, p. 530 et, dans la préface de l'éditeur, p. XII : « [La philosophie rationnelle et la philosophie de la mythologie] entretiennent toutes deux vis-à-vis de la troisième (la philosophie de la révélation), chacune à sa manière, un rapport de *paidagogia eis Christon*, un rapport que l'auteur lui-même laisse apparaître lorsqu'il dit, à la fin de la philosophie rationnelle, que le passage à la philosophie positive serait équivalent à la loi de l'Évangile ».

87 Voir J. Day, *Voegelin, Schelling, and the Philosophy of Historical Existence*, *op. cit.*, p. 157 et p. 166 ainsi que *Schellings Werke*, vol. 6 EB, p. 409. La philosophie de la mythologie n'est qu'une « préparation pour la philosophie de la révélation », plus précisément à la « révélation accomplie » représentée par le christianisme.

88 J. Day, *Voegelin, Schelling, and the Philosophy of Historical Existence*, *op. cit.*, p. 167.

dont la mythologie est certes évoquée, tout en étant totalement exclue du processus de l'histoire. En effet, la nation chinoise est « irreligieuse » et ne se serait libérée du processus mythologique et théogonique qu'au prix d'un « athéisme total[89] ».

Sur ce point, Voegelin s'écarte de Schelling[90]. Les trois premiers tomes d'*Order and History*, qui conservent l'idée d'un développement téléologique, écartent la difficulté en adoptant un point de vue limité à Israël, ses origines et la Grèce antique. Dans le quatrième tome, *The Ecumenic Age*, Voegelin intègre un chapitre complet sur l'âge œcuménique chinois, mais celui-ci va de pair avec l'abandon d'une conception téléologique de l'histoire. Cependant, l'accentuation de la dimension historique du développement de la conscience, héritée de Schelling, reste l'élément principal de sa pensée, même si la téléologie est reléguée à un autre plan. Cet héritage de Schelling est reconnu par Voegelin lui-même dans le principal texte qu'il lui a consacré, un chapitre du septième volume de l'*History of Political Ideas*, son grand projet inachevé d'histoire des idées politiques publié à titre posthume. D'une importance malgré tout centrale[91], ce texte met clairement en avant la conception schellingienne de l'existence historique couplée à la *Potenzenlehre*, l'idée d'un développement de la substance fondamentale dans l'histoire, qui prend chez Voegelin la forme du « processus d'articulation[92] ». Si la conception schellingienne de l'existence historique présente un si grand intérêt pour Voegelin, c'est principalement en raison du parallèle qu'elle établit entre l'anthropologie, le « processus de la vie humaine », et le développement historique. Schelling fait l'expérience de la coextensivité entre l'existence humaine historique et le processus historique de l'univers :

> Le polythéisme païen, le monothéisme hébreu et la chrétienté sont les stages d'un processus théogonique dans lequel s'entrecroisent la révélation divine et la création humaine de symboles. Le mythe et la révélation sont les messagers de l'auto-interprétation divine dans le monde par l'intermédiaire de l'homme ; [le mythe et la révélation] font partie de l'histoire de l'univers tout autant que l'histoire des formes vivantes. Et ce processus n'a pas encore atteint son

89 *Schellings Werke*, vol. 5 EB, p. 406.

90 Voir aussi sa critique de Husserl pour les mêmes raisons dans E. Voegelin, *Anamnesis*, p. 22.

91 Voir B. Cooper, *Eric Voegelin and the Foundation of Modern Political Science*, *op. cit.*, p. 384 *sq.*

92 E. Voegelin, *History of Political Ideas*, vol. 7, *The New Order and Last Orientation*, *CW* 25, p. 208.

> terme mais continue par l'intermédiaire de l'âme humaine et se manifeste dans la création de nouveaux symboles religieux[93].

Schelling offre donc un fondement sur lequel asseoir la « théorie intégrale » défendue par Voegelin, laquelle repose sur un amalgame tant de l'ordre de l'histoire, de l'ordre de l'âme que de l'ordre naturel et, plus particulièrement, sur une historicisation des deux derniers. C'est à partir du modèle de Schelling que Voegelin pose une telle unité comme étant nécessaire, comme une totalité constituant l'ensemble du processus historique. C'est donc aussi par l'intermédiaire de Schelling que Voegelin introduit l'historicité dans la pensée classique, qui peut ainsi être transformée et réintégrée à sa théorie. Le Platon de Voegelin est un Platon lu à travers le filtre de Schelling. La pensée grecque aurait ainsi, selon l'interprétation de Schelling reprise par Voegelin, développé « une forte conscience eschatologique[94] » ; l'œuvre de Platon peut alors être rapportée à la thématique de l'existence historique bien qu'elle lui soit initialement étrangère. Platon et Schelling peuvent être rapprochés car leur situation historique les confronte tous deux, selon Voegelin, à une situation de « crise religieuse ayant atteint le stade des Lumières [*enlightenment*] et, dans les deux cas, les Lumières sont suivies d'un grand philosophe qui restaure l'ordre de la pensée par une nouvelle vision de l'âme[95] ». Cependant, Voegelin discerne entre Schelling et Platon une différence fondamentale et significative, une différence de « niveau de conscience ». Tandis que Platon « n'avait pas encore [atteint] les dimensions chrétiennes de la compréhension de l'univers et de l'histoire », et devait donc utiliser le mythe comme moyen d'expression de sa compréhension de l'histoire, Schelling se situe à un niveau de conscience supérieur car, pour lui, « l'âme a pénétré l'univers et l'histoire ». Schelling « vit dans l'éon du Christ et du sens que l'histoire et le monde ont reçu à travers son âme[96] ». Par rapport à Platon, Schelling peut donc s'appuyer sur la compréhension de l'historicité de l'existence née avec le christianisme et y intégrer l'idée de l'ordre de l'âme issue de la philosophie classique, une synthèse reprise par Voegelin.

Par conséquent, il est clair que la tentative d'attribuer une « philosophie de l'histoire » à Platon est le résultat d'un transfert de la perspective

93 *Ibid.*, p. 210 *sq.*
94 *Ibid.*, p. 229.
95 *Ibid.*, p. 236.
96 *Ibid.*, p. 236 *sq.*

schellingienne sur l'œuvre de Platon et qu'elle ne trouve pas son origine dans les textes de ce dernier. La supériorité de Schelling par rapport à Platon est justifiée par Voegelin dans le cadre d'un processus historique compris comme une évolution, une idée elle-même héritée de Schelling, lequel voit aussi dans le christianisme une étape de développement supplémentaire ayant permis davantage de clarté. Schelling présente un intérêt majeur pour Voegelin car il introduit un élément historique et universel dans le parallèle platonicien entre l'ordre de la polis et l'ordre de l'âme de ses membres[97]. Grâce à Schelling, ce parallèle peut être projeté dans la structure de l'histoire universelle. Clairement, c'est donc bien par la découverte de la dimension historique de l'existence que Schelling, davantage que Platon, s'affirme comme le véritable précurseur de Voegelin. Schelling est le modèle le mieux approprié car il fait de l'évolution de la conscience le fondement de l'ordre de l'histoire, en posant un parallèle entre le processus de développement de l'ordre de l'histoire universelle et celui de l'ordre de l'âme individuelle[98].

Si c'est par Schelling que Voegelin en vient à accorder une importance déterminante à l'existence historique, quelle influence a ce précurseur sur la solution au problème de la politique du temps ? Löwith, nous l'avons vu, maintient son intérêt pour Nietzsche tout au long de son œuvre car ce dernier représente la tentative la plus radicale de dépassement de l'historicité au moyen de la doctrine de l'éternel retour du même, bien qu'elle aboutisse à un échec. Prendre Schelling pour précurseur, c'est aussi choisir une voie radicalement différente, c'est pourquoi il n'est pas étonnant que Voegelin cherche précisément à opposer Schelling à Nietzsche. La relation introduite par Schelling entre Dieu et la nature, la nature ne pouvant qu'être une partie du tout, c'est-à-dire de Dieu, permettrait selon lui de mettre en lumière de « graves difficultés » chez Nietzsche et, à nouveau, de rejeter sa pensée. En effet, la « philosophie de l'existence » de Nietzsche serait toujours exposée au danger d'un « naturalisme facile », car Nietzsche ne fait pas, comme Schelling, de distinction entre la nature comme « fondation de l'existence » et la nature comme « règne articulé de l'être », c'est-à-dire la nature de l'homme individuelle et la nature comme tout. Ce faisant, Nietzsche confondrait

97 Voir J. Day, *Voegelin, Schelling, and the Philosophy of Historical Existence*, *op. cit.*, p. 186.

98 Voir *ibid.* et E. Voegelin, *History of Political Ideas*, vol. 7, *CW* 25, p. 200, où Schelling est qualifié de référence la plus importante pour une philosophie moderne de l'existence.

la volonté de puissance de l'univers comme volonté d'auto-réalisation et la *libido dominandi* de l'individu humain particulier[99]. Ce que Voegelin présente comme une « confusion », l'adéquation de la volonté inhérente à l'univers et de la volonté inhérente à la nature de l'homme, est pourtant précisément ce que la doctrine de l'éternel retour du même pose comme un but à achever : vouloir ce qui arrive, l'*amor fati*, afin de rétablir la cohésion entre l'homme et le monde. La préférence accordée à Schelling par rapport à Nietzsche est donc un choix conscient. Lorsque Schelling permet à Voegelin de corriger les « erreurs » de Nietzsche[100], il s'agit surtout, pour l'exprimer plus clairement, de rejeter la solution nietzschéenne au profit de celle de Schelling : le « retour intérieur ».

Le « retour intérieur », qualifié de « solution chrétienne[101] », désigne le processus mystique de retour à l'éternel dans l'âme, seul moyen de s'approcher de l'identité avec Dieu et de retrouver ainsi la source de l'ordre. En effet, c'est dans cet élément éternel de l'âme qu'est retenu inconsciemment, en souvenir, l'identité avec Dieu. L'âme humaine retient une connaissance de la création divine, et donc aussi des principes gouvernant l'ordre de l'histoire[102]. Le retour intérieur passe par un « dialogue anamnétique[103] », par une anamnèse devant faire remonter cette connaissance à la surface de la conscience, un procédé que Voegelin reprend également à Schelling. Le « retour intérieur » intervient en effet lorsque l'homme « internalise » le développement historique, lorsqu'il comprend que le processus historique extérieur correspond à un « mouvement de l'âme[104] ». C'est par cette accentuation de la dimension historique que l'anamnèse schellingienne se distingue, à nouveau, de sa source platonicienne, où le facteur historique est absent. C'est donc bien sur Schelling, et non sur Platon, que Voegelin appuie son affirmation selon laquelle « le processus de l'univers peut être rendu intelligible par l'anamnèse au moyen de laquelle le sens du processus extérieur est extrait de l'inconscient dans l'homme[105] ». Cependant, bien que guidée par la

99 Voir E. Voegelin, *History of Political Ideas*, vol. 7, *CW* 25, p. 209.

100 Voir J. Day, *Voegelin, Schelling, and the Philosophy of Historical Existence*, *op. cit.*, p. 99.

101 Voir E. Voegelin, *History of Political Ideas*, vol. 7, *CW* 25, p. 249.

102 Voir *Schellings Werke*, vol. 4, p. 576. Sur le rôle du processus anamnétique en général, voir l'introduction de *Die Weltalter* in *Schellings Werke*, vol. 4, p. 575 *sqq.*

103 E. Voegelin, *History of Political Ideas*, vol. 7, *CW* 25, p. 211.

104 *Ibid.*

105 *Ibid.*, p. 212. Voegelin ajoute une remarque intéressante reliant cette méthode aux tentatives de l'historicisme anti-Lumières, en particulier à Herder, un courant auquel

recherche du sens du processus historique, l'anamnèse reste toujours incomplète, elle est un processus soumis à une actualisation constante dans le dialogue anamnétique. Opposant Schelling à Hegel, Voegelin souligne que la connaissance absolue est impossible, que le futur de l'histoire reste ouvert ; c'est précisément ce qui fait de Schelling un « réaliste[106] », voire un « réaliste spirituel », opposé aux tenants d'une pensée eschatologique.

Cette limitation inhérente au processus anamnétique est confirmée par le résultat auquel aboutit le retour intérieur. En découvrant l'éternel dans son âme, l'homme tend vers l'identité à Dieu, sans pouvoir toutefois l'atteindre : « L'homme ne peut échapper à la finitude de son existence particulière[107] ». L'existence de l'homme découverte par le retour intérieur est donc une existence en tension, une existence entre le temps et l'éternité. Dans le chapitre de l'*History of Ideas* consacré à Schelling, Voegelin n'utilise pas encore le terme *metaxy* – ou *metaxu*, selon la transcription plus habituelle – pour désigner cette situation existentielle d'entre-deux, un terme qui devient cependant central dans son œuvre tardive, en particulier dans *Anamnesis* et dans le quatrième tome d'*Order and History*. La découverte du *metaxy* auquel mène le retour intérieur confirme que l'influence de Schelling s'étend jusqu'à cette notion d'une importance décisive chez Voegelin, bien qu'il la présente comme d'origine platonicienne[108]. Cependant, le *metaxy* ne peut même pas être véritablement considéré comme un concept dans l'œuvre de Platon, lequel l'utilise avant tout comme un adverbe – au sens de « entre », « au milieu de » –, rarement comme un substantif, sans jamais lui accorder une quelconque valeur conceptuelle[109]. Il n'existe pas, chez Platon, de domaine ontologique intermédiaire entre le sensible et l'intelligible, d'entre-deux qui serait désigné au moyen du concept de *metaxy*. En particulier, le terme n'est jamais appliqué à l'âme, qui semble être pourtant le candidat évident à cette position d'entre-deux. L'idée d'une existence en tension, qui est chez Voegelin à la source du concept

---

Voegelin semble, dans ce passage, s'identifier.

106 *Ibid.*, p. 213 et p. 238.

107 *Ibid.*, p. 220.

108 Voir E. Voegelin, *Anamnesis*, p. 271.

109 *Metaxy* est utilisé comme substantif à quelques rares occasions dans le corpus platonicien, sans avoir un sens fort. Voir Platon, *Parménide*, 165a ; *République*, 478d, 479d, 498a, 584e, 586a ; *Timée*, 36a, 70e.

de *metaxy*, est une conception qui, à nouveau, correspond davantage à la pensée de Schelling[110].

Ces différents éléments montrent, à l'opposé de la lecture « néo-classique » de son œuvre, que Voegelin se place dans la lignée de la « renaissance schellingienne » apparaissant au XXe siècle, à laquelle il fait lui-même référence dans le chapitre de l'*History of Political Ideas* consacré à Schelling[111]. Les arguments en faveur de cette interprétation se cristallisent autour des deux principaux fils directeurs de l'œuvre de Voegelin, qui s'avèrent hérités de Schelling : l'insistance sur la dimension historique du développement des expériences et de la conscience ainsi que la démarche du « retour intérieur » contre le désordre de l'époque. À un niveau plus détaillé, l'influence de Schelling sur la pensée de Voegelin permet de comprendre la singularité de sa lecture de Platon, qui est certes omniprésent dans ses œuvres mais est interprété dans un cadre de pensée schellingien, une particularité assumée par Voegelin dans ses écrits de la fin des années 1940 mais qui reste implicite dans son œuvre postérieure. C'est en effet à Schelling, et non à Platon, qu'il reprend le parallèle entre la philosophie de la conscience et la philosophie de l'histoire, qui permet de fonder la « théorie intégrale », esquissée dans *The New Science of Politics*, associant l'ordre de l'histoire, l'ordre de l'âme et l'ordre politique. Résolument critique, cette théorie intégrale aspire au-delà du diagnostic à une solution au désordre qu'elle constate, une solution où l'influence de Schelling est à nouveau décisive. Plutôt que l'éternel retour de Nietzsche, c'est le « retour intérieur » de Schelling que privilégie Voegelin, c'est-à-dire une récupération de l'ordre de l'âme par l'anamnèse qui, malgré les apparences, doit davantage à Schelling qu'à Platon dans la mesure où elle intègre la dimension historique. Ce n'est en effet que parce que l'ordre de l'âme et l'ordre de l'histoire sont liés et que leur évolution est fondée sur un même principe – chez Schelling, la « doctrine des puissances » –, que le processus anamnétique doit passer par la redécouverte de l'ordre de l'histoire et que ce dernier peut être récupéré par une histoire de l'ordre[112]. C'est donc le

110 Voir J. Day, *Voegelin, Schelling, and the Philosophy of Historical Existence*, *op. cit.*, p. 110 *sq.*

111 Voir E. Voegelin, *History of Political Ideas*, vol. 7, *CW* 25, p. 199.

112 Voir le principe énoncé par Voegelin en ouverture d'*Order and History* : « L'ordre de l'histoire émerge de l'histoire de l'ordre », E. Voegelin, *Order and History*, vol. 1, *CW* 14, p. 19.

cœur même du projet principal de Voegelin, *Order and History*, qui est d'origine schellingienne.

Löwith est loin d'accorder la même importance à Schelling, qui reste cantonné dans son œuvre à un moment de l'histoire de la philosophie, sans jamais s'en démarquer particulièrement. Il n'est que brièvement évoqué dans *Von Hegel zu Nietzsche*, mais ce n'est que dans *Gott, Mensch und Welt in der Metaphysik von Descartes bis zu Nietzsche*, paru en 1967, qu'il revient plus en détails sur Schelling dans le cadre d'un ouvrage pensé comme une introduction à la philosophie devant mener à l'émancipation de son héritage théologique. Si Schelling intervient dans ce contexte, c'est avant tout en tant qu'il représente, au sein de l'idéalisme allemand, la transformation de la pensée classique au moyen d'un cadre de pensée chrétien, ce qui est en particulier visible dans sa conception de la nature – d'où, précisément, l'opposition entre Schelling et Nietzsche. En effet, pour Schelling, la nature n'est pas indépendante, mais elle reçoit son principe de Dieu. À la différence de Nietzsche, Schelling n'identifie pas le rythme de la nature alternant destruction et création avec la vraie conception du monde ; la nature devrait au contraire être délivrée de ce rythme originel, elle n'est que matière nécessaire, condition de possibilité de la réalisation de la liberté éternelle en Dieu. De même que la nature devrait être libérée du rythme de la génération et de la corruption, de même l'homme ne pourrait aussi atteindre la liberté en Dieu qu'en s'émancipant de la nature. Dans la pensée de Schelling, la conception antique de la nature doit donc être dépassée, l'homme est pensé dans un horizon chrétien[113]. Ainsi, l'homme n'est pas un phénomène dans la totalité de la nature, mais il devient le *logos* du monde et le but de toute la création. Il a une signification universelle, tout concourt à lui. Il est l'« être universel[114] ». Le véritable rapport au monde, selon Schelling, se trouverait dans l'attente eschatologique d'un nouveau ciel et d'une nouvelle terre, renouvelés par Dieu pour l'amour de sa créature privilégiée, l'homme[115]. Pour Löwith, Schelling est donc avant tout un représentant de l'anthropo-théologie chrétienne qui, bien qu'il cherche à penser la nature, retombe en définitive sur une conception anthropocentrique et

113 Voir K. Löwith, *Gott, Mensch und Welt in der Metaphysik von Descartes bis zu Nietzsche*, *SS* 9, p. 81.

114 *Schellings Werke* V, p. 429.

115 Voir K. Löwith, *Gott, Mensch und Welt in der Metaphysik von Descartes bis zu Nietzsche*, *SS* 9, p. 83.

eschatologique, laquelle est précisément à l'origine des dérives modernes critiquées par Löwith[116]. De manière parallèle à Nietzsche chez Voegelin, Schelling représente donc pour Löwith davantage une étape cruciale de l'apparition du problème plutôt qu'un précurseur de son dépassement.

Le rapport entretenu par les deux auteurs vis-à-vis respectivement de Schelling et de Nietzsche se démarque par de nettes similitudes, chacun jouant dans leurs œuvres respectives un rôle proche bien qu'opposé, traduisant ainsi les différences profondes qui séparent leurs projets. S'ils s'accordent sur le diagnostic de crise développé par Nietzsche, c'est avant tout parce qu'ils partent du même problème, mais ils n'envisagent en aucun cas les mêmes solutions. Pour Voegelin, Nietzsche fait lui-même partie intégrante du cœur du problème, le processus d'immanentisation, auquel il apporte une contribution décisive par le « meurtre de Dieu » et l'idée du surhomme. L'éternel retour du même est certes le signe d'une prise de conscience, mais cette ébauche d'une solution reste à l'intérieur de la perspective immanentiste. Schelling, au contraire, ouvre la voie à un rétablissement de l'ordre en prenant l'ordre intérieur, l'ordre de l'âme, pour point de départ. À l'inverse de Nietzsche, Schelling s'oppose au processus d'immanentisation ; il met clairement l'accent sur l'expérience de la transcendance et, surtout, sur le christianisme, qui constitue le but du développement historique – ou, pour reprendre les termes de Voegelin, son « point de clarté ».

Pour Löwith, c'est précisément pour ces raisons que Schelling ne peut apporter une quelconque solution aux dérives modernes, dans la mesure où il contribue lui-même sous la forme de la philosophie au prolongement de la tradition chrétienne et, ce faisant, à la persistence de cette dernière dans ses restes sécularisés. La position anthropo-théologique et anthropocentrique qui en découle ne saurait être le fondement sur lequel bâtir une réponse aux problèmes rencontrés, car elle est bien plutôt à l'origine même de ceux-ci : elle conduit à donner une valeur démesurée à l'homme et à ses créations, de même qu'elle introduit dans le processus historique une dimension eschatologique. Nietzsche, au contraire, présente une véritable alternative. L'éternel retour du même est certes en définitive un échec, mais il reste une tentative radicale de dépasser le problème de la domination de l'histoire et du temps dans la pensée occidentale, une tentative de trouver une sempiternité dans le

116 Voir *ibid.*, p. 86.

temps, immanente, sans recourir à d'illusoires « arrière-mondes ». Mais le principal défaut de Nietzsche reste sa dépendance, dans l'opposition, à la tradition chrétienne de laquelle il cherche à s'émanciper. Sa pensée est tellement fixée sur cette dernière qu'elle se laisse, en définitive, déterminer par son ennemi.

Nietzsche et Schelling, vus comme des précurseurs de Löwith et Voegelin, montrent les directions dans lesquelles vont s'orienter leurs tentatives de dépassement du problème du temps. Voegelin est partisan d'une philosophie de l'existence associée à une philosophie de l'histoire, une philosophie de l'existence dans l'histoire. Malgré les critiques qu'il lui adresse, Schelling est d'un grand secours pour ce projet. C'est lui qui permet de penser l'histoire comme la « clef de l'exploration de l'inconscient », de faire d'elle une « science de l'âme », c'est-à-dire d'affirmer la nécessité de passer par l'histoire pour découvrir l'ordre de l'âme. L'ordre de l'histoire et l'ordre de l'âme sont intimement liés sans qu'il soit possible de déterminer qui prévaut, « l'histoire reçoit son sens de l'âme tandis que l'âme découvre les sens historiques comme strates de son existence[117] ». Schelling permet donc de poser sous un jour nouveau la question du sens de l'histoire et de l'ordre de l'âme : la recherche de l'ordre doit passer par l'histoire de l'ordre, car c'est par elle que peut être découvert l'ordre de l'histoire et, par conséquent, l'ordre de l'âme. En postulant le développement de la conscience dans l'histoire, Schelling permet d'assurer que la recherche de l'ordre dans l'histoire n'est pas vaine.

Au-delà de la méthode, Schelling esquisse aussi une solution, reprise et développée par Voegelin. Face au désordre, récupérer l'ordre de l'histoire par l'histoire de l'ordre doit s'accompagner d'un processus anamnétique visant à retrouver l'ordre de l'âme authentique et à replacer l'homme à sa place véritable en tant qu'existence en tension. C'est à cette conception héritée de Schelling que Voegelin appliquera un terme repris à Platon, le *metaxy*. Cependant, malgré l'importance de l'héritage schellingien, Voegelin ne reprend pas ouvertement sa « doctrine des puissances », laquelle est pourtant la clef de la cohérence entre le développement de la conscience et le développement de l'histoire. Ce soubassement métaphysique, qui permet de penser une évolution continue préservant l'identité de la substance, est absent de l'œuvre de Voegelin, bien qu'il

117 E. Voegelin, *History of Political Ideas*, vol. 7, *CW* 25, p. 240.

en reconnaisse lui-même l'intérêt et qu'il eût permis de donner un principe directeur clair à sa pensée. Dans *Anamnesis*, il affirme ainsi tendre à croire « que la tentative de la *Prozeßtheologie* [qu'il associe, entre autres, à la doctrine des puissances de Schelling] et la métaphysique qui en est tirée, qui interprète le système de transcendance du monde comme le processus immanent de la substance divine, est la seule philosophie systématique sensée[118] ». Malgré ce jugement positif, Voegelin préfère mettre en avant la fondation empirique plutôt que métaphysique de sa pensée, ouvertement opposée à toute idée de système.

Löwith, à l'inverse, s'appuie sur Nietzsche afin de comprendre le développement du nihilisme européen et son lien avec les restes persistants de la tradition chrétienne dans la pensée occidentale. Au-delà de ce diagnostic, Nietzsche montre la voie vers une pensée radicalement ahistorique, c'est-à-dire aussi en rupture avec le christianisme, et qui implique de renouer le lien entre l'homme le monde, après la disparition de Dieu. La seule « transcendance » accessible à l'homme et permettant de dépasser la situation historique est une transcendance immanente, celle du point de vue cosmologique allant de pair avec l'*amor fati*. Ce projet ne va pas, à la suite de Nietzsche, sans une difficulté majeure soulignée par Löwith et qui constitue le défi auquel est confrontée sa pensée. Dans la mesure où la récupération du monde chez Nietzsche intervient comme un acte de la volonté fondé sur un anti-christianisme militant, il échoue à raviver l'expérience immédiate et spontanée du monde qu'il recherche et reste déterminé par son adversaire. Pour Löwith, reprendre et dépasser le projet de Nietzsche implique donc d'achever la rupture avec la tradition que ce dernier a intentée, mais non réalisée, et de se libérer de ses derniers restes.

118 E. Voegelin, *Anamnesis*, p. 51.

LE FONDEMENT TRANSCENDANT DE LA PHILOSOPHIE DE L'EXISTENCE DE VOEGELIN

Le rôle de Nietzsche et Schelling, en tant qu'ils font figure de précurseurs de Löwith et Voegelin dans leurs œuvres, a montré la manière dont chacun pose le problème du temps politique et les bases sur lesquelles se met en place leur tentative de le dépasser. Leur lecture de Nietzsche met en lumière la manière dont Voegelin formule le problème de la politique du temps. Dans son œuvre, ce problème est assimilé principalement à la fermeture de l'âme vis-à-vis de la transcendance, une fermeture qui prend la forme d'un processus d'immanentisation intervenant au cours de l'histoire et conduisant à une dégradation généralisée de l'ordre. Le rôle central assigné à la fermeture vis-à-vis de la transcendance s'explique par le fait que l'ordre politique prend avant tout sa source dans l'ordre de l'âme, l'âme bien ordonnée incluant l'ouverture à la transcendance. C'est cet oubli de la transcendance éternelle qui se traduit, dans la politique du temps moderne, par une accentuation de la seule sphère immanente, excluant ainsi tout point de référence transhistorique qui viendrait relativiser l'importance du temps et de l'histoire. Suite à l'immanentisation, l'idée d'une stabilité perpétuelle de l'ordre politique ne disparaît pas pour autant, mais elle s'inscrit désormais dans un processus de re-divinisation moderne. L'homme chercherait alors à créer l'éternité dans l'histoire, en affirmant prématurément, à des fins politiques, la « fin de l'histoire » ou en s'engageant dans les constructions de l'histoire que Voegelin regroupe sous le concept d'*historiogenesis*. Selon lui, le désordre auquel sa « théorie intégrale » doit répondre touche par conséquent autant l'ordre de l'histoire, l'ordre de l'âme que l'ordre politique, conformément au principe fondamental de l'interdépendance des différents domaines de l'ordre de l'être.

C'est à partir de ce diagnostic particulier que Voegelin avance sa propre solution au problème. Il s'écarte tout d'abord de l'historicisme, qui pourrait sembler être la réponse adéquate à la tentative d'imposer un sens à l'histoire. En relativisant tout sens de l'histoire et en donnant à chaque époque une égale valeur, l'historicisme aboutit à des conclusions relativistes incompatibles avec l'établissement d'une nouvelle philosophie de l'ordre. Voegelin refuse donc la réponse historiciste, tout en maintenant dans sa pensée une dimension historiciste contrebalancée par sa conception normative d'un ordre de l'histoire. Schelling permet de préciser cette position, que nous avons qualifiée d'historicisme dogmatique, en lui apportant une dimension supplémentaire, celle du « retour intérieur ». À partir de sa doctrine des puissances, Schelling pose un parallèle entre l'ordre de la conscience et l'ordre de l'histoire, assurant ainsi que cette dernière possède un sens. En partant de ce parallèle, la démarche de Voegelin prend sens : c'est parce qu'il existe une correspondance entre l'ordre de l'histoire et l'ordre de l'âme que l'histoire de l'ordre permet de remonter à l'ordre de l'âme. La découverte de l'ordre de l'histoire est synonyme du « retour intérieur », elle permet la découverte de l'ordre de l'âme et son rétablissement. En partant de ces prémisses, à quel résultat aboutit Voegelin ? Quel est sa réponse à la politique du temps moderne et qu'en conclure quant à sa pensée ?

En systématisant des éléments déjà évoqués précédemment, il est possible de rendre intelligible le projet développé dans l'œuvre tardive de Voegelin, sa réponse au problème du temps ainsi que les faiblesses les plus apparentes de sa théorie. Pour répondre à ces enjeux, il est impératif de comprendre la pensée de Voegelin non pas premièrement sous l'angle de la philosophie politique, mais avant tout comme une philosophie de l'existence, c'est-à-dire comme l'héritier d'une tradition allemande particulièrement vivante dans l'entre-deux-guerres, notamment dans l'œuvre – d'une importance décisive pour Voegelin – de Karl Jaspers. Mais la particularité de la philosophie de l'existence de Voegelin est d'être couplée à une philosophie de l'histoire bien plus élaborée que celle de Jaspers, et qui vient justifier la philosophie de l'existence en lui donnant un fondement empirique. C'est la raison pour laquelle Voegelin entreprend de découvrir l'ordre de l'existence dans l'ordre de l'histoire – en cela, il est possible de parler d'un historicisme dogmatique : l'ordre de l'existence, dans cette démarche, précède l'ordre de l'histoire. La philosophie de l'ordre à laquelle concourent l'ensemble de ces éléments est essentiellement centrée autour de l'ordre de l'âme individuelle. C'est l'ordre de l'âme – de l'âme bien ordonnée –, en particulier son ouverture à la transcendance, qui est à l'origine de l'ordre de la conscience se révélant dans l'histoire. C'est donc aussi à ce niveau, celui d'une conception authentique de l'existence, qu'intervient la réponse de Voegelin au problème de la politique du temps moderne. Le rétablissement d'un rapport équilibré à la temporalité de l'existence – et, du même coup, à la temporalité de l'ordre politique – passe par le rétablissement de l'ordre de l'âme individuelle, qui doit retrouver sa position véritable, le *metaxy*. C'est ce concept, selon notre hypothèse, qui est au cœur de la solution apportée par la philosophie de l'existence voegelinienne au problème posé par la politique du temps moderne.

LA TRANSCENDANCE COMME NOTION HEURISTIQUE

La notion de transcendance est le cœur de la philosophie de l'existence de Voegelin et de sa traduction politique. Interpréter Voegelin sous l'angle de sa philosophie de l'existence impose donc d'accorder à cette notion une attention particulière, d'autant plus que l'indétermination dont elle souffre souvent tend à encourager un usage tant large qu'imprécis. Dans un ouvrage célèbre, le sociologue Peter Berger voit ainsi des « signaux de la transcendance » aussi bien dans un « besoin d'ordre » indissociable de l'homme que dans sa propension au jeu, dans son attachement à l'espoir, dans son sens inné de la justice ou encore dans le sens de l'humour[1]. Cet usage vague de la notion est d'un intérêt limité, dans la mesure où il a surtout pour fonction d'assurer l'omniprésence de la transcendance dans une multiplicité de domaines de l'existence humaine et de lui conférer ainsi une aura d'inévitabilité. Ces « signaux » divers permettent, dans un second temps, d'affirmer la nécessité de la transcendance comprise en un sens plus radical et plus restreint, associé avant tout à la dimension

1 Voir P. L. Berger, *A Rumour of Angels. Modern Society and the Rediscovery of the Supernatural*, Harmondsworth, Penguin, 1969, p. 70 *sqq.* Voir U. Kessler, *Die Wiederentdeckung der Transzendenz. Ordnung von Mensch und Gesellschaft im Denken Eric Voegelins*, Würzburg, Königshausen & Neumann, 1995, p. 118 *sqq.*, qui évoque aussi l'œuvre d'art comme exemple possible d'une expérience de la transcendance.

religieuse, ce qui correspond également à la compréhension la plus évidente et la plus répandue de cette notion. La transcendance désigne alors le lien unissant l'homme à Dieu, à un être surnaturel dépassant le monde. La disparition de la transcendance, considérée comme caractéristique de la modernité, est associée à l'apparition d'ersatz de religion restant désormais cantonnés à la sphère immanente. Le marxisme, le consumérisme ou encore le scientisme viendraient ainsi remplacer l'ouverture au divin. Mais une telle compréhension de la transcendance, désignant avant tout son aspect religieux, tend à être non seulement intrinsèquement liée à un projet anti-moderne, mais elle est aussi trop réductrice pour présenter un quelconque intérêt pour une philosophie politique. Déplorer la perte de la religiosité individuelle n'est un problème politique que si l'on pose la nécessité d'une religion civile au sens fort, où le rétablissement de l'ordre politique irait nécessairement de pair avec le rétablissement d'un culte, d'une croyance. Une telle position simplificatrice, d'un intérêt limité, ne saurait cependant être attribuée à Voegelin.

Comment la transcendance doit-elle donc être comprise pour faire apparaître sa signification politique ? Pour Hans Vorländer, il serait réducteur de limiter la transcendance au domaine religieux, elle est au contraire un concept d'une importance centrale pour comprendre, de manière générale, la fondation de l'ordre politique :

> La reconceptualisation de la question des formes et des fonctions de la transcendance part du principe que les ordres se constituent par des médiations symboliques et que, ce faisant, se forment des éléments décisifs pour la fondation et la stabilisation de l'ordre, sous la forme d'un dépassement de la réalité donnée. Les ordre sociaux et politiques, tels qu'ils sont ici compris, ne sont pas des ordres stables, intemporels, détachés de la contingence du cours du temps. Ils sont instables, soumis au changement historique, leur durée (toujours relative) ne va pas de soi[2].

Partant d'une conception de l'ordre ouvertement influencée par Voegelin, la transcendance ainsi comprise répondrait donc au besoin d'assurer la stabilité dans le temps de l'ordre politique. Elle lie la réalité immanente à une réalité intemporelle permettant de dépasser la contingence des

2 H. Vorländer, « Transzendenz und die Konstitution von Ordnungen : Eine Einführung in systematischer Absicht », in H. Vorländer (éd.), *Transzendenz und die Konstitution von Ordnungen*, Berlin, de Gruyter, 2013, p. 13.

événements et l'instabilité inhérente à l'ordre politique. Dans ce cadre d'interprétation, il s'agit pour Vorländer de « construire une notion de transcendance au potentiel heuristique, permettant les comparaisons historiques, qui ne se réduirait pas à la religion chrétienne, au monothéisme ou au religieux[3] ». Afin d'assurer cette flexibilité, il serait au contraire nécessaire de se diriger vers une définition avant tout négative de la transcendance comme « ce qui est retiré à la disponibilité » (*Unverfügbarkeit*), ce qui ne peut être immédiatement atteint, ce qui se soustrait à l'intelligibilité[4]. Comprise ainsi, la transcendance peut, par conséquent, prendre différentes formes ; elle ne se limite pas à Dieu, sans toutefois tomber dans les travers du point de vue trivial qui tend à l'associer avec n'importe quel élément relativement constant de l'existence humaine. Tels sont donc les enjeux de la notion de transcendance, qui doivent être pris en compte afin de situer la position de Voegelin. La notion de transcendance, dans son œuvre, permet-elle de répondre à la demande d'une notion de transcendance heuristique, indépendante d'une religion particulière, telle qu'elle est évoquée par Vorländer ? Ou reste-t-elle malgré tout dépendante de son héritage religieux, et d'un intérêt donc limité ?

Une notion heuristique de la transcendance, répondant aux besoins de l'analyse évoqués par Vorländer, est bien présente chez Voegelin, qui s'oriente également vers une définition avant tout négative de cette dernière, proche de l'*Unverfügbarkeit* avancée par Vorländer. Cette démarche est ouvertement revendiquée par Voegelin dans sa correspondance avec Löwith, où il affirme adopter la « position de la theologia negativa » – qu'il associe sans surprise à Maître Eckhart, Nicolas de Cues et Augustin – comme point de départ de l'interprétation de l'histoire intellectuelle de l'Occident[5]. Selon Voegelin, cette position est « inévitable d'un point de vue méthodologique », car tout système de catégories particulier mène à des déformations partisanes que la théologie négative permet, au contraire, d'éviter. Elle échappe en effet à ce danger dans la mesure où elle renonce à toute caractérisation du divin. Dieu ne peut être compris que comme un mystère impossible à exprimer au moyen de concepts[6].

3 *Ibid.*, p. 9.
4 *Ibid.*, p. 20.
5 Voir VL 17/12/44, p. 771.
6 Voir « Negative Theologie », *LThK*, p. 864 *sq.*

C'est pourquoi Voegelin associe cette position à celle du mystique, qu'il considère comme « la plus correcte sur le plan méthodologique, car elle est, du point de vue systématique, suffisamment générale pour décrire les strates profondes des concrétisations historiques en tenant compte de leur relativité réciproque[7] ». Le concept de transcendance, en particulier dans l'ouverture à la transcendance sur laquelle insiste constamment Voegelin, doit lui-même être compris comme un résultat de cette démarche. En effet, parler de transcendance, d'expérience de la transcendance, implique une indétermination fondamentale quant à la nature de l'entité transcendante, qui se réduit à son caractère transcendant. Voegelin insiste fréquemment sur le fait qu'il ne situe pas son propos dans le domaine théologique au sens strict – même si sa position présente des similarités certaines avec la théologie « dialectique » allemande de son époque –, ce que confirme sa mise en avant de la notion de transcendance. Dans son œuvre, il n'est jamais question des attributs de l'entité transcendante, d'une démarche cherchant à caractériser Dieu et ses propriétés ; le point de vue choisi n'est pas théologique, mais anthropologique[8].

La transcendance n'est en effet jamais définie, si ce n'est comme « ouverture à la transcendance », que Voegelin considère comme le caractère distinctif de la nature humaine[9]. L'entité transcendante n'a de valeur que comme symbole d'un pôle transcendant vers lequel tend l'âme bien ordonnée, de même qu'il existe un pôle immanent. Le monde immanent et le Dieu transcendant doivent être compris comme des « indices » – ou, pour reprendre le terme de Jaspers dont Voegelin s'inspire manifestement, des « chiffres » – faisant signe vers les pôles de l'existence humaine devenus conscients à la suite de l'expérience de la participation à cette tension existentielle. Selon Voegelin, « toutes ces choses n'ont aucun sens si ce n'est en relation à l'expérience qui les engendre. [...] Il existe une corrélation qui doit être préservée entre les termes *conscience, transcendance, immanence, Dieu transcendant, monde*

7 Voir VL 17/12/44, p. 771.

8 C'est pourquoi il est jusqu'à un certain degré légitime, concernant l'œuvre de Voegelin, de parler d'une anthropologie philosophique. Voir à ce sujet l'ouvrage très complet mais aussi très descriptif de R. Braach, *Eric Voegelins politische Anthropologie*, Würzburg, Königshausen & Neumann, 2003.

9 Voir E. Voegelin, « In Search of the Ground », *CW* 11, p. 241 : « La nature de l'homme est en principe connue. [...] La nature de l'homme est l'ouverture à la transcendance ».

immanent, et ainsi de suite[10] ». L'immanence et la transcendance n'ont pas d'existence propre en dehors de l'expérience de participation et de la tension inhérente à l'existence humaine. En soi, la « transcendance » ne signifie donc rien si elle est abstraite de l'expérience dans laquelle elle apparaît. Cette absence de tout contenu propre au concept de transcendance est confirmée par l'origine que lui attribue Voegelin. Comme souvent, Voegelin se pose comme un héritier de Platon : « Le terme *transcendance* trouve probablement son origine chez Platon, qui l'utilisa à l'occasion dans la *République* sous la forme de l'*epekeina*, l'Au-delà [*the Beyond*][11] ». La prudence dont fait preuve Voegelin est justifiée. On ne compte que deux occurrences du terme dans la *République* (509b9 et 587c1), dont une (509b9) en particulier présente un intérêt dans ce contexte. Cependant, comme le fait remarquer l'édition anglaise de Paul Shorey, le terme *epekeina* ne devint un terme technique désignant le domaine transcendant que dans la relecture néoplatonicienne de Platon, qui pour sa part n'en fait qu'un usage restreint et non systématique[12]. Implicitement, Voegelin projette donc un point de vue néoplatonicien sur la *République*, qui correspond précisément aux mises en garde de Paul Friedländer dans son introduction à Platon[13]. Pour Friedländer, bien que Platon ait servi de source aux mystiques, il n'est lui-même pas un mystique[14]. L'exacerbation de l'importance de l'*epekeina* est le résultat d'une relecture néoplatonicienne, les néoplatoniciens étant « constamment engagé dans l'affirmation selon laquelle l'Un le plus haut est au-dessus de toute forme de prédication, parfois en faisant référence et en élargissant le concept platonicien d'‘au-delà’ », ce qui correspond à la démarche de Voegelin[15]. Cette démarche d'inspiration davantage néoplatonicienne que véritablement platonicienne est particulièrement notable dans son traitement de l'*agathon*, qui devient le modèle de la transcendance pure : « Quelle est l'idée de l'*agathon* ? La réponse la plus courte à cette question met le mieux en lumière l'élément décisif : sur le contenu de l'*agathon*, rien du tout ne peut être dit. C'est la découverte

10 E. Voegelin, « The Drama of Humanity », *CW* 33, p. 203.

11 *Ibid.*, p. 202.

12 Voir Platon, *The Republic*, vol. II, éd. P. Shorey (Loeb Classical Library), Cambridge, Harvard University Press, 1946, p. 106 *sq.* Il s'agit de l'édition utilisée par Voegelin.

13 Voir P. Friedländer, *Plato. An Introduction*, New York, Harper, 1964, p. 76 *sqq.*

14 *Ibid.*, p. 77.

15 Voir *ibid.*, p. 76.

fondamentale de l'éthique platonicienne. La transcendance de l'*agathon* rend impossible toute proposition immanente concernant son contenu[16] ». Dans la *République*, Platon ne s'avance pas aussi loin : « le bien n'est pas l'essence, mais quelque chose qui est au-delà de l'essence, dans une surabondance de majesté et de puissance » (509b9)[17]. Platon n'affirme pas une transcendance totale de l'*agathon* – il n'est pas absolument transcendant, mais transcende l'essence –, ni que toute proposition quant à son contenu est impossible. Voegelin, dans sa caractérisation de l'*agathon* comme transcendance pure se soustrayant à toute proposition, s'inscrit davantage dans l'exagération plus tardive contre laquelle Friedländer met en garde, représentée notamment par Plotin et Denys l'Aéropagite. C'est chez ces auteurs que la transcendance absolue du Bien est bien plus nette et se rapproche de la théologie négative de Voegelin. Pour Plotin, le Bien est « supérieur à l'être [*ousia*] », à l'acte (*energeia*), à l'intellect (*nous*) et à l'intellection (*noêsis*)[18]. Denys l'Aéropagite, en cherchant à introduire la doctrine chrétienne dans la pensée du Bien, accentue encore cette dimension et l'associe à l'idée d'un caractère ineffable du divin, ne pouvant être atteint que par un processus mystique : il convient d'attribuer à la « cause transcendante de toute choses [...] tout ce qui se dit des êtres, parce qu'elle est leur cause à tous, il convient davantage encore de nier d'elle tous ces attributs, parce qu'elle transcende tout être » ; « elle se situe au-delà de toute position, soit négative soit affirmative[19] ».

Deux conclusions peuvent être tirées de cette excursion dans le néoplatonisme. Premièrement, l'origine de la notion de transcendance revendiquée par Voegelin confirme l'ouverture – ou, pourrait-on dire, l'indétermination – fondamentale du concept, conforme à la position de la théologie négative. La transcendance échappe même à l'ontologie, elle ne s'inscrit pas dans une métaphysique, elle est une transcendance absolue et indéfinissable. Par conséquent, la transcendance n'est rien hors du processus mystique individuel, seul moyen par lequel on peut en découvrir les « indices ». Ce faisant, il est aussi manifeste que la transcendance, telle que la comprend Voegelin, a une dimension théologique,

16 E. Voegelin, *Order and History*, vol. 3, *CW* 16, p. 166.

17 Platon, *La République*, éd. G. Leroux, Paris, GF, 2002, p. 353 *sq.*

18 Voir Plotin, *Ennéades*, traité 54 (I, 7), 1, éd. L. Brisson et J.-F. Pradeau, Paris, GF, 2010, p. 246.

19 Pseudo-Denys l'Aéropagite, *La théologie mystique*, chap. I, § 2, 1000B, dans *Œuvres complètes du Pseudo-Denys l'Aéropagite*, trad. M. de Gandillac, Paris, Aubier, 1943, p. 178.

bien que négative. Son approche de la transcendance résulte moins d'une recherche métaphysique que de la théorisation d'une expérience mystique tirant son sens du point de vue théologique. En faisant dans un premier temps abstraction des difficultés qui peuvent découler de ce constat, une telle notion de la transcendance, fondamentalement ouverte et indéfinissable, est-elle malgré tout à même de fonder l'usage heuristique recherché ? Quelle sens prend-elle dans le cadre d'une philosophie politique ?

La notion de transcendance développée par Voegelin peut s'intégrer dans la problématique décrite par Vorländer, celle de la nécessaire réponse au problème du fondement et de la continuité de l'ordre politique. Cet aspect est abordé par Voegelin lui-même à travers l'idée de la « représentation transcendante », partie intégrante de la théorie de la représentation développée dans *The New Science of Politics*[20]. Selon Voegelin, la question de la représentation ne se limite pas à la représentation de la société par ses représentants, mais s'étend au fait que la société elle-même représente « quelque chose qui est au-delà d'elle-même, une réalité transcendante[21] ». Cette réalité transcendante peut prendre des formes diverses, toutes jouant un rôle équivalent dans le cadre de la représentation : elles sont la vérité que la société incarne et assurent ainsi son fondement et sa continuité. Les grands empires de l'Antiquité représentent l'ordre cosmique, une représentation qui se reflète dans certaines pratiques symboliques des détenteurs de l'autorité politique, visant à la conservation et au renouvellement de cet ordre[22]. Avec Platon et la philosophie classique émerge pour Voegelin l'idée selon laquelle la société représente l'ordre de l'âme – préservé ou corrompu –, dont chaque homme peut faire l'expérience. Dans la relation au divin transcendant se

---

20 Rappelons que les Walgreen Lectures de 1951, dont est issu l'ouvrage, portaient le titre « Representation and Truth ». Pour une approche générale de la théorie de la représentation de Voegelin, voir H.-J. Sigwart, « Krise der Moderne und moderne Demokratie : Eric Voegelins neoklassische Interpretation des westlichen Zivilregimes », *Zeitschrift für Politikwissenschaft* 18, vol. 4, p. 473-502. Trad. française (remaniée) B. Godefroy : « Crise de la modernité et démocratie moderne : l'interprétation néoclassique du régime civil occidental par Eric Voegelin », dans T. Gontier (éd.), *Politique, religion et histoire chez Eric Voegelin*, Paris, Cerf, 2011.

21 E. Voegelin, *The New Science of Politics*, p. 97 (*CW* 5, p. 130).

22 L'importance de ces pratiques a été particulièrement mise en valeur par Mircea Eliade. Voir notamment M. Eliade, *Aspects du mythe*, Paris, Gallimard, 1963 et *Le Mythe de l'éternel retour*, Paris, Gallimard, 1949.

forme une « idée universelle de l'homme », fondée sur l'expérience de la « transcendance universelle[23] ». La véritable représentation transcendante n'est donc possible que dans la « société ouverte » que Voegelin reprend aux *Deux sources de la morale et de la religion* de Bergson, une société ne posant pas d'obstacle à l'ouverture de l'âme vers le divin, contrairement aux « sociétés closes ». Ce faisant, il devient aussi manifeste que la notion de transcendance utilisée par Voegelin n'a pas seulement un but heuristique, mais également critique, comme il le reconnaît lui-même. En effet, la « transcendance » ne désigne pas toute idée directrice que la société pourrait représenter. Comme dans le cas de l'ouverture à la transcendance définie comme une constante de la nature humaine, la transcendance en question ne transcende pas seulement la société, mais aussi toute réalité immanente. Toutes les vérités ne se valent pas, d'où le rejet par Voegelin de tout « *realissimum* » immanent[24]. Au-delà de sa dimension heuristique, la notion de transcendance utilisée par Voegelin dans la représentation transcendante est donc aussi porteuse d'une dimension normative, dont le fondement reste à expliquer.

Cette dimension normative est particulièrement manifeste dans un usage supplémentaire de la notion de transcendance au niveau politique, qui diffère de la représentation transcendante, dont le sujet est la société dans son ensemble. Dans sa critique de Husserl développée dans *Anamnesis*, Voegelin évoque – uniquement dans cet ouvrage – une classe de la transcendance se démarquant nettement de la catégorie métaphysique ou théologique utilisée jusqu'ici, car il semble aussi considérer le « voisin » (*Nebenmensch*, littéralement l'« homme d'à côté »), le « tu » (*Du*), l'« *alter ego* », comme une forme de transcendance : « En soi, le voisin [*Nebenmensch*] est pour la conscience tout aussi transcendant qu'un processus de la nature[25] ». Le « tu » n'est pas constitué comme *alter ego* dans le moi, mais il est donné, il est comme toute transcendance un « fait de l'expérience » au-delà duquel il est impossible de remonter. Néanmoins, si l'autre est donc « donné », transcende le moi, reste à savoir comment l'autre est reconnu comme un égal, comment le *Nebenmensch* devient un *Mitmensch*, une question également au centre de l'œuvre de Löwith[26]. Sur

23 Voir E. Voegelin, *The New Science of Politics*, p. 115 (*CW* 5, p. 143).
24 Voir en particulier E. Voegelin, *Die politischen Religionen*, *op. cit.*, p. 16 *sq.*
25 E. Voegelin, *Anamnesis*, p. 47.
26 Voir K. Löwith, *Das Individuum in der Rolle des Mitmenschen* (1928), *SS* 1.

ce point, l'écart entre les deux œuvres présente un intérêt particulier pour préciser la notion de transcendance utilisée par Voegelin. Contrairement à la démarche immanente de Löwith, Voegelin résout en effet la question en ajoutant un degré supplémentaire de transcendance. L'égalité des hommes est rapportée à la symbolique particulière de l'Ancient Testament, où la création de l'homme « assure » l'égalité des hommes par le processus de génération, c'est-à-dire par leur ancêtre commun, Adam[27]. Ou, plus clairement : « [...] il n'existe aucune raison particulière [...] d'aimer les autres hommes s'ils ne participent pas au même *nous* divin et ont, ce faisant, un soi noétique ». La communauté des hommes est pensée sur le modèle de l'*homonoia* de Paul, la communauté chrétienne soudée par le *logos* du Christ[28]. Par conséquent, il est clair que la « transcendance » du *Nebenmensch* n'est qu'une transcendance de second rang. Comme Martin Buber dans *Ich und Du*, Voegelin rapporte la relation dialogique à un tiers plus élevé, Dieu[29]. On voit donc que, bien qu'il semble parfois possible de dégager une notion heuristique de la transcendance à partir de certains éléments de l'œuvre de Voegelin, cette ébauche est en fait constamment subordonnée à une notion de transcendance normative, laquelle ne se rapporte pas seulement au point de vue anthropologique, au fait de transcender et à l'expérience de la transcendance, mais présuppose la distinction métaphysique d'un domaine transcendant, le domaine du divin.

LA TRANSCENDANCE COMME NOTION THÉOLOGIQUE

La transcendance est-elle donc malgré tout indissociable d'une conception, même en négatif, de Dieu ? Vise-t-elle par conséquent avant tout à la réaffirmation du divin face à l'« immanentisme » moderne, une position difficilement compatible avec l'indétermination revendiquée par le concept heuristique ? Est-elle, en d'autres termes, le fondement

27 Voir E. Voegelin, *Anamnesis*, p. 49.
28 Voir E. Voegelin, « In Search of the Ground », *CW* 11, p. 231.
29 Voir M. Buber, *Ich und Du*, Stuttgart, Reclam, 2002.

d'une position « réactionnaire[30] » ayant pour véritable but un retour au religieux ? Cette dimension religieuse, et plus particulièrement chrétienne, est mise en avant dans certaines interprétations de l'œuvre de Voegelin, en particulier celles qui visent soit à utiliser Voegelin au service d'une réaction catholique ou au contraire à décrédibiliser son œuvre comme un exemple de théologie politique uniquement motivée par un radicalisme religieux[31]. Malgré leurs intentions différentes, ces deux directions aboutissent à des résultats similaires et peu convaincants. Cependant, outre les manques flagrants de l'argumentation qu'elles mettent en œuvre, il est aussi étonnant qu'elles ne se concentrent pas sur la notion pourtant fondamentale de la transcendance chez Voegelin, laquelle est bien au cœur du problème[32]. Compte tenu du flou dont cette dernière reste entourée – un flou dont Voegelin est lui-même partiellement responsable –, le lecteur reste dans un premier temps confronté à l'impression tenace mais difficile à préciser qu'il existe bien, à l'arrière-plan, un fondement religieux à cette notion de transcendance, laquelle ne serait donc pas heuristique, mais avant tout porteuse d'un contenu théologique normatif. Certains textes de l'œuvre tardive de Voegelin permettent de préciser cette impression.

Pour Voegelin, il est aujourd'hui impossible de parler d'un âge « post-chrétien » où le christianisme serait devenu superflu. En effet, le christianisme est une « vérité » à laquelle il est au contraire nécessaire de retourner en récupérant l'expérience qui est à son origine[33]. Cette

30 Voir notamment la recension de *The New Science of Politics* de George Catlin dans *Political Studies* 11, 2, 1954, p. 174-175.

31 Voir par exemple, comme représentant d'un point de vue catholique réactionnaire, l'ouvrage de C. Machek, *Die Rückkehr zu den Ursprüngen der politischen Philosophie. Die katholische Soziallehre, Leo Strauss, Eric Voegelin und die Aktualität des Naturrechts*, Paderborn, Ferdinand Schöningh, 2012. Dans la direction opposée, voir R. Faber, *Der Prometheus-Komplex. Zur Kritik der Politotheologie Eric Voegelins und Hans Blumenbergs*, Würzburg, Königshausen & Neumann, 1984. Dans un cas comme dans l'autre, ces ouvrages pêchent par un manque d'intérêt manifeste pour l'œuvre étudiée au profit d'une déformation idéologiquement motivée, bien que Faber se démarque positivement par certaines critiques pertinentes.

32 À l'inverse, la réception plus familière avec les œuvres de Voegelin, et qui reconnaît donc l'importance de la notion de transcendance, tend à éviter la question de sa détermination chrétienne. En effet, une telle interrogation menace l'universalité revendiquée de son propos, que cette réception tend souvent davantage à défendre qu'à analyser. Voir par exemple, précisément sur la question de la transcendance, G. Hughes, *Transcendence and History. The Search from Ancient Societies to Postmodernity*, Columbia/London, University of Missouri Press, 2003.

33 Voir E. Voegelin, « Immortality : Experience and Symbol » (1965), *CW* 12, p. 73.

vérité du christianisme s'explique par son lien à la question fondamentale et indépassable de la métaphysique, « pourquoi y a-t-il quelque chose plutôt que rien ? », une question constante dans l'œuvre de Voegelin, qu'il attribue alternativement à Leibniz ou à Schelling[34]. Pour lui, cette question est donnée, indéniable, elle va de pair avec l'expérience que fait l'homme d'être une créature, de devoir son existence à une source qui lui est extérieure[35]. Voegelin découvre ici, selon ses termes, une « constante de toutes les civilisations » et de toutes les sociétés : la recherche d'une réponse à la question métaphysique, qui motive la recherche du fondement[36].

Il est intéressant, afin de modérer la certitude d'une telle affirmation et de comprendre ce que sa mise en avant signifie quant à la philosophie de Voegelin, de rappeler les quelques remarques de Löwith au sujet de cette question, qui interviennent dans le cadre de sa critique de Heidegger et de la notion moderne d'existence[37]. « Pourquoi y a-t-il de l'étant et pas, bien plutôt, rien ? » est aussi pour Heidegger la question la plus importante, la plus originelle et la plus profonde de la philosophie. Là où Voegelin comme Heidegger voient une question fondamentale, Löwith voit cependant le résultat d'une philosophie restant prisonnière de la tradition chrétienne. La contingence radicale de tout étant ne peut être envisagée qu'à partir de l'idée de *creatio ex nihilo* – c'est cette doctrine, et non l'« expérience », qui est première dans l'ordre de la réflexion.

> Cette question ne peut être posée que parce qu'elle est précédée par l'histoire de la création, selon laquelle la totalité de l'étant, en tant que création à partir du néant, pourrait aussi ne pas être. Cela ne vient pas à l'idée de Heidegger, alors que le fait que cette question 'la plus originelle' n'ait jamais été posée par la pensée originelle des Grecs devrait tout de même faire réfléchir[38].

Il est question des prémisses de cette question. Pour reprendre les termes de Voegelin, c'est l'expérience d'être une « créature » sortie du néant

34 Voir notamment E. Voegelin, « In Search of the Ground » (1965), *CW* 11, p. 225 et *Die politischen Religionen*, *op. cit.* p. 65.

35 Voir E. Voegelin, « In Search of the Ground » (1965), p. 230 et *Die politischen Religionen*, *op. cit.*, p. 15.

36 Voir « In Search of the Ground » (1965), p. 225.

37 Voir K. Löwith, *Heidegger – Denker in dürftiger Zeit*, *SS* 8, p. 144 et *Wissen, Glaube und Skepsis*, *SS* 3, p. 267 *sqq.*

38 K. Löwith, *Heidegger – Denker in dürftiger Zeit*, *SS* 8, p. 144.

– présupposant donc l'idée d'une *creatio ex nihilo* issue d'une tradition bien déterminée – qui motive une question pourtant supposée fondamentale et inconditionnée. Implicitement, Voegelin s'inscrit donc par l'intermédiaire de la métaphysique dans la tradition chrétienne, ce dont il semble lui-même partiellement conscient. « La question elle-même, pourriez-vous objecter, implique sa réponse », remarque-t-il à ce propos[39]. En effet, la réponse à la recherche du fondement, une recherche supposée commune à toutes les civilisations, n'est pas véritablement une surprise : « il n'y a d'autre réponse que les symbolismes de la théologie ou d'un mythe ou de la métaphysique de l'être [*Being*] divin transcendant[40] ». L'être divin transcendant – et créateur – est donc la source de l'être, la réponse à l'expérience d'être une « créature » et à la question métaphysique. À ce titre, Voegelin oppose la « raison humaine », la raison des Lumières, vide de tout contenu, totalement relativiste et donc incapable de découvrir le fondement, à la « raison transcendante », seule porteuse d'un contenu et donc à même de prévenir les déraillements modernes, causés par un homme dénué de toute limite[41]. La structure du questionnement développé par Voegelin et la réponse ultime qu'il y apporte, l'être divin transcendant, concourent donc bel et bien à l'idée d'une motivation théologique de la notion de transcendance. Reste cependant la question de son contenu. Peut-on parler d'une pensée chrétienne, au sens où le « contenu », sur lequel Voegelin insiste souvent, serait repris à cette tradition ? Cette question est plus délicate et montre les limites d'une telle lecture.

En effet, le contenu dont il est ici question en opposition à la raison relativiste des Lumières n'est jamais précisé par Voegelin. La raison transcendante est certes porteuse d'un contenu normatif, mais ce dernier reste indéterminé. De même, l'être divin transcendant, le fondement métaphysique posé par Voegelin, reste – conformément à sa théologie négative – dénué de toute propriété autre que sa transcendance et le fait qu'il soit la source de l'être. Cette indétermination fondamentale du contenu, lequel occupe pourtant une fonction importante en tant que réponse au relativisme moderne, rend difficile d'associer la pensée de Voegelin à une réaction religieuse. À ce titre, sa lecture abstraite du

39 E. Voegelin, « In Search of the Ground » (1965), p. 225.
40 *Ibid.*
41 Voir *ibid.*, p. 234 *sq.*

christianisme joue un rôle fondamental. Il est ici nécessaire de distinguer le christianisme comme fait historique qui, comme nous le verrons, exerce bel et bien une fonction normative centrale au sein de la philosophie de l'histoire de Voegelin, du christianisme comme doctrine porteuse de sens, qui entre en jeu dans sa conception de la transcendance.

Cette difficulté est particulièrement évidente dans le quatrième volume d'*Order and History*, *The Ecumenic Age*, lequel contient le principal texte de Voegelin consacré au christianisme, le chapitre intitulé « The Pauline Vision of the Resurrected[42] ». Paradoxalement, alors que ses précédents ouvrages avaient conduit les partisans d'une réaction chrétienne à la modernité à voir en Voegelin un allié, la publication de *The Ecumenic Age* s'avéra être une déception. Leurs critiques mettent en valeur les limites d'une lecture « théologique » de la notion de transcendance, une lecture qui attribuerait à la pensée de Voegelin un fondement chrétien. La principale cible des critiques est la manière d'aborder le christianisme choisie par Voegelin. En effet, la figure dominante dans son approche est Paul, et non Jésus. La révélation est interprétée comme une « théophanie » intervenant dans la conscience de Paul et accessible seulement à partir de ses écrits. Autrement dit, la révélation est renvoyée à une expérience de la transcendance dont l'individu Paul, est le sujet, et dont les écrits sont le témoignage historique. Cependant, ce choix conduit aussi à accorder à l'incarnation de Dieu dans le Christ une place au mieux secondaire. Qu'elle ait véritablement eu lieu ou non n'est pas une question centrale, ce qu'accentue le désintérêt manifeste de Voegelin pour le débat autour de l'existence historique de Jésus[43]. D'un point de vue chrétien, la perspective de Voegelin aboutit donc à affaiblir l'importance de l'incarnation, laquelle devient superflue. Selon un de ces critiques, « l'exégèse de Paul par Voegelin n'aurait pas différé si l'on en avait complètement retiré Jésus[44] ». Il ne s'agit pas seulement d'une question symbolique. En effet, avec Jésus, c'est aussi une bonne partie du contenu du message chrétien qui est amputé. Pour ce même critique, « la chrétienté était née de la surprise créée par une personne particulière, Jésus, ses actions, ses enseignements, et des affirmations

42 E. Voegelin, *Order and History*, vol 4., *CW* 17, p. 303 *sqq.*

43 Voir *ibid.*, p. 325 et J. C. Herndon, *Eric Voegelin and the Problem of Christian Political Order*, Columbia/London, University of Missouri Press, 2007, p. 30.

44 G. Niemeyer, « Eric Voegelin's Philosophy and the Drama of Mankind », *Modern Age*, Winter 1976, p. 35.

comme le fait que les hommes doivent perdre leurs vies par amour pour lui, pour les regagner, qu'il sera celui auquel il auront à répondre au Jugement dernier, qu'il y aura une nouvelle alliance avec Dieu par son sang, qu'il mourra pour libérer l'humanité de son péché et que lui seul a une connaissance totale du Père[45] ». L'expérience chrétienne de la transcendance se démarque aussi précisément par ses conséquences pratiques, en particulier par son éthique. On peut penser au *Sermon sur la montagne*, lequel contient l'essentiel de l'enseignement éthique de Jésus et n'est pourtant que très rarement mentionné par Voegelin – quatre fois dans tout le corpus ! – et exclusivement dans un contexte négatif[46]. L'ensemble de ces éléments, ce contenu, disparaissent dans la perspective de Voegelin. Considérer la « théophanie de Paul » comme une expérience de la transcendance « équivalente » à d'autres, indépendamment de l'incarnation de Dieu dans le Christ et de l'enseignement de ce dernier, tend effectivement à supprimer l'originalité du message chrétien et à l'abstraire de ses déterminations concrètes.

Pour ces interprètes, il est par conséquent manifeste que le christianisme intervient chez Voegelin avant tout au service de sa propre pensée. Il en extrait les éléments qui l'intéressent tout en cherchant à expurger d'autres éléments problématiques. Outre la dimension éthique précédemment évoquée, cette sélection touche évidemment l'eschatologie. Bruce Douglass, parlant d'un « Évangile diminué », remarque que Voegelin ne le comprend pas dans sa fonction sotériologique[47]. L'Évangile n'est pas porteur de salut, l'existence humaine ne change pas. Tout élément tendant à une eschatologie chrétienne est neutralisé : l'idée d'un but

---

45 *Ibid.*

46 L'exemple le plus marquant se trouve dans *Order and History*, vol. 1, *CW* 14, p. 227 : « Dans le christianisme, les *logia* de Jésus, et en particulier le *Sermon sur la montagne*, ont efficacement désengagé le sens de la foi, de même que de la vie de l'esprit, des conditions de l'ordre civilisationnel particulier. La séparation fut même si efficace que la perte de compréhension de l'importance de l'ordre civilisationnel fut un danger certain pour de nombreux chrétiens. Tandis que les prophètes devaient se battre pour comprendre le yahwisme en opposition à l'ordre social concret d'Israël, une longue série d'hommes d'État chrétiens, de Saint Paul à Saint Augustin, durent combattre pour une compréhension des exigences de l'ordre social et politique, immanent au monde. [...] Les hommes d'État chrétiens durent montrer clairement que la foi dans le Christ n'était pas un substitut au gouvernement organisé ».

47 Voir B. Douglass, « A Diminished Gospel : A Critique of Voegelin's Interpretation of Christianity », in S. A. McKnight (éd.), *Eric Voegelin's Search for Order in History*, Baton Rouge / London, Louisiana State University Press, 1978, p. 139-154.

de l'histoire défini, synonyme de salut, ou encore la réponse au mystère de l'existence qu'apporte le christianisme. Voegelin préfère maintenir une « direction » de l'histoire, mais sans but défini, et maintenir sans réponse le mystère de l'existence. Il s'agit là, comme le remarque Douglass, d'une « chirurgie radicale[48] » qui, si elle s'inscrit dans une démarche compréhensible visant à expurger tout germe de gnosticisme du christianisme, rend aussi ce dernier méconnaissable. Dans son chapitre consacré à Paul, Voegelin cherche avant tout à atteindre ses propres objectifs, quitte à forcer l'interprétation des sources :

> Les motifs de cette entreprise sont relativement clairs [...]. Voegelin résout le problème de savoir comment donner un sens aux affaires du monde tout en déniant simultanément la possibilité du gnosticisme. L'existence terrestre peut être sauvée de la condition d'être un simple temps d'attente de la fin (comme c'est le cas dans la conception de l'histoire de Paul et d'Augustin). Mais il n'y a aucun danger qu'un tel réinvestissement de sens revendique la découverte de la 'Réponse' au mystère de l'existence humaine. De plus, la symétrie, ou l''équivalence' entre la philosophie classique et le christianisme, que Voegelin est toujours impatient de démontrer, est ainsi établie. En effet, l'interprétation de Voegelin a pour effet de rendre l'eschatologie chrétienne en substance similaire à la philosophie de l'histoire qu'il prétend trouver chez Platon et Aristote[49].

Cependant, reste à savoir si l'Évangile n'est pas ainsi rendu méconnaissable. En effet, comme l'ont bien remarqué ses critiques chrétiens, Voegelin est avant tout intéressé, dans son approche de la transcendance, par le maintien de la tension de l'existence – confirmant ainsi son point de départ anthropologique – mais non par la réponse qu'apporte le christianisme à cette tension, en particulier dans son eschatologie historique dirigée vers le Jugement dernier. Malgré sa critique de Rudolf Bultmann, Voegelin se rapproche de sa méthode par certains aspects, dans la mesure où il cherche lui aussi à supprimer dans le message chrétien les éléments contraires à sa conception de l'existence. La vérité du christianisme est seulement symbolique, et non « ontologique », ce qui permet de l'abstraire et de la retravailler en la ramenant aux expériences qui se trouvent à son origine[50]. Par conséquent, le christianisme intervient

48 *Ibid.*, p. 148.

49 *Ibid.*

50 Voir M. P. Morrissey, *Consciousness and Transcendence. The Theology of Eric Voegelin*, Notre Dame / London, University of Notre Dame Press, 1994, p. 232.

tout au plus comme un exemple de la conception de la transcendance de Voegelin, mais il ne lui donne pas son contenu. Comme l'a bien vu Michael P. Morrissey « Voegelin croit que l'incarnation de Jésus, pour emprunter l'expression de Whitehead, n'est pas la grande 'exception métaphysique' dans l'histoire, mais qu'elle est l''illustration principale' de la présence divine incarnée dans l'histoire[51] ». Une « illustration », mais non une transformation, tel est le rôle du christianisme dans la conception de la transcendance voegelinienne.

Ces critiques sont utiles pour montrer les limites d'une lecture, allant éventuellement de pair avec une critique, qui se limiterait à voir en Voegelin un penseur « théologique » ou « religieux ». S'appuyer simplement sur le refus de Voegelin de se définir lui-même par rapport à une religion spécifique, un refus fréquemment répété dans ses propos autobiographiques[52], est insuffisant, car il faut bien reconnaître qu'une telle affirmation de l'auteur ne signifie rien quant à sa pensée. À l'inverse de cette démarche peu convaincante, l'étude des fondements de sa notion de la transcendance donne des résultats plus nets. Il est ainsi impossible de distinguer dans cette notion un quelconque contenu spécifiquement chrétien. Au contraire, ce sont bien plutôt les transformations auxquelles est soumis le message chrétien afin de l'adapter à la perspective voegelinienne qui frappent[53]. En partant de ce constat, deux déterminations de la notion de transcendance chez Voegelin sont encore possibles. Afin de combiner l'apparente absence de tout contenu et son adaptabilité à divers courants tant philosophiques que théologiques, on pourrait décider en faveur d'une notion de transcendance « mystique », le plus petit dénominateur commun à ces traditions, et qui pourrait également s'accommoder du processus d'abstraction du christianisme entrepris par Voegelin. Cependant, c'est précisément la position que Voegelin revendique et qui lui permet de rester très vague dans sa détermination de la

51 *Ibid.*, p. 240.

52 Voir notamment E. Voegelin, *Autobiographical Reflections*, *CW* 34, p. 74 et la lettre à Alfred Schütz, du 1er janvier 1953, *Briefwechsel über « Die Neue Wissenschaft der Politik »*, *op. cit.*, p. 106.

53 Voir J. Gebhardt, « The Vocation of the Scholar », in S. A. McKnight ; G. L. Price (éds.), *International and Interdisciplinary Perspectives on Eric Voegelin*, Columbia/London, University of Missouri Press, 1997, p. 17 : « Vu de plus près, l''essence' du christianisme [chez Voegelin] se révèle être une exégèse philosophique moderniste, anti-traditionnelle et anti-doctrinale du cœur spirituel du christianisme historique ».

notion de transcendance[54]. Adopter la lecture « mystique » revient donc à répéter les propos de Voegelin sans apporter davantage de précision. Dans la mesure où la transcendance intervient avant tout dans le cadre d'une conception de l'existence humaine, il semble au contraire plus opportun de la lire comme une notion existentielle.

LA TRANSCENDANCE COMME NOTION EXISTENTIELLE

Il est souvent de bon ton, dans la littérature secondaire consacrée à Voegelin, de souligner le caractère « révolutionnaire » de son œuvre, nouvelle « révolution copernicienne » opposée à « toutes les écoles de pensée ». Voegelin serait, en définitive, un « penseur authentiquement indépendant[55] ». Les conséquences d'une telle appréciation, dont les exagérations peuvent paraître bénignes, sont cependant très problématiques. En effet, compte tenu de cette originalité fondamentale, l'œuvre de Voegelin ne pourrait qu'être « approchée en ses propres termes ». Il serait impossible de l'aborder d'un quelconque point de vue extérieur et inutile de chercher à l'intégrer à un contexte particulier ou à un courant de pensée défini. Le résultat auquel mènent de telles prémisses est connu : un autisme de la réception largement répandu et un nombre restreint d'études parvenant véritablement à dépasser la simple répétition pour atteindre une position claire permettant une compréhension critique de l'œuvre de Voegelin. La solution que nous proposons, à partir de la notion de transcendance, s'écarte de cette lecture habituelle. L'œuvre de Voegelin n'est pas « révolutionnaire », ce dernier n'est pas « authentiquement indépendant », mais est au contraire profondément influencé par le contexte intellectuel de son époque, et c'est seulement en passant par ce point de vue extérieur que les grandes lignes de son œuvre deviennent

54 Sur l'importance du mysticisme pour Voegelin, voir notamment E. Voegelin, *Autobiographical Reflections*, *CW* 34, p. 137.

55 Voir à titre d'exemple (il en existe beaucoup d'autres) E. Sandoz, *The Voegelinian Revolution. A Biographical Introduction*, Baton Rouge / London, Louisiana State University Press, 1981, p. 11. Sandoz ajoute encore que l'œuvre de Voegelin est « remarquablement exempte de toute polémique » !

visibles. À travers sa notion de transcendance, Voegelin reprend, c'est là l'élément décisif, un concept hérité de la philosophie de l'existence allemande particulièrement active dans l'entre-deux-guerres, à travers les œuvres de Martin Heidegger et de Karl Jaspers. C'est surtout ce dernier dont l'influence est d'une importance fondamentale pour comprendre la pensée de Voegelin selon l'hypothèse avancée, c'est-à-dire comme une philosophie de l'existence construite autour de sa conception de la transcendance[56].

Les fondements d'une telle interprétation ont été posés par Voegelin lui-même. En effet, bien qu'il tende lui aussi à affirmer l'indépendance de sa pensée, ses quelques commentaires consacrés à Jaspers se démarquent par leur caractère positif de son attitude habituellement critique vis-à-vis de ses contemporains. Ainsi, dans sa correspondance, Voegelin mentionne à de multiples reprises sa participation aux cours de Jaspers à Heidelberg, dans les années 1920, ainsi qu'une rencontre à Bâle en 1950[57]. Surtout, il considère ces contacts comme ayant eu une influence importante et durable sur sa pensée[58]. Deux aspects de l'œuvre de Jaspers jouent un rôle chez Voegelin. Il s'agit, premièrement, de la philosophie de l'histoire développée en 1949 dans *Vom Ursprung und Ziel der Geschichte* et de la conception de l'« âge axial », abondamment discutée par Voegelin dans ses œuvres tardives et présentée comme une tentative intéressante devant toutefois être approfondie et dépassée[59]. À ce titre, la philosophie de l'histoire de Jaspers fait certes figure de fondement, mais elle est un fondement insuffisant et devant être remis en question.

56 Hans-Jörg Sigwart considère au contraire que Voegelin ne peut être considéré comme un penseur de la philosophie de l'existence, mais ne fonde ce jugement que sur la comparaison entre Voegelin et Heidegger. Or, comme il le reconnaît lui-même, c'est bien Jaspers, et non Heidegger, qui eut une nette influence sur Voegelin. La conclusion à laquelle aboutit Sigwart me semble donc être la conséquence du choix contestable de mettre en avant Heidegger plutôt que Jaspers. Voir H.-J. Sigwart, *Das Politische und die Wissenschaft. Intellektuell-biographische Studien zum Frühwerk Eric Voegelins*, Würzburg, Königshausen & Neumann, 2005, p. 87 *sqq.* Pour une comparaison détaillée de Voegelin et Heidegger, voir C. Schwaabe, « Seinsvergessenheit und Umkehr. Über das 'richtige Denken' bei Eric Voegelin und Martin Heidegger », *Occasional Papers*, V, juin 1997.

57 Voir la lettre à Eugene Webb du 16 février 1977, *CW* 30, p. 822 et les lettres à Alfred Schütz du 27 juillet 1950, à Adolf Merkl du 26 octobre 1950 et à Henry A. Moe du 18 mai 1951, *CW* 30, respectivement p. 58, 62 et 94.

58 Voir la lettre à Russell Nieli du 22 mai 1973, *CW* 30, p. 766 : « Au sujet des problèmes de l'existence, j'ai été bien sûr influencé par Jaspers et Heidegger ».

59 Voir en particulier E. Voegelin, *Order and History*, vol. 4, *The Ecumenic Age*, p. 47-51 et 380-385.

Le deuxième aspect de l'œuvre de Jaspers repris par Voegelin est, bien qu'il soit davantage déterminant, moins explicitement mis en avant dans son œuvre et est donc passé largement inaperçu dans la réception. Il s'agit de la métaphysique de Jaspers, laquelle n'est pas, contrairement à sa philosophie de l'histoire, reprise par Voegelin comme une première étape devant être critiquée, mais comme un véritable fondement sur lequel s'appuie sa propre pensée, comme une présupposition nécessaire à sa compréhension. En particulier, cette métaphysique intervient directement pour soutenir sa conception de la transcendance, ce que Voegelin lui-même reconnaît ouvertement. Les « formes de pensée dans la métaphysique » permettant d'exprimer les expériences de la transcendance auraient ainsi été « brillamment traités par Jaspers dans le troisième volume de sa *Philosophie* ». En prenant pour base la théorie de Jaspers, il serait possible, selon Voegelin, de trouver une voie permettant d'approcher le problème de la transcendance non à travers des « catégories ontologiques », mais à partir des « catégories de la spéculation mystique » ; « Le processus philosophique ne débute jamais avec les catégories de l'être mais, comme chez tout penseur important, avec la rationalisation des expériences de Dieu au moyen de la *via negativa* mystique[60] ». L'influence majeure de Jaspers sur la pensée de Voegelin se situe donc à un niveau plus profond que ne pourrait le laisser penser la controverse au sujet de l'âge axial. Elle se situe en effet au niveau de la démarche philosophique elle-même, le processus mystique de la *via negativa* revendiqué par Voegelin, et des fondements métaphysiques d'une telle entreprise. Interrogé à la fin de sa vie sur les ressemblances entre son œuvre et celle de Jaspers, toutes deux marquées par la « foi philosophique, l'influence de Schelling, les préoccupations politiques », Voegelin offre une réponse surprenante de la part d'un penseur toujours soucieux de préserver son indépendance vis-à-vis de toute classification, ne mentionnant pour seule « objection » – du reste compréhensible – que la longueur et le manque de clarté des écrits de Jaspers[61].

Quels éléments de la métaphysique de Jaspers Voegelin intègre-t-il à sa pensée ? Il ne s'agit pas ici d'exposer la métaphysique de Jaspers dans son ensemble, une tâche bien trop vaste et de surcroît inutile car Voegelin

60 Lettre à Friedrich Engel-Janosi du 1er février 1943, *CW* 29, p. 354.

61 Voir E. Voegelin, « Autobiographical Statement at the Age of Eighty-Two », *CW* 33, p. 445.

ne la reprend pas intégralement, mais de mettre en lumière seulement les éléments permettant d'éclairer sa compréhension de la transcendance et, ce faisant, montrant pourquoi il est justifié de considérer sa pensée comme une philosophie de l'existence[62]. Comme Voegelin, Jaspers se sert de la notion de transcendance pour introduire la pensée de Dieu dans sa métaphysique, mais tous deux adoptent un point de vue existentiel et non, comme nous l'avons déjà souligné, théologique[63]. Comme Voegelin, Jaspers ne défend donc pas une notion claire et distincte de la transcendance, dans la mesure où celle-ci échappe à toute pensée rationnelle. L'existence elle-même échappe à la facticité[64]. La transcendance est avant tout un mystère, un « gouffre », « vide pour l'intellect ». La transcendance se réduit à l'acte de transcender, « où cette profondeur s'ouvre et où la recherche menée par le *Dasein* temporel devint une découverte[65] ». La transcendance est la « réalité absolue, au-delà de laquelle rien n'est ; je me tiens devant elle en silence[66] ». Compte tenu de ce caractère ineffable de la transcendance, Jaspers insiste sur l'impossibilité de l'approcher comme autre chose qu'une expérience. C'est dans l'expérience et par l'expérience que la transcendance est : « l'expérience est la source, de manière parallèle à la connaissance empirique, pour s'assurer de la transcendance[67] ». Du même coup, il est impossible d'assigner à la transcendance un être indépendant de l'expérience qu'en fait l'homme dans son existence : « Ce qu'est l'expérience, indépendamment de l'homme pour lequel elle est, ne doit pas être interrogé[68] ». Ainsi comprise, la transcendance reste donc nécessairement « indéterminée bien qu'elle

---

62 L'influence de Jaspers sur la conception de la transcendance chez Voegelin n'a pour l'instant fait l'objet que d'une seule étude de U. Kessler, *Die Wiederentdeckung der Transzendenz. Ordnung von Mensch und Gesellschaft im Denken Eric Voegelins*, Würzburg, Königshausen & Neumann, 1995. Bien que cet ouvrage présente un intérêt certain pour mieux comprendre les enjeux de cette problématique et ait le mérite d'avoir attiré l'attention de la réception sur l'importance de Jaspers, il pêche par sa brièveté et des conclusions parfois un peu superficielles. C'est notamment le cas de la notion de « culture intellectuelle » commune, à laquelle sont ramenées les similarités entre Voegelin et Jaspers, très vague et ne permettant pas une prise de position nette.

63 Pour le glissement de la transcendance à Dieu chez Jaspers, voir *Philosophie*, vol. 3, *Metaphysik* (1932), Berlin, Springer, 1973, p. 66 *sq.*

64 Voir E. Voegelin, « The Gospel and Culture » (1971), *CW* 12, p. 176 : « L'existence n'est pas un fait ».

65 K. Jaspers, *Philosophie*, vol. 3, *op. cit.*, p. 3.

66 *Ibid.*, p. 9.

67 *Ibid.*, p. 130.

68 *Ibid.*, p. 164.

soit », sans toutefois pouvoir être reconnue et pensée. Elle est cependant « présente », on sait « *qu'*elle est, non *ce qu'*elle est [daß *sie ist, nicht* was *sie ist*][69] ». C'est pourquoi Jaspers s'oppose à toute tentative de démontrer la transcendance ou de déterminer ses attributs. De l'être de la transcendance ne peut qu'être dit, reprenant les termes de l'*Exode*, « *il est ce qu'il est*[70] ». Face aux différentes preuves de l'existence de Dieu développées au cours de l'histoire de la philosophie, il maintient donc que « le fait que la transcendance soit *ne peut être garanti par aucune constatation empirique et aucune déduction impérative.* L'être de la transcendance est rencontré dans l'acte de transcender [*im Transzendieren*], mais il n'est ni observé ni imaginé[71] ». Par conséquent, l'être de la transcendance ne peut être appréhendé hors de l'expérience qu'en fait le *Dasein*, il est déduit et ne peut être approché que par la méthode de la *via negativa* revendiquée aussi par Voegelin, seule à même de saisir le mystère de la transcendance dans son indétermination[72].

Mais, en tant qu'expérience, en tant que processus mystique, par quel cadre conceptuel peut-on l'approcher ? Comment discerner la transcendance sans détruire du même coup l'expérience ? Jaspers répond à cette question d'une manière préfigurant clairement la voie choisie par Voegelin, dans la mesure où il oppose à toute perspective dogmatique une alternative fondée sur l'interprétation des symboles. La métaphysique de Jaspers exclut ainsi l'ontologie, « la voie de la consolidation de l'être véritable en une *connaissance* de l'être », une démarche qu'il considère comme néfaste car elle prend l'être pour un objet fini comme un autre, sur le modèle de la connaissance empirique, au détriment de sa dimension existentielle. Mais l'être n'est pas un objet, il est le fruit de l'expérience. En opposition à l'ontologie, Jaspers promeut donc une « *lecture de l'écriture en chiffre* » qui laisse transparaître l'expérience de l'être en « *suspension*[73] », c'est-à-dire en tension vers la transcendance. Le « chiffre » (*Chiffre*) correspond, dans la métaphysique de Jaspers, au « symbole » chez Voegelin. Le chiffre est « l'être qui amène la transcendance à la présence sans que la transcendance ne doive devenir être

69 *Ibid.*, p. 67. Les passages en italique des citations de Jaspers sont déjà présents dans le texte original.
70 *Ibid.*
71 *Ibid.*, p. 199.
72 Sur la théologie négative chez Jaspers, voir *ibid.*, p. 38 *sq.*
73 *Ibid.*, p. 161.

comme être-objet ni que l'existence ne doive devenir être comme sujet-être[74] ». Dans le chiffre reste préservée l'étrangeté fondamentale de la transcendance, irréductible à un objet, et la profondeur de l'existence du *Dasein*, irréductible à la subjectivité. Le chiffre est le signe de la transcendance dans l'immanence, il est la « transcendance immanente » par laquelle la transcendance se révèle à nous[75]. Par conséquent, chiffre et transcendance sont indissociables pour le *Dasein* :

> *Qu'il y ait un chiffre est pour nous identique avec le fait même qu'il y ait transcendance*, car nous ne pouvons pas, en tant que *Dasein*, appréhender la transcendance d'une autre manière que dans le *Dasein*. À la place de la question pourquoi le *Dasein* est, nous sommes confrontés à la question *pourquoi est le chiffre*. La réponse à cette dernière est la suivante : *le chiffre est pour la conscience existentielle la seule forme dans laquelle la transcendance se découvre à elle, le signe que l'existence de la transcendance est certes cachée, mais qu'elle n'a pas disparu*[76].

C'est en tenant compte de cette irréductibilité du chiffre, seul moyen d'accès à la transcendance pour le *Dasein*, que devient claire la raison pour laquelle Jaspers abandonne l'ontologie au profit d'une « lecture de l'écriture en chiffre ». L'existence de la transcendance reste toujours un mystère, préservé dans le chiffre, lequel permet toutefois d'y accéder, dans les limites de l'existence du *Dasein*, marqué par la finitude.

Dans le chiffre, la transcendance est donc à la fois masquée, mais aussi une réalité pour le *Dasein*. Le chiffre est un indice de la présence du divin, une présence qui ne peut toutefois devenir entière que dans l'expérience de la transcendance, dont le chiffre est la concrétisation. La transcendance est donc toujours rapportée à l'homme, elle n'est que dans son rapport à l'homme. Mais elle n'est toutefois pas soumise à sa décision arbitraire ; elle est nécessaire en tant qu'elle appartient à la nature de l'homme et de son existence. La transcendance n'est pas l'objet d'un choix, elle s'impose à l'homme : « L'homme est ce qui tend au-delà de lui-même ; il ne se suffit pas à lui-même[77] » ; « [L'existence] est le *manque* indépassable, car sans fin, qui va de pair avec la *recherche* de la transcendance. L'existence n'est qu'en rapport à la transcendance ou pas du tout[78] ». Bien que la

---

74 *Ibid.*, p. 137.
75 *Ibid.*
76 *Ibid.*, p. 205 *sq.*
77 *Ibid.*, p. 165.
78 *Ibid.*, p. 6.

transcendance ne puisse jamais être pensée hors de l'existence du *Dasein*, elle n'en est donc pas moins un élément nécessaire de l'existence, une idée que l'on retrouve chez Voegelin, pour qui l'existence est nécessairement en tension vers la transcendance[79]. Pour Jaspers non plus, l'expérience de la transcendance ne fait pas de doute, la transcendance n'est jamais remise en question. L'existence ne peut se poser que par rapport à la transcendance, elle peut choisir de l'ignorer, se poser contre elle ou l'accepter, mais même l'ignorer revient à une négation active de la transcendance, et donc à un « comportement négatif » vis-à-vis d'elle[80]. Pour Jaspers comme pour Voegelin, l'existence, même dans la négation, n'échappe pas à la transcendance[81]. En fin de compte, le *Dasein* est donc confronté au choix entre l'existence authentique, ouverte à la transcendance, et l'existence fausse, fondée sur un rejet menant au « désarroi », au « vide ». La tentation de se poser comme l'« être véritable », autonome, est bien présente, mais l'existence se ferme alors à son propre devenir[82]. La transcendance est immanentisée et l'homme se pose comme nouveau Dieu. C'est le choix entre la « chute » et l'« ascension » : « Je n'appréhende pas la transcendance en la pensant ou en l'abordant à partir d'une quelconque règle de l'action qui peut être répétée. Je me tiens dans l'essor vis-à-vis d'elle ou dans la chute[83] ». Face à la transcendance, il n'existe pas d'indécision. L'existence s'y ouvre ou s'y ferme. Elle est existence authentique ou non. Selon Jaspers, la « tension », consciente et acceptée, est donc l'élément fondamental de l'existence. Cette tension est le « destin » de l'homme auquel il ne peut se soustraire[84].

La conception de l'existence en tension, ouverte sur la transcendance, pourrait passer pour une simple construction métaphysique, détachée de tout rapport à la réalité. Bien que Jaspers rejette la pensée uniquement empirique, fermée à la dimension existentielle, il est toutefois conscient de cette difficulté et cherche à lui apporter une réponse, préfigurant à nouveau la direction choisie par Voegelin, en mettant l'accent sur l'« historicité

79 Voir notamment E. Voegelin, « In Search of the Ground » (1965), *CW* 11, p. 241.
80 Voir K. Jaspers, *Philosophie*, vol. 3, *op. cit.*, p. 4.
81 Voir *ibid.*, p. 79. Concernant Voegelin, on se souvient notamment de son « diagnostic » de Nietzsche. Voir E. Voegelin, « Nietzsche and Pascal », *op. cit.*, p. 293 *sq.* et VL 17/12/44, p. 772.
82 Voir *ibid.*, p. 4.
83 *Ibid.*, p. 83.
84 Voir *ibid.*, p. 79.

de la métaphysique[85] ». La transcendance n'est pas une construction métaphysique abstraite, mais un fait historique, la transcendance se révèle dans et par l'histoire : « la réalité de la transcendance ne peut être véritablement présente que dans la situation historique concrète[86] » ; « Parce que la vérité de la transcendance pour l'existence dans le *Dasein* n'est pas une vérité valable de tout temps, qui devrait être saisie comme le sont les vues de la raison, elle doit avoir cette forme historique[87] ». La divinité reste cachée, mais se révèle indirectement « par l'historicité », dans les chiffres que le *Dasein* doit décrypter[88]. Du fait de cette historicité fondamentale de la transcendance, il est impossible d'en avoir une connaissance entière et définitive, elle n'est pas une « vérité valable de tout temps », mais la vérité de la transcendance ne s'appréhende que comme « historique[89] ». La transcendance ne peut qu'être « entendue dans la réalité historique[90] ». De cette historicité fondamentale de la notion de transcendance dans la métaphysique de Jaspers découle la place prépondérante qu'il accorde à l'histoire par rapport à la nature :

> Comparée avec la *nature*, ce qui m'est étranger, l'*histoire* est le *Dasein* de mon propre être. Empiriquement, elle est certes totalement dépendante de la nature, qui broie tout ; mais la nature est impuissante en raison de son absence de but, son règne dans le temps comme pure durée est finalement le signe de son impuissance. Empiriquement, l'histoire est impuissance car, écrasée par la nature, elle trouve sa fin dans le temps ; mais cette impuissance est l'expression de sa puissance comme apparition historique de la transcendance dans les existences[91].

L'histoire est supérieure à la nature car elle est dotée d'un sens et d'un but. Elle ne signifie par l'éternel retour du même, mais par elle révèle la présence de la transcendance dans l'existence temporelle. Cette valeur prédominante de l'histoire fonde le programme d'une recherche par l'histoire de la transcendance, qui peut être « *seulement appréhendée historiquement*[92] », un programme que reprend et poursuit Voegelin.

85 *Ibid.*, p. 18 *sqq.*
86 *Ibid.*, p. 10.
87 *Ibid.*, p. 24.
88 Voir *ibid.*, p. 67.
89 *Ibid.*, p. 25.
90 *Ibid.*, p. 130. Voir aussi p. 200.
91 *Ibid.*, p. 184.
92 *Ibid.*, p. 23.

Les principales caractéristiques de la métaphysique de Jaspers attestent de son influence profonde et durable sur la pensée de Voegelin, en particulier sur sa conception de la transcendance, l'élément central de son œuvre tardive. Parmi ces caractéristiques, on remarque en particulier la réduction de la notion de la transcendance à une expérience de la transcendance, l'expression de cette dernière dans des « chiffres », seuls moyens d'accès à la transcendance pour le *Dasein*, la conception d'une existence authentique en tension, ouverte à la transcendance, et enfin l'affirmation de l'historicité de la métaphysique. Bien que ces éléments paraissent introduire un certain relativisme dans la mesure où la transcendance, n'ayant pas d'être séparé, serait rapportée à chaque *Dasein* qui en fait l'expérience, Jaspers pose un présupposé fondamental, repris par Voegelin. L'expérience de la transcendance n'est pas arbitraire, elle est au contraire un élément essentiel de la nature de l'homme. Tant pour Jaspers que pour Voegelin, elle est donc inévitablement liée à l'existence, qui se positionne nécessairement par rapport à elle. L'ouverture à la transcendance peut être considérée comme un « existential » au sens de Heidegger. Le *Dasein* peut l'accepter ou la refuser, opter pour l'existence authentique ou l'existence fausse, être un « gnostique » ou non, mais il ne peut se soustraire à cette tension existentielle. Pour Voegelin, « la nature de l'homme est en principe connue. On ne peut pas créer de nouvelle nature de l'homme en découvrant quelque chose de neuf. La nature de l'homme est l'ouverture vis-à-vis de la transcendance[93] ».

Cette conception de l'existence authentique n'est rien d'autre que le fil directeur de l'œuvre de Voegelin. Elle explique pourquoi son adversaire majeur est, de son point de vue, la « philosophie de l'existence inversée », la corruption de l'existence présente chez Calliclès jusqu'aux déraillements modernes. Elle explique aussi pourquoi, à la suite de Jaspers, Voegelin fait de la notion de transcendance le centre de cette conception de l'existence, où la notion de transcendance conserve un arrière-plan théologique – comme nous l'avons vu, « transcendance » désigne de manière assez transparente, chez Jaspers, Dieu dans sa conception chrétienne – mais ne s'y réduit pas. Le caractère normatif de la pensée de Voegelin est plus subtil que ne le laisse penser une lecture mettant l'accent sur une prédétermination « religieuse ». Tant la lecture en termes de « réalisme spirituel », qui fait de la transcendance chez

93 E. Voegelin, « In Search of the Ground » (1965), *CW* 11, p. 241.

Voegelin un concept heuristique, que la lecture « théologique » doivent être rejetées. C'est au niveau existentiel que se situe le « dogmatisme » de sa pensée précédemment évoqué, un dogmatisme incompréhensible s'il est conçu comme simplement « religieux », mais doit au contraire être compris comme une conception de l'existence authentique formant le cœur d'une véritable philosophie de l'existence[94].

Cependant, une difficulté subsiste dans la mesure où le dogmatisme de Voegelin est d'un ordre particulier ; il est, nous l'avons vu précédemment, historiciste. Cette particularité répond précisément à une difficulté découlant de l'œuvre de Jaspers. La conception de l'existence authentique ne repose-t-elle pas sur une tautologie ? La découverte de l'existence authentique dans la métaphysique n'est-elle pas le résultat d'un simple présupposé gratuit, détaché de toute réalité ? Ainsi, Jaspers affirme : « Dans cette absolutisation incompréhensible [de l'homme, du point de vue immanentiste], on parle comme si l'on savait ce qu'est l'homme ». Mais, toujours selon Jaspers, « l'homme est ce qui tend au-delà de lui ; il ne se suffit pas[95] ». Contrairement à la critique qu'il formule contre ses adversaires, Jaspers semble donc lui aussi parler comme s'il savait ce qu'est l'homme. Le chiffre est pour nous le signe qu'il y a la transcendance. Pour le chiffre est-il ? Car il est la seule forme dans laquelle la transcendance se découvre à nous. Le raisonnement de Jaspers est essentiellement tautologique et aboutit à un cercle ; le chiffre nous montre la transcendance et la transcendance se découvre dans le chiffre. Jaspers a bien conscience de cette tautologie dans la pensée de la transcendance, mais elle ne peut selon lui être évitée. « Dans la mesure où philosopher revient à méditer la transcendance, philosopher revient, au moment décisif, à un *cercle* qui, bien qu'il détruise la pensée en tant que découverte prouvée, révèle son caractère philosophique à travers sa force d'expression et sa portée. Le cercle peut se réduire à une *tautologie* [...][96] ». La pensée de la transcendance nécessite donc toujours un « saut » de la pensée de l'objet au non-objet, du démontrable à l'indémontrable[97].

94 Dans la littérature secondaire, Volker Gerhardt semble être le seul à avoir clairement vu que Voegelin défend une philosophie de l'existence, certes « sans existentialisme ». Voir V. Gerhardt, « Politik und Existenz. Eric Voegelins Suche nach der Ordnung in uns selbst », *Philosophische Rundschau*, vol. 48, 2001/3, p. 187.

95 K. Jaspers, *Philosophie*, vol. 3, *op. cit.*, p. 165.

96 *Ibid.*, p. 17.

97 *Ibid.*, p. 67.

La solution à ce problème, que Jaspers lui-même esquisse, se trouve dans l'historicité. En devenant un « fait historique » – on pense ici, bien entendu, à l'incarnation de Dieu dans Jésus-Christ –, la transcendance dépasse le cadre métaphysique pour s'installer dans la dimension empirique. L'histoire confirme la conception de l'existence authentique et vient justifier par les faits historiques le « saut » requis. En effet il est alors possible d'affirmer que c'est dans la réalité historique que se découvre la vérité de l'existence. C'est cependant sur ce point que Voegelin se démarque de l'influence de Jaspers. Ce dernier a manifestement vu cette difficulté et cherché, avec *Vom Ursprung und Ziel der Geschichte*, à appuyer sa philosophie de l'existence sur une philosophie de l'histoire. Mais ce lien est beaucoup plus clair chez Voegelin, qui conçoit d'emblée son projet comme une investigation de l'existence historique, où la métaphysique reste implicite et n'est, en apparence, que déduite de l'analyse empirique. Tandis que la philosophie de l'histoire de Jaspers pêche par son étroitesse et son point de vue clairement centré sur l'Occident, des faiblesses que Voegelin a bien repérées, ce dernier entreprend un projet beaucoup plus ambitieux, ne serait-ce qu'au niveau de la diversité des sources qu'il prend en compte. Néanmoins, il ne faut pas oublier que reste, en arrière-plan, comme présupposé, cette conception de l'existence authentique héritée de la philosophie de l'existence et qui motive des projets qui restent, en définitive, similaires. Le projet de Voegelin, sa philosophie de l'histoire, ne prend sens que comme justification d'une philosophie de l'existence influencée par Jaspers. Comme chez ce dernier, la philosophie de l'histoire intervient bien dans un second temps. Mais c'est par l'intermédiaire de cette philosophie de l'histoire que le dogmatisme de Voegelin qui, contrairement à Jaspers, ne soutient pas ouvertement une métaphysique, prend aussi toute son ampleur. C'est aussi précisément ce qui fait l'originalité de sa pensée, un des rares exemples d'une philosophie de l'existence historiciste.

L'EXISTENCE AUTHENTIQUE, PRINCIPE DIRECTEUR DE L'ORDRE DE L'HISTOIRE

La philosophie de l'existence encadre et détermine la question de l'ordre de l'histoire dans l'œuvre de Voegelin. La philosophie de l'histoire intervient au service de la philosophie de l'existence. C'est cette dernière, liée à l'influence de Jaspers, qui détermine les données fondamentales du problème auquel cherche à répondre l'œuvre de Voegelin. Comment assurer que la transcendance sur laquelle se fonde cette conception de l'existence n'est pas le produit d'une métaphysique simplement affirmée par le philosophe, mais exempte de tout fondement ? Ne s'agit-il pas simplement de la création d'un nouvel « arrière-monde » ? En réponse à cette question, Jaspers fait déjà signe vers la nécessité de situer la métaphysique dans l'histoire, de faire de l'expérience de la transcendance un fait historique[1]. Mais, pour Voegelin, une difficulté supplémentaire s'ajoute compte tenu de son rejet d'un sens de l'histoire, une construction idéologique au cœur du « déraillement » moderne et rendant possible la politisation du temps. Il est pour lui nécessaire d'éviter de construire une nouvelle *historiogenesis*, une construction unilinéaire de l'histoire la dotant d'un sens immanent et nécessaire, venant légitimer l'ordre politique donné. Faire de la métaphysique un développement historique impose donc une construction normative de l'histoire suffisamment faible pour ne pas tomber dans les travers de l'affirmation d'un nouvel *eidos* de l'histoire. Inversement, le dépassement de la temporalisation du politique implique aussi que celui-ci ne soit pas réduit à la seule situation et fondé sur une ontologie temporelle excluant toute sempiternité, mais au contraire subordonné à une ouverture sur la transcendance éternelle. Il s'agit donc de trouver une fondation suffisamment faible pour exclure un sens de l'histoire, mais suffisamment forte pour

1 Voir K. Jaspers, *Philosophie*, vol. 3, *op. cit.*, p. 24 *sqq.*

dépasser une ontologie purement temporelle. Pour répondre à ce défi, Voegelin choisit la voie d'une philosophe historiciste de l'existence qui projette la conception de l'existence authentique, héritée de Jaspers, dans l'histoire ; elle doit émerger de l'histoire, sans pour autant imposer un sens de l'histoire. L'histoire doit, par conséquent, être compatible avec la vérité de l'existence préalablement posée par cette philosophie de l'existence[2]. La philosophie de l'histoire a valeur d'étape nécessaire pour ancrer dans l'histoire la conception de l'existence authentique, centrée sur la transcendance, et lui assurer ainsi un fondement empirique permettant de dépasser l'écueil que serait l'affirmation d'un système métaphysique, d'une ontologie forte. Mais, afin d'éviter la création d'un *eidos* de l'histoire, Voegelin est aussi contraint de présenter la découverte de la conception de l'existence authentique dans l'histoire comme le produit d'une démarche empirique qui se justifie avant tout par une accumulation de matériel historique apparemment sans fin[3]. Voegelin parvient-il alors à faire coïncider l'ordre de l'existence et l'ordre de l'histoire, à ancrer la transcendance dans l'histoire et ainsi à trouver une fondation faible du politique ?

La philosophie de l'histoire de Voegelin est d'emblée travaillée par une tension entre son historicisme affiché et son arrière-plan métaphysique masqué, entre la démarche empirique et l'affirmation d'un postulat, une tension que Voegelin se révèlera incapable de résoudre définitivement et qui constitue une menace constante pour son projet[4]. C'est là que se

---

2 Voir notamment « The Gospel and Culture » (1971), *CW* 12, p. 208 : « Si l'histoire doit être compatible avec la vérité de l'existence, elle doit être symbolisée comme un processus de la révélation ».

3 Voegelin, à la fin de sa vie, s'intéressa même à la préhistoire afin d'y retrouver les expériences de la transcendance découvertes dans les autres époques. Indirectement, cette anecdote révèle la faiblesse de la démonstration historiciste, laquelle aboutit à un catalogue infini d'expériences, remontant toujours plus loin dans le temps afin de démontrer leur caractère originel. Voir la correspondance de Voegelin avec l'archéologue amatrice Marie König – qui fut aussi influencée par Jaspers –, publiée dans *CW* 30. L'œuvre contestée et pour le moins spéculative de König est une des principales références de Voegelin pour la préhistoire.

4 Voir par exemple E. Voegelin, « The Meaning of Industrial Society », *CW* 33, p. 101 *sq.* Ce texte est extrait des actes en français des Colloques de Rheinfelden, auquel Voegelin participa sur invitation de Raymond Aron. Voir R. Aron et al. (éd.), *Colloques de Rheinfelden*, Paris, Calmann-Lévy, 1960, p. 293 : « Ainsi cette ouverture de l'âme, comme phénomène de l'histoire, qui est à la base de tout débat rationnel, est un postulat que nous devons prendre comme point de départ ». Il n'est donc pas clair si l'ouverture de l'âme est un phénomène historique ou un postulat de l'analyse.

situe l'aspect le plus problématique de son œuvre, remettant en cause à la fois sa cohésion interne et les conséquences qu'il est possible d'en tirer. En cherchant à « prouver » sa métaphysique non par une argumentation rationnelle, mais par l'histoire, Voegelin s'expose en effet au danger de devoir recourir à des structures eschatologiques communes avec la politique du temps qu'il cherche à combattre, un danger auquel son œuvre succombe en partie. Un texte en particulier rend visible cette tension fondamentale et les problèmes qui en découlent. En juillet 1958, Voegelin participe sur invitation de Raymond Aron à un colloque à Cerisy-la-Salle intitulé « L'histoire et ses interprétations. Autour d'Arnold Toynbee[5] ». Dans sa courte présentation consacrée aux « Perspectives d'avenir de la civilisation occidentale », Voegelin critique, dans le contexte de la guerre froide, la tendance à vouloir « évangéliser l'humanité entière » qu'il voit à l'œuvre dans les conceptions eschatologiques présentes tant à l'Est qu'à l'Ouest. Cette critique de l'eschatologie, un des quelques exemples où Voegelin dirige sa critique tant contre l'URSS que contre les États-Unis, se fonde sans surprise sur l'idée que la différenciation complète de la transcendance dans le « royaume de l'Être » ne pourrait être simplement appliquée au monde immanent sans changer la constitution de l'être, une tentative d'immanentisation caractéristique des dérives modernes. C'est surtout la discussion qui fait suite à la présentation de Voegelin qui présente un grand intérêt, en particulier les remarques du philosophe marxiste Lucien Goldmann[6].

Selon Goldmann, la démarche de Voegelin repose sur un présupposé, sur une attitude « naturelle » de l'homme, lequel devrait reconnaître la vérité « définitive, immuable, liée à l'affirmation première d'une transcendance de l'être », ce que Goldmann considère comme un jugement de valeur infondé[7]. La réponse de Voegelin est typique, c'est

5 Les actes du colloque ont fait l'objet d'une réédition récente : R. Aron (éd.), *L'Histoire et ses interprétations. Autour d'Arnold Toynbee*, Paris, Hermann, 2012. Pour la présentation de Voegelin, voir p. 133 *sqq.*

6 Comme souvent dans les discussions, Voegelin y défend des positions beaucoup plus claires et nettes. On trouve des exemples similaires dans les discussions faisant suite à « In Search of the Ground » (*CW* 11) ou à « Ewiges Sein in der Zeit », in H. Kuhn ; F. Wiedmann (éds.), *Die Philosophie und die Frage nach dem Fortschritt*, München, Anton Pustet, 1964, p. 339 *sqq.*

7 R. Aron (éd.), *L'Histoire et ses interprétations. Autour d'Arnold Toynbee*, *op. cit.*, p. 138. Voir aussi la remarque d'Alfred Schütz dans sa lettre à Voegelin de novembre 1952 : « 'Le problème d'un eidos de l'histoire, par conséquent, n'émerge que lorsque l'accomplissement chrétien

la réponse historiciste. « Il y a, historiquement, une expérience de la transcendance » qu'il convient d'accepter comme telle, comme un fait historique. Cette réponse laisse cependant ouverte la question de savoir quelle expérience est admise comme faisant référence, un choix dont le critère reste flou. Pourquoi, relève Goldmann, le messianisme socialiste, sans transcendance, serait-il rejeté en tant qu'expérience ? Plus largement, on pourrait se demander pourquoi l'expérience de l'immanence attribuée à la modernité « post-chrétienne », marquée par l'absence de la transcendance, ne constitue pas une différenciation supplémentaire et légitime. Pourquoi le succès de la modernité, sa capacité à imposer son « immanentisme », n'est-il pas considéré comme un critère de vérité de même que le succès du christianisme dans l'histoire ? L'argument historiciste avancé par Voegelin, qui lui permet de récuser tout jugement de valeur et met l'accent sur l'antériorité de l'expérience de la transcendance et donc son caractère « originel », est faible et ne résiste pas longtemps à la critique[8]. Comme le remarque Goldmann, rien ne permet de « décréter que la reconnaissance de la transcendance exprime plus authentiquement l'essence de l'homme[9] ».

Face à cette question, la question centrale qu'appelle toute son œuvre, Voegelin recourt dans un second temps à un argument essentialiste, la « nature de l'homme » qui ne change pas et serait caractérisée par son expérience de la transcendance, mais cherche à conserver la dimension historiciste en affirmant le « développement historique » de cette même nature. Voegelin privilégie la reconnaissance de la transcendance « parce qu'elle manifeste un progrès de la raison dans son effort pour différencier au maximum les diverses régions de l'être[10] ». Il existe, en d'autres termes, une nature de l'homme toujours vraie mais dévoilée

---

transcendant devient immanentisé. Une telle hypostase immanentiste de l'eschaton est, cependant, une erreur théorique' [citation de *The New Science of Politics*] Je dois avouer, cher ami, que cette affirmation est pour moi simplement un 'non sequitur'. Je ne vois pas pourquoi une hypostase immanente de l'eschaton serait une erreur théorique et pourquoi on devrait en tirer la conséquence que l'histoire ne peut pas avoir d'eidos, parce que le cours de l'histoire s'étend jusqu'à un futur inconnu. [...] C'est apparemment votre avis que cet eidos illusoire naît quand un symbole de la foi est traité comme s'il s'agissait d'une proposition au sujet d'un objet de l'expérience immanente ».

8 Voir *ibid.*, p. 139. Il en va de même de sa « description d'un fait » à partir des catégories bergsoniennes d'ouverture et de fermeture (p. 140).

9 *Ibid.*, p. 144.

10 *Ibid.*, p. 145. Voegelin avance un argument similaire dans la correspondance avec Löwith, voir VL 08/02/45, p. 778.

à la suite d'un processus historique, d'un progrès. Ce faisant, Voegelin se trouve forcé d'adopter lui-même une position eschatologique où l'histoire devient la voie vers la réalisation d'un but préétabli, ce que Goldmann souligne : « Je ne suis pas un spécialiste du platonisme, mais enfin il me semble que Platon ignorait la conception eschatologique de l'histoire. Il serait plus légitime de se référer ici à Hegel ou à Marx[11] ». Cette contradiction entre l'idée que la transcendance différenciée devrait être le point de référence car elle représente un progrès et la référence à Platon comme garant d'une nature de l'homme inchangée est bien repérée par un autre contributeur, Jacob Taubes, lequel remarque que Voegelin « tente de rattacher la vision chrétienne du monde à une vision gréco-païenne », nivelant ainsi la nouveauté de l'expérience chrétienne[12]. Comme Goldmann, Taubes souligne la confusion qui résulte de la référence à Platon, la structure eschatologique de l'histoire devant au contraire être lue à travers le prisme de Paul et de Hegel.

Les remarques de Goldmann et Taubes intervenant dans cette discussion soulignent des difficultés majeures. Comment Voegelin peut-il présupposer un ordre de l'existence tout en le présentant comme le produit d'un développement historique, c'est-à-dire concilier ontologie atemporelle et historicisme ? Comment, partant de l'expérience de la transcendance comme élément constant de la nature de l'homme, parvient-il à niveler la rupture majeure introduite par le christianisme, en particulier dans la conception de l'histoire ? Enfin, dans quelle mesure sa propre philosophie de l'histoire reste-t-elle dépendante d'une structure eschatologique qu'elle cherchait à neutraliser ? La réponse à ces questions doit permettre de juger de la cohérence du projet de Voegelin, de sa capacité à intégrer la conception de l'existence authentique reprise à Jaspers dans une démarche s'inspirant de Schelling, mais accentuant la dimension historique aux dépens du soubassement métaphysique. Autrement dit, il est question de savoir si sa philosophie historiciste de l'existence parvient vraiment à fonder une ontologie faible, non dogmatique, ou, pour reprendre une remarque de Raymond Aron, si elle n'est qu'un *topos* existentiel s'opposant à d'autres[13].

---

11 R. Aron (éd.), *L'Histoire et ses interprétations. Autour d'Arnold Toynbee*, *op. cit.*, p. 145.
12 Voir *ibid.*, p. 148.
13 Voir *ibid.*, p. 145.

ORDRE DE L'HISTOIRE ET ORDRE DE L'EXISTENCE

Comment Voegelin parvient-il à faire coïncider l'ordre de l'histoire et l'ordre de l'existence ? S'agit-il d'un simple postulat ou d'un point de départ argumenté ? Démontrer la correspondance entre l'existence et l'histoire est le principal objectif de son œuvre majeure, *Order and History*, pour laquelle il met en œuvre un matériel historique extrêmement vaste, répondant ainsi à la dimension historiciste de sa pensée, mais ordonné par rapport à des lignes directrices stables limitant les écarts auxquels une telle ouverture aurait pu mener. Ces lignes directrices préétablies ordonnent le matériel historique[14]. Afin de comprendre comment Voegelin parvient à introduire le développement de l'ordre de l'existence, centré autour de la transcendance, dans l'ordre de l'histoire, il est donc nécessaire de se concentrer moins sur les nombreuses études de cas venant illustrer son propos que sur le cadre théorique d'*Order and History*, développé principalement dans les introductions des premier et deuxième volumes, *Israel and Revelation* et *The World of the Polis*, ainsi que du quatrième, *The Ecumenic Age*. Séparés par une pause de dix-sept ans, on découvre dans ces textes deux stratégies différentes visant à répondre au même défi.

La période des premiers volumes d'*Order and History* est marquée par la tendance historiciste de Voegelin, qui adopte cette position épistémologique tout en cherchant à s'écarter de ses conséquences relativistes. La vérité de l'existence – l'ouverture à une transcendance totalement différenciée – est située dans l'histoire et constitue son *telos*, auquel les autres époques sont rapportées et évaluées en termes de « manque » ou d'étape du développement. Comme c'est le christianisme qui représente cette différenciation maximale de la transcendance, c'est vers lui, en tant

14 Dans la littérature secondaire non critique, c'est principalement ce fait qui est nié. Il est pourtant difficile de comprendre comment on peut tout simplement affirmer que la philosophie de l'histoire de Voegelin « n'aborde pas le sujet de l'histoire avec une hypothèse préconçue englobante, à la mesure de laquelle tout le matériel doit être taillé ». Il n'en est bien entendu pas toujours ainsi, mais il est difficile de contester que c'est souvent le cas. Voir la recension largement apologétique de E. Sandoz dans *Social Research*, vol. 28, 1961/2, p. 229-234.

que « fait historique », que converge l'ordre de l'histoire. C'est pourquoi la position de Voegelin, lors de cette première période, peut être qualifiée de philosophie de l'histoire téléologique ou de « nouvelle philosophie chrétienne de l'histoire », une possibilité que lui-même semble indiquer[15]. Le début d'*Israel and Revelation* est un bon exemple des tensions habitant cette perspective historiciste. La première phrase de la préface, « l'ordre de l'histoire émerge de l'histoire de l'ordre », laisse nettement apparaître une trame historiciste où l'ordre de l'histoire semble dépendre de chaque époque. Il n'est pas posé comme un absolu. À chaque époque est laissé le soin de créer, « selon ses conditions concrètes », un ordre dans lequel l'existence prend sens[16]. Cette recherche de sens se répète à chaque époque sous des conditions différentes et trouve son expression dans la création de symboles par lesquels l'homme rend compte de la mise en sens de l'ordre politique dans son rapport à sa propre existence. Ces expressions de l'ordre dans son rapport à l'existence humaine se traduisent dans une multiplicité de symboles qui varient au cours de l'histoire, mais sont équivalents dans la mesure où ils expriment la même expérience. Cette dimension historiciste, dans laquelle l'ordre semble être entièrement dépendant de l'époque, et donc intrinsèquement déterminé par l'histoire, est encore accentuée dans *The World of the Polis.* Voegelin insiste sur les limites imposées à la connaissance de la nature de l'homme par sa nature fondamentalement historique : « L'histoire n'a pas de sens qui puisse être connu (eidos, ou essence), et de ce fait il reste dans la nature de l'homme un noyau échappant à la connaissance[17] ». La dimension historique de la nature de l'homme, son appartenance indissociable non à une histoire dotée de sens, mais à l'historicité, implique que cette nature, c'est-à-dire l'ordre de l'existence, est toujours en mouvement, mais aussi qu'elle ne peut être saisie que dans et par l'histoire. L'ordre de l'histoire n'est donc pas seulement dépendant de chaque époque, mais la possibilité de sa connaissance est elle-même historicisée, dans la mesure où c'est l'histoire qui donne les critères de sa propre interprétation. Cette position radicalement historiciste est bien soutenue par Voegelin, conformément au principe de

---

15 Voir E. Voegelin, *From Enlightenment to Revolution*, Durham, Duke University Press, 1975, p. 22.

16 Voir E. Voegelin, *Order and History*, vol. 1, *CW* 14, p. 19.

17 E. Voegelin, *Order and History*, vol. 2, *CW* 15, p. 68.

son étude selon lequel la « vérité de l'ordre de l'être émerge de l'ordre de l'histoire ». C'est pourquoi « le logos de l'histoire lui-même fournit les instruments » permettant d'évaluer l'ordre de l'histoire, découvert dans l'histoire[18]. Par conséquent, la conception historiciste va jusqu'à historiciser les concepts mêmes, une position récurrente dans l'œuvre de Voegelin, qui insiste sur la nécessité de tirer les concepts utilisés par l'analyse du matériel historique lui-même, en opposition à une démarche idéologique imposant un ensemble de concepts préétablis, indépendant du matériel historique. Cependant, un tel historicisme ne mène-t-il pas à un relativisme absolu ? Si l'ordre de l'histoire est le résultat d'une articulation particulière à chaque époque et si la connaissance de l'ordre de l'histoire n'est elle-même possible qu'au moyen de concepts historicisés, comment parvenir à un énoncé durablement valide au sujet de l'ordre de l'histoire ?

Malgré ces prémisses, Voegelin ne renonce pas à un énoncé durablement valide au sujet de l'ordre de l'histoire. Bien au contraire, l'objectif même de *Order and History* est de découvrir l'ordre de l'histoire au moyen de l'histoire de l'ordre, de découvrir non un ordre relatif à chaque époque, mais la vérité de l'ordre, fondée comme nous l'avons vu sur une philosophie de l'existence. L'historicité doit donc avoir des limites et céder la place à un fondement normatif. Dans *Order and History*, ce fondement normatif s'exprime dans une métaphysique qui vient partiellement contredire les prémisses méthodologiques historicistes posées par Voegelin, dans la mesure où elle n'est pas découverte dans l'histoire, mais posée a priori, et explique pourquoi son analyse n'aboutit pas à un relativisme. Le principal élément de cette métaphysique est posé dès l'introduction de *Israel and Revelation*, il s'agit de la « structure quaternaire » de la « communauté primordiale de l'être », unissant Dieu et l'homme, le monde et la société[19]. Cette structure quaternaire est « primordiale » non en un sens chronologique, mais au sens de premier fondement, et joue un rôle central dans le projet de *Order and History* dans la mesure où elle imprègne l'ordre de l'histoire. La métaphysique gagne son effectivité par l'intermédiaire de la participation de l'homme à la communauté quaternaire, la participation de l'homme assurant que cette structure de l'ordre de l'être se reflète dans l'histoire. Cependant,

18 *Ibid.*, p. 73.
19 E. Voegelin, *Order and History*, vol. 1, *CW* 14, p. 39.

cette participation elle-même reste toujours subordonnée au premier fondement métaphysique, « la participation à l'ordre de l'être [...] a son origine dans l'être divin transcendant le monde[20] ». Si la participation, qui est à l'origine de la connaissance de la structure de l'être, trouve elle-même son origine dans l'être divin transcendant, il est donc clair que l'ordre de l'être n'est pas déduit de la participation de l'homme à celui-ci, il n'est pas le produit d'un développement historique, mais il est donné a priori. En ce sens, il est possible de parler d'une ontologie forte chez Voegelin, une ontologie qui n'est toutefois jamais assumée, mais présentée comme le résultat d'une analyse historique[21].

Quelles sont les caractéristiques principales de cette ontologie ? Elle repose tout d'abord sur l'« être divin », « invisible », qui transcende à la fois tous les étants du monde ainsi que le monde lui-même[22]. Comme chez Jaspers, un certain flottement existe entre l'« être » et, plus simplement, « Dieu », dont la transcendance totale rappelle la théologie négative ouvertement reprise par Voegelin. « Dieu » faisant partie de la communauté quaternaire de l'être, sa position privilégiée indique une des caractéristiques principales de l'ontologie de Voegelin, la hiérarchie des domaines de l'être. Dieu, l'homme, le monde et la société se distinguent par leur capacité à perdurer plus ou moins longtemps dans le temps, par leur « degré de durabilité[23] ». L'homme est dépassé par la société, elle-même dépassée par le monde, lequel est dépassé par Dieu voire même, comme Voegelin semble le suggérer, créé par lui[24]. La hiérarchie de l'ordre de l'être introduit un rapport de subordination entre les différents domaines, car chaque niveau inférieur doit s'« harmoniser » au niveau qui le surpasse. Cela signifie, en particulier, que l'homme doit en définitive se subordonner à l'être divin transcendant, à Dieu : « L'harmonisation [*attunement*] [est] l'état de l'existence lorsqu'elle reste attentive à ce qui perdure dans l'être, lorsqu'elle maintient une attention à la reconnaissance de ses révélations partielles dans l'ordre de la société

20 E. Voegelin, *Order and History*, vol. 2, *CW* 15, p. 68.

21 Voegelin laisse pourtant paraître, à travers certains signes, qu'il considère la création d'une nouvelle ontologie comme la seule solution possible au problème de son époque. Voir notamment E. Voegelin, *Order and History*, vol. 3, *CW* 16, p. 194 : « Platon résolut le problème – comme il devait être résolu, et comme il fut à nouveau résolu dans la chrétienté – au moyen d'une nouvelle ontologie ».

22 Voir E. Voegelin, *Order and History*, vol. 1, *CW* 14, p. 44.

23 *Ibid.*, p. 41.

24 Voir *ibid.*, p. 42.

et du monde, quand elle écoute attentivement les voix silencieuses de la conscience et de la grâce dans l'existence humaine elle-même[25] ». Les niveaux intermédiaires de l'être servent donc avant tout de réceptacle à la révélation de l'être divin transcendant, qui domine l'ensemble de la hiérarchie. C'est pourquoi l'harmonisation va de pair avec l'« expérience de l'obligation » : l'homme ne peut perdre l'être transcendant dans la communauté de l'être sans perdre aussi ce qui sauve l'existence de sa finitude dans le temps. Il n'est pas question de chercher à convaincre l'homme de la vérité de cet ordre, il doit s'y soumettre[26]. Cependant, malgré l'importance de la métaphysique au niveau normatif, l'historicité ne disparaît pas, elle y est au contraire réintégrée.

Comment la métaphysique peut-elle être rendue compatible avec l'historicité tout en conservant son potentiel normatif, c'est-à-dire en évitant l'écueil relativiste de l'historicisme ? Comment l'ordre de l'être peut-il être maintenu, avec sa hiérarchie figée, tout en étant historicisé ? La solution choisie par Voegelin dans les premiers volumes d'*Order and History* ne se démarque pas par son originalité, mais elle peut surprendre pour un virulent critique des Lumières. En effet, la solution avancée revient à introduire dans l'ordre de l'être une forme de progrès à travers l'idée d'une « progression des expériences et symboles compacts à des expériences et symboles différenciés[27] ». Par ce « processus de différenciation », il faut comprendre le passage de symbolisations englobant les différents éléments de la structure de l'être, par exemple dans l'idée d'un cosmos comprenant le monde, les hommes et les dieux et servant de modèle à l'ordre de la société, à des symbolisations dissociant ces différents éléments. Ce faisant, Voegelin introduit un élément dynamique dans sa métaphysique, en présentant la symbolisation de la structure de l'être non comme une vérité définitive et transhistorique mais comme le produit d'un progrès nécessaire : « C'est seulement lorsqu'est senti le gouffre qui, dans la hiérarchie de l'être, sépare l'existence divine de l'existence mondaine, seulement lorsqu'on fait l'expérience de la source de l'être originelle, ordonnante et préservante dans son absolue transcendance

25 *Ibid.*, p. 43.

26 Conformément à cette obligation, Voegelin définit la « vérité de l'existence » comme « la reconnaissance de la structure fondamentale de l'existence de même que la volonté de bien vouloir l'accepter comme la *condicio humana* ». Voir E. Voegelin, « On Debate and Existence » (1967), *CW* 12, p. 49.

27 E. Voegelin, *Order and History*, vol. 1, *CW* 14, p. 43.

au-delà de l'être dans l'existence concrète, que toute symbolisation par analogie sera comprise comme inadéquate et même impropre[28] », et devra donc céder la place à une symbolisation intégrant la vérité de l'être transcendant. Voegelin n'explique pas pourquoi il en est ainsi, si ce n'est que la symbolisation compacte, cosmologique, est un obstacle pour l'existence authentique. Cette apparente description d'un processus a pour principal fonction d'affirmer la nécessité du « progrès » dans la symbolisation, menant à la conception de la hiérarchie ontologique surplombée par l'être transcendant.

Mais la particularité de cette ontologie vient du fait qu'elle intègre l'idée du progrès historique. Ce compromis trouve son expression dans la notion de « saut dans l'être », qui introduit un mouvement dans la structure ontologique. Voegelin, selon sa propre explication, reprend le terme de « saut » à Kierkegaard, qui désignait ainsi le « saut dans la foi », une décision individuelle s'émancipant de toute rationalité et de toute condition extérieure[29]. La notion voegelinienne n'a, au mieux, qu'un rapport métaphorique avec cet usage. Chez Voegelin, le « saut dans l'être », qui intervient dans l'histoire – en particulier avec Israël et la philosophie grecque –, désigne la rupture de la symbolisation cosmologique compacte et l'avènement de la symbolisation différenciée permettant l'émergence de la conscience historique. L'homme devient conscient de sa nature historique car le « saut dans l'être » s'accompagne d'une différenciation des différents partenaires de la « communauté de l'être » et de la prise de conscience du processus historique menant à cette différenciation. L'homme ne fait plus l'expérience de l'ordre comme un ordre cosmologique compact et figé incluant tout, mais comme un ordre subordonné à l'être transcendant, à Dieu. Le « saut dans l'être » est donc synonyme d'une avancée historique « vers des niveaux plus élevés d'existence dans la vérité[30] ». Autrement dit, le « saut dans l'être » révèle l'ordre de l'être au fondement de l'existence authentique, de l'existence ouverte à l'être transcendant. Cette avancée dans la connaissance de l'ordre de l'être est certes historiquement et géographiquement limitée à l'Europe et au Proche-Orient, mais elle est valide pour l'humanité dans son ensemble[31].

28 *Ibid.*, p. 47.

29 Voir E. Voegelin, *Autobiographical Reflections*, *CW* 34, p. 205.

30 E. Voegelin, *Order and History*, vol. 2, *CW* 15, p. 70.

31 Dans les premiers volumes d'*Order and History*, Voegelin résout la difficulté à laquelle était confronté Schelling, celle d'intégrer des cultures ne correspondant pas au développement

Le compromis élaboré par Voegelin entre l'historicité et l'ontologie au moyen d'un progrès historique dans la différenciation de l'ordre de l'être crée cependant des problèmes supplémentaires. Si le progrès dans l'histoire aboutit à la différenciation de la compréhension de l'être qui s'avère être précisément celle posée au début de l'analyse par l'ontologie de Voegelin, comment expliquer un tel hasard ? D'autre part, si ce progrès est compris comme un développement historique, la différenciation maximale doit aussi correspondre à un événement historique déterminé, faisant office de point de référence, lors duquel la vérité de l'ordre de l'être se révèle dans l'histoire. La réponse à ces deux questions met en lumière les principaux défauts de la position de Voegelin dans les premiers volumes d'*Order and History*, des défauts qui expliquent la longue pause intervenant après *Plato and Aristotle* et conduirent à des modifications profondes dans *The Ecumenic Age*. De manière générale, ces deux problèmes soulignent l'émancipation incomplète de Voegelin vis-à-vis de la tradition qu'il critique, en particulier vis-à-vis de la philosophie de l'histoire hégélienne. Afin d'expliquer pourquoi le progrès de l'histoire mène précisément à la compréhension différenciée de l'être telle qu'il la pose dans sa métaphysique, Voegelin fait référence à la structure de l'histoire ainsi découverte comme correspondant à la « providence » ou, dans le vocabulaire des Lumières, à la « ruse de la raison[32] », c'est-à-dire à une nécessité invisible menant miraculeusement à la réalisation dans l'histoire du *telos* déterminé par le prophète ou le philosophe, ici Voegelin lui-même.

Entre ces deux options, Voegelin choisit manifestement la providence de la tradition chrétienne. En effet, l'événement historique dans lequel la vérité de l'ordre de l'être se révèle dans l'histoire est également, bien que rarement affirmé clairement, transparent : il s'agit de la révélation chrétienne intervenant dans l'incarnation et la résurrection du Christ. D'une

historique supposé, en attribuant à l'Occident une valeur représentative de l'ensemble de l'humanité. Cet eurocentrisme de principe est revendiqué : « Tandis que la restriction phénoménale de l'horizon historique aux sociétés du proche Orient, aux sociétés méditerranéennes et occidentales doit être abandonnée en raison de l'accroissement de la connaissance historique, l'eurocentrisme de la position et des références ne peut être abandonné par la philosophie de l'histoire, car rien ne pourrait le remplacer. L'histoire est faite où les hommes vivent, mais la philosophie de l'histoire est un symbolisme occidental » (*Order and History*, vol. 2, *CW* 15, p. 90). Sur ce point, voir J. Day, *Voegelin, Schelling, and the Philosophy of Historical Existence*, *op. cit.*, p. 184.

32 E. Voegelin, *Order and History*, vol. 1, *CW* 14, p. 19.

part, du point de vue ontologique, la révélation chrétienne correspond au « point de clarté » où apparaît la vérité de l'ordre de l'être, où « le Dieu transcendant le monde se révèle comme la source originelle et ultime de l'ordre dans le monde et de l'homme, la société et l'histoire, c'est-à-dire dans tout être immanent au monde[33] ». Mais ce « point de clarté » est aussi un fait historique chronologiquement déterminé, résultat d'un processus historique. Ainsi, par rapport au point de clarté, la symbolisation cosmologique devient un simple « arrière-plan », un stade inférieur qui acquiert son sens rétrospectivement, comme étape menant à la révélation. Même si, dans un premier temps, deux événements historiques – Israël et la naissance du christianisme, l'Islam ne jouant chez Voegelin qu'un rôle secondaire – peuvent sembler représenter le point de clarté où le Dieu unique se révèle à l'homme, Voegelin considère la symbolisation d'Israël comme restant limitée, car la révélation est réservée à un peuple, alors que l'ordre de l'être est fondé sur le rapport de l'homme individuel au Dieu transcendant. Un progrès supplémentaire était nécessaire, le « changement décisif » apporté par l'apparition du Christ, qui prend donc une importance centrale malgré le manque d'intérêt dont Voegelin fait preuve pour l'existence historique de Jésus[34]. Il choisit plutôt, ce qui lui a été beaucoup reproché, de considérer la révélation chrétienne par le prisme de l'expérience de Paul et des premiers chrétiens. Selon Voegelin, ce sont en effet « les visions des disciples dans les jours suivants la mort de Jésus » qui constituent les « actes évocatifs fondamentaux de la communauté chrétienne[35] ». La question des « détails historiques » est secondaire par rapport au « phénomène lui-même et à l'interprétation qui y fut ajoutée par la première génération de chrétiens », c'est-à-dire en particulier par Paul[36]. Il existe donc une tension dans la conception voegelinienne de la révélation chrétienne entre d'une part l'importance centrale de la révélation dans le Christ, et d'autre part le caractère secondaire de l'existence historique de Jésus par rapport aux témoignages historiques de la révélation. Se pose donc la question de savoir si le « point de clarté », en tant que fait historique, renvoie à l'existence historique de Jésus ou aux témoignages ultérieurs des premiers disciples.

---

33 *Ibid.*, p. 21.
34 Voir E. Voegelin, *Order and History*, vol. 2, *CW* 15, p. 76.
35 E. Voegelin, *History of Political Ideas*, vol. 1, CW 19, p. 163.
36 *Ibid.*, p. 164.

Pour Voegelin, Jésus en tant que personnage historique est porteur d'une « mana », symbole de la présence divine, qui entraîne la *metanoia*, le « retournement » ou conversion, du croyant qui en fait l'expérience[37]. Cette « mana » est cependant indissociable de l'existence de Jésus, et disparaît lors de sa mort. L'œuvre de Paul est d'une part d'avoir assuré la transition entre cette présence divine, liée à l'existence d'une personne, et la constitution durable de la communauté chrétienne, en transformant la « mana » du Christ au moyen de la doctrine du corps mystique[38]. Au-delà de la formation d'une nouvelle communauté dans la sphère historique, Paul préserve aussi l'avancée dans la compréhension de l'ordre de l'être. Selon Voegelin, « Paul différencie la vérité de l'existence, c'est-à-dire l'expérience de son processus de mise en ordre par l'orientation de l'homme vers le fondement divin[39] ». Cette avancée dans la compréhension de l'ordre de l'existence aurait été impossible sans la personne historique de Jésus, mais elle ne serait pas devenue un événement historique sans Paul. Avec la formalisation potentiellement universelle qu'il propose dans ses épîtres, la présence divine limitée à un individu mortel acquiert une signification dépassant sa seule existence. La révélation chrétienne prend donc son origine en Jésus en tant qu'individu, mais elle ne devient un événement historique, une étape supplémentaire du processus de différenciation, que dans la formalisation qu'en donne Paul à partir de sa propre expérience. C'est pourquoi, pour Voegelin, l'individu Jésus, bien qu'il soit à l'origine du « saut dans l'être », passe au second plan par rapport à l'expérience de Paul, qui transforme l'expérience particulière liée à un individu en un événement universel. La révélation chrétienne est impensable sans Jésus et Paul, mais c'est l'expérience de ce dernier et l'interprétation qu'il en donne dans ses épîtres qui constituent la révélation chrétienne en tant qu'événement historique. Du point de vue épistémologique, comme l'expérience immédiate de Jésus ne peut être répétée, ce sont par conséquent les écrits de Paul qui constituent le matériel historique à partir duquel Voegelin tire sa conception du « point de clarté ». Par rapport à ce véritable *telos* du développement historique, Israël passe, de même que la symbolisation cosmologique, à

37 Voir *ibid.*, p. 154 *sqq.*

38 Voir *ibid.*, p. 167 *sqq.* Voir aussi T. Gontier, « Corps mystique et société politique chez Eric Voegelin », *Noesis*, n° 12, 2007.

39 E. Voegelin, *Order and History*, vol. 4, *CW* 17, p. 315.

l'arrière-plan : « Les écritures d'Israël comme de la Grèce antique sont les Anciens Testaments de la chrétienté[40] ». En ce sens, il est bien possible de parler d'une « nouvelle philosophie chrétienne de l'histoire », construite autour d'une évolution de la structure ontologique et reposant sur l'idée d'un progrès historique menant à la révélation chrétienne.

Cependant, une telle conception est minée par des lacunes évidentes, lesquelles menacent le fondement même du projet de Voegelin et conduisent à une remise en question profonde après la longue pause séparant la publication de *Plato and Aristotle*, en 1957, et de *The Ecumenic Age* en 1974. Dans cette seconde phase, certains éléments de la première sont conservés, mais Voegelin développe désormais une nouvelle stratégie pour assurer la coïncidence de l'ordre de l'existence et de l'ordre de l'histoire. Voegelin est clair quant au principal problème ayant rendu nécessaire la révision de son projet, il s'agit de la conception linéaire du progrès historique : « Ce qui causa finalement l'effondrement du projet était l'impossibilité d'aligner les types empiriques en quelque séquence que ce soit qui aurait permis aux structures effectivement découvertes d'émerger de l'histoire conçue comme un 'cours'[41] ». Un argument supplémentaire, sans doute plus important que l'argument empirique récurrent chez Voegelin, est donné par la découverte de l'*historiogenesis* dans *The Ecumenic Age*, une forme symbolique type désignant les constructions de l'histoire remontant du passé au présent dans le but d'ordonner les événements sous la forme d'un développement faisant du présent le résultat nécessaire d'une progression historique. Dans les « empires œcuméniques » de l'Antiquité, un tel arrangement de l'histoire intervient dans un but politique, afin de légitimer le pouvoir en place qui se présente comme l'aboutissement de ce développement. Dans l'histoire des idées, ce même procédé aboutit à l'absolutisation

40 E. Voegelin, *Order and History*, vol. 2, *CW* 15, p. 90. Notons que Voegelin fait ici référence à Clément d'Alexandrie, donc à un père de l'Église cherchant précisément à absorber dans le christianisme ces deux traditions. Ce point de vue n'est donc en aucun cas neutre, c'est celui d'un apologète chrétien, ce qui n'est pas passé aperçu lors de la publication des premiers volumes d'*Order and History*. Voir notamment le texte de B. W. Anderson, qui met clairement en lumière les limites de l'analyse de Voegelin : B. W. Anderson, « Politics and the Transcendent : Voegelin's Philosophical and Theological Exposition of the Old Testament in the Context of the Ancient Near East », in S. A. McKnight (éd.), *Eric Voegelin's Search for Order in History*, Baton Rouge / London, Louisiana State University Press, 1978.

41 E. Voegelin, *Order and History*, vol. 3, *CW* 16, p. 46.

de la période présente comme but du développement historique. En découvrant cette forme symbolique, Voegelin reconnaît du même coup qu'elle correspond précisément à la perspective linéaire et progressiste, orientée vers la révélation chrétienne, qu'il soutient dans les trois premiers volumes d'*Order and History* et qu'il considère désormais comme une déformation, comme une « métastase ». À partir de *The Ecumenic Age*, Voegelin est conscient que certaines « lignes du sens dans l'histoire » ne coïncident pas avec les lignes du temps. Il n'est pas possible de découvrir un ordre de l'histoire comme structure chronologique, comme développement linéaire. C'est pourquoi Voegelin rejette alors la conception du « temps axial » de Jaspers, selon laquelle une période particulière, de 800 à 200 avant Jésus-Christ, aurait été le théâtre d'éruptions spirituelles parallèles posant les fondements durables du sens de l'histoire[42]. C'est pourquoi il rejette aussi la conception hégélienne d'une « époque absolue » marquée par l'épiphanie du Christ comme centre de l'histoire du monde[43]. Mais il ne faut pas se méprendre quant aux raisons d'un tel rejet. Elles se situent non dans le choix de l'époque, mais dans le fait même de privilégier une époque, une démarche qui repose sur une détermination chronologique du sens de l'histoire. Face à la conception linéaire, Voegelin avance une nouvelle « forme qu'une philosophie de l'histoire doit prendre dans la situation historique présente. Et cette forme n'est définitivement pas une histoire [*story*] des événements dotés de sens devant être arrangés sur la ligne du temps ». Au contraire, cette nouvelle philosophie de l'histoire doit, si elle veut suivre les « motifs de sens » (*patterns of meaning*) qui émergent dans l'histoire, abandonner toute perspective linéaire et se mouvoir « en arrière et en avant et sur les côtés ». La ligne de sens doit céder la place à un « réseau de sens » (*web of meaning*) se développant dans de multiples directions[44].

Avec cette nouvelle accentuation de l'historicisme et l'apparente disparition de toute dimension linéaire et progressiste de la pensée de Voegelin se pose à nouveau la question du rapport entre l'ordre de l'histoire et l'ordre de l'existence. Si le sens dans l'histoire se fracture désormais en « motifs » variés, sans qu'il ne soit possible de distinguer

42 Voir E. Voegelin, *Order and History*, vol. 4, *CW* 17, p. 47 *sqq.*

43 Voir *ibid.*, p. 380 *sqq.*

44 *Ibid.*, p. 106. Voir, à la même époque, l'insistance nouvelle de Voegelin sur l'« équivalence » des expériences au cours l'histoire dans E. Voegelin, « Equivalences of Experience and Symbolization in History », *CW* 12, p. 115-133.

une ligne de progrès, mais que l'ordre de l'existence se révèle malgré tout dans l'ordre de l'histoire, comment Voegelin peut-il maintenir sa conception d'une existence authentique, ouverte sur la transcendance ? Abandonne-t-il cette conception en même temps que la perspective linéaire historiogénétique ? Abandonner totalement cette conception serait problématique, car elle constitue le fondement normatif de sa pensée. C'est pourquoi, malgré la reformulation de son projet, Voegelin conserve plusieurs éléments. L'idée d'un « saut dans l'être », d'une avancée d'expériences compactes à des expériences différenciées, c'est-à-dire le cœur de sa conception progressiste reste en place[45]. Cependant, cette progression n'est plus linéaire, mais distribuée dans des contextes historiques différents et non nécessairement liés. Mais, en même temps, ces différents événements, les « sauts dans l'être », restent universellement valides[46]. N'aboutit-on pas ainsi à une contradiction, à une multitude de différenciations chacune universellement valide, mais potentiellement incompatibles ou, pour reprendre les termes de Voegelin, à une multitude d'humanités concurrentes ? À nouveau, cette difficulté est résolue par les limites de la révision du projet de Voegelin, dont ni l'ontologie, ni la métaphysique, ni la conception de l'existence authentique ne changent. La vérité existentielle, dont Voegelin affirme toujours l'historicité, reste celle de l'être totalement transcendant et reste un événement prenant essentiellement sa source en Occident, où se produit – dans la philosophie grecque, mais surtout dans la révélation chrétienne – « l'apogée du sens[47] ». Cette révélation de la vérité de l'existence est, plus précisément, le produit de l'événement théophanique majeur qui reste, comme dans les premiers volumes d'*Order and History*, la révélation chrétienne. De ce point de vue, Voegelin continue à voir la révélation chrétienne comme le « point de clarté » et comme la mesure appliquée aux autres événements de la différenciation. Comme Israël dans *Israel and Revelation*, c'est désormais la culture hindoue qui, dans *The Ecumenic Age*, est considérée comme limitée car le processus de différenciation n'y atteint pas l'événement théophanique apportant la conception de l'être purement transcendant[48]. Le *telos* reste donc le même, il est toujours

45 Voir E. Voegelin, *Order and History*, vol. 4, *CW* 17, p. 46.

46 Voir *ibid.*, p. 51.

47 *Ibid.*, p. 375.

48 Voir *ibid.*, p. 394 *sq.* : « La caractérisation de la conscience brahmanique dût être principalement négative, car elle présente le cas d'une avancée qui, selon les critères noétiques

donné par une ontologie de l'être transcendant impliquant une hiérarchie de l'être, dont le critère reste la durabilité, et dont les différents niveaux sont subordonnés à Dieu : « Les choses n'adviennent pas dans l'univers astrophysique ; l'univers, de même que toutes les choses fondées en lui, advient en Dieu[49] ».

L'écart entre la conception de l'ordre de l'histoire dans les premiers volumes et celle développée dans les œuvres tardives est donc limité. La vérité de l'existence, l'ontologie et la métaphysique posées par Voegelin ne changent pas, de même que l'événement historique dans lequel l'être transcendant est révélé. La différence majeure concerne la manière dont l'ordre de l'être se révèle dans l'histoire, et donc les modalités de la découverte de l'ordre de l'existence. La conception d'un progrès linéaire aboutissant à la révélation chrétienne est abandonnée et remplacée par une structure semblable à l'histoire du salut, l'histoire comme « révélation de l'être éternel dans le temps[50] », une histoire du salut dont les *kairoi* peuvent intervenir en tout lieu et à tout instant, sans qu'aucun progrès linéaire ne soit visible, mais tous ces *kairoi* n'en concourent pas moins à une même et unique révélation, celle du Dieu transcendant. Utiliser ce schéma comme fondement d'une philosophie de l'histoire est cependant dangereux, car il implique que c'est le philosophe qui choisit les *kairoi*, et donc en définitive quelle est la vérité se dévoilant dans l'histoire, un choix qui peut paraître arbitraire[51]. En d'autres termes, la nouvelle stratégie mise en place par Voegelin ne change rien au fait que c'est bien sa conception de l'existence authentique qui prime sur la philosophie de l'histoire et sur la composante historiciste ou « empirique » de sa pensée. Il s'agit donc effectivement d'un « topos existentiel » opposé à d'autres[52]. Comme l'a bien vu Jerry Day, « même dans

---

et pneumatiques, n'atteint pas son but ». L'avancée brahmanique « s'arrête peu avant l'événement théophanique qui constitue la conscience d'époque ».

49 *Ibid.*, p. 408.

50 Voir E. Voegelin, *Anamnesis*, p. 273.

51 Voir E. Voegelin, « Conversations with Eric Voegelin at the Thomas More Institute for Adult Education in Montreal », *CW* 33, p. 303.

52 Voegelin souligne clairement que l'existence précède, dans l'ordre de la fondation, la métaphysique. Voir E. Voegelin, « On Debate and Existence » (1967), *CW* 12, p. 49 : « L'analyse a cherché à montrer que les problèmes de la transcendance, les questions de l'origine et de la fin et le postulat de la limite sont inhérents à la structure noétique de l'existence ; ils ne sont pas des doctrines ou des propositions de telle ou telle spéculation métaphysique, mais précèdent toute métaphysique ».

ces dernières analyses, l'historiographie de Voegelin continue, comme il le fit avec Schelling, à tourner autour de la révélation de l'incarnation du Christ et de sa résurrection comme la mesure eschatologique de la vérité existentielle dans l'histoire[53] ». Plutôt qu'un *telos* historique, il serait donc plus adéquat de considérer désormais la révélation de l'être transcendant – c'est-à-dire la révélation chrétienne – comme une idée transcendantale ayant la fonction d'un *telos* existentiel transhistorique, lequel n'est pas atteint par un progrès linéaire dans l'ordre de l'histoire, mais par un progrès dans l'ordre de l'être se révélant dans l'histoire. Dans les deux cas, l'ordre de l'histoire reste donc subordonné à la conception de l'existence authentique[54].

UNE CONTINUITÉ FORCÉE
La philosophie antique et la révélation chrétienne

En tentant de faire coïncider l'ordre de l'existence et l'ordre de l'histoire tout en postulant un ordre de l'être transhistorique, la principale difficulté à laquelle est confrontée la démarche « empirique » de Voegelin provient de la tension entre les deux principales sources de la tradition occidentale dans laquelle son œuvre reste ancrée. En effet, dans la mesure où la pensée de Voegelin repose sur une conception très forte de la continuité, du fait qu'elle cherche à démontrer une « vérité de l'existence » transhistorique, elle se trouve contrainte de trouver une solution à l'opposition la plus manifeste au sein de cette tradition, l'opposition entre philosophie antique et révélation chrétienne. Niveler cette rupture – tandis que d'autres, notamment Leo Strauss, cherchent au contraire à l'accentuer – est, précisément à cause des prémisses de son projet, une nécessité. Cependant, cette démarche, outre sa tendance à favoriser une lecture parfois très singulière des sources, révèle aussi

53 J. Day, *Voegelin, Schelling, and the Philosophy of Historical Existence*, *op. cit.*, p. 185.

54 Cette particularité de la pensée de Voegelin ne doit pas être nécessairement vue comme un obstacle rédhibitoire. Elle n'est problématique que dans la mesure où Voegelin n'assume pas ouvertement la hiérarchie implicite existant entre l'ordre de l'histoire et l'ordre de l'existence, mais fait comme si les deux étaient concomitants. À ce titre, Jaspers est plus clair, même si sa philosophie de l'histoire est moins développée.

des difficultés particulières venant limiter la capacité de Voegelin à véritablement répondre au problème de la politique du temps.

Tout au long de son œuvre, Voegelin utilise différents arguments afin d'assurer cette continuité essentielle à son projet. La continuité entre la philosophie antique et la révélation chrétienne se fonde premièrement sur une présupposition théologique, sur une conception particulière du dieu se révélant dans l'histoire, si abstraite qu'il devient possible de découvrir des révélations de ce même dieu aussi bien dans la religion égyptienne que dans l'hindouisme, dans la philosophie grecque, et bien sûr dans le judaïsme et le christianisme. Cette conception formée du point de vue de la théologie négative est celle d'un « Dieu Inconnu » (*Unknown God*), sans qualité ni détermination, réduit au « divin » purement transcendant, que Voegelin ramène au terme *theotes*, utilisé par Paul dans l'épître aux Colossiens (Col 2, 9) afin de désigner la « divinité ». S'ensuit un énoncé pour le moins œcuménique : « La réalité divine, le *theotes* de Colossiens 2.9 – qui meut la conscience humaine depuis l'Au-delà [*the Beyond*] de tous les éléments internes au cosmos, depuis l'*epekeina* au sens platonicien – crée et maintient le cosmos depuis son Commencement, depuis le *bereshit* au sens de Genèse 1.1[55] ». L'ironie veut pourtant que la notion de *theotes* intervient chez Paul précisément dans un passage ouvertement hostile à la philosophie, cette « creuse duperie », et l'on comprend donc mal qu'un tel texte puisse servir à fonder le compromis recherché par Voegelin[56]. Cependant, en partant d'une telle conception de Dieu, et en occultant ce contexte, Voegelin peut effectivement se permettre d'éliminer toute distinction entre les différents *kairoi*, considérés comme des révélations équivalentes du même Dieu, et va jusqu'à affirmer que, « sauf à s'engager dans des présuppositions théologiques extraordinaires [sic !], le Dieu qui apparut aux philosophes et qui provoqua l'exclamation 'Soit !' de Parménide était le même Dieu qui se révéla à Moïse comme le 'Je suis qui (ou : ce que) je suis', comme le Dieu qui est ce qu'il est dans la théophanie concrète à laquelle l'homme répond[57] ». On peut certes considérer ce « Dieu Inconnu », commun à

55 E. Voegelin, *Order and History*, vol. 4, *CW* 17, p. 54.

56 Voir Col 2,8-2,9 : « Veillez à ce que nul ne vous prenne au piège de la philosophie, cette creuse duperie à l'enseigne de la tradition des hommes, des forces qui régissent l'univers et non plus du Christ. Car en lui habite toute la plénitude de la divinité [*theotes*], corporellement ».

57 E. Voegelin, *Order and History*, vol. 4, *CW* 17, p. 239.

toutes les révélations, comme une abstraction philosophique, comme un « Dieu des philosophes », dans la mesure où il sert avant tout à fonder la conception de l'existence authentique comme ouverture à la transcendance pure. Il est aussi nécessaire de noter la similarité pour le moins problématique entre le « Dieu Inconnu » de Voegelin et celui de la gnose historique, qui utilise précisément le même terme[58]. Cependant, comme nous l'avons déjà vu dans la justification de l'adéquation entre l'ordre de l'histoire et l'ordre de l'existence, le point de vue de Voegelin, bien qu'extrêmement abstrait, reste déterminé par la préférence qu'il accorde à la révélation chrétienne en tant que phénomène historique. Malgré l'apparente universalité du « Dieu Inconnu », ce n'est que du point de vue de la révélation chrétienne que le processus d'abstraction intenté par Voegelin prend sens.

Il est difficile de déterminer si cette prise de position est, chez Voegelin, consciente ou non. Toujours est-il qu'en cherchant à assurer une continuité nette entre la philosophie antique et le christianisme, Voegelin reprend implicitement une position particulière, celle des pères de l'Église et de la philosophie hellénistique chrétienne – et rejette donc le judéo-christianisme et la résistance païenne[59]. L'abstraction du « Dieu Inconnu » ne prend sens que comme une construction permettant a posteriori de rendre compatible la révélation chrétienne avec les étapes historiques qui la précédent. Il s'agit d'un choix, visant à amoindrir la rupture qu'amène le christianisme au profit d'une image de l'histoire continue, qui voit dans le christianisme la prolongation de la philosophie antique. À ce choix appartiennent les références souvent positives aux apologètes chrétiens, en particulier à Justin, un des principaux représentants de l'adaptation de la philosophie antique au christianisme. Chez ce dernier, Voegelin reprend

58 Voir H. Jonas, *The Gnostic Religion*, Boston, Beacon Press, 2001, p. 288 *sq.* Jonas souligne par ailleurs le lien entre la conception gnostique du « Dieu Inconnu » et la « voie négative » revendiquée par Voegelin. La proximité entre Voegelin et la gnose, qu'il critique pourtant si violemment, n'avait manifestement pas échappé à Jonas, qui se demande dans une lettre à Bultmann s'il ne faudrait pas considérer Voegelin lui-même comme un « gnostique moderne » et un « théologien dogmatique ». Voir O. Pöggeler, « Braucht Theologie Philosophie ? Von Bultmann und Heidegger bis Voegelin und Altmann », Nordrhein-Westfälische Akademie der Wissenschaften, Paderborn, Ferdinand Schöningh, Vorträge G 410, 2007, p. 22.

59 Pour le rejet du judéo-christianisme, voir notamment « The Gospel and Culture », *CW* 12, p. 173 ; pour le rejet de la résistance païenne au christianisme, voir VL 09/01/50, p. 786. Les « païens » des premiers siècles après Jésus-Christ sont d'après lui ceux qui refusent la dernière évolution du paganisme – c'est-à-dire le christianisme.

l'idée que « le Logos de l'Évangile est [...] le même Verbe du même Dieu que le *logos spermatikos* de la philosophie, mais à un stade ultérieur de sa manifestation dans l'histoire[60] ». En partant d'une telle équivalence, il est possible d'affirmer que « la chrétienté n'est pas une alternative à la philosophie, mais que c'est la philosophie elle-même à son état de perfection ; l'histoire du Logos atteint sa plénitude par l'incarnation du Verbe dans le Christ ». Pour Justin, poursuit Voegelin, « la différence entre l'Évangile et la philosophie est une question d'étapes successives dans l'histoire de la raison[61] ». C'est en partant de ce point de vue apologétique que Voegelin est en mesure de transformer la rupture en continuité. Il n'existe pour lui aucun conflit entre philosophie et religion, entre raison et révélation, car le propre de la raison est justement de reconnaître Dieu. Dire que la révélation s'opposerait à une raison ne reconnaissant pas de Dieu, ou un dieu différent, n'est que la marque d'une conception « déformée » de la raison[62]. Autrement dit, tant la raison « moderne » que l'idée selon laquelle la philosophie antique reposerait avant tout sur une raison exempte de révélation divine, comme chez Strauss, sont d'emblée refusées[63]. Il n'existe que deux camps, celui de la philosophie et de la révélation opposé à la raison déformée des « immanentistes », avec lesquels tout échange est en soi impossible car ils refusent de reconnaître la structure de la réalité et sont eux-mêmes irrationnels.

Une fois le conflit entre raison et révélation évité, ce dernier est alors transformé en une évolution, en une progression historique. L'abstraction du Dieu inconnu rend possible une construction se rapprochant de l'*historiogenesis*, ayant pour effet de légitimer la révélation chrétienne, et donc la conception de l'existence authentique, comme l'aboutissement d'une *praeparatio evangelica*[64]. Cette idée est fortement ancrée dans les premiers volumes d'*Order and History*, dont l'objectif était précisément de retracer l'évolution menant au christianisme en partant du principe que « les écritures d'Israël comme de la Grèce sont les Anciens Testaments de

60 E. Voegelin, « The Gospel and Culture », *CW* 12, p. 173.

61 *Ibid.*

62 Voir *ibid.*, p. 178.

63 D'où la remarque de S. Rosen dans sa recension d'*Order and History*, *The Review of Metaphysics*, vol. 12, 1958/2, p. 262, qualifiant la position de Voegelin d'« existentialisme christianisé et anti-rationnel ».

64 Voir E. Voegelin, « The Gospel and Culture », *CW* 12, p. 208 : « Si l'histoire doit être compatible avec la vérité de l'existence, elle doit être symbolisée comme un processus de la révélation ».

la chrétienté[65] ». Dans le troisième volume consacré à Platon et Aristote, ce principe conduit Voegelin à interpréter la philosophe antique comme une étape – certes décisive – sur le chemin de la révélation chrétienne. Bien que cette grille de lecture ne soit que rarement ouvertement assumée, elle transparaît dans l'ensemble de l'ouvrage[66]. C'est au niveau de l'ontologie que Voegelin situe l'évolution du processus de révélation de l'ordre de l'être, au niveau des *kairoi* – les « sauts dans l'être » – : « Le saut dans l'être, vers la source transcendante de l'ordre, est réel chez Platon ; et des époques ultérieures ont reconnu à juste titre dans ce passage [de la *République*] la préfiguration de la conception de la *civitas Dei* de Saint Augustin[67] ». Platon devenant un précurseur d'Augustin, Voegelin conclut que « l'autorité du philosophe [...] sera surpassée par la révélation de l'ordre spirituel dans le Christ[68] ». On comprend donc mieux pourquoi, avec pour objectif de démontrer la *praeparatio evangelica*, l'interprétation de Platon dans les œuvres de Voegelin semble parfois contredire son rejet de tout point de vue extérieur aux sources. Dans la mesure où le critère choisi est le *telos* existentiel – la vérité de l'existence – conçu également comme un *telos* historique – la révélation chrétienne –, le point de vue adopté par Voegelin est nécessairement étranger à la philosophie antique : il vise bien plutôt à intégrer la philosophie antique à une perspective chrétienne, une tendance qui peut être localisée chez les premiers apologètes chrétiens jusqu'à la scolastique médiévale. La reformulation de son projet suite à l'interruption d'*Order and History* ne change fondamentalement rien à cette position, dans la mesure où le *telos* existentiel est maintenu. Il est le filtre par lequel doivent passer toutes les autres symbolisations[69]. Le « saut dans l'être » de la philosophie antique est toujours rapporté au critère de la révélation chrétienne car la continuité de l'existence authentique doit être assurée, ce qui semble bien le but de l'introduction du « Dieu Inconnu », devant lequel tout devient semblable :

65 E. Voegelin, *Order and History*, vol. 2, *CW* 15, p. 90.

66 Voir notamment E. Voegelin, *Order and History*, vol. 3, *CW* 16, p. 146, 210, 211, 212, 228 et 419.

67 *Ibid.*, p. 146.

68 *Ibid.*, p. 150.

69 Cela est affirmé de manière particulièrement claire dans « The Gospel and Culture », *CW* 12, p. 207 : « À partir de maintenant, toute symbolisation de la vérité au sujet de la réalité, de Dieu, l'homme, et la société, et le monde, doit être filtrée à travers la vérité éminente de la conscience existentielle et rendue compatible avec elle ». Cet énoncé a un caractère tant descriptif que programmatique.

> Ni la reconnaissance de la divinité du fils de Dieu au temps de Jésus, ni la compréhension posthume que le Dieu Inconnu avait souffert la mort dans un homme pour amener ce dernier à la vie n'auraient pu être possibles sans la *praeparatio evangelica* que fut le Mouvement millénaire créant la disposition favorable tant à la réponse comme expérience qu'à l'imagination mythique du Fils de Dieu. [...] Par conséquent, le 'secret' de l'Évangile n'est ni le mystère de la présence divine dans l'existence, ni son articulation dans de nouveaux symboles, mais l'événement dans sa compréhension totale et son déroulement dans la vie et la mort de Jésus[70].

Il est par conséquent difficile de déterminer si l'introduction d'un « Dieu Inconnu » à l'origine de toutes les révélations de sa présence dans l'histoire est le résultat d'une spéculation théologique, un domaine dans lequel Voegelin affiche sa prudence, ou plutôt une nécessité de l'analyse, permettant grâce à son indétermination fondamentale d'assurer une continuité au-delà des différences évidentes qui séparent les phénomènes historiques. L'abstraction croissante qui caractérise les concepts de son œuvre tardive – en premier lieu l'« Au-delà » (*Beyond*) et le « Commencement » (*Beginning*) – plaide également en faveur de cette dernière hypothèse. Quoiqu'il en soit, ce procédé aboutit au but recherché par Voegelin : niveler toute rupture entre la philosophie antique et le christianisme au profit d'une continuité vue comme une évolution.

Cependant, les conséquences de cette entreprise sont extrêmement problématiques. En voulant à tout prix assurer une continuité entre la philosophie antique et la révélation chrétienne, Voegelin ne remet pas seulement en cause l'empirisme revendiqué de son projet au profit d'une prise de position non assumée mais malgré tout évidente, il peine surtout à rendre justice tant à la philosophie antique qu'à la révélation chrétienne. Afin de rendre la première compatible avec la seconde, il est obligé d'injecter dans la philosophie antique la révélation d'un « Dieu Inconnu » ainsi qu'une philosophie de l'histoire qui lui sont étrangères. Les principales difficultés qu'engendre ce « théologico-historicisme » ont été bien résumées dans la critique de Stanley Rosen, un élève de Leo Strauss, et ne serait-ce que l'incapacité des défenseurs de Voegelin d'y apporter une réponse montre que Rosen avait vu juste[71]. Dans son

70 E. Voegelin, « The Gospel and Culture », *CW* 12, p. 204.

71 Voir notamment la recension de E. Sandoz dans *Social Research*, vol. 28, 1961/2, p. 234, qui, tout en reconnaissant que la critique de Rosen est « substantielle », renonce à la discuter en détail pour la réduire à un « sécularisme absolu ». Voir aussi l'introduction de

œuvre, Voegelin cherche bien une solution à une « des caractéristiques les plus vexantes de la spéculation grecque », du point de vue moderne, « son attitude vis-à-vis de l'histoire[72] », en cherchant à tout prix à trouver chez Platon une philosophie de l'histoire compatible avec le *telos* de la révélation chrétienne. La principale conséquence de cette introduction de la philosophie de l'histoire dans la philosophie antique, selon Rosen, est d'avoir occulté l'alternative sérieuse que cette dernière représentait : « le rejet de l'histoire au sens chrétien du terme, et ce faisant dans les versions sécularisées de l'empirisme et de l'existentialisme[73] ». Le rejet d'une telle alternative n'est pas fortuit, mais une conséquence nécessaire du « transcendentalisme » de Voegelin, qui rejette toute possibilité d'une philosophie non-empiriste et non-mystique, c'est-à-dire rationnelle en un sens tel qu'il se présente dans une bonne partie des dialogues platoniciens, par exemple dans la théorie des formes[74]. Non content d'éliminer cette alternative, sa recherche de la continuité a pour conséquence de transformer la spéculation grecque en une « théologie d'ordre pré-paulinien ou augustinien[75] », pour laquelle « Platon doit être semi-christianisé[76] ». En partant de cet « existentialisme anti-rationnel, christianisé[77] », Voegelin se barre donc toute possibilité de comprendre la philosophie grecque dans sa spécificité mais est néanmoins contraint de la conserver, sous une forme fortement altérée, en tant qu'étape du processus de révélation.

Mais les conséquences problématiques de son approche ne se limitent pas aux philosophes grecs, elles concernent également l'autre pendant de la continuité, la révélation chrétienne. De même qu'il cherche à introduire la philosophie de l'histoire et la révélation du « Dieu Inconnu » dans la philosophie antique, il est aussi contraint, afin de rendre la révélation chrétienne compatible avec son « Ancien Testament » grec, de neutraliser autant que possible certains de ses aspects, en particulier, outre les

D. Germino dans *Order and History*, vol. 3, *CW* 16, qui ne voit dans la critique de Rosen que le reproche d'une « piété extrême » adressé à Voegelin, ce qui permet à Germino de recourir à une parade habituelle, celle de l'absence de toute affiliation religieuse revendiquée par Voegelin.

72 S. Rosen, recension d'*Order and History*, *op. cit.*, p. 257.

73 *Ibid.*, p. 258.

74 Voir *ibid.*, p. 266.

75 *Ibid.*, p. 263.

76 *Ibid.*, p. 272.

77 *Ibid.*, p. 262.

marques claires d'hostilité à la philosophie, l'eschatologie et l'hostilité au monde manifestes jusque dans certains passages des Évangiles. Pour ce faire, Voegelin pose l'incertitude comme l'« essence du christianisme[78] ». Le christianisme ne signifie pas, comme on pourrait le penser, la certitude du retour futur du Christ annoncé dans le Nouveau Testament, mais la dé-divinisation du monde et la réduction du lien à Dieu sous la seule forme de la foi, fondamentalement incertaine : « La foi consiste dans l'anticipation d'une perfection surnaturelle de l'homme, elle n'est pas cette perfection elle-même[79] ». Ce lien ténu n'est porteur d'aucune promesse dans le monde immanent, car il ne représente que l'ouverture de l'âme à l'Au-delà purement transcendant. Voegelin distingue par conséquent dans le christianisme deux éléments, d'une part son « essence spécifique », précisément cette conception de « l'eschatologie de la perfection transhistorique, surnaturelle[80] », une eschatologie expurgée de tout élément doté d'une quelconque signification dans le monde immanent ou laissant espérer sa transformation. Mais subsiste aussi d'autre part un reste apocalyptique issu de l'« origine historique » du christianisme, c'est-à-dire du judaïsme. Selon Voegelin, « cette tension provenait dès l'origine du fait qu'historiquement le christianisme est un mouvement messianique juif[81] ». Or ce sont précisément ces restes apocalyptiques, qui sont donc étrangers à l'essence du christianisme, qui posent problème : l'attente de l'Apocalypse annonçant un règne du Christ sur la terre implique une eschatologie temporelle et une hostilité au monde fondamentalement incompatibles avec la philosophie antique[82]. C'est pourquoi Voegelin insiste tant, tout au long de son œuvre, sur le « *tour de force* d'interprétation » d'Augustin[83], qui parvint à exclure

78 E. Voegelin, *The New Science of Politics*, p. 178 (*CW* 5, p. 187).

79 *Ibid.*, p. 220. Voir aussi E. Voegelin, *Order and History*, vol. 3, *CW* 16, p. 329 : « La *cognitio Dei* à travers la foi n'est pas un acte cognitif dans lequel un objet est donné, mais une passion cognitive, spirituelle de l'âme ».

80 E. Voegelin, *The New Science of Politics*, p. 161 (*CW* 5, p. 176).

81 *Ibid.*

82 Cette conception est défendue notamment par Jacob Taubes, qui y voit précisément toute l'essence du christianisme. Voir en particulier J. Taubes, *Abendländische Eschatologie*, *op. cit.* Sur l'élimination de cette composante au profit d'une « essence du christianisme » neutralisée et compatible avec l'ordre politique en place, voir aussi la lettre de Voegelin à Alfred Schütz du 1er janvier 1953, *Briefwechsel über « Die Neue Wissenschaft der Politik »*, *op. cit.*, p. 112.

83 E. Voegelin, *The New Science of Politics*, p. 162 (*CW* 5, p. 176).

les tendances millénaristes de l'Église primitive et à neutraliser toute eschatologie temporelle au moyen de la distinction entre la cité de Dieu et la cité terrestre. Le *telos* devient un *telos* purement transcendant, dirigé vers l'Au-delà, inoffensif et compatible avec l'ordre terrestre. Cela ne signifie pas pour autant que le christianisme devrait être indifférent à l'histoire, une pure attente pouvant mener au désengagement de la société, une conséquence qui serait tout aussi dangereuse. Voegelin affirme que le « partenariat emphatique avec Dieu n'abolit pas le partenariat de la communauté de l'être dans son ensemble, qui inclut être dans l'existence mondaine[84] ». Le christianisme intègrerait au contraire une « théologie de l'histoire » consciente du contexte historique dans lequel intervient la révélation[85], jusqu'à devenir lui-même, par l'institution de l'Église, une puissance historique qui ne cherche pas à transformer le monde, mais seulement à s'y adapter. Le « théologico-historicisme » est ici accompli : l'essence théologique du christianisme est déduite de la forme que prend son succès historique, celle d'une religion tournée vers l'au-delà mais compatible avec l'ordre du monde.

En voyant dans la révélation chrétienne un prolongement de la philosophie antique, Voegelin ne peut cependant se soustraire à l'ensemble des problèmes qu'il cherche à éviter grâce à sa définition restreinte de l'essence du christianisme. En effet, le christianisme ne se réduit pas à cette version apprivoisée, en définitive conservatrice, que Voegelin construit à partir d'Augustin. En prenant conscience de ces difficultés, Voegelin se trouve confronté à la nécessité de tenir compte de cette tension tout en évitant qu'elle ne réduise à néant son projet. Ce défi est aussi à la source de la longue interruption d'*Order and History* et se traduit dans son œuvre tardive par une présentation plus ambigüe du christianisme, qui cherche prudemment à mieux rendre compte de sa dimension apocalyptique et de la rupture dont il fut la cause[86]. Cette

84 E. Voegelin, *Order and History*, vol. 1, *CW* 14, p. 49. Voir aussi *Order and History*, vol. 4, p. 64.

85 Voir E. Voegelin, « History and Gnosis » (1965), *CW* 11, p. 166.

86 Riedl mentionne également l'importance de la découverte des manuscrits de Nag Hammadi dans ce changement d'interprétation. Voir M. Riedl, « Modernity as the Immanentization of the Eschaton : A Critical Re-evaluation of Eric Voegelin's Gnosis-thesis », in P. Caringella ; W. Cristaudo ; G. Hughes (éds.), *Revolutions : Finished and Unfinished, From Primal to Final*, Newcastle, Cambridge Scholars Publishing, 2012, p. 93 *sq*.

révision aboutit à la « nouvelle théorie de la gnose » de Voegelin, qui accentue désormais la filiation entre le christianisme et ses dérives « métastatiques[87] ». En particulier dans *The Ecumenic Age*, mais également dans d'autres écrits de la même époque, Voegelin reconnaît désormais l'origine du « gnosticisme » dans le christianisme même, dans une expérience de l'« Au-delà » tellement troublante qu'elle put mener à la réponse gnostique et à ses dérives modernes[88]. Les philosophies de l'histoire sont bien des « variations du mythe paulinien[89] ». Suite à la révision de son projet, Voegelin concède qu'il « incline à reconnaître dans l'épiphanie du Christ le grand catalyseur qui fit de la conscience eschatologique une force historique, tant formant que déformant l'humanité[90] ». Cependant, malgré cette reconnaissance nouvelle de l'importance de l'eschatologie dans la révélation chrétienne – une eschatologie temporelle, et non ahistorique –, Voegelin ne parvient jamais à apporter une réponse définitive à ce problème. La « nouvelle théorie de la gnose » se fonde sur la reconnaissance de l'importance de la tendance eschatologique, transformatrice et potentiellement hostile au monde du christianisme, mais la philosophie de l'histoire de Voegelin ne reste pas moins dépendante d'une conception forte de la continuité. C'est pourquoi, même dans ses dernières œuvres, ce revirement s'accompagne toujours d'une tendance à préserver une essence du christianisme compatible avec sa propre pensée, un christianisme transcendant et finalement étranger aux dérives immanentistes, préservant l'ouverture de la « Question[91] ». Voegelin ne se départit donc jamais totalement d'un fondement dogmatique, dans la mesure où il est essentiel à son projet.

---

87 L'idée d'une « nouvelle théorie de la gnose » est défendue par M. Riedl dans l'article cité précédemment.

88 Voir E. Voegelin, *Order and History*, vol. 4, *CW* 17, p. 64 *sq.* et « The Gospel and Culture », *CW* 12, p. 210. Cette idée est déjà présente dans la *New Science of Politics*, qui souligne le lien entre la révélation chrétienne et Joachim de Flore. Voir notamment *The New Science of Politics*, p. 174 (*CW* 5, p. 185).

89 E. Voegelin, *Order and History*, vol. 4, *CW* 17, p. 336.

90 *Ibid.*, p. 66.

91 Voir *ibid.*, p. 336 : « La révolte moderne est si intimement un développement de la 'Chrétienté' contre laquelle elle est en révolte qu'elle serait inintelligible si elle ne pouvait pas être comprise comme la déformation des événements théophaniques dans lesquels la dynamique de la transfiguration a été révélée à Jésus et aux apôtres ». La continuité est soulignée, mais il s'agit malgré tout d'une « déformation ».

LA STRUCTURE ESCHATOLOGIQUE DE L'HISTOIRE

L'absence d'une réponse franche au problème de l'eschatologie est problématique, car cette absence conduit à sa résurgence partiellement contrôlée dans la perspective même de Voegelin. En effet, bien qu'il condamne les mouvements eschatologiques, les systèmes « stop-histoire » ou encore la tentative d'attribuer à l'histoire un *eidos*, sa propre conception de l'histoire fait montre, dans ses œuvres tardives, d'une structure eschatologique reproduisant une partie des problèmes qu'il critique. Compte tenu de ces lacunes, l'enjeu est de savoir si la philosophie de l'histoire de Voegelin permet bien, au-delà de la critique pertinente qu'elle formule, de dépasser la politique du temps en tant que telle ou si elle ne conduit en définitive qu'à défendre une variante opposée à sa forme moderne.

Afin de comprendre pourquoi Voegelin considère l'histoire comme un « mouvement eschatologique », il est nécessaire de repartir de l'idée d'une hiérarchie de l'être déterminée par la durabilité de ses membres. Dans cette conception, tous les niveaux intermédiaires – l'homme, la société, le monde – sont subordonnés à Dieu, en raison sa durabilité inégalée car intemporelle, désignée par le symbole « éternité[92] ». C'est dans cette fondation théologique, même si Voegelin refuse de la nommer ainsi, que les difficultés prennent leur source. En effet, le « théologico-historicisme » de Voegelin, pour reprendre le terme de Rosen, implique que tout élément théologique fasse resurgir le problème de l'histoire. Pourquoi le cosmos n'est-il pas une fondation suffisante, lui qui aurait pourtant permis d'échapper à l'histoire, et donc à l'eschatologie ? Pour Voegelin, si l'univers physique ne peut servir d'ultime fondation de la hiérarchie de l'être, c'est simplement en raison d'une expérience indiscutable de Dieu comme origine créatrice de toute réalité[93]. Même

92 Voir *ibid.*, p. 408.

93 Voir *ibid.*, p. 409 : « L'univers physique comme fondation ultime de la strate supérieur dans la hiérarchie de l'être ne peut être identifié à la réalité ultime du Tout, car dans la strate de la conscience, nous faisons l'expérience de la présence de la réalité divine comme ce qui constitue l'humanité. Dans la conscience de l'homme, le mouvement de la fondation à l'intérieur de la réalité [...] devient lumineux pour la constitution créatrice de toute réalité à partir du sommet du fondement divin ».

si l'univers physique, contrairement à Dieu, est l'objet de l'expérience la plus courante, Dieu chapeaute la hiérarchie de l'être en raison d'une expérience inséparable de l'ordre de l'existence formant le fondement ultime de la pensée de Voegelin. À partir de cette présupposition réapparaît le problème de l'histoire. L'ensemble des éléments de la communauté de l'être sont pris dans le « processus du Tout » (*process of the Whole*), le mouvement de l'ensemble de la réalité. C'est dans ce processus qu'intervient l'histoire comme « mouvement eschatologique » qui, selon Voegelin, conduit « au-delà de sa propre structure[94] ». Que faut-il entendre par là ? Le mouvement eschatologique en question est un mouvement vers l'Au-delà (*Beyond*) du cosmos au cours duquel émerge la structure du processus de la réalité, laquelle ne se révèle que lorsque l'« Au-delà », c'est-à-dire Dieu, se révèle lui-même[95]. Le mouvement eschatologique désigne donc le mouvement vers la révélation de Dieu, un mouvement situé dans l'âme et qui correspond donc au processus de différenciation de la conscience vers l'expérience de la transcendance[96]. Dans ce processus de différenciation, la structure de la réalité devient progressivement claire en tant que mouvement dirigé vers l'Au-delà de sa structure, c'est-à-dire comme transfiguration. Ce processus intervenant dans l'histoire, celle-ci est aussi dirigée vers la révélation de Dieu, elle est eschatologique car elle tend vers un but[97].

Quel est le but affirmé par Voegelin ? Dans *The Ecumenic Age*, l'« humanité universelle », qualifiée d'« index eschatologique », semble correspondre au but recherché[98]. Mais que signifie l'« humanité universelle » ? Voegelin défend-il un projet émancipateur, ayant pour horizon l'égalité de tous les individus ? L'humanité universelle est avant tout, dans la perspective de Voegelin, un symbole. Dans la mesure où l'humanité n'est constituée que par l'intermédiaire de Dieu, l'humanité universelle repose sur l'idée d'une révélation partagée à toute l'humanité[99]. C'est cet horizon qui donne sens à la structure eschatologique du processus de la réalité, qui tendrait vers un « accomplissement ». L'accomplissement en question, le

94 *Ibid.*, p. 408.

95 Voir *ibid.*, p. 62 : « Le mouvement vers l'Au-delà du cosmos ne peut devenir complètement articulé que lorsque l'Au-delà s'est révélé lui-même ».

96 Voir *ibid.*, p. 375.

97 Voir J. Taubes, *Abendländische Eschatologie*, *op. cit.*

98 E. Voegelin, *Order and History*, vol. 4, *CW* 17, p. 376.

99 Voir *ibid.*, p. 377.

but du processus eschatologique, est donc l'événement théophanique et son partage à l'humanité entière. Néanmoins, il s'agit d'un événement théophanique bien précis, le seul qui mène le processus de différenciation de l'ordre de l'être à son terme, c'est-à-dire la révélation chrétienne. La promesse d'« accomplissement » de l'humanité universelle revient, en d'autres termes, à poser comme horizon eschatologique du processus historique le partage de la révélation chrétienne à l'humanité dans son ensemble. Cependant, cette promesse doit à nouveau être neutralisée. Le processus eschatologique ne peut être orienté que vers des « choses » eschatologiques en dehors de l'histoire, et non vers un futur historique, c'est pourquoi Voegelin situe le processus menant à l'événement théophanique dans l'âme, et non, comme dans les premiers volumes d'*Order and History*, dans l'histoire. Malgré tout, Voegelin échoue à véritablement évacuer cette difficulté, dans la mesure où la différenciation intervient bien chez des individus concrets, et donc dans l'histoire[100]. Le processus de différenciation est lié, par les individus qui l'incarnent, à l'ordre de l'histoire. Ainsi, la révélation chrétienne intervient dans l'incarnation d'un individu, Jésus-Christ. Par conséquent, Voegelin ne peut pas totalement découpler le mouvement eschatologique et l'histoire, reléguer l'eschatologie au Divin entièrement transcendant, car il cherche toujours à s'appuyer sur l'ordre par l'histoire[101]. Son « théologico-historicisme » le contraint à conserver une philosophie de l'histoire eschatologique bien qu'il cherche à faire sortir ce processus de l'histoire, à le placer dans le domaine de l'être transcendant, mais tout en maintenant un lien entre les deux. C'est pourquoi le *telos* eschatologique est aussi nécessairement un *telos* historique.

Ces difficultés ont de graves conséquences. En effet, en attribuant à l'histoire une structure eschatologique, Voegelin retombe dans le schéma normatif, dans la « mise en sens » propre à la politique du temps. Une nécessité dirige le développement historique vers un but nécessaire.

---

100 Voir *ibid.*, p. 407 : « L'entre-deux humain-divin de l'expérience se différenciant dans l'histoire est fondé dans la conscience d'êtres humains concrets, dans des corps concrets, sur la Terre concrète et dans l'univers concret ».

101 C'est pourquoi il me semble approprié, comme le propose Jerry Day, de considérer comme équivalents le principe directeur des premiers volumes d'*Order and History*, « l'ordre de l'histoire émerge de l'histoire de l'ordre », et celui des derniers volumes, « la vérité de l'existence émerge des événements théophaniques dans l'histoire ». Voir J. Day, *Voegelin, Schelling, and the Philosophy of Historical Existence*, *op. cit.*, p. 258.

Après Platon et Aristote, le processus ne pouvait qu'être poussé plus loin, avec la révélation de Dieu dans le Christ[102]. Certaines sociétés sont « choisies », d'autres non, mais il existe malgré tout une progression nécessaire dans l'ordre de l'être, dont la différenciation ultime intervient dans une « époque absolue », laquelle devient rétrospectivement dans la philosophie de l'histoire de Voegelin le point de référence, le « point de clarté », pour toutes les autres[103]. Par conséquent, en raison de cette conception de l'histoire, Voegelin ne parvient jamais à dépasser un eurocentrisme normatif. Comme le fondement de la philosophie de l'histoire est le christianisme, l'âge œcuménique occidental, l'« apogée du sens » dans la différenciation donne à la structure de l'histoire ses caractéristiques « universellement valides[104] ». Sa propre philosophie de l'histoire reste elle-même soumise à ces déterminations dans la mesure où elle fait de l'ouverture sur la transcendance, un concept dont nous avons exposé l'origine, le critère universel de l'ordre de l'histoire et à la fois – cette concomitance étant nécessaire – de l'ordre de l'existence. Appliqué à toutes les civilisations, ce critère universel et transhistorique mène à des démarches absurdes : « mais maintenant, allez expliquer comment le Christ est la tête du corps mystique dans, disons, l'empire mésopotamien. [...] Les choses se compliquent. C'est ce genre de choses dont je suis à la recherche[105] ». Il n'y a en définitive qu'une civilisation, la civilisation occidentale, non pas en termes de progrès technique, mais en tant qu'elle est le berceau de la découverte de l'ordre de l'existence universellement valide[106]. Il n'est donc pas question de remettre en question sa domination, mais de comprendre si et comment les autres cultures peuvent s'ouvrir à ces découvertes et les adopter. L'« humanité universelle » est, en définitive, la promesse de l'Occident chrétien. Ce

---

102 Voir E. Voegelin, *Order and History*, vol. 4, *CW* 17, p. 88 : « À partir des différentiations noétiques de Platon et d'Aristote, il n'était pas possible de retourner aux dieux intracosmiques, mais seulement de faire avancer la vérité de l'existence dans la direction pneumatique, à travers l'expérience répondant aux implications sotériologiques et eschatologiques d'une révélation venant de l'Au-delà ».

103 Voir *ibid.*, p. 377.

104 *Ibid.*, p. 375. Voir aussi *Order and History*, vol. 2, *CW* 15, p. 90 : « l'eurocentrisme de la position et des standards ne peut être abandonné par le philosophe de l'histoire, car il n'y a rien qui pourrait le remplacer. L'histoire est faite à n'importe quel endroit où vivent des hommes, mais la philosophie de l'histoire est un symbolisme occidental ».

105 E. Voegelin, « Conversations with Eric Voegelin at the Thomas More Institute for Adult Education in Montreal », *CW* 33, p. 301.

106 *Ibid.*, p. 265.

faisant, un tel projet ne s'écarte de la politique du temps que dans la mesure où sa « mise en sens » du temps n'est pas directe, mais prend la forme d'une philosophie de l'existence universaliste.

La philosophie historiciste de l'existence développée par Voegelin ne dépasse donc pas l'idée du sens de l'histoire et la politique du temps en tant que telle, mais seulement sa variante moderne, « immanentiste ». Cet échec se résume dans son incapacité à répondre à des questions fondamentales qui émergent des propres prémisses de sa théorie[107]. Du point de vue existentialiste, comment le développement historique peut-il être rendu compatible avec la vérité transhistorique de l'existence ? Du point de vue historiciste, comme l'histoire peut-elle posséder un *logos* tout en étant dénuée d'*eidos*, ou d'essence ? Plusieurs tentatives de répondre à ces questions ont été relevées. La philosophie de l'histoire téléologique des premiers volumes d'*Order and History*, ou « nouvelle philosophie chrétienne de l'histoire », prend pour point de départ une métaphysique présupposée, la communauté de l'être dominée par le Dieu transcendant, laquelle sert de *telos* au développement de l'histoire. Ce faisant, l'histoire devient un progrès nécessaire, Voegelin revient à l'idée d'un *eidos* de l'histoire, d'une « providence », c'est-à-dire précisément à la tradition hégélienne dont il cherche à s'émanciper. La révision du projet d'*Order and History* conduit à une réponse différente, une philosophie de l'histoire plurielle, non téléologique, mettant l'accent sur les équivalences. Cependant, comme Voegelin maintient l'idée d'un ordre de l'être et de l'existence se révélant dans l'histoire, cette seconde réponse aboutit désormais à une conception de l'histoire semblable à l'histoire du salut, c'est-à-dire toujours téléologique même si elle s'émancipe de la chronologie. Même s'il s'agit désormais d'un *telos* existentiel et non historique, ce *telos* reste fondamentalement identique : c'est la révélation chrétienne qui est le centre du « réseau de sens ». Il existe donc toujours un *eidos* de l'histoire, car c'est la conception de l'existence authentique et son développement qui constitue son principe directeur. Par conséquent, la philosophie historiciste de l'existence s'avère être en son cœur précisément ce qu'elle prétend combattre : un « *topos* existentiel ».

Ces limites conduisent à la construction d'une continuité forcée entre la philosophie antique et la révélation chrétienne qui répète une forme

107 Voir S. Rosen, recension d'*Order and History*, *op. cit.*, p. 260.

d'*historiogenesis* remettant en cause l'empirisme revendiqué par Voegelin. Ce faisant, c'est aussi une alternative potentielle qui disparaît, dans la mesure où Voegelin se trouve obligé d'adapter l'une à l'autre, pour finalement déformer les deux. La philosophie antique est « christianisée », tandis que la révélation chrétienne est contrôlée afin de neutraliser l'eschatologie qui en découle au profit d'une « essence du christianisme » comme religion transcendante, réduite à l'avènement par la révélation divine d'une ontologie en continuité avec la philosophie antique. Les conséquences déstabilisantes de la rupture chrétienne, l'opposition à la philosophie ou encore l'apparition d'un message radicalement nouveau sont effacées au profit d'une continuité rendue nécessaire par l'ordre de l'existence transhistorique. On retrouve donc, dans cette conception de la continuité, une expression du *topos* existentiel au cœur de la pensée de Voegelin, qui se laisse en définitive piéger par les présupposés de son propre projet. Voegelin se fait ainsi l'avocat d'une structure eschatologique de l'histoire qu'il semblait pourtant combattre, contraint par ses propres prémisses, car c'est là le seul moyen de faire coïncider un ordre de l'existence préétabli tout en le « découvrant » dans l'histoire, tout en l'historicisant[108]. Voegelin se retrouve alors contraint de défendre une structure au centre de sa propre critique : un processus historique nécessaire et universaliste reposant sur une ontologie forte.

Ces lacunes sont d'autant plus frustrantes que Voegelin fait preuve d'une grande perspicacité dans sa mise en lumière du problème et dans la critique qu'il développe, mais échoue en définitive dans sa tentative d'y apporter une réponse. Le manque de cohérence interne de sa philosophie historiciste de l'existence ne permet pas de répondre au défi qu'il s'est lancé, ses principes l'obligeant finalement à se contredire. Faire coïncider l'ordre de l'existence et l'ordre de l'histoire s'avère, dans les conditions posées, impossible. Doit-on en conclure que l'œuvre de Voegelin ne présente un intérêt pour la problématique de la politique du temps que dans son aspect critique, comme mise en valeur du problème, mais non comme solution ? Une possibilité reste ouverte, mais elle requiert une « chirurgie radicale » semblable à celle opérée par Voegelin sur le christianisme[109].

108 Voir *ibid.*, p. 276 : « Le cadre et la structure de son œuvre est une affirmation de l'histoire en un sens qui mine le propre objectif sérieux de son projet ».

109 Voir B. Douglass, « A Diminished Gospel : A Critique of Voegelin's Interpretation of Christianity », *op. cit.*, p. 148.

Est-il possible, en retranchant à la fois l'ordre de l'existence fondé sur l'ouverture à la transcendance et la philosophie de l'histoire, de lire la pensée de Voegelin comme une anthropologie philosophique, c'est-à-dire d'abandonner la conception de l'existence authentique fondée sur une ontologie forte au profit d'une ontologie faible centrée sur la nature immanente et ambigüe de l'homme ? Une telle proposition s'oppose certes à l'intention de Voegelin[110], mais elle représente probablement la seule possibilité de récupérer certains aspects de son œuvre, en partant de la notion de *metaxy*.

110 Voir E. Voegelin, *Order and History*, vol. 4, *CW* 17, p. 386 : « Lorsque la luminosité de la conscience noétique est déformée en une 'anthropologie' de l'homme intramondain et une 'théologie' d'un Dieu transmondain, l'événement théophanique est détruit, et avec lui est détruite la tension de l'homme vers le fondement divin de son existence de même que l'expérience de la participation ». Compte tenu des difficultés insurmontables qu'introduit l'événement théophanique dans la pensée de Voegelin, les conséquences qu'il évoque ne doivent pas être nécessairement considérées comme rédhibitoires. Voir aussi E. Voegelin, *Anamnesis*, p. 317 : « Il n'existe pas d''anthropologies philosophiques' par lesquelles l'homme pourrait être 'vraiment' compris comme un être immanent au monde ».

UNE RÉPONSE À LA POLITIQUE DU TEMPS

Le *metaxy*, temporalité de l'existence humaine

Même s'il s'avère que les fondements de la pensée de Voegelin, en particulier sa philosophie de l'histoire, conduisent à un échec, les remettre en question ne doit pas être compris comme un rejet total, mais comme un moyen d'établir une distinction entre certains éléments problématiques et d'autres plus pertinents, qui permettent de développer une réponse à la politique du temps tout en restant conscient des limites de la perspective voegelinienne. Cette réponse ne peut prendre pour point de départ l'ontologie et la philosophie de l'existence, mais plutôt les fragments d'une anthropologie philosophique présents dans son œuvre. Cette anthropologie philosophique n'est pas entièrement développée, elle n'est pas l'aspect principal de l'œuvre de Voegelin, dans la mesure où elle reste subordonnée à l'ontologie et à la philosophie de l'existence[1]. Cependant, ce sont bien ces fragments qui mettent davantage l'accent sur la nature immanente de l'homme et viennent contrebalancer l'importance de l'existence et de la transcendance. En raison de cet aspect fragmentaire et de l'impossibilité de recourir au fondement véritable de sa pensée, la philosophie historiciste de l'existence, la réponse à la politique du temps ne peut toutefois être que limitée, elle est davantage une ébauche qu'une réponse définitive.

Répondre à la politique du temps implique d'échapper tant à l'ontologie temporelle et ses implications décisionnistes qu'à l'affirmation d'un sens de l'histoire englobant et servant de moyen de légitimation – l'écueil sur lequel échoue en définitive la philosophie de l'histoire voegelinienne. L'anthropologie philosophique de l'œuvre tardive de Voegelin, bien que fragmentaire, répond à ces deux problèmes en insistant sur la dimension

1 Voir cependant la tentative de systématisation de R. Braach, *Eric Voegelins politische Anthropologie*, *op. cit.*

d'« entre-deux » de l'existence, le *metaxy*, sur la finitude de l'homme et son incapacité à apporter une réponse définitive aux questions fondamentales. Elle ne s'appuie donc ni sur une ontologie temporelle, ni sur un nouvel « arrière-monde » intemporel, mais cherche au contraire à redéfinir la temporalité spécifique à l'homme comme un « entre-deux » entre temps et éternité. Il est donc possible de reconstruire, à partir de l'œuvre de Voegelin, une conception de la temporalité de l'homme qui permet de neutraliser la politique du temps. Cependant, outre le caractère fragmentaire de cette entreprise, elle ne peut dépasser certaines limites, dans la mesure où cette reconstruction se doit d'éviter de recourir à la philosophie de l'histoire et à la philosophie de l'existence de Voegelin, dont nous avons montré les lacunes. Dans quelle mesure son anthropologie philosophique peut véritablement s'émanciper de ces fondements problématiques reste cependant une hypothèque pesant constamment sur cette tentative, et qu'il convient de prendre en considération.

Trois éléments principaux formant la théorie du *metaxy* présentent un intérêt dans le cadre de la politique du temps. Il est possible, dans un premier temps, de récupérer chez Voegelin les fondements d'une pensée de la nature immanente de l'homme dans sa corporéité et dans sa conscience concrète, laquelle – et non l'ontologie – est à l'origine d'une interprétation de la politique comme *common sense*. Cette conception s'appuie, dans un second temps, sur une reconstruction de l'ordre temporel propre à l'homme, une reconstruction centrée sur une conception particulière du temps que Voegelin nomme le « flux de présence » (*flow of presence*) et qui constitue le cœur d'une réponse à la politique du temps pemettant d'invalider les positions eschatologiques. Cependant, malgré cette avancée, la théorie du *metaxy* reste handicapée par l'arrière-plan ontologique de la pensée de Voegelin, lequel reste présent dans l'idée d'une existence authentique en tension vers le fondement, laquelle ne peut être intégrée à un point de vue purement anthropologique.

CORPORÉITÉ, EXISTENCE CONCRÈTE ET *COMMON SENSE*

La « corporéité » (*Leiblichkeit*) est, pour Voegelin, un élément fondamental de la nature humaine par laquelle l'homme participe à tous les domaines de l'être, de l'anorganique jusqu'à l'animal[2]. Cette nature plurielle et englobante de l'homme est nommée, à la suite d'Aristote, la « nature synthétique » et forme un élément essentiel de l'« existence totale » (*Gesamtexistenz*) dans le monde[3]. En effet, la corporéité ne fonde pas seulement l'appartenance de l'homme aux différents domaines de l'être, mais c'est également ce qui fonde son existence sociale sous ses différentes formes, allant de la famille à la société, et est à l'origine de son organisation. Comme la corporéité va de pair avec des besoins et des désirs devant être assouvis, l'existence en société implique une forme organisée hiérarchique, dans laquelle des représentants prennent en charge son organisation interne[4]. Car elle assure l'assouvissement des besoins et désirs liés à la corporéité, l'organisation hiérarchique de la société est selon Voegelin la « condition de tout ordre social[5] ».

L'importance de la corporéité ne doit cependant pas occulter l'autre élément fondamental de l'existence totale, la conscience, qui est toujours une conscience « concrète » car fondée elle aussi dans la corporéité. Il n'existe pas de conscience sans corporéité ou de corporéité sans conscience. Obscurcir la corporéité au profit de la conscience ne mène qu'à la conception éthérée d'un « royaume de l'esprit », d'un « royaume de la raison » parfait, une pensée utopique libérée des contraintes de la corporéité. Au contraire, obscurcir la conscience réduit l'homme à son seul corps et à ses besoins. L'organisation sociale est réduite à un artefact devant être construit de toutes pièces comme une structure dont la seule raison d'être est de permettre l'assouvissement de ces besoins, ce que Voegelin voit par exemple à l'œuvre dans les théories du contrat[6]. À l'opposé de ces « syndromes » témoignant d'un dysfonctionnement dans

2 E. Voegelin, *Anamnesis*, p. 340.
3 *Ibid.*
4 Voir *ibid.*
5 *Ibid.*
6 Voir *ibid.*, p. 341.

la société où ils apparaissent, Voegelin plaide pour une prise en compte de l'existence totale de l'homme et, par conséquent, de sa conscience « concrète », c'est-à-dire associée à sa corporéité. Les sociétés sont créées par des hommes concrets, partagées avec d'autres hommes concrets, c'est pourquoi elles devraient être considérées non comme une création issue d'un contrat, mais comme l'interaction de « champs » sociaux concurrents où se croisent ces multiples individus concrets, des processus fondamentalement changeants et voués à disparaître[7]. La mise en sens de l'ordre par un champ dominant n'est toujours qu'un processus temporaire garantissant une stabilité toute relative à l'ordre politique. Les démocraties pluralistes, en particulier, sont – sans que cela ne soit négatif – un « compromis précaire[8] ».

Le modèle englobant défendu par Voegelin vise à délimiter et à protéger un « domaine de l'être de l'homme » (*Seinsbereich Mensch*) et sa structure[9]. Désignant l'ensemble des expériences humaines ainsi que l'ordre de ces expériences, c'est-à-dire bien davantage que l'expérience concrète d'une société particulière faite par un individu particulier, le domaine de l'être de l'homme inclut nécessairement un rapport à la société et à l'histoire. Dans la mesure où la conscience à l'origine des expériences, de part sa corporéité, n'est pas seulement le propre d'un individu particulier, mais participe aussi à la société et à l'histoire, ces différentes dimensions se superposent dans le domaine de l'être de l'homme. L'homme, la société et l'histoire sont les éléments formant la structure de l'ensemble. Cependant, pour Voegelin, c'est précisément au niveau de cet entrecroisement que les mouvements idéologiques modernes ont provoqué une transformation, en inversant la relation entre l'homme, la société et l'histoire. Dans le domaine de l'être de l'homme, c'est l'homme qui prédomine dans l'ordre de la fondation. L'homme est homme avant d'être dans la société et dans l'histoire[10]. Dans les mouvements idéologiques modernes, c'est au contraire l'histoire, sous la forme de la philosophie de l'histoire, qui prend une place dominante dans la structure du domaine de l'être de l'homme et détermine la nature de l'homme et de la société. L'ordre n'est plus pensé à partir des

7 Voir *ibid.*, p. 342.

8 *Ibid.*

9 Voir *ibid.*, p. 348.

10 Voir le « principe anthropologique » posé par Platon. E. Voegelin, *The New Science of Politics*, p. 106 (*CW* 5, p. 136).

expériences de l'homme dans sa corporéité, et donc dans ses limites, mais à travers la question totalisante du sens de l'histoire. Les résultats politiques d'une telle perte du « principe anthropologique » ont déjà été précédemment évoqués, mais ils apparaissent ici sous un nouveau jour.

Du point de vue politique, quelle voie permet alors de préserver le domaine de l'être de l'homme face à la domination de l'histoire ? Cette voie, esquissée par Voegelin, est celle du *common sense*. Voegelin récuse l'idée selon laquelle il serait possible de déterminer les « principes » de la science politique, il n'existe au contraire que des prises de conscience du *common sense* concernant l'existence de l'homme en société et son action, lesquels ne peuvent être déduits de principes[11]. Ainsi, « toute tentative de ramener les découvertes du *common sense* à des 'axiomes' scientifiques suivant le modèle des axiomes des sciences naturelles et de trouver au-delà d'eux des 'principes' qui, en tant qu'axiomes, devraient prendre la place de la source réelle de l'ordre, est une entorse au domaine de l'être de l'homme[12] ». Le *common sense* doit préserver son caractère vivant, la source de l'ordre ne peut faire l'objet d'un traitement dogmatique. La conception sur laquelle s'appuie Voegelin est celle de l'école écossaise du XVIIIe siècle, en particulier de Thomas Reid. Selon cette école, le *common sense* ne désigne pas un ensemble arbitraire d'idées « communes » car simplement répandues, mais plus précisément un « habitus de jugement et de comportement de l'homme formé par la *ratio*[13] ». C'est l'habitus du *spoudaios* aristotélicien, du *gentleman*, auquel Voegelin accorde un grand intérêt dans son œuvre[14]. Pour Voegelin, c'est bien le *common sense* qui permet, tout en tenant compte du domaine de l'être de l'homme, de recréer une compréhension de l'ordre politique échappant à la domination de l'histoire.

Cependant, il faut bien se rendre compte que le *common sense* est une solution minimale, servant de « refuge de la *ratio* » dans le contexte de la crise de l'ordre des Temps modernes[15]. Le *common sense* a ses limites,

11 Voir E. Voegelin, *Anamnesis*, p. 351.

12 *Ibid.*, p. 352.

13 *Ibid.*, p. 353.

14 Cet intérêt est aussi partagé par Leo Strauss, tous deux semblant s'inscrire dans la renaissance élitiste de la figure du *gentleman* aux États-Unis à cette époque. Löwith fait au contraire une critique acerbe de la figure du *gentleman* chrétien comme un idéal schizophrène dans « Der christliche Gentleman. Über die Schizophrenie eines gesellschaftlichen Ideals » (1948), *SS* 3.

15 Voir E. Voegelin, *Anamnesis*, p. 353.

dans la mesure où il reste une symbolisation compacte ne remontant pas jusqu'aux expériences et à l'ordre de l'existence. Par conséquent, selon la théorie de Voegelin, il ne permet pas de combattre les idéologies sur le plan auquel elles se situent, c'est-à-dire en tant qu'elles sont des philosophies de l'existence déformées, mais seulement de se protéger de leurs conséquences. Le *common sense* ne peut remplacer la pensée normative précédemment évoquée, mais il représente une solution provisoire que doit adopter le *spoudaios* moderne. Selon la maxime de Voegelin, « l'homme civilisé *homo politicus* n'a pas besoin d'être un philosophe, mais il doit posséder le *common sense*[16] ». Cependant, de même que le *common sense* ne peut remplacer la philosophie de l'ordre, de même le *spoudaios* ne peut remplacer le philosophe – ou le prophète. Le *common sense* n'apporte qu'une solution provisoire, permettant de résister au désordre et de limiter ses conséquences, mais il ne conduit pas au rétablissement auquel aspire la philosophie de l'ordre voegelinienne. Compte tenu des lacunes de cette dernière, c'est toutefois ce caractère limité qui fait tout son intérêt.

LE TEMPS COMME « *FLOW OF PRESENCE* »

Parallèlement à la réponse directement politique qu'est le *common sense*, Voegelin avance une réponse ciblée visant précisément le problème du temps, c'est-à-dire la déformation causée dans le domaine de l'être-homme par la philosophie de l'histoire des idéologies modernes. Pour ce faire, il cherche, au sein de son anthropologie philosophique, à rétablir une conception de la temporalité humaine intégrant l'idée d'« entre-deux » du *metaxy*, de finitude, et s'opposant ainsi à l'éternisation et au caractère linéaire de la politique du temps. L'élément principal de cette théorie de l'ordre temporel allant à l'encontre de toute fin ou sens de l'histoire est la conception du temps comme « flux de présence » (*flow of presence*) développée dans ses œuvres tardives, à laquelle Voegelin semble accorder une grande importance bien qu'il ne l'aborde que brièvement.

La conception du temps de l'idéologue « n'est pas le temps de l'existence en tension vers l'éternité, mais un symbole par lequel il

16 *Ibid.*

tente de rendre l'atemporel identique avec le temps de son existence[17] ». Le temps de l'idéologue a pour fonction de réaliser son propre salut, de se rendre éternel en ramenant l'éternité dans le temps de l'existence humaine. La conception décrite par Voegelin correspond précisément au phénomène de la politique du temps et à la tentative de créer dans le temps du monde un ordre politique éternel. Face à cette dérive idéologique, il est nécessaire de récupérer la tension entre le temps et l'éternité et de déterminer une conception du temps correspondant au *metaxy* dans lequel s'inscrit l'existence humaine. Pour ce faire, Voegelin prend pour point de départ le lieu des expériences, la conscience. C'est dans la conscience, selon Voegelin, que se rencontrent l'immanence et la transcendance, que se situe l'expérience d'une tension entre les pôles du temps et de l'éternité[18]. Temps et éternité sont des pôles, des « indices », la position en tension entre ces deux pôles ne signifie donc pas que temps et éternité se mélangent. L'éternité n'intervient pas directement dans le temps, mais elle le rencontre dans le *metaxy*. L'éternité est donc, médiée par la conscience, présente mais sans s'assimiler au temps. La conception du temps recherchée par Voegelin dans la conscience a pour but d'être le « paramètre » de ces expériences de la tension entre les pôles du temps et de l'éternité. Ce n'est pas un temps « vide », mais le temps des expériences réelles du *metaxy*. Dans la mesure où le *metaxy* est le propre de l'existence humaine, ce temps est donc aussi celui dans lequel nous existons[19].

Le concept permettant de rendre compte de la temporalité de ces expériences, et donc du temps de la conscience humaine, est selon Voegelin le « flux de présence » (*flow of presence*) ou « présence fluctuante » (*fließende Präsenz*), dont il revendique la paternité. Influencé par Héraclite, ce terme désigne « la dimension de l'existence qui est, et n'est pas, le temps[20] », qui n'est ni temps ni éternité, mais un flux dans lequel ces deux dimensions se rencontrent[21]. Il est nécessaire de distinguer deux éléments. La « présence », tout d'abord, désigne la présence de l'être éternel dans le temps par l'intermédiaire du *metaxy* de la conscience, une conception prenant sa source dans la métaphysique

17 E. Voegelin, « Immortality : Experience and Symbol » (1967), *CW* 12, p. 77.
18 Voir E. Voegelin, « The Drama of Humanity » (1967), *CW* 33, p. 213 et *Anamnesis*, p. 271.
19 Voir E. Voegelin, « The Drama of Humanity », *CW* 33, p. 213 et p. 263.
20 E. Voegelin, « Immortality », *CW* 12, p. 77.
21 Voir E. Voegelin, « The Drama of Humanity », *CW* 33, p. 213.

de l'être transcendant. Elle signifie tant la « présence » (*Präsenz*) comme être-là que comme « présent » (*Gegenwart*), être dans le présent. Ce double sens s'inscrit dans la conception de l'histoire caractéristique de l'œuvre tardive de Voegelin, prenant pour modèle l'histoire du salut. L'être éternel est présent en tout instant, à chaque moment, sans que les révélations de sa présence ne puissent être ramenées à une « ligne continue[22] ». Cette présence est donc un « flux », un changement constant mais sans direction, une suite d'événements sans passé ni avenir définis. Comprendre le temps de la conscience comme « flux de la présence » permet de maintenir la tension entre temps et éternité, d'assurer que « dans l'expérience philosophique de la tension entre les pôles du temps et de l'éternité, l'être éternel ne devient pas un objet dans le temps, de même que l'être temporel n'est pas transposé dans l'éternité[23] ». Dans le « flux de présence », cette tension « verticale », la recherche de l'éternel, est maintenue sans qu'elle ne dérive en une tension « horizontale » entre le présent et un royaume de l'éternité à venir. C'est pourquoi une telle conception du temps permet, tout en tenant compte de la particularité de la conscience humaine comme tension entre temps et éternité, de relativiser l'importance de l'homme et de mettre l'accent sur son statut d'« entre-deux », tout en neutralisant les conceptions eschatologiques de l'histoire.

Avec le « flux de la présence », Voegelin avance une conception du temps qui semble immunisée contre la politique du temps. Elle ne peut en effet ni être politisée, dans la mesure où elle fait signe vers un au-delà du temps historique qui ne lui donne pas un sens défini, mais empêche précisément qu'un sens immanent ne lui soit attribué – en d'autres termes, le « *realissimum* » reste transcendant –, mais elle résiste aussi à la temporalisation, dans la mesure où elle intègre une tension vers l'atemporel. Le « flux de la présence » semble donc être un compromis intéressant, mais car le concept mêle l'aspect métaphysique – la « présence » de l'être transcendant – à l'aspect temporel, il est menacé par un retour de l'ontologie voegelinienne, laquelle ne peut être totalement séparée de son anthropologie philosophique. Le « flux de présence » implique donc un point de vue non seulement anthropologique, accentuant la tension

22 Voir *ibid.*, p. 182.

23 Voir E. Voegelin, *Anamnesis*, p. 272. La tension entre temps et éternité est également mise en valeur par K. Jaspers, *Philosophie*, vol. 3, *op. cit.*, p. 57.

entre temps et éternité, mais aussi ontologique, accentuant la présence. Ce faisant, le « flux de la présence » reste déterminé par l'ontologie voegelinienne, indissociable de la philosophie de l'histoire et de l'existence.

LA TENSION EXISTENTIELLE VERS LE FONDEMENT

C'est là la principale limite d'une lecture mettant en avant l'anthropologie philosophique de Voegelin. En effet, la structure du *metaxy* n'est pas entièrement indéterminée. Les pôles de l'immanence et de la transcendance ne sont pas seulement considérés du point de vue anthropologique, comme horizon de la tension dans la conscience, mais également en eux-mêmes, comme des entités métaphysiques. Voegelin ne cherchant pas à développer une philosophie de l'immanence, ce changement de point de vue ne concerne que le pôle de la transcendance et de l'éternité. La raison de ce choix est claire : la mise en valeur de l'existence en tension n'a pas pour seul but de relativiser l'existence humaine et d'empêcher toute absolutisation, mais elle a aussi une « fonction d'ordre[24] ». Le « flux de présence » de l'être transcendant doit être compris comme une puissance ordonnant l'existence humaine.

Cet aspect gagne en clarté si l'on précise de quelle « présence » il est question, une présence qui ne reste pas indéfinie. Il ne s'agit en effet pas seulement du pôle abstrait de l'éternité, mais plus directement de l'être transcendant, autrement dit de Dieu. Le passage du point de vue indéterminé de l'anthropologie philosophique au point de vue normatif de l'ontologie est particulièrement net dans la référence de Voegelin à Albert Camus. Tandis que Camus affirme, dans *L'Homme révolté*, qu'il faut « apprendre à vivre et à mourir, et, pour être homme, refuser d'être dieu », Voegelin travestit ces propos en un appel à retourner en amont du meurtre de Dieu – associé à Sade, Hegel et Nietzsche –, c'est-à-dire comme une réaffirmation de Dieu, un projet qui aurait été interrompu par la mort de Camus[25]. Tandis que ce dernier souligne la finitude de

24 E. Voegelin, *Anamnesis*, p. 291.
25 Voir *ibid.*, p. 312.

l'existence humaine, Voegelin ne peut se limiter à cet aspect mais veut y voir la reconstruction d'une structure ontologique et théologique « perdue ». C'est pourquoi l'idée d'une tension ouverte est certes centrale, mais elle n'est pas le dernier mot de sa théorie. C'est moins l'incertitude de la tension que la réalité de l'être transcendant, de Dieu, qui est en jeu. Par conséquent, le « flux de la présence » met moins l'accent sur le « flux » que sur la « présence » divine, l'« être éternel[26] », « ineffable[27] », qui rappelle à l'homme qu'il n'est qu'une créature[28]. La « présence fluctuante » désigne donc moins la tension que la présence de Dieu dont l'homme fait l'expérience[29].

Cette nuance dans la pensée de Voegelin, qui met davantage l'accent sur l'être transcendant que sur l'existence en tension, est incompréhensible sans prendre en compte la « fonction d'ordre » qu'il lui attribue. Comme Voegelin le relève en 1965, les « traditionalismes » et « conservatismes » ne manquent pas, allant des partisans d'un renouveau religieux à la renaissance du droit naturel : « nous sommes donc abondamment approvisionnés en "ordo" [une référence tant à la scolastique médiévale qu'à l'ordolibéralisme, un courant de pensée dominant dans l'Allemagne de l'époque ; BG] ; mais il manque l'explication noétique qui rende consciente l'origine de l'"ordo" dans la tension existentielle vers le fondement[30] ». C'est à ce niveau qu'intervient sa pensée, laquelle se consacre à la fondation de l'« ordo » et a pour but de faire apparaître l'expérience de la tension vers le fondement ontologique comme le « centre de l'ordre » de l'homme, à partir duquel émergent l'ordre de la conscience concrète, l'ordre de la société et l'ordre de l'histoire[31]. L'expérience de l'être divin transcendant, dont la fonction est d'être le « centre de l'ordre » de l'existence humaine, est, bien qu'elle intervienne au niveau de l'individu, représentative de l'existence humaine et s'impose par conséquent à tous les hommes[32]. La tension ne reste donc

26 *Ibid.*, p. 272.

27 *Ibid.*, p. 338.

28 *Ibid.*, p. 289. Voir aussi E. Voegelin, *Die politischen Religionen*, *op. cit.*, p. 15.

29 Voir E. Voegelin, *Anamnesis*, p. 278 et « Immortality », *CW* 12, p. 78 : « [...] le symbolisme de l'incarnation exprimerait l'expérience, datée dans l'histoire, de Dieu atteignant l'homme et se révélant à lui comme la Présence qui est le flux de présence [*flow of presence*] du commencement du monde jusqu'à sa fin ».

30 E. Voegelin, *Anamnesis*, p. 329.

31 *Ibid.*, p. 349.

32 Voir *ibid.*, p. 291.

irrésolue que dans l'attente de la révélation de l'être transcendant dans l'expérience à la source de l'ordre. Par conséquent, Voegelin ne défend pas une « zététique politique », mais une ontologie forte qui ne se présente pas comme telle car elle passe par l'intermédiaire d'une conception de l'existence[33]. C'est pourquoi, malgré les fragments prometteurs contenus dans la conception du *metaxy*, Voegelin s'éloigne en définitive du *common sense* et rejette l'anthropologie philosophique. « Il n'existe aucune 'anthropologie philosophique' qui permettrait de comprendre 'correctement' l'homme comme un être immanent au monde[34] » car elle coupe la possibilité de poser un « centre de l'ordre » et ne peut donc apporter à l'« ordo » la fondation philosophique qui lui fait défaut[35].

La tentative de répondre au problème de la politique du temps à partir de l'œuvre de Voegelin affiche donc un résultat mitigé. L'intérêt de Voegelin pour Schelling avait déjà permis d'esquisser la direction dans laquelle son œuvre devait s'orienter, celle d'une philosophie historiciste de l'existence. Cette position complexe correspond à une philosophie de l'existence, dont le cœur est la notion de transcendance, fondée sur une conception de l'ordre de l'histoire, c'est-à-dire sur une philosophie de l'histoire. Tout comme Jaspers, Voegelin aborde la transcendance dans le cadre d'une philosophie de l'existence. La notion de transcendance désigne avant tout une expérience fondamentale, par rapport à laquelle le *Dasein* est obligé de s'orienter sous peine de s'éloigner de l'existence authentique. Cependant, la transcendance ne peut être ramenée à une entité précise, elle ne se donne que dans l'expérience. Ce caractère élusif pose problème et conduit Jaspers et Voegelin à penser la transcendance dans son historicité, à faire de l'expérience de la transcendance un fait historique. Le projet de Voegelin ne prend donc sens que comme prolongement de la réponse à cette difficulté rencontrée par Jaspers et à

33 Sur la « zététique politique », voir T. Gontier, « Totalitarisme, religions politiques et modernité chez Eric Voegelin », in P. De Lara (éd.), *Naissances du totalitarisme*, Paris, Cerf, 2011.

34 *Ibid.*, p. 317.

35 Au vu de cet objectif affiché, une lecture de l'œuvre de Voegelin utilisant la méthode de la critique de l'idéologie semble possible. Elle aurait pour but d'interpréter le système de Voegelin comme une fondation philosophique de l'« ordo », c'est-à-dire à son époque de l'ordolibéralisme. Cependant, une telle lecture imposerait de faire abstraction de la prépondérance de la dimension existentielle dans sa pensée au profit d'une motivation avant tout politique, ce qui ne semble pas entièrement justifié.

laquelle Voegelin, dans la mesure où il reprend la métaphysique de ce dernier, est aussi confronté. Son œuvre fait intervenir deux stratégies différentes visant à concilier la philosophie de l'existence et la philosophie de l'histoire, mais la philosophie de l'histoire reste dans tous les cas subordonnée à une conception de l'existence authentique, ouverte à l'être transcendant. La philosophie historiciste de l'existence aboutit ainsi précisément à ce qu'elle souhaitait éviter : elle reste, en son cœur, un *topos* existentiel s'appuyant sur une structure eschatologique de l'histoire. C'est pourquoi la perspective de Voegelin ne peut être considérée, même par ses plus proches soutiens tels Alfred Schütz, que comme étant fondamentalement dogmatique[36]. Paradoxalement, c'est par cet échec que Voegelin se rapproche au plus près de Nietzsche. Voegelin cherche lui aussi, « à la pointe de la modernité », à retrouver une ontologie atemporelle par des moyens modernes, par la philosophie de l'histoire, pour en définitive échouer à résoudre la contradiction insoluble d'un projet cherchant à s'émanciper de la modernité à partir de ses propres produits[37]. En refusant de choisir entre l'ordre de l'être et l'ordre de l'histoire, mais en voulant prouver l'un par l'autre, Voegelin pose lui-même les conditions de son échec.

Face à ce constat, deux voies sont possibles. Bien que la réponse la plus ambitieuse et la plus définitive à la politique du temps, l'existence authentique comme ouverture à la transcendance, s'avère intenable, une solution minimale est présente dans l'œuvre de Voegelin. Certains éléments de son œuvre laissent en effet ouverte la possibilité d'une anthropologie philosophique visant à rétablir l'homme dans sa position d'« entre-deux », le *metaxy*, une conception permettant de rétablir l'idée d'une finitude indépassable et de trouver un équilibre entre la prédominance de la sphère temporelle et la tentation de l'éternité. Le concept du temps comme « flux de présence » est à ce titre intéressant, car il paraît immunisé contre la politique du temps. L'homme – et donc son action politique – ne se place pas dans une temporalité tendue vers l'avenir, mais centrée sur le présent sans toutefois l'absolutiser, car il reste contrebalancé par la présence de l'éternel. Dans ce contexte, Voegelin promeut une idée du politique fondée sur le *common sense* et permettant

36 Voir la lettre d'Alfred Schütz à Aron Gurwitsch du 10 novembre 1952, *Briefwechsel über « Die Neue Wissenschaft der Politik »*, *op. cit.*, p. 140.

37 Voir la critique de Nietzsche chez K. Löwith, *Nietzsche*, *op. cit.*, p. 255 *sq.*

de résister aux conceptions eschatologiques tout en préservant un habitus fondé sur la raison. Il est cependant nécessaire de protéger cette anthropologie philosophique contre Voegelin lui-même, qui tend à remettre en question l'ouverture et l'indétermination de cette conception, qui fait précisément tout son intérêt, en cherchant à la relier à l'ontologie de l'être transcendant. La « présence » est en effet une présence bien définie, celle du Dieu transcendant, tandis que la tension existentielle vers le fondement, affirmée de manière dogmatique, tend à réintroduire indirectement la conception de l'existence authentique. L'anthropologie philosophique ne peut donc être préservée sans réduire drastiquement les prétentions de la philosophie de l'ordre.

Outre cette voie critique, appelant à une révision profonde du projet de Voegelin, les lacunes de sa pensée peuvent être surmontées d'une seconde manière, en acceptant simplement ses prémisses dogmatiques, en acceptant le « saut » rendant compatibles l'ordre de l'existence et l'ordre de l'histoire et faisant de la révélation de l'être transcendant la vérité absolue. Faire ainsi abstraction des contradictions internes de sa pensée permet-il cependant d'aboutir à une conclusion plus convaincante ? Même en adoptant ce point de vue, toute tentative d'endosser la position de Voegelin se trouve confrontée à l'obstacle majeur de sa communicabilité, un problème d'autant plus important qu'il s'agit d'une philosophie ouvertement politique. Ce problème concerne le cœur de la pensée de Voegelin, l'expérience de la transcendance, laquelle ne peut en effet pas être démontrée rationnellement, une limite déjà présente chez Jaspers[38]. Il n'est donc pas question de convaincre l'interlocuteur par un discours rationnel, celui-ci ne peut faire sienne l'expérience de la transcendance que s'il accepte cette conception de l'existence authentique et, s'il en est capable, répète sa découverte par le processus mystique. Concernant l'existence authentique, rien n'est à prouver, il s'agit d'une réalité qui doit être simplement acceptée[39]. L'homme reste « libre » de ne pas reconnaître la réalité, il est libre de se tromper[40]. Cependant, il est déconcertant que Voegelin refuse tout effort de développer une langue commune permettant ne serait-ce que de mener son interlocuteur vers la

38 Voir K. Jaspers, *Philosophie*, vol. 3, *op. cit.*, p. 17.

39 Voir E. Voegelin, « In Search of the Ground », *CW* 11, p. 241 *sq.* ; « Conversations with Eric Voegelin at the Thomas More Institue for Adult Education in Montreal », *CW* 33, p. 269 ; *Anamnesis*, p. 311.

40 Voir E. Voegelin, *Anamnesis*, p. 309.

reconnaissance de la « réalité ». Au contraire, il cherche plutôt à exclure de la discussion les éléments d'une importance centrale, en particulier l'expérience de la transcendance. Cette réduction de la possibilité du dialogue s'appuie sur une conception étroite de la « raison », laquelle intégrerait d'emblée la reconnaissance de l'ordre de l'existence qu'il présuppose. Par conséquent, toute discussion « rationnelle » doit débuter par la reconnaissance par chaque interlocuteur des expériences de la transcendance, et donc de l'ensemble de la structure de la philosophie de l'histoire de Voegelin[41]. Il n'est donc pas si étonnant que Voegelin fasse passer dans son œuvre la question du dialogue platonicien à un degré secondaire et s'intéresse au contraire au moment où Socrate rompt le dialogue[42]. Voegelin s'intéresse moins au processus dialogique qu'aux conditions dans lesquelles la discussion est impossible et doit même, du côté du philosophe, être refusée[43]. Face aux « idéologues » refusant l'ordre de l'être et la transcendance, refusant de rapporter l'homme à Dieu, toute discussion « rationnelle » est vaine et impossible. À ceux qui refusent d'accepter d'emblée son système, Voegelin répond avec Ésaïe (32, 6) :

> L'insensé, en effet, profère des folies
> et dans son cœur il médite le mal :
> il agit en impie
> et adresse au SEIGNEUR des blasphèmes,
> il laisse l'affamé le ventre vide
> et laisse manquer de boisson celui qui a soif[44].

Ce faisant, Voegelin établit de fait une distinction insurmontable entre les récipiendaires et gardiens de l'expérience de la transcendance, les véritables philosophes, et les autres, lesquels se divisent entre les *spoudaioi* respectueux de l'expérience même s'ils ne la partagent pas et les « gnostiques » irrécupérables. Dans ces conditions, il est difficile de comprendre comment la « philosophie de l'ordre » peut avoir une quelconque influence sur la

41 C'est pourquoi, même avec des figures apparemment proches comme Strauss, Voegelin est incapable d'arriver à un quelconque accord. Il n'est pas seulement question de l'incompatibilité entre raison et révélation, mais de la détermination même de ce qui est « rationnel ».

42 Voir E. Voegelin, *Anamnesis*, p. 246.

43 Voir en particulier E. Voegelin, « John Stuart Mill – Diskussionsfreiheit und Diskussionsbereitschaft », in *Anamnesis*.

44 Voir E. Voegelin, *Anamnesis*, p. 252.

société. Voegelin, en adoptant une posture de moraliste, ne cherche pas à convaincre, mais à condamner[45]. Cependant, en défendant une position immunisée contre toute critique, il tend aussi du même coup à faire du philosophe une figure insignifiante dans la société, détenteur de la vérité sans qu'il ne puisse ni ne veuille la partager avec d'autres qu'un cercle de convaincus[46]. Comme l'a relevé un critique, « Voegelin était un prophète dont les mots signifient bien peu pour les pêcheurs. Malgré toute la beauté et la complexité de son argumentation, elle se résume à un seul élément. Soit l'on perçoit le fondement divin et on comprend qu'il est le seul critère de pertinence pour toute chose humaine, soit non[47] ». Il n'est pas ici seulement question de l'affirmation de l'existence de Dieu, mais plus généralement de l'affirmation de la conception authentique de l'existence inséparable de la philosophie historiciste de l'existence de Voegelin. Ce dernier s'est donc engagé dans une impasse, une impasse dont l'originalité est cependant indéniable et reste, en tant que telle, d'un intérêt certain pour l'histoire de la philosophie.

---

45 Voir T. Gontier, *Voegelin. Symboles du politique*, Paris, Michalon, 2008, p. 107.

46 Une étude mettant l'accent sur les liens entre l'œuvre de Voegelin et sa biographie, ce qui n'est ici pas le but, pourrait voir dans ces éléments de son œuvre le fondement théorique de son incapacité à créer une école et à acquérir une véritable influence dans le milieu académique. Voir à ce sujet les remarques de ses anciens élèves de Munich dans B. Cooper ; J. Bruhn (éds.), *Voegelin Recollected. Conversations on a Life*, Columbia, University of Missouri Press, 2008, p. 106 *sqq.*

47 T. V. McAllister, *Revolt against modernity : Leo Strauss, Eric Voegelin, and the search for a postliberal order*, Lawrence, University Press of Kansas, 1996, p. 173.

UNE PHÉNOMÉNOLOGIE DU MONDE POST-CHRÉTIEN I

Le monde commun chez Löwith

Malgré ses profondes lacunes, la pensée de Voegelin permet néanmoins de progresser dans la recherche d'une réponse au problème de la politique du temps. En effet, dans la mesure où son œuvre se place à la croisée de multiples influences, l'analyse des raisons de l'échec de sa partie constructive permet de délimiter certains éléments problématiques de la tradition philosophique sur laquelle il s'appuie. La source majeure des difficultés rencontrées chez Voegelin est sa tentative de fonder l'ordre de l'existence dans l'ordre de l'histoire au moyen d'une philosophie historiciste de l'existence. Alors qu'il revendique la nécessité de trouver un fondement restant ouvert à l'indétermination de l'existence humaine, la pensée de Voegelin reste en effet déterminée par une conception de l'existence authentique fondée sur une ontologie de l'être transcendant. La philosophie de Voegelin prend la forme d'une affirmation d'un *topos* existentiel fondamentalement incommunicable à qui n'en partage pas les présuppositions, tout en s'exposant au danger d'affirmer un nouvel *eidos* de l'histoire. Il existe donc une tension entre le diagnostic, qui relève le besoin d'une nouvelle fondation au moyen d'une ontologie faible, et la réalisation du projet, qui reste dépendant d'une ontologie forte. Bien que la réflexion de Voegelin parte d'une critique pertinente de la politique du temps et de ses fondements, sa propre réponse menace précisément de répéter la politique du temps sous une autre forme.

Quelle solution peut permettre de sortir de cette impasse ? Des éléments de l'œuvre de Voegelin s'avèrent intéressants, en particulier les fragments d'une anthropologie philosophique fondée sur le *common sense* et la conception du temps comme « flux de présence », mais ces fragments sont cependant insuffisants dans la mesure où ils restent subordonnés à l'ontologie, et donc à la philosophie de l'histoire de Voegelin. Comment par conséquent reprendre l'objectif de son anthropologie philosophique, assurer la finitude de l'humain contre toute tentative d'éternisation, sans le rapporter à un être transcendant se révélant dans l'histoire et donnant à cette dernière une structure eschatologique ? Comment concevoir une mesure sempiternelle contrebalançant la toute-puissance du temps qui ne conduise pas à la création d'un arrière-monde transcendant induisant une conception de l'existence authentique, dont seulement certains individus feraient l'expérience ? La seule solution permettant de répondre à ces conditions est de penser la transcendance de l'homme dans l'immanence : on évitera ainsi la problématique expérience de la transcendance posée par Voegelin tout en assurant la participation de l'homme à un domaine le dépassant et toujours entièrement présent, afin d'éviter toute structure eschatologique. Posée en ces termes, la solution avancée par Löwith peut répondre aux problèmes mis en lumière chez Voegelin.

En plaçant le monde naturel au cœur de sa pensée, Löwith poursuit la direction préfigurée par son précurseur Nietzsche dans la doctrine de l'éternel retour du même. Malgré son échec, sur lequel Löwith lui-même insiste, la doctrine de l'éternel retour du même conserve son intérêt car elle esquisse un dépassement radicalement anti-historiciste, dépassant la tyrannie du temps présent tout en cherchant à réunir l'homme et la nature au sein de la sempiternité immanente du monde naturel. Cet objectif double est partagé par Löwith, qui s'inscrit donc à la suite de Nietzsche, mais seulement jusqu'à un certain point. En effet, la doctrine de l'éternel retour du même n'est pour Löwith pas une solution définitive, car elle reste marquée par une lacune majeure, à l'origine de l'échec du projet nietzschéen. Parce qu'il est conçu comme un acte de la volonté individuelle orienté vers un dépassement futur, l'éternel retour du même reste du même coup ancré dans la tradition chrétienne qu'il vise à dépasser. Mais la compréhension naïve et immédiate du monde ne peut être forcée par un acte de la volonté sans rester déterminée, en négatif, par l'adversaire auquel elle s'oppose. En tant que « répétition anti-chrétienne de l'Antiquité au sommet de la modernité[1] », la doctrine de Nietzsche ne parvient par conséquent pas à réaliser le dépassement auquel elle prétend. Le défi auquel est confronté Löwith prend forme. Comment son projet, cherchant à replacer au centre la pensée du monde naturel, peut-il poursuivre l'objectif qu'il discerne chez Nietzsche tout

1 K. Löwith, *Nietzsche*, *SS* 6, p. 238.

en évitant le problème auquel ce dernier fut confronté et qui mena à son échec ? C'est précisément parce que Löwith est conscient de cette contrainte, de la difficulté de rompre avec l'esprit du temps, que sa tentative est particulièrement radicale. Contrairement à Voegelin, Löwith sait qu'il est impossible de se replacer « naïvement » dans une tradition dont le philosophe affirmerait la vérité en discernant son « essence », sans adopter les aspects problématiques venant de cette même tradition. C'est pourquoi la « destruction » qu'il met en œuvre ne laisse que peu d'éléments intacts[2]. Löwith ne cherche pas, comme le fait Voegelin, à établir un compromis, à distinguer le cours normal de ses « déraillements », mais à achever le dépassement resté incomplet dans l'œuvre de Nietzsche. Cette opposition quant à la signification de la tradition se cristallise bien entendu sur l'importance à accorder à la révélation chrétienne, dont tous deux reconnaissent les conséquences problématiques sans toutefois en tirer les mêmes conclusions. Chaque volume d'*Order and History* s'ouvre sur une citation du *De vera religione* d'Augustin, « *in consideratione creaturorum non est vana et peritura curiositas exercenda ; sed gradus ad immortalia et semper manentia faciendus*[3] », laquelle remet en question la *theoria* désintéressée au profit d'une découverte de Dieu par la raison naturelle. À l'inverse, Löwith place en entête d'un de ses derniers ouvrages, *Gott, Mensch und Welt in der Metaphysik von Descartes bis zu Nietzsche*, une citation de Goethe reconnaissant la valeur intrinsèque de la « sagesse du monde » face aux prétentions du dieu transcendant : « *Es wäre nicht der Mühe wert, siebzig Jahre alt zu werden,*

2 C'est pourquoi la remarque amusante de Ronald Beiner, qui décrit Voegelin comme une « sorte de Karl Löwith sous stéroïdes », ne me paraît pas entièrement justifiée. S'il est vrai que la critique de Voegelin est clairement plus massive et polémique que celle de Löwith, ce dernier développe une solution bien plus radicale, même si la retenue dont il fait preuve dans ses écrits tend à masquer cette radicalité. Paradoxalement, Voegelin a une approche nettement moins critique de la tradition philosophique occidentale dans son ensemble. Pour la remarque de Beiner, voir R. Beiner, *Political Philosophy*, *op. cit.*, n. 1, p. 91.

3 Augustin, *De Vera Religione*, XXIX, 52, in *Œuvres de Saint Augustin*, vol. 8, *La foi chrétienne*, Paris, Desclée de Brouwer, 1951, p. 99 : « Il ne faut pas que ce soit sans profit, pour rien, que nous contemplions la beauté du firmament, la disposition des astres, l'éclat de la lumière, l'alternance des jours et des nuits, le cycle mensuel de la lune, la distribution de l'année en quatre saisons, analogue à la répartition des quatre éléments, la prodigieuse puissance des germes, générateurs d'espèces et de nombres, tous les êtres enfin qui, chacun dans son genre, gardent leur propre caractère et leur nature. Ce spectacle n'est pas fait pour exercer une curiosité vaine et sans objet, mais pour nous élever graduellement vers les réalités impérissables qui toujours demeurent ».

wenn alle Weisheit der Welt Torheit wäre vor Gott[4] ». Ces deux citations symbolisent la différence principale entre les deux projets. Tandis que Voegelin cherche, à partir d'un point de vue néoplatonicien chrétien, qu'il assimile à l'« essence du christianisme », à retrouver une forme d'éternité s'opposant au processus de temporalisation issu de la même tradition chrétienne, Löwith renonce à celle-ci au profit de la « sagesse du monde » que cette tradition condamne. L'émancipation qu'il préconise ne se fait cependant pas au profit d'un vide nihiliste, mais de la récupération de la mesure sempiternelle qu'est le monde naturel, un monde naturel réintégrant l'homme dans une totalité qui le dépasse mais dont il fait intrinsèquement partie. Ce projet, auquel l'ensemble de l'œuvre de Löwith est consacré, fait l'objet d'une élaboration progressive, allant d'une phénoménologie du monde social à la pensée cosmologique du monde dans sa totalité.

PHILOSOPHIE DE L'EXISTENCE ET EXISTENCE AUTHENTIQUE

Penser le monde naturel comme une totalité englobant non seulement l'ensemble des étants naturels, mais également l'homme en tant qu'il en fait par nature partie, pose le problème de la place de son existence en société, et donc du politique. Est-elle un élément de la nature de l'homme en tant qu'il participe au monde naturel ou vient-elle s'ajouter à l'existence, voire la troubler ? Dans le cadre du projet de Löwith, il est nécessaire d'assurer que l'être-dans-le-monde est aussi synonyme d'être-en-société, afin de prévenir l'apparition d'une disjonction entre l'homme et le monde, laquelle ne pourrait être résolue qu'en renvoyant à leur origine commune dans l'action créatrice d'un tiers. Löwith ne choisit pas de simplement répéter la voie « classique » voyant dans l'homme un animal politique, mais cherche à rendre visible l'immédiateté de

4 « Cela ne vaudrait pas la peine d'atteindre l'âge de soixante-dix ans si toute la sagesse du monde était folie devant Dieu ». Cette citation de Goethe est extraite de *Wilhelm Meisters Wanderjahre*, livre 3. chap. 18. Löwith a, à l'époque de la publication du livre, lui-même atteint l'âge de soixante-dix ans.

l'existence sociale de l'homme, comme être naturel, au moyen de la phénoménologie. En voulant montrer cette immédiateté de l'être social dans l'être naturel de l'homme, il s'oppose tant à la philosophie de l'histoire qu'à la philosophie de l'existence, une opposition qui permet de comprendre l'enjeu de son projet et la position qu'il occupe dans le contexte de son époque.

En abandonnant la philosophie de l'histoire, Löwith cherche à découpler l'être social de l'idée d'un développement historique qui verrait son apogée à une époque définie. Surtout, l'absence de développement historique permet de supprimer la tension temporelle, l'idée que l'ordre social attendrait sa réalisation dans le futur, une tension sur laquelle se fonde toute politique du temps. Au contraire, la démarche phénoménologique adoptée par Löwith doit montrer que l'homme est toujours et en tout temps un être social confronté à l'organisation de la vie en commun. Parallèlement, cette perspective cherche à contrer l'idée, particulièrement présente dans la philosophie de l'existence, d'une existence authentique antérieure à la vie en société prenant pour point de départ l'isolement du *Dasein*, confronté à la « masse ». Compte tenu du contexte intellectuel dans lequel se forme l'anthropologie philosophique de Löwith, les années 1920 et 1930, il est clair qu'elle relève d'un refus tant du personnalisme chrétien[5] que du marxisme, mais aussi de l'élitisme de certains cercles académiques. À ces courants, Löwith oppose une alternative cherchant à revenir à un certain humanisme naturaliste par les moyens philosophiques de l'époque, en l'occurrence la phénoménologie, en les retournant si nécessaire, comme c'est le cas dans sa réception de Heidegger, contre leur créateur[6]. Comment par conséquent comprendre l'existence sociale comme ayant un sens immanent, qui ne soit ni un sens historique ni un sens déduit d'une conception de l'existence authentique ? Quelle valeur prend alors l'existence sociale ? C'est pour répondre à ces questions que Löwith développe l'idée de l'être-homme (*Menschsein*) comme être-l'un-avec-l'autre (*Miteinandersein*), qui constitue la première étape de sa pensée du monde naturel.

5 Voir le texte plus tardif consacré à Teilhard de Chardin : K. Löwith, « Teilhard de Chardin » (1962), *SS* 3.

6 Voir l'appréciation de Löwith pour Goethe, qui transparaît clairement dans K. Löwith, *Von Hegel zu Nietzsche. Der revolutionäre Bruch im Denken des 19. Jahrhunderts* (1939), *SS* 4 et M. Jaeger, « Goethe oder Nietzsche. Karl Löwiths philosophische Goethe-Rezeption », *Goethe Jahrbuch* 112 (1995).

La critique de la philosophie de l'existence est présente tout au long de l'œuvre de Löwith. Elle en constitue même un élément fondamental, en particulier dans les années 1930, suite à la parution des ouvrages majeurs de Heidegger, *Sein und Zeit*, et des trois volumes de la *Philosophie* de Jaspers. Cette critique coïncide dans l'œuvre de Löwith avec le développement, dans ses premiers travaux, d'une anthropologie philosophique visant, à partir d'un point de vue phénoménologique, à comprendre l'homme comme un être naturel et social. Cet objectif est particulièrement clair dans *Das Individuum in der Rolle des Mitmenschen*, son travail d'habilitation suivi par Heidegger et publié en 1928. La coïncidence entre ce projet et la critique de la philosophie de l'existence n'est pas le fruit du hasard. Cette dernière permet de mieux comprendre les enjeux de la pensée de Löwith qui vise alors, notamment en réaction au cadre social et politique de l'époque, non seulement à récupérer par une méthode phénoménologique une compréhension de l'homme comme être naturel, mais justifie aussi cet objectif en s'opposant, par une polémique indirecte, à la conception de l'existence authentique de la philosophie de l'existence. Comprendre dans quelle mesure Löwith s'oppose à cette conception permet de préciser les caractéristiques et objectifs principaux de son anthropologie philosophique.

La philosophie de l'existence se caractérise, dans sa pensée de l'homme, par l'accent qu'elle met sur l'individu isolé contre l'humanisme du XIXe siècle, incarné par des figures telles que Goethe, Humboldt et Hegel. C'est surtout dans l'opposition à Hegel que Löwith voit le début de l'évolution menant à la philosophie de l'existence, laquelle se présente comme un refus de la philosophie comme un système englobant tout, de la philosophie comme *theoria* contemplative, au profit d'une philosophie pratique – un trait caractéristique non seulement de Kierkegaard, mais également de nombreux disciples de Hegel, dont Marx. Contre la pensée systématique, Kierkegaard cherche à « *parler existentiellement de l'existence* » et, ce faisant, à « pratiquer » la philosophie[7]. Contre les déterminations humanistes, l'existence doit être ramenée au « *factum brutum* du *Dasein* », c'est-à-dire à l'existence individuelle « nue », au simple fait « que » (*dass*) le *Dasein* existe, et non à *comment* il existe. En réduisant l'existence au seul fait d'exister, l'existence elle-même perd son évidence et devient un problème, « la question de l'existence devient identique avec

7 K. Löwith, « Existenzphilosophie » (1932), *SS* 8, p. 4.

la question du sens *du simple fait que je suis là* ou 'existe'[8] ». L'individu, placé devant le néant, se trouve confronté à la question du sens de son existence sans aucune garantie que cette question ne trouve une réponse. La philosophie de l'existence est en ce sens, selon Löwith, étroitement liée au nihilisme sans lequel elle n'aurait pu émerger ; « *existentialité et nihilisme* – compris de manière sublime ou triviale – forment ensemble un fait[9] ». La philosophie de l'existence n'offre à première vue pas de réponse, mais seulement une remise en question radicale.

Bien que la philosophie de l'existence « réfute la signification existentielle des dites *conditions* de vie extérieures ou matérielles au sein de la *société* humaine », bien qu'elle ne soit pas une « philosophie sociale » et refuse de considérer les causes sociales de l'isolement qu'elle met en avant[10], Löwith souligne qu'elle prend source dans le monde, dans une « époque du délitement » diagnostiquée par Kierkegaard, et qu'elle défend une position particulière dans ce contexte historique. C'est en réaction au délitement que Kierkegaard se retire dans l'intériorité et qu'il développe la notion d'individu, en opposition à toute unité sociale et politique, en opposition à la « foule[11] », ce qui vaut également pour ses épigones, Jaspers et Heidegger. Dans sa critique, Löwith endosse un point de vue se rapprochant de la critique marxiste de l'idéologie afin de démasquer la position particulière qu'implique cette démarche – ce qui lui vaudra plus tard d'être qualifié par Heidegger de « plus rouge des marxistes[12] ». S'attaquant à *Die geistige Situation der Zeit*, un ouvrage de Jaspers paru en 1931 et promettant un diagnostic de la « situation intellectuelle » d'alors[13], Löwith voit dans l'idée du *Selbstsein* une « idéologie », dans la

8 *Ibid.*, p. 5.

9 *Ibid.*, p. 6.

10 Voir *ibid.*

11 Voir *ibid.*, p. 7.

12 Cité par R. Wolin, *Heidegger's Children. Hannah Arendt, Karl Löwith, Hans Jonas and Herbert Marcuse*, Princeton/Oxford, Princeton University Press, 2001, p. 97. Sur le « marxisme » de Löwith, voir H. Fahrenbach, « Karl Löwith in der Weimarer Zeit (1928-1933). Philosophie nach dem 'revolutionären Bruch im Denken des 19. Jahrhunderts' », *Deutsche Zeitschrift für Philosophie*, 6/2005, p. 860 *sq.* Notons que, dans sa critique de Jaspers et, davantage encore, de Heidegger, Löwith prend clairement pour modèle la critique adressée à Hegel par Feuerbach. L'adhésion de Feuerbach à la pensée de Hegel suivie d'une critique cinglante n'est pas sans ressemblance avec la relation entre Löwith et Heidegger, un parallèle dont Löwith était probablement conscient.

13 Il est intéressant de constater un certain renouveau de ce genre de littérature dans la France contemporaine, ce qui n'est sans doute pas totalement insignifiant quant à notre

mesure où le retour à l'individu isolé comme possibilité de redécouvrir l'authenticité resterait avant tout « l'expression exagérée et sublimée d'un isolement social, dans lequel Hegel avait déjà vu le signe de la société bourgeoise moderne[14] ». Jaspers ne critiquerait le « nivellement » et la « masse » que parce qu'il utilise implicitement sa propre position sociale comme critère de son jugement, et tente ainsi de faire de son propre isolement bourgeois la vertu de l'existence humaine en général[15]. Par conséquent, il n'est pas évident que la philosophie de l'existence et la figure centrale de l'individu isolé représentent véritablement le point de départ d'un diagnostic pertinent, et non pas plutôt le symptôme même du mal de l'époque. Selon Löwith, « la philosophie de l'existence moderne est en principe, comme chez Kierkegaard, l'expression positive d'une généralité manquante de la vie humaine, d'une perte factuelle du monde [*Weltlosigkeit*] qui se justifie au moyen de la philosophie et pour laquelle le nihilisme doit effectivement devenir un problème décisif de l'être[16] ». La mise en avant de l'individu isolé comme paradigme de l'existence, articulée dans une philosophie plaçant l'existence face au néant, n'est donc pas la pensée fondamentale qu'elle prétend être mais davantage la sublimation de l'isolement bourgeois et de son mépris de la foule, une démarche qui n'apporte pas de réponse au problème véritable auquel elle est confrontée : l'incapacité à voir dans les hommes une unité positive et la perte du monde commun, qui ne se réduit pas aux individus et à la « masse ».

Tout le paradoxe de l'idéologie bourgeoise au fondement de la philosophie de l'existence se concentre dans le fait que, tout en cherchant à préserver l'individu de la masse, son refus de percevoir la dimension sociale du problème la coupe aussi de toute solution concrète au profit d'une fuite dans la transcendance. Ainsi, pour Jaspers, « les découvertes de Marx et de Freud deviennent de simples occultations de l'être-homme,

---

époque. Voir par exemple P. Manent, *La situation de la France*, Paris, Desclée de Brouwer, 2015, qui mériterait une critique semblable à celle adressée par Löwith à Jaspers.

14 K. Löwith, « Die geistige Situation der Zeit » (1933), *SS* 8, p. 23.

15 Voir *ibid.*, p. 28.

16 K. Löwith, « Existenzphilosophie », *SS* 8, p. 9. Voir aussi K. Löwith, « Phänomenologische Ontologie und protestantische Theologie », *SS* 3, p. 4 : « la construction faite en vue d'un idéal d'existence précis guide d'emblée nécessairement, sans arrêt et constamment, la 'simple' perception, et elle a pour effet que beaucoup de choses sont perçues de la sorte alors qu'elles seraient sinon restées imperceptibles, et qu'elles sont perçues ainsi et non autrement ».

dans la mesure où elles revendiquent une compréhension totale de l'homme en tant que tel. Le marxisme et la psychoanalyse occultent ce qui fait que l'homme est homme, c'est-à-dire son existence et la transcendance, et non son *Dasein* toujours particulier[17] ». À l'opposé des déterminations immanentes, sociales ou psychologiques du nivellement et de l'isolement qu'il condamne, Jaspers se tourne vers une conception de l'existence tendue vers la transcendance. Cette tentative reste toutefois paradoxale dans la mesure où il ne tente « *ni* le saut paradoxal de Kierkegaard dans la foi, ni ne se contente de l'être de l'existence[18] ». Bien que l'être le plus originel soit attribué à l'être-en-soi de la transcendance, la philosophie de l'existence s'approche de la religion tout en refusant d'y entrer entièrement[19]. Tout en gardant en elle-même les restes de l'interprétation chrétienne, elle aboutit à un christianisme abstrait et reformulé dans son vocabulaire propre, à une « *sécularisation* de l'anthropologie chrétienne » s'arrêtant à mi-chemin dans le « saut » mais important avec la tradition chrétienne des questions qui, dans un monde « sans Dieu », n'en sont peut-être plus[20]. Ce faisant, la philosophie de l'existence ne peut pas prétendre dépasser le nivellement qu'elle constate grâce à une vérité absolue, mais elle ne peut que faire signe vers la transcendance et lire ses « chiffres » tout en retenant une hostilité au monde immanent faisant de l'existence authentique une existence « hors du monde[21] ». C'est pourquoi, partant de cette limite, Löwith peut présenter le « nivellement » auquel s'oppose la philosophie de l'existence comme une « illusion d'optique » ou, pire, comme la conséquence des prémisses qu'elle pose :

> Du point de vue existentiel, il ne resterait que le choix entre une existence de l'individu reliée à la transcendance ou un accomplissement dans le monde ignorant l'existence. Cependant, cette alternative n'en est une que si,

17 K. Löwith, « Die geistige Situation der Zeit », *SS* 8, p. 26. On retrouve la même critique de Marx et Freud chez Voegelin.

18 K. Löwith, « Existenzphilosophie », *SS* 8, p. 10.

19 Löwith a consacré de nombreux écrits à la proximité entre théologie et philosophie de l'existence. Voir en particulier « Phänomenologische Ontologie und protestantische Theologie » (1930) et « Grundzüge der Entwicklung der Phänomenologie zur Philosophie und ihr Verhältnis zur protestantischen Theologie » (1930), tous deux dans *SS* 3.

20 Voir K. Löwith, « Die geistige Situation der Zeit », *SS* 8, p. 31. Voir aussi, au sujet de la *Geworfenheit* de Heidegger, K. Löwith, « Phänomenologische Ontologie und protestantische Theologie », *SS* 3, p. 2.

21 K. Löwith, « Existenzphilosophie », *SS* 8, p. 15.

> antérieurement, toutes les obligations naturelles et sociales de la vie humaine sont nivelées au profit d'une existentialité essentiellement douteuse. Et seule une telle problématique existentielle, née de la compréhension protestante de la liberté [...], requiert une transcendance pour dépasser son nihilisme, afin de trouver ne serait-ce que dans son échec un fondement pour la certitude de soi[22].

Le « nivellement » de la « masse », auquel seule une existence orientée vers la transcendance permettrait d'échapper, ne devient donc un phénomène décisif qu'aux yeux d'une perspective qui est déjà un produit du nihilisme, dans la mesure où elle se ferme à toute généralité commune dans l'être-homme sans pouvoir trouver un fondement sûr lui permettant d'échapper au problème qu'elle souhaite surmonter. Au contraire, l'aggravation du nihilisme, en le plaçant au centre de l'existence du *Dasein*, met ce dernier dans une position où la transcendance devient le seul échappatoire auquel s'accrocher[23]. Car elle présuppose d'emblée une conception de l'authenticité guidant l'ensemble de sa construction, la philosophie de l'existence est donc prise au piège de son propre diagnostic. En sublimant la relation entre l'individu isolé et la transcendance, elle se rend incapable d'apporter une réponse à la perte du monde commun[24]. Cet échec, pour Löwith, impose au contraire, « contre la *sublimation* du moi bourgeois en un soi existentiel, de prendre position pour une humanité naturelle et pour ce qui est *commun* dans l'humain[25] ». Montrer que cette humanité commune n'est ni un « désert humanitaire », ni un « gouffre existentiel », mais appartient à « l'être-homme en tant que tel, en deçà de la scission entre '*Dasein*' et 'existence', et donc en dehors de tout 'transcendance' possible[26] », tel est le but de sa démarche, qui vise à récupérer le sens immanent de l'être-homme dans le monde commun.

---

22 *Ibid.*, p. 17.

23 Voir K. Löwith, « Existenzphilosophie », *SS* 8, p. 11.

24 Voir K. Löwith, « Phänomenologische Ontologie und protestantische Theologie », *SS* 3, p. 4 et « Die geistige Situation der Zeit », *SS* 8, p. 30.

25 K. Löwith, « Existenzphilosophie », *SS* 8, p. 16.

26 *Ibid.*, p. 18.

LE MONDE COMME MONDE COMMUN

Contre l'isolement de l'individu dont est porteuse la philosophie de l'existence, Löwith cherche à montrer l'immédiateté de l'être social de l'homme et son caractère positif. C'est aussi ce qui le différencie de Heidegger, dont il loue la métaphysique de la finitude[27] opposée à la transcendance de Jaspers et reprend les fondements de l'analyse de l'être-dans-le-monde (*In-der-Welt-sein*)[28], mais qui reste selon lui prisonnier d'une vision négative de l'être social, lequel se présente avant tout sous la forme du « on » (*man*). Le contraste avec Heidegger est important non seulement parce qu'il est une constante de l'œuvre de Löwith mais surtout, dans ce cas particulier, parce que sa conception du monde commun (*Mitwelt*) se construit tant avec que contre Heidegger. Elle ne saurait toutefois se réduire à une polémique entre l'élève et le « maître », dans la mesure où la critique qu'il formule à l'encontre de Heidegger s'inscrit dans un projet plus large où la critique de Heidegger intervient au service de l'affirmation d'une position différente, qui s'en émancipe tant du point de vue des questions qu'elle pose que des réponses qu'elle y apporte.

Afin de comprendre dans quelle mesure Löwith s'émancipe de Heidegger et quelles sont les conséquences de cette rupture, rappelons les principales caractéristiques de la pensée du *Mitwelt*. Selon Heidegger dans *Sein und Zeit*, « être-dans-le-monde » est la principale « structure essentielle » du *Dasein* : être signifie vivre, se tenir quelque part, en un lieu[29]. La « spatialité » est un existential[30]. Contrairement à la distinction entre *res cogitans* et *res extensa* avancée par Descartes, le *Dasein* est pour Heidegger immédiatement dans l'espace, même si cet « être-dans » (*In-Sein*) peut n'être que « bien connu » (*bekannt*), familier, et non véritablement « connu » (*erkannt*)[31]. Cette familiarité initiale avec l'être-dans est précisément, selon Heidegger, ce qui stimule la volonté de connaître le monde, laquelle est cependant à tort comprise comme l'acquisition par un sujet d'une connaissance sur le

27 Voir *ibid.*, p. 12.
28 Voir *ibid.*, p. 12.
29 Voir M. Heidegger, *Sein und Zeit*, p. 56.
30 *Ibid.*
31 *Ibid.*, p. 58.

monde compris comme un objet, comme si le *Dasein* et le monde pouvaient être nettement séparés. Mais si le monde de l'être-dans-le-monde n'est pas un objet de connaissance, de quelle manière ce monde est-il rencontré par le *Dasein* ? La « mondanéité » (*Weltlichkeit*) n'est pas intelligible par la description des étants « dans-le-monde », mais elle ne l'est pas non plus dans la notion de « nature ». La nature n'est pour Heidegger qu'un « cas-limite de l'être de l'étant intramondain possible[32] ». La nature ne coïncide pas avec le monde car elle n'en est qu'une dimension particulière dont l'accentuation mènerait à une « démondanisation du monde ». La « mondanéité » n'est jamais compréhensible à partir de la nature, qui n'en donne qu'une version tronquée.

Une autre approche est nécessaire, une approche prenant pour point de départ l'expérience de tous les jours. Le monde le plus proche du *Dasein* dans son expérience de tous les jours n'est pas la nature, mais le monde en tant qu'environnement (*Umwelt*)[33]. L'environnement est « proche » en un sens spatial, car il se présente dans les choses « environnantes », se trouvant autour (*um*) du *Dasein*. Le *Dasein* ne rencontre donc pas l'environnement directement comme espace, mais à travers les choses, en particulier dans l'outil (*Zeug*). Un outil est caractérisé par le mode d'être de l'« être-à-portée-de-main » (*Zuhandenheit*), qui se réfère à la compréhension de l'équipement comme chose « pour faire » (*um zu*) quelque chose. Dans le cadre de l'analyse de l'environnement à travers l'outil, l'être-dans-le-monde émerge donc à travers les « renvois constitutifs de l'être-à-portée-de-main de l'ensemble d'outils[34] ». L'être-dans-le-monde apparaît dans la relation d'« *um zu* » entre le *Dasein* et l'outil. Cependant, si le monde est d'abord rencontré comme l'environnement à travers l'outil, il ne s'y résume pas. En particulier, il n'est pas en tant que tel un monde social.

Cet aspect n'intervient que dans un second temps, dans le monde non comme environnement (*Umwelt*), mais comme monde commun (*Mitwelt*). Le mode d'être caractéristique du *Dasein* des autres comme *Mitdaseiende* n'est ni celui du simple être-sous-la-main (*Vorhandenheit*), ni l'être-à-portée-de-la-main de l'outil, bien que la rencontre entre le *Dasein* et autrui intervienne dans l'environnement du *Dasein*. En effet,

32 *Ibid.*, p. 65 (trad. modifiée).
33 Voir *ibid.*, p. 66.
34 *Ibid.*, p. 76.

« si les autres me font encontre, ce n'est point à la faveur d'une saisie qui distinguerait d'emblée entre le sujet propre de prime abord sous-la-main et les autres sujets tels qu'ils surviennent 'eux aussi' [...]. Les autres font encontre depuis le *monde* où le *Dasein* préoccupé et circon-spect se tient essentiellement. [...] Autrui fait encontre *dans l'environnement* [*umweltlich*][35] ». Cependant, Heidegger reste vague quand à la relation entre le monde commun et l'environnement, une imprécision qui joue un rôle important dans la critique de Löwith. En effet, même si Heidegger insiste sur l'unité de l'être-dans-le-monde à la fois comme environnement et monde commun, il semble malgré tout que le monde commun n'est pas mis au même plan, voire qu'il est négativement connoté. Malgré la rencontre inévitable avec autrui en tant qu'ils sont-Là-avec (*Mitdaseiende*) dans le monde commun, ne serait-ce que l'expression *Dasein* montre que « cet étant est 'de prime abord' sans aucune relation à autrui, et que c'est après coup qu'il peut être 'avec' d'autres[36] ». Bien que Heidegger relativise cette affirmation, dans la mesure où l'être-avec fait véritablement partie de la constitution ontologico-existentiale du *Dasein* du fait de son être-dans-le-monde, cet être-avec reste centré sur le *Dasein*, il est une « déterminité du *Dasein* à chaque fois propre[37] », il n'est pas de prime abord un être-avec-les-autres. Au contraire d'une détermination positive, l'être-avec est marqué par une certaine passivité, il est davantage subi par le *Dasein* plutôt que vu comme un enrichissement. C'est pourquoi il s'exprime avant tout dans des modes déficients, tels l'indifférence et l'étrangeté[38]. Par conséquent, l'être-avec-les-autres donne moins son sens au monde commun qu'il n'est simplement donné avec lui.

Dans *Das Individuum in der Rolle des Mitmenschen*, Löwith part en apparence d'une conception du monde commun similaire à celle de Heidegger, mais donne à l'ontologie fondamentale une signification plus immédiatement anthropologique. Le *Dasein*, qui n'est chez Löwith pas une catégorie ontologique, mais anthropologique, synonyme de « *Dasein* humain » ou « vie humaine », existe d'emblée dans l'espace. Mais, contrairement à Heidegger, Löwith donne à la mondanéité du *Dasein* une valeur immédiatement sociale, être-dans-le-monde impliquant de rencontrer d'autres humains :

35 *Ibid.*, p. 119 (trad. modifiée).
36 *Ibid.*, p. 120.
37 *Ibid.*, p. 121.
38 Voir *ibid.*

> Par 'monde commun', on entendra par la suite non le 'monde' tel qu'il est partagé avec d'autres dans la 'préoccupation' commune (voir *Sein und Zeit* p. 118), mais les semblables [*Mitmenschen*] en tant que tels et, plus précisément : l'être-dans-le-monde *comme être-l'un-avec-l'autre* [*Miteinandersein*]. Et cet être-dans-le-monde ne se construit pas en relation avec l'être-avec du *Dasein* 'à chaque fois propre' et le *Dasein*-avec du *Dasein* 'à chaque fois propre' d'autres, mais doit être compris comme un être-l'un-avec-l'autre originel, dans lequel l'un est concerné tant par l'autre que, à travers l'autre, par soi-même[39].

Le monde commun, immédiatement présent, est donc rapporté aux semblables, qui ne sont pas rencontrés par un *Dasein* originellement isolé, mais sont aussi immédiatement présents et co-déterminent avec le *Dasein* le monde commun. Être-dans-le-monde implique être-l'un-avec-l'autre, qui est synonyme, pour Löwith, de « vivre-ensemble[40] ». L'individu isolé n'est pas originel, il ne représente pas la voie privilégiée pour poser la question de l'être, mais il est immédiatement non seulement dans le monde mais aussi en société, en relation avec l'autre. Bien que Löwith, comme Heidegger, cherche à relier l'environnement (*Umwelt*) et le monde commun, son insistance sur une vision positive de la sociabilité aboutit à un résultat différent. Par rapport à *Sein und Zeit*, Löwith cherche à montrer que le monde commun est déjà présent dans l'environnement, que tous deux sont concomitants. Dans l'outil n'est pas seulement rencontré l'environnement sous le mode de l'être-à-portée-de-main, mais également le monde commun. Un bureau n'est pas seulement là pour servir de support à l'écriture, il a aussi été fabriqué, acheté, ou éventuellement offert par quelqu'un. L'outil renvoie donc aussi directement au monde commun[41]. L'environnement ne précède pas le monde commun, c'est bien plutôt à la position inverse qu'aboutit l'analyse de Löwith. Dans la mesure où l'homme ne rencontre jamais l'autre « dans » le monde, mais rencontre bien plutôt le monde « dans les hommes », la modalité de rencontre la « plus originelle » n'est pas celle du monde commun dans et par l'environnement, mais de l'environnement dans et par le monde commun[42]. Dans l'environnement, en tant qu'environnement des autres hommes, transparaît immédiatement la dimension anthropologique du monde, lequel est originellement un monde commun habité par des semblables.

---

39 K. Löwith, *Das Individuum in der Rolle des Mitmenschen*, *SS* 1, p. 12.
40 *Ibid.*, p. 31.
41 Voir *ibid.*, p. 45.
42 Voir *ibid.*, p. 46.

LE MONDE COMMUN COMME ÊTRE-L'UN-AVEC-L'AUTRE

Si le monde est originellement un monde social, il reste à savoir quelle valeur détient l'être-social pour le *Dasein.* En effet, une vision négative de la sociabilité, telle qu'elle est présente dans la philosophie de l'existence, tend à associer l'authenticité avec le *Dasein* individuel. L'authenticité n'est pas possible dans l'être-social, mais nécessite au contraire de se retirer de lui. Ce faisant, dans la mesure où le monde est immédiatement monde commun, l'existence authentique tend à être une existence hors du monde[43]. Vouloir rétablir l'unité de l'homme et du monde implique donc aussi, pour Löwith, de penser l'être-social non comme une menace pour l'authenticité de l'existence, mais au contraire sous le mode de l'inclusion, c'est-à-dire de récupérer l'évidence de la communauté immanente et immédiate des hommes.

La tentative de comprendre le monde commun dans sa « structure immanente » est, comme nous l'avons vu, à la fois une reprise et une critique de *Sein und Zeit* motivées, chez Löwith, par une sensibilité particulière pour la dimension éthique des questions qui sont en jeu. La structure immanente du monde commun comporte différents éléments. Selon lui, la « définition la plus générale et la plus primordiale du monde commun » se trouve dans la notion de l'« autre[44] ». En effet, le monde commun est défini comme le monde des « autres », lesquels, même s'ils sont dans un premier temps inconnus, n'en restent pas moins « mes égaux » (*Meinesgleichen*). Dans la rencontre avec les « autres », argumente Löwith, ces derniers ne sont en vérité pas perçus comme « autres », mais comme des égaux. Non la différence, mais la communauté apparaît en premier, une unité humaine constamment et originellement présente comme un « sentiment naturel des hommes[45] ». C'est pourquoi le sens de « commun » (*mit*) dans le monde commun (*Mitwelt*) se réfère avant tout au « semblable » (*Mitmensch*) au sens de

43 Voir K. Löwith, « Die geistige Situation der Zeit », *SS* 8, p. 15. Voir aussi le parallèle établi par Jonas entre la philosophie de l'existence et la gnose dans H. Jonas, *Gnosis und spätantiker Geist*, vol. 2, Göttingen, Vandenhoeck & Ruprecht, 1993, p. 359-379.

44 K. Löwith, *Das Individuum in der Rolle des Mitmenschen*, *SS* 1, p. 64.

45 K. Löwith, « Die Einheit und die Verschiedenheit der Menschen » (1938), *SS* 1, p. 256.

« mon égal » (*Meinesgleichen*)[46]. En effet, la différence de l'« autre » est toujours seconde dans la rencontre, elle ne devient explicite et problématique non pas à cause de lui, mais « si je suis conscient de moi-même d'une telle sorte que tous les autres (sauf moi) deviennent de *simples Mit-menschen* [et non *Mitmenschen* en un seul mot ; BG] », c'est-à-dire des hommes se trouvant accidentellement au même endroit et au même moment, mais non des « semblables » au sens plein du terme. L'étrangeté n'est donc pas une caractéristique essentielle de l'autre, mais elle résulte de l'accentuation de la primauté du *Dasein* propre à soi-même, une accentuation dont résulte l'illusion d'optique menant la philosophie de l'existence à ne voir l'authenticité que dans le *Dasein* isolé. La réponse de Löwith est un refus implicite de cette primauté, dont il met en avant la menace qu'elle représente pour une compréhension totale du monde : « Pour celui qui se considère en accentuant sa propre valeur, pour celui qui y met l'accent, l'environnement et le monde commun ne s'articulent, en raison de leur interdépendance structurelle fondamentale, que sur un mode inaccentué[47] ». En effet, la relation entre le *Dasein* et les autres ne consiste pas seulement à ce que les autres viennent à l'encontre, mais elle est avant tout réciproque. Le *Dasein* lui-même n'est pas passif, il a un rôle à jouer. Dans l'autre, le *Dasein* voit une personne concrète, « les semblables ne sont pas rencontrés comme une variété d'"*individus*' étant chacun pour soi, mais comme des '*personae*' qui ont un 'rôle', un rôle à l'intérieur du monde commun et pour lui, à partir duquel il se déterminent eux-mêmes en tant que personnes[48] ». En accentuant la notion de personne contre celle d'individu, Löwith cherche à défendre une conception mettant en avant la dimension concrète et relationnelle de la relation sociale face à l'abstraction de l'individu isolé. Le monde dans sa structure immanente n'est pas un monde d'individus forcés à partager le monde commun, mais un réseau de personnes liées par leurs rôles au sein de l'immédiateté de l'être social.

Cependant, Löwith n'accorde pas la même valeur à toutes les formes de l'être-l'un-avec-l'autre. L'être-l'un-avec-l'autre est abordé par le prisme de sa forme paradigmatique la plus intense, la relation entre

46 K. Löwith, *Das Individuum in der Rolle des Mitmenschen*, *SS* 1, p. 65.
47 *Ibid.*, p. 63.
48 *Ibid.*, p. 67.

« je » et « tu », que Löwith reprend à Feuerbach tout en le critiquant[49]. En analysant la sociabilité sous la forme du « tu », Löwith cherche une alternative au paradigme heideggerien du « on » (*das Man*), qui soumet le *Dasein* à sa « dictature » et fait que l'être-l'un-avec-l'autre « dissout totalement le *Dasein* propre dans le mode d'être 'des autres'[50] ». Face à cette conception négative du domaine public, synonyme de « médiocrité » et de « nivellement », Löwith interprète la relation avec l'autre non comme avec un « on », mais avec un « tu », afin de dépasser le dualisme irréconciliable du *Dasein* isolé et authentique opposé au « on » médiocre de la foule. Dans la relation à l'autre comme un « tu », l'être-l'un-avec-l'autre connaît une « augmentation qualitative[51] » dont le paradigme est la relation d'amitié. « Tu » n'est pas un autre comme *alius*, mais un *alter*, un *alter ego*. L'être-l'un-avec-l'autre est synonyme de réciprocité, « tu » peux prendre ma place comme je peux prendre la sienne. La dimension éthique développée par Löwith dans sa conception de l'être-l'un-avec-l'autre à travers la relation à l'autre comme *alter ego* préfigure ainsi d'une certaine manière le travail de Paul Ricœur dans *Soi-même comme un autre*[52]. Mais que relie le « je » et le « tu » ? Contre Heidegger, Löwith affirme la primauté, du point de vue anthropologique, du souci pour l'autre par rapport au fait de se procurer ce qui est à-portée-de-main[53]. La seule présence du « tu » engendre une relation immédiate.

Ni le « je », ni le « tu », mais la « relation » (*Verhältnis*) est au centre de la sociabilité : « La structure principielle des relations se trouve toujours dans le fait que le se-comporter de l'*un* est aussi déterminé par l'*autre* ; il est réflexif dans la corréflexivité[54] ». C'est sous l'angle de la corréflexivité que Löwith interprète la relation sociale. Sans égard pour la relation avec

49 Voir *ibid.*, p. 72. Pour Löwith, ce qui relie le « je » et le « tu » reste, chez Feuerbach, indéfini. Il s'agit d'un simple « et », et non d'un monde commun.

50 M. Heidegger, *Sein und Zeit*, p. 126. Sur le « on » (*das Man*), voir en particulier § 27, p. 126 *sqq.*

51 K. Löwith, *Das Individuum in der Rolle des Mitmenschen*, *SS* 1, p. 72.

52 Löwith et Ricœur se rencontrèrent au moins une fois, à l'occasion des entretiens de Jérusalem du 4-8 avril 1965, lors desquels Ricœur commente la présentation de Löwith (consacrée à « History and Historical Consciousness »). Voir Institut international de philosophie, *La compréhension de l'histoire*, Entretiens de Jérusalem 4-8 avril 1965, Jérusalem, Presses de l'Académie israélienne des sciences et des lettres, 1968.

53 K. Löwith, *Das Individuum in der Rolle des Mitmenschen*, *SS* 1, p. 72.

54 *Ibid.*, p. 94. Sur la notion de « relation » distinguée notamment des notions proches de rapport et de corrélation, voir p. 75.

l'autre, « il est impossible de comprendre ce que quelqu'un fait et ne fait pas, car son comportement n'est pas celui d'un *individu* clôturé, mais d'une *persona*, c'est-à-dire de quelqu'un qui a un rôle qui lui est attribué par sa relation même à l'autre [...][55] ». Cette primauté de la relation corréflexive dans l'analyse permet d'expliquer les différentes modalités du comportement vis-à-vis d'autrui, un comportement essentiellement fluctuant car chacun tient compte non seulement de l'autre, mais également de la relation en tant que telle. L'importance de la relation se montre aussi négativement, lorsque le *Dasein* cherche à s'en retirer, lorsque l'accent est mis sur l'individu dans son opposition aux « autres ». Le phénomène décrit par l'analyse heideggerienne du « on » est donc réel, mais il relève d'une compréhension déficiente non seulement des autres et du *Dasein*, mais également de l'être-l'un-avec-l'autre en général. Le problème véritable n'est pas la tyrannie du « on », mais la pensée même de Heidegger. Dans l'approche formelle ontologique, le *Dasein* est « prédéterminé de manière privative par l'insignifiance existentielle du monde comme *monde commun*. Par conséquent, le monde de l'être-l'un-avec-l'autre est sans signification pour la notion d'existence qui est, depuis le début, le but de l'analyse[56] ». Autrement dit, c'est bien selon Löwith l'absence d'accentuation du monde commun comme être-l'un-avec-l'autre au profit de l'individu isolé – qui sous-tend la notion d'existence de Heidegger – qui explique l'appréciation négative de la relation avec l'autre comme « on ». Cette relation déficiente n'est pas un phénomène découvert par l'analyse, mais une conséquence de ses présupposés. C'est pour cette raison que Heidegger ne peut reconnaître le sens positif de l'être-l'un-avec-l'autre dans la relation entre « je » et « tu ». Les autres restent une troisième personne, de même que le « je » ne peut se constituer dans la relation avec un *alter ego*, mais doit chercher à échapper au domaine public afin de trouver un refuge illusoire dans l'isolation radicale[57]. En nivelant ainsi l'être-l'un-avec-l'autre, en le comprenant à travers le prisme du « on », la relation n'est jamais appréciée à sa juste valeur comme élément indispensable de la constitution du *Dasein* propre à soi. Le monde commun se vide alors de tout sens pour le *Dasein*, qui y est « jeté ».

55 *Ibid.*, p. 95. Voir aussi p. 67 : le *Dasein* est défini par son « *Als-Bestimmtheit* », sa détermination par des « en tant que » – en tant que père, que fils, que fille, qu'employé, qu'étudiant etc. – impliquant une dimension corréflexive.

56 *Ibid.*, p. 96.

57 Voir *ibid.*, p. 68.

La critique de la philosophie de l'existence et de Heidegger en particulier ne représente pas, chez Löwith, un but en soi. Dans la mesure où Löwith reprend une partie du même cadre conceptuel, la critique a tout d'abord pour but de se détacher des présupposés et conclusions de la philosophie de l'existence mais surtout de l'utiliser, en tant qu'adversaire, afin de construire sa propre position. L'objectif de Löwith est en effet différent ; il ne s'agit pas de reposer la question de l'être ou de comprendre le *Dasein* dans son authenticité, mais de comprendre l'homme dans son monde naturel et, dans un premier temps, dans le monde commun. À cause de la problématique de l'existence et de la transcendance, Jaspers ne peut, comme le constate Löwith, « retrouver une notion simple et naturelle de l'homme et reprendre la question là où l'avait laissée Nietzsche dans sa tentative de rétablir un homme naturel, par le décapage des 'multiples interprétations et sens secondaires vains et exaltés' qui se sont accumulés dans le 'texte de base' de l'être de l'homme[58] ». Reprendre cette question là où l'avait laissée Nietzsche, tel est l'objectif de Löwith.

La destruction de la philosophie de l'existence est le premier « décapage » nécessaire. Pour ce faire, Löwith utilise la méthode phénoménologique de Heidegger pour la retourner contre son développement ultérieur. En partant de l'expérience de tous les jours, le *Dasein* apparaît comme toujours immédiatement intégré au monde commun (*Mitwelt*), lequel prédomine aussi dans l'environnement (*Umwelt*). Être-dans-le-monde est toujours synonyme d'être avec d'autres, lesquels ne me sont pas « étrangers », mais reconnus comme des semblables. Afin de retrouver une conception positive du monde commun comme être-l'un-avec-l'autre (*Miteinandersein*), la principale thèse de Löwith, ce dernier utilise la relation entre « je » et « tu » comme paradigme de la corréflexivité. L'autre n'est pas un individu, ni la « masse », mais un « tu », un *alter ego*, une personne liée au « je » par une multitude de rôles et de déterminations. Par conséquent, il n'existe pas d'authenticité de l'individu isolé. L'être social est toujours dans la relation, c'est pourquoi vouloir isoler l'individu ne conduit qu'à l'amputer d'une partie de lui-même. La relation entre *alter ego* est une structure immanente au monde commun, présente et immédiate tant qu'elle n'est pas occultée par une mise en avant exagérée du *Dasein*.

En tant que structure immanente au monde commun, la relation entre « je » et « tu » ne nécessite pas de tiers, contrairement à la conception

58 K. Löwith, « Die geistige Situation der Zeit », *SS* 1, p. 31.

défendue notamment par Martin Buber dans *Ich und du*, mais aussi par Voegelin, lesquels considèrent comme indispensable de rapporter cette relation à Dieu[59]. Une communauté uniquement immanente serait impossible sans fondement divin, « je » et « tu » ne seraient véritablement reliés que dans leur ouverture commune à Dieu. Löwith est lui-même directement confronté à cette alternative, laquelle est présente à l'époque de *Das Individuum in der Rolle des Mitmenschen* dans les œuvres d'influence catholique de Max Scheler et de Theodor Haecker[60]. Malgré l'échec auquel aboutit cette position, laquelle requiert une justification philosophique de la religion à partir de supposées « expériences essentielles[61] » – une justification, comme on le voit chez Voegelin, particulièrement problématique –, elle pose néanmoins une question intéressante. Si la relation sociale ne trouve pas sa source dans un tiers divin, quel est le fondement de l'unité des hommes qu'elle présuppose ? Qu'est-ce qui fonde le monde commun et permet que l'être-l'un-avec-l'autre puisse être considéré comme une structure immanente ?

Löwith distingue deux fondements. Premièrement, l'unité des hommes a un fondement naturel. Cette unité est « attestée *par nature* », ne serait-ce que par la reproduction au sein d'une espèce, « car seul un homme engendre un homme, et non un animal ni un dieu[62] ». Mais l'unité naturelle des hommes est elle-même problématique, car elle laisse ouverte un large éventail de possibilités. Au contraire de tous les autres

59 Voir M. Buber, *Ich und du*, Stuttgart, Reclam, 2002. Voegelin n'accorde pas une grande importance à la relation dialogique dans son œuvre, ni à l'éthique. Quelques passages laissent cependant entendre son refus d'une relation fondée sur la seule immanence, une position par ailleurs conforme au reste de son œuvre. Voir notamment E. Voegelin, « Conversations with Eric Voegelin at the Thomas More Institute for Adult Education in Montreal », *CW* 33, p. 305, où Voegelin se lance dans une attaque des tentatives de produire une communauté sans lien avec Dieu (en mentionnant notamment Woodstock). Selon lui, toute tentative de créer une communauté sur la seule « relation » est une « perversion » de l'union des trois personnes dans la trinité (*perichoresis*). Vouloir fonder la communauté sur la seule relation revient à se faire Dieu, à diviniser la communauté humaine. À la décharge de Voegelin, il ne faut pas oublier que cette conversation a lieu dans un cadre relativement informel, ce qui peut éventuellement expliquer ces généralisations simplistes.

60 Pour la critique de ces auteurs, voir K. Löwith, « Max Scheler und das Problem einer philosophischen Anthropologie » (1935) et « Die Einheit und Verschiedenheit des Menschen » (1938), *SS* 1.

61 K. Löwith, « Max Scheler und das Problem einer philosophischen Anthropologie », *SS* 1, p. 232.

62 K. Löwith, « Die Einheit und Verschiedenheit des Menschen », *SS* 1, p. 244.

êtres naturels, l'homme peut remettre en question son être-homme, il peut agir « inhumainement » ou choisir la remise en cause la plus radicale de son être naturel, le suicide[63]. Ce faisant, l'homme ne nie pas sa nature, mais ces exemples rendent manifeste que notre compréhension de l'homme est aussi fondée sur une « idée » de l'homme, laquelle n'est pas un produit de l'histoire naturelle, mais de l'histoire de l'homme : l'« humanité ». Cette définition de l'unité des hommes par l'idée est le produit d'une tradition spécifique, l'humanité étant une création commune au christianisme et à la Stoa[64]. Or l'attaque dont fait l'objet l'idée d'une unité des hommes, qu'elle soit naturelle ou « humanitaire », met ces deux fondements à l'épreuve, révélant la résistance du fondement naturel face à une tradition devenue caduque.

> La dévaluation de la notion d'unité humaine ne contredit pas seulement le christianisme, mais aussi le sentiment naturel des hommes. Car quel homme peut de manière sensée nier que, en tant qu'homme, il reconnaît en chaque autre son égal, au sein de toutes les différences. Ce sentiment naturel est indépendant de l'idée d'une humanité humanitaire, qui a perdu sa substance, même si ce sentiment naturel n'est pas sans présuppositions historiques, dans la mesure où reconnaître que l''autre' et l''étranger' est aussi un homme requiert du temps et une certaine expérience[65].

Si la perte d'évidence de l'idée d'unité des hommes révèle la fragilité de la tradition spécifique sur laquelle se fonde l'idée d'« humanité », elle ne parvient toutefois pas à effacer le sentiment naturel d'égalité, un sentiment ancré dans les hommes en tant qu'hommes. La persistance de l'unité des hommes dans leur diversité comme problème inévitable, même dans sa critique, montre au contraire précisément qu'elle ne « flotte pas *au-dessus* de la tête des hommes dans un royaume des idées », mais qu'elle ne peut être fondée qu'« *au milieu* des hommes les plus différents » : « L'unité des hommes ne se trouve ni dans des fins liens d'humanité, ni

63 Löwith a consacré des études au suicide, un problème qui le préoccupait personnellement et revient régulièrement dans ses œuvres, en particulier dans sa première autobiographie écrite sous pseudonyme (Hugo Fiala) et partiellement publiée : « Die Geschichte einer Versuchung », *Internationale Zeitschrift für Philosophie* 1997/1, p. 136-167. La tentation (*Versuchung*) en question est le suicide. Pour la discussion philosophique de ce problème, voir K. Löwith, « Töten, Mord und Selbstmord : Die Freiheit zum Tode » et « Die Freiheit zum Tode », *SS* 1.

64 K. Löwith, « Die Einheit und Verschiedenheit des Menschen », *SS* 1, p. 245.

65 *Ibid.*, p. 256.

dans des gros liens du sang, elle n'est même pas indépendamment pour elle-même, mais seulement *dans* les hommes – en tant qu'hommes[66] ».

En cherchant une fondation immanente et naturelle à l'unité des hommes sur laquelle repose le monde commun, Löwith confronte sa pensée à de nouvelles exigences. Désormais, le monde commun ne peut être le monde commun de l'être-l'un-avec-l'autre immanent et immédiat que dans la mesure où il fait partie d'un ensemble le dépassant, le monde naturel, où l'unité des hommes trouverait sa source. La relation entre « je » et « tu », malgré son importance en tant que paradigme, s'avère trop restrictive. C'est pourquoi, dans la préface écrite pour la réédition de *Das Individuum in der Rolle des Mitmenschen*, en 1969, Löwith insiste sur certaines modifications devenues nécessaires. La structure formelle de la relation entre « je » et « tu » est insuffisante, car elle doit être intégrée dans le rapport plus général entre l'homme et le monde, au sein duquel le monde commun et l'environnement ne sont que des « mondes relatifs[67] ». La perspective développée dans ses premières œuvres serait encore trop centrée sur l'homme et n'envisagerait pas le monde comme une totalité qui l'englobe, mais avant tout comme monde commun. Il faut désormais partir du principe que « le monde un et entier étant par nature n'est pas un monde pour l'homme, et que l'homme éphémère n'est pas le but de l'ensemble de la création sempiternelle[68] ». Afin d'éliminer ces restes d'anthropocentrisme allant de pair avec l'idée d'une « création » centrée sur l'homme, des restes qui n'affaiblissent pas seulement la pensée du monde, mais empêchent aussi de comprendre l'homme comme un être naturel, le monde commun doit être intégré dans un cadre plus large, celui du monde naturel et sempiternel.

66 *Ibid.*, p. 258.
67 *Ibid.*, p. 14.
68 *Ibid.*

UNE PHÉNOMÉNOLOGIE DU MONDE POST-CHRÉTIEN II

Le monde naturel chez Löwith

Bien que la pensée du monde naturel ne passe explicitement au premier plan que dans les derniers ouvrages de Löwith, elle est constamment présente à l'arrière-plan de son œuvre, qui fait à cet égard preuve d'une nette continuité. Dès 1927, Löwith s'était engagé, comme l'attestent sa correspondance avec Heidegger puis son travail d'habilitation, dans une critique de l'occultation de la nature dans l'analytique existentiale de *Sein und Zeit*, un intérêt stimulé très tôt notamment, selon ses propres propos, par ses études de biologie[1]. Comme le montrent ses écrits ultérieurs, la pensée du monde naturel constitue le cœur de son œuvre, sa pierre angulaire. Elle est présente à chaque étape de sa pensée, dans la critique de la philosophie de l'existence caractéristique de ses textes des années 1930, dans la critique de la philosophie de l'histoire développée pendant et après la Seconde guerre mondiale, dans la critique de la religion devenant particulièrement visible à partir de la fin des années 1950 et enfin dans la pensée du monde caractéristique de ses œuvres des années 1960 et 1970[2]. À chacune de ces étapes, le retour au monde naturel joue un rôle spécifique.

Dans le cadre de sa critique de la philosophie de l'existence, Löwith met en avant l'importance du monde naturel comme l'élément venant contrer tant l'isolement du *Dasein*, en particulier présent chez Heidegger, que le recours à une transcendance indéterminée chez Jaspers. En insistant sur l'importance de la nature, Löwith est sur ce point très proche d'un autre élève du même cercle, Hans Jonas, lequel rend explicite la logique gouvernant leur tentative commune de s'émanciper de la philosophie de

1 Voir la réponse de Heidegger aux objections de Löwith dans une lettre du 20/08/27, citée dans K. Löwith, « Zu Heideggers Seinsfrage : Die Natur des Menschen und die Welt der Natur » (1969), *SS* 8, p. 280.

2 Voir respectivement dans l'édition complète de Löwith, qui reprend en gros cette distinction, *SS* 8, *SS* 2, *SS* 3 et *SS* 9.

l'existence en retournant au monde naturel[3]. La philosophie de l'existence a pour principale conséquence d'aboutir à un « dynamisme effréné », où le présent est déchiré entre assumer son passé et projeter son avenir, un présent réduit à la « crise entre ce qui a été et ce qui vient ». Dans le même temps, la nature tend à être dépréciée, elle ne se présente à la théorie que comme un mode déficient d'existence, comme ce qui est simplement « sous-la-main ». Cette dépréciation, que Jonas relie au mépris gnostique de la nature, indique cependant la voie d'un possible dépassement qui ne renoncerait pas à toute fondation. Dans la mesure où la nature constitue un impensé de la philosophie de l'existence, Löwith comme Jonas comprennent que c'est par un retour à cette dernière que peut être dépassé le dynamisme effréné, que peut être rétablie, en l'appuyant sur une entité durable, la valeur du présent[4]. Dans le cadre de la critique de la philosophie de l'histoire, dont l'importance dans l'œuvre de Löwith croît dans le contexte de la Seconde guerre mondiale et de la critique des idéologies, la pensée du monde prend une valeur similaire. Le monde naturel doit contrebalancer l'importance démesurée accordée au monde historique et, en particulier, prévenir les conséquences politiques de ce déséquilibre. Le monde naturel, sempiternel, apparaît dans la critique de Löwith comme l'horizon de la destruction de la notion de progrès, mais également des structures de pensée eschatologiques en général. Il n'est donc pas étonnant que la pensée du monde naturel intervienne aussi au niveau de la critique de la religion, où la mise en avant du monde vise à invalider l'idée d'une création centrée sur l'homme, qui serait son couronnement. Le monde, et non Dieu, dont Löwith prend acte de la mort déclarée par Nietzsche, est la totalité englobante dans laquelle s'inscrit l'homme. Avec la fin du « partenariat » entre l'homme et Dieu[5],

3 Voir H. Jonas, *Gnosis und spätantiker Geist*, vol. 2, *op. cit.*, p. 376 *sq.*

4 Voir *ibid.*, p. 377 : « C'est donc l'éternité, et non le temps, qui alloue le présent et lui donne un statut propre dans le cours du temps ; et c'est la perte de l'éternité qui est responsable de la perte d'un véritable présent ». Jonas précise bien que cette critique s'adresse avant tout à *Sein und Zeit*, non à l'œuvre de Heidegger postérieure au « *Kehre* ». Voir la remarque semblable de Löwith, selon laquelle « nous avons besoin d'éternité pour perdurer dans le temps », dans K. Löwith, « M. Heidegger und F. Rosenzweig. Ein Nachtrag zu *Sein und Zeit* », *SS* 8, p. 100.

5 Voir K. Löwith, « Atheismus als philosophisches Problem » (1967), *SS* 3, p. 343 : « Celui qui ne croit pas à ce partenariat entre Dieu et l'homme mais, comme la philosophie grecque, pense le divin comme un prédicat du cosmos, ou ne voit ni dans le monde ni dans le monde de la nature quelque chose de divin, celui-là est, au sens strict, un athée ».

la pensée du monde telle qu'elle intervient dans ses dernières œuvres doit permettre d'ouvrir, au-delà de l'ontothéologie et de la métaphysique qui ne se sont jamais véritablement émancipées du christianisme, une voie vers une pensée libérée du fardeau de la tradition[6].

Malgré ce rôle à chaque fois spécifique, malgré le fait que la pensée du monde émerge en opposition à un courant particulier, la philosophie de l'existence, elle reste toujours centrée autour d'un élément constant. Cet élément, au cœur de la compréhension de la politique du temps chez Löwith, est l'idée selon laquelle il est nécessaire, face à la toute-puissance du temps, de retrouver une compréhension du tout sempiternel immanent en évitant les ersatz d'éternité imposés par les idéologies. La sempiternité immanente du monde naturel doit permettre, comme l'a également compris Jonas, de contrer l'importance démesurée donnée à la dimension temporelle afin de redonner une valeur à ce qui est durable, à ce qui dépasse l'homme – sans renvoyer vers une « transcendance » ou un « arrière-monde ». La continuité constatée dans l'œuvre de Löwith n'est donc pas fortuite, mais elle correspond selon son propre point de vue à une évolution culminant dans la pensée du monde :

> [Mon] 'curriculum vitae' retracé ici par la pensée me semble avoir atteint une fin cohérente et, par des détours, être revenu au véritable commencement philosophique. Il mena de l'analyse du *monde commun* le plus proche, en passant par le *monde de la société bourgeoise* et l'*histoire de Hegel à Nietzsche*, dont la 'nouvelle interprétation du monde' culmine dans la doctrine de l''éternel retour', à l'*histoire du monde* [*Weltgeschichte*] distinguée de l'histoire du salut et finalement à la question du *monde en tant que tel*, au sein duquel se trouvent l'homme et son histoire. Avec cette question, pour nous la dernière, mais en soi la première, nous retrouvons finalement le commencement de la philosophie grecque, avec ses écrits intitulés '*Peri kosmou*' ou 'Du monde'[7].

Revenu à la question du monde en tant que tel, Löwith ne cherche cependant pas à écrire une cosmologie mais à rétablir, dans une situation post-chrétienne et, en ce sens, libérée du christianisme, l'évidence du monde, à rétablir, selon les termes de Helmuth Plessner – lequel se reconnaissait aussi dans ce projet – la *natura naturans* dans ses droits[8].

6 Voir en particulier la préface à *Gott, Mensch und Welt in der Metaphysik von Descartes bis zu Nietzsche* (1967), *SS* 9, p. 3.

7 K. Löwith, « Curriculum vitae » (1959), *SS* 1, p. 461.

8 Voir H. Plessner, « Geleitwort », in H. Braun (éd.), *Natur und Geschichte. Karl Löwith zum 70. Geburtstag*, Stuttgart, Kohlhammer, 1967, p. 8 *sq.* : « Dans le cercle de votre

Tout le paradoxe de ce projet réside dans la tension entre la retenue dont il fait preuve dans les moyens, Löwith se servant avant tout de l'histoire des idées pour faire passer son message, et l'ampleur de son objectif. Penser le tout et récupérer le monde naturel comme mesure de l'homme implique en effet de dépasser non seulement la dédivinisation du monde causée par la tradition judéo-chrétienne, mais aussi l'expérience de la perte de sens du monde physique dans la cosmologie moderne et, enfin, de dépasser l'expérience de la contingence et de l'indifférence de la nature. Cet objectif ambitieux reste cependant soumis à des contraintes strictes, posées par l'échec de Nietzsche. Il ne s'agit pas, par un acte révolutionnaire de la volonté individuelle, de rétablir l'homme dans le monde, ni de rediviniser la nature. Il ne s'agit pas non plus d'un retour à la philosophie grecque qui, bien qu'elle ait reconnu l'importance du cosmos, ne peut être simplement répétée. Ni un « illusoire saut en arrière dans le monde d'Héraclite, ni un saut en avant vers une utopique vision de l'avenir[9] », mais rétablir la familiarité entre l'homme et le monde comme une évidence en prenant la situation moderne pour point de départ, voilà de quoi il est question. L'ampleur de l'objectif à atteindre tout en restant dans le cadre des limites posées par l'échec de la tentative de récupération du monde par Nietzsche pose problème. Pourquoi un simple « retour aux Grecs », une étiquette sous laquelle l'œuvre de Löwith est à tort souvent présentée[10], est-il impossible ? Pourquoi l'évidence du cosmos, du monde naturel, n'est-elle

---

école [les élèves de Heidegger ; BG], vous êtes sûrement le seul qui eut le courage de tirer *cette* conséquence et de la revendiquer : réaliser à nouveau le retournement copernicien, à la fois sur lui-même et sur votre pensée. La réintroduction de la natura naturans dans ses droits contestés par la philosophie allemande, une crypto-théologie transcendantale de Fichte à Heidegger, rend possible de reconnaître en l'homme un phénomène du monde *et à la fois* un 'être-dans-le-monde' existant ». Tout en soulignant les différences dans leur cheminement vers la question anthropologique, Löwith étant marqué par l'influence de Heidegger et une expérience du monde entre Orient et Occident, Plessner insiste sur le fait que « les deux chemins nous menèrent aux mêmes questions inconfortables, celles auxquelles la philosophie académique, on peut le comprendre, n'accorde qu'à contrecœur un intérêt ». Pour quelques anecdotes sur la familiarité entre Plessner et Löwith, voir M. Plessner, *Die Argonauten auf Long Island. Begegnungen mit Hannah Arendt, Theodor W. Adorno, Gershom Scholem und anderen*, Berlin, Rowohlt, 1995.

9 K. Löwith, « Nietzsche et sa tentative de récupération du monde », in *Nietzsche*, Cahiers de Royaumont, Philosophie n° 6, Paris, Éditions de Minuit, 1967, p. 83.

10 Voir par exemple la nécrologie publiée par *Die Zeit* le 8 juin 1973, G. Mahr, « Zu den Griechen zurück ».

plus reconnue – alors qu'elle est justement supposée être une évidence ? Comment, par conséquent, retrouver le monde naturel dans la situation moderne sans qu'il ne s'agisse d'un simple retour ?

L'IMPOSSIBLE RETOUR : LA NÉCESSITÉ D'UNE NOUVELLE PENSÉE DU MONDE

Compte tenu de la conception du monde naturel défendue par Löwith, l'interprétation de son œuvre comme un « retour aux Grecs » peut revendiquer une certaine crédibilité. Il serait cependant faux, si l'on tient compte de l'intention de son œuvre, de considérer la similarité entre cette conception et celle du cosmos grec comme la volonté de réaffirmer une conception particulière, propre à la philosophie antique, historiquement déterminée. Cette parenté n'est pour Löwith rien d'autre que le signe que la conception grecque du cosmos et de la nature est, dans ses traits principaux, fondamentalement vraie et donc irréductible à une époque[11]. Son œuvre se trouve par conséquent confrontée à une difficulté, dans la mesure où elle reconnaît à la fois la vérité de cette conception tout en affirmant l'impossibilité d'un simple retour à une position historique antérieure.

Quelle conception du monde Löwith soutient-il ? Est-il seulement possible d'arriver à un énoncé sur un tout englobant, dépassant infiniment l'homme ? Il est tout d'abord possible de tenter de déterminer le monde indirectement, par la négative[12].

> Dans toute chose apparaît certes en quelque sorte le monde, et si quelqu'un pouvait en exprimer ne serait-ce qu'une seule dans sa totalité, il articulerait en même temps par la langue le monde dans sa totalité, mais celui-ci ne peut être réduit à toutes les choses présentes en lui. Les étoiles et les grains

11 Voir K. Löwith, « Natur und Humanität des Menschen » (1957), *SS* 1, p. 265 et en particulier « Welt und Menschenwelt » (1960), p. 314 : « Si nous restons malgré tout attachés à la notion grecque de la philosophie en tant que notion classique, ce n'est pas pour ressusciter une étape passée dans l'histoire de la philosophie avancée, mais avec la conviction que les Grecs firent une découverte qui – comme toute première découverte – reste vraie pour toujours [...] ».

12 Voir K. Löwith, « Welt und Menschenwelt », *SS* 1, p. 295.

> de sable, les arbres centenaires et les éphémères, tous appartiennent de la même manière au monde, mais le monde lui-même ne semble pas être un objet comme les autres ; il englobe tout, sans être lui-même concevable. Il est ce qu'il y a de plus grand et de plus riche mais est en même temps aussi vide qu'un cadre sans image[13].

L'idée du monde comme un cadre sans image guide la perspective de Löwith et, même si le sens de cette allégorie n'est pas encore clair, il est important de la garder en mémoire au cours de l'analyse. Le « cadre sans image » se rapproche des formules paradoxales de la philosophie orientale[14], en particulier d'un symbole similaire évoqué par Löwith dans un de ses textes consacrés à la culture japonaise, dont son œuvre intègre des éléments découverts lors de son exil. Avant son départ du Japon pour les États-Unis en 1941, rapporte Löwith, le célèbre philosophe Nishida lui offrit un dessin à l'encre, un simple cercle noir et vide, bordé de quelques caractères isolés dont le sens est rendu comme suit : « un esprit, devenu totalement circulaire et vide, illumine tout ce qui est, telle la lumière solitaire de la pleine lune, et s'en laisse pénétrer[15] ». La similarité entre l'image utilisée par Löwith et celle utilisée par Nishida n'est pas le fruit du hasard. Toutes deux ont pour but d'exprimer une totalité englobante mais indéterminée, une pure expérience échappant à la rationalité et dont l'homme, en faisant abstraction de son existence propre, doit se laisser imprégner. De manière générale, elle révèle une parenté, dont Löwith était lui-même conscient, entre sa pensée et certains traits qu'il retrouve au Japon[16]. Penser le monde dans son évidence peut être d'une certaine

---

13 *Ibid.*, p. 296.

14 Voir K. Löwith, « Weltgeschichte und Heilsgeschehen » (1950), *SS* 2, p. 243 : « L'esprit japonais perçoit la 'forme sans forme', la 'couleur incolore' et la 'voix sans son', car l'arrière-plan métaphysique ultime, le vide complet, est partout présent ».

15 K. Löwith, « Bemerkungen zum Unterschied von Orient und Okzident » (1960), *SS* 2, p. 583. Trad. française B. Godefroy : « Remarques sur la différence entre Orient et Occident », *Le Philosophoire*, n° 41, 2014/1, p. 204.

16 La littérature secondaire consacrée à la relation entre Karl Löwith et le Japon est non seulement rare, mais surtout souvent décevante car elle intervient rarement dans le cadre d'une réflexion prenant en considération tous les aspects de l'œuvre de Löwith. Il existe cependant quelques exceptions ne se limitant pas à l'anecdote biographique et prenant au sérieux l'attachement de Löwith à la pensée japonaise : voir principalement les deux textes stimulants de T. Yasunari, « Shuzo Kuki : or, A Sense of Being In-between » et « Supreme Emptiness and Temporal Fulfillment : Two Versions of Political Failure ? », in : *Transcendental Descent : Essays in Literature and Philosophy* (Collection UTCP 2), Tokyo, UTCP, 2007, accessible à l'adresse http://utcp.c.u-tokyo.ac.jp/publications/2007/03/

manière compris comme la tentative de rétablir dans la philosophie occidentale une conception du monde naturel qui s'est maintenue en Orient.

Malgré l'importance de l'idée d'un « cadre sans image », le monde ne reste pas, chez Löwith, entièrement indéterminé. Il ne se limite pas à une théologie négative du monde, défini seulement comme impensable, sans limites, et échappant en définitive à toute détermination positive. Le monde est, pour Löwith, l'univers, le monde naturel, le monde physique au sens littéral de la *physis*. Il est, selon sa détermination « formelle, première et dernière », « *l'unité et la totalité de tout ce qui est par nature* » (*das Eine und Ganze alles von Natur aus Seienden*)[17]. Mais, pour que la totalité soit aussi l'unité de tout ce qui est par nature, qui rassemble en un tout des éléments individuels et différents, il est nécessaire que le monde soit un ordre dans lequel chaque élément est affecté à un autre :

> La terre, l'atmosphère terrestre et le rayonnement cosmique ne sont pas de simples conditions de vie extérieures, parce qu'elle contiennent certains composés et énergies nécessaires à la vie desquels partent des stimuli chimiques auxquels l'organisme réagit. Au contraire, les êtres vivants terrestres forment, avec la terre animée de vie, une unité de vie supérieure qui s'articule en un système d'affectation réciproque [*ein System der gegenseitigen Zuordnung*][18].

transcendental_descent_essays/index_en.php (consulté le 20/05/2021). En français, on mentionnera B. Stevens, « Karl Löwith et le nihilisme japonais », *Revue Philosophique de Louvain*, quatrième série, tome 92, n° 4, 1994, p. 508-545, qui ne semble toutefois pas prendre en compte le principal texte de Löwith sur le sujet, ce qui mène à des conclusions parfois erronées. Le livre d'Enrico Donaggio récemment traduit en français, *Karl Löwith et la philosophie. Une sobre inquiétude*, Paris, Payot & Rivages, 2013, contient un bref chapitre sur le sujet, rappelant des faits biographiques que l'on trouve déjà dans les écrits autobiographiques de Löwith, *Mein Leben in Deutschland vor und nach 1933* et « Curriculum vitae » (1959), ainsi que dans ses notes de voyage publiées à titre posthume, *Von Rom nach Sendai. Von Japan nach Amerika*, Marbach, Deutsche Schillergesellschaft, 2001. La majorité des articles publiés sur ce thème prolongent cette perspective biographique, en apportant parfois des précisions intéressantes. Voir entre autres F.-R. Hausmann, « Karl Löwiths Sendai – japanisches ‚Alt-Marburg' oder nur exotisches Provisorium ? », *Internationale Zeitschrift für Philosophie* 2/2008, p. 75-143, W. Schwentker, « Karl Löwith und Japan », *Archiv für Kulturgeschichte* 76, 1994, p. 415-449, et l'étude détaillée de W. Wilhelm, « Drei bedeutende deutsche Denker in Sendai : Herrigel, Löwith, Singer. Ein Kapitel internationaler Wissenschaftsgeschichte. Teil II : Karl Löwith », *Jahresmitteilungen der japanisch-deutschen Gesellschaft Sendai*, Heft 2, 1985, p. 25-45. Pour davantage d'informations sur le rapport entre Löwith et l'Orient, voir mon introduction à la traduction de K. Löwith, « Bemerkungen zum Unterschied von Orient und Okzident » dans *Le Philosophoire* 2014/1, p. 181-191.

17 Voir K. Löwith, « Welt und Menschenwelt », *SS* 1, p. 296. Voir aussi « Zu Heideggers Seinsfrage : Die Natur des Menschen und die Welt der Natur », *SS* 8, p. 286 *sqq.*

18 K. Löwith, « Welt und Menschenwelt », *SS* 1, p. 296.

L'ordre, comme « système d'affectation réciproque », relie tous les étants vivants en un système de relations d'interdépendance – comme c'est aussi le cas, entre les hommes, au sein du monde commun[19]. En ce sens, l'ordre est constant bien que non fixé, il est un ordre nécessaire sans lequel les parties ne pourraient former un « monde ». L'idée que le monde est un ordre et non un chaos, et fait montre en tant que tel de son excellence et de sa beauté, correspond à la conception grecque du cosmos. Löwith ne se réfère pas seulement aux présocratiques, notamment à Héraclite, mais aussi à Platon lui-même. En effet, bien que Socrate se soit détourné du monde naturel au profit du monde de la *polis* et de l'ordre de l'âme, les questions politiques restent chez Platon liées à une cosmologie, développée principalement dans le *Timée*, qui reste centrale dans la mesure où tant le cosmos que l'âme et la *polis* sont dirigés par le même principe d'ordre[20]. Selon Löwith, « les philosophes grecs et les sages orientaux pensent sur ce point d'une manière très semblable, d'une manière cosmo-politique au sens littéral[21] ». La pensée de l'ordre prend sa source dans la contemplation du monde céleste, c'est pourquoi un ordre véritable dans la *polis* ne peut être établi que si le chaos du monde humain parvient à être accordé à cet ordre stable et sempiternel. Le traité pseudo-aristotélicien *Sur le monde* (*Peri kosmou*) est, pour Löwith, particulièrement représentatif de la pensée grecque du cosmos où le monde, dont l'ordre se révèle dans le cours régulier des astres et du soleil, dans l'alternance entre le jour et la nuit, des saisons et des marées, est ce qu'il y a de plus grand et de plus haut et représente donc le thème naturel de la philosophie, qui a pour rôle d'étudier cette vérité insurpassable, immuable et nécessaire[22]. Le cosmos est *ananke*, un destin non affecté par le passage du temps, dans lequel chaque chose est à sa place, tant « ce qui est, ce qui a été que ce qui viendra[23] ». En reconnaissant la nécessité du monde et son ordre, la philosophie grecque rejoint la sagesse orientale, en particulier le bouddhisme zen auquel

19 Löwith n'affirme pas que l'un est le modèle de l'autre, ce qui signifierait un retour au « principe anthropologique », au monde commun comme *cosmion*. La relation entre le monde commun et le monde naturel est au contraire une relation d'inclusion, le premier étant compris dans le second.

20 Voir aussi Platon, *Lois*, 903b-d.

21 K. Löwith, « Welt und Menschenwelt », *SS* 1, p. 303.

22 Voir *ibid.*, p. 299.

23 *Ibid.*, p. 300.

s'intéressa Löwith, qui clôt le processus de la connaissance par le retour à et la reconnaissance de l'« être-ainsi-et-non-autrement » (*So-und-nicht-anders-Sein*) du monde[24].

Cette conception antique – et orientale – du monde n'a toutefois pas vocation à être répétée mais elle doit servir, comme témoin de son évidence, à « orienter » la recherche actuelle, alors que l'idée d'un monde naturel est devenue douteuse. Pourquoi un retour à cette conception est-il impossible ? Löwith avance deux arguments, correspondant chacun à un des traits majeurs de son projet, d'une part la critique de l'existence historique, d'autre part celle de la tradition chrétienne[25]. L'impossibilité, selon Löwith, de retourner à la conception grecque du cosmos rejoint sa critique de l'historicisme, qui apparaissait déjà dans le débat qui l'oppose à Strauss dans les années 1930. Löwith voit dans l'historicisme – l'idée que toute affirmation est dépendante de son époque et que tout énoncé transhistorique est par conséquent impossible – à la fois un problème, dans la mesure où il rend toute continuité impossible, mais également une opportunité. En effet, c'est parce que l'historicisme conduit à la destruction de toute norme et de toute tradition qu'il devient possible de retrouver un point de vue véritablement indépendant[26]. Cependant, tout retour est rendu du même coup impossible. C'est pourquoi une critique de l'historicisme qui refuse le fait que la situation moderne a effectivement mené à une *tabula rasa* et qui voudrait retourner aux Grecs ne peut apporter une véritable solution, car elle reste ancrée dans la même conscience historique qui se trouve à l'origine de l'historicisme. Tandis que l'historicisme absolutise chaque époque pour finalement toutes les relativiser, la réponse « néoclassique » n'absolutise qu'une époque particulière, mais elle reste ce faisant tout de même prisonnière d'une pensée historique. C'est pourquoi Löwith reproche à Strauss, qui croit pouvoir recourir à l'« indépendance » (*Unbefangenheit*) de la conception grecque, de raisonner de manière tout à fait historique, tandis que Löwith pense

---

24 Voir K. Löwith, « Weltgeschichte und Heilsgeschehen » (1950), *SS* 2, p. 246 et « Bemerkungen zum Unterschied von Orient und Okzident », *SS* 2, p. 587 (trad. fr. p. 208).

25 Voir les titres des deux principaux recueils d'essais de l'œuvre tardive de Löwith, *Gesammelte Abhandlungen. Zur Kritik der geschichtlichen Existenz*, Stuttgart, Kohlhammer, 1960 et *Zur Kritik der christlichen Überlieferung. Vorträge und Abhandlungen*, Stuttgart, Kohlhammer, 1966.

26 Voir la principale lettre de Karl Löwith à Leo Strauss à ce sujet, n° 6 (08/01/33), p. 615.

au contraire « que nous pouvons précisément *en raison* de l'historicisme redevenir véritablement indépendants [...][27] ». C'est pourquoi – bien que Löwith modère dans ses œuvres tardives la radicalité de ses propos – la conception grecque du monde ne peut jamais que servir d'orientation, et non être répétée. La conception du cosmos n'est « vraie » qu'en tant que la philosophie grecque a pu, dans sa situation particulière, découvrir certains traits du monde naturel – qui ne peuvent être simplement répétés en tant que conception « grecque » dans la situation moderne, mais dont la découverte doit être actualisée et approfondie par nos propres moyens. Il ne peut être question de répondre au nihilisme en « *remplaçant le christianisme absolu par une Antiquité absolue* », la réponse doit au contraire intervenir au-delà de toute tradition[28].

La référence à la conception grecque du monde, en particulier au traité pseudo-aristotélicien *Sur le monde*, joue donc chez Löwith un rôle bien particulier. Elle intervient avant tout pour casser l'évidence acquise par une tradition, en particulier par la conception du monde comme monde historique, afin de montrer sa relativité en la confrontant à l'alternative radicale du cosmos grec et de la pensée orientale, laquelle joue à ce titre un rôle similaire[29]. Cette référence au cosmos n'est pas le prélude à un retour, mais doit seulement permettre d'ébranler les évidences supposées de la tradition encore présente afin de repartir sur de nouvelles bases – ce qui, à la suite de l'historicisme, est justement possible. La conception grecque intervient donc dans le cadre d'une interrogation moderne, dans le cadre de la destruction de la tradition, qui empêche précisément tout retour. Si Löwith fait jouer une tradition contre une autre, c'est pour assurer le dépassement de la tradition en général, non pour en défendre une partie face ses développements modernes – un procédé que l'on retrouve davantage chez Voegelin. Mais pourquoi ce dépassement est-il nécessaire ? Et comment qualifier plus précisément la tradition qu'il s'agit de dépasser ? Nous retrouvons ici le second argument expliquant l'impossibilité d'un retour au cosmos grec.

Ce second argument insiste sur l'obstacle que représente la tradition chrétienne, laquelle aurait effectivement dédivinisé le monde et, de

27 *Ibid.*

28 *Ibid.*, p. 617.

29 Voir par exemple K. Löwith, « Christentum, Geschichte und Philosophie » (1966), *SS* 2, p. 437 *sq.*

ce fait, rendu caduque la pensée grecque du cosmos. La rupture dans la pensée du monde introduite par la christianisme et son rôle dans l'émergence d'une notion de monde centrée sur l'homme, un « monde de l'homme » devenu dominant dans la tradition philosophique, ont déjà été abordés précédemment. Reste à savoir pourquoi cette tradition, dans la perspective d'un renouvellement de la pensée du monde, reste un obstacle. En quoi la conception du monde dans la philosophie post-chrétienne reste-t-elle marquée par le christianisme et rend-elle donc nécessaire de trouver une nouvelle voie ? Tandis que *Meaning in History* explorait la persistance de l'héritage chrétien dans la pensée de l'histoire, *Gott, Mensch und Welt in der Metaphysik von Descartes bis zu Nietzsche*, le principal ouvrage de l'œuvre tardive de Löwith, développe une démarche similaire appliquée à la métaphysique post-chrétienne et, en particulier, à la pensée du monde. Le parallèle entre les deux ouvrages s'étend à leur méthode, chacun délaissant la continuité chronologique au profit d'une histoire des idées comprise comme destruction de la tradition. *Gott, Mensch und Welt*, une « introduction à la philosophie qui la mène de sa tradition encombrée par la théologie à la liberté[30] », est à ce titre plus explicite que *Meaning in History*, qui laissait encore planer un doute quand à la position de l'auteur vis-à-vis de la tradition chrétienne.

Le principal objectif de Löwith dans *Gott, Mensch und Welt* est de retracer dans quelle mesure la tradition chrétienne reste présente dans la métaphysique et pourquoi elle rend impossible une véritable pensée du monde. La persistance de la tradition chrétienne dans la métaphysique peut être réduite à une idée principale, celle de la « démondanisation » (*Entweltlichung*) du monde et de sa transformation en un « monde de l'homme ». Le monde n'est pas vu dans son immédiateté et son indépendance, il n'est plus pour lui-même, mais il est un « monde extérieur » rapporté à un sujet et donc centré sur l'homme. La métaphysique post-chrétienne, selon Löwith, délaisse le monde au profit du sujet s'occupant de son être propre et ne considérant le monde que comme son « environnement ». Elle trouve son origine dans l'expérience chrétienne du monde comme monde extérieur et étranger à l'homme, replié sur son intériorité, un monde qui est de plus à la disposition de l'homme, car il a été créé pour lui. Avec Augustin, en particulier, apparaît une

30 K. Löwith, *Gott, Mensch und Welt in der Metaphysik von Descartes bis zu Nietzsche* (1967), *SS* 9, p. 3.

transformation qui imprègne l'ensemble des notions fondamentales de la métaphysique post-chrétienne :

> *Dieu* n'est plus un *to theion* aux multiples sens, prédicat du cosmos comme totalité et perfection ; le *monde* n'est plus un ordre du monde supérieur à l'homme, fait par aucun Dieu ni aucun homme ; et l'*homme* n'est plus un *zoon logon echon* parmi les êtres vivants terrestres, mais un soi rapporté à soi, qui se rapportait à l'origine à Dieu et s'est ensuite émancipé [...][31].

Cette expérience chrétienne dévaluant le monde est à la racine de la « révolution copernicienne » débutant en philosophie avec Descartes, qui vise à assurer le sujet face à Dieu avant de se tourner vers le monde extérieur, rompant ainsi définitivement avec la conception d'un monde entier, existant indépendamment de l'homme et indifférent à lui. En reprenant non seulement la forme de la méditation, mais aussi la distinction entre intériorité et extériorité et l'assurance du monde à travers Dieu, Descartes se place au sein de l'héritage augustinien[32]. Cependant, de même qu'il n'est pas un simple critique de la modernité, Löwith ne se fait pas non plus l'avocat d'une critique indifférenciée de Descartes, qui représente une certaine ambigüité. En effet, bien que ce dernier transforme et importe l'héritage augustinien dans la philosophie moderne, il est encore porté par un intérêt authentique pour le monde. Comme Paul Valéry, Löwith voit en Descartes la volonté et le courage d'un nouveau commencement[33]. Descartes n'est pas seulement l'auteur des *Méditations*, mais également d'un traité du monde attestant d'un intérêt véritable pour une variété de phénomènes physiques tels que le mouvement et le repos, les astres, les comètes et les marées[34]. La philosophie de Descartes, en dépit de son héritage augustinien, montre donc aussi que, malgré la tradition chrétienne, la pensée du monde naturel peut se maintenir sous la forme de l'intérêt scientifique. Le véritable problème ne vient pas de Descartes, mais de l'incapacité de ses successeurs à s'émanciper d'une tradition dont sa pensée, sous certains aspects, parvenait à se détacher.

L'impossibilité de dépasser la tradition chrétienne au sein de la métaphysique n'est donc pas le problème de Descartes, mais de ses

31 *Ibid.*, p. 13.
32 Voir *ibid.*, p. 18 *sq.*
33 Voir *ibid.*, p. 41.
34 Voir *ibid.*, p. 39.

successeurs qui forment le contexte philosophique contemporain de Löwith. Leurs tentatives de dépassement s'avèrent être un échec, tant du côté de Husserl que de Heidegger, les principales influences de Löwith[35]. Husserl conçoit la méthode phénoménologique comme une radicalisation de Descartes. La réduction à l'*ego* doit montrer que le homme est le fondement du monde, qu'il est « comme subjectivité transcendantale l''ultime porteur de valeur' du monde et est responsable de lui tant du point de vue intellectuel que moral, parce que le monde ne possède pas sa base et son fondement, sa justification ultime, en lui-même, mais en nous et dans notre raison[36] ». Le dépassement de l'attitude naturelle combiné à la réduction phénoménologique réduisent le rapport entre l'homme et le monde au rapport entre la subjectivité transcendantale et le monde comme « horizon total ». Cette radicalisation de Descartes est selon Husserl nécessaire, car ce dernier n'aurait pas poussé la réduction assez loin. Le « je » pense de Descartes reste une partie du monde, en tant que substance pensante, et non un sujet transcendantal duquel l'homme comme le monde reçoivent leur « sens d'être[37] ». Cependant, avec cette radicalisation, Husserl accentue la difficulté consistant à réunir l'*ego* pur et la corporéité, un problème résolu par Descartes en attribuant cette fonction à un organe physique, la glande pinéale. Husserl n'apporte pas de réponse à cette question, « la différence et le lien entre l'*ego* pur et l'homme dans sa corporéité devient un mystère insoluble[38] ». Mais le même problème se présente alors à un différent niveau, celui de la « constitution » du monde. Pour Löwith, il est impossible de comprendre la relation entre l'homme et le monde à partir de la subjectivité transcendantale sans aboutir, comme chez Fichte, à l'idée d'un monde comme « non-moi ». Tandis que Descartes était encore convaincu de l'existence indépendante du monde de la nature, Husserl refuse tout « dehors » de la subjectivité transcendantale. « Vouloir penser l'univers de l'être véritable comme quelque chose en dehors de l'univers de la conscience

35 Malgré sa critique de Husserl, Löwith retient des aspects fondamentaux de son œuvre à partir de laquelle il justifie notamment son refus de considérer la conception antique du cosmos comme une conception historiquement déterminée. Voir K. Löwith, « Vermittlung und Unmittelbarkeit bei Hegel, Marx und Feuerbach » (1966), *SS* 5, p. 217.

36 K. Löwith, *Gott, Mensch und Welt in der Metaphysik von Descartes bis zu Nietzsche*, *SS* 9, p. 32.

37 *Ibid.*, p. 33.

38 *Ibid.*, p. 34.

possible, de la connaissance possible, de l'évidence possible » lui apparaît comme un « non-sens[39] ». Refuser tout monde indépendant de l'homme et extérieur à lui ne règle cependant pas le problème du lien entre notre conscience du monde et le monde étant véritablement. Est-ce le monde qui appartient à notre conscience ou l'inverse ? Et comment justifier leur union s'ils n'ont un fondement commun ni dans un Dieu créateur de l'homme et du monde, ni dans un ordre naturel ?

La conception du *Dasein* comme être-dans-le-monde, avancée par Heidegger, tente de dépasser cette difficulté en posant une familiarité immédiate entre l'existence humaine et le monde. Cependant, Löwith observe que cette position, bien qu'elle cherche à éviter de donner une priorité au sujet ou au monde, accorde malgré tout une place privilégiée à la subjectivité au détriment de l'existence indépendante du monde. Ce problème trouve son origine dans la détermination du caractère primaire du monde comme « *Umwillen* » (en-vue-de)[40]. L'importance de la volonté, comme volonté « projetant » un monde, montre pour Löwith que, en dernière instance, le monde reste dépendant de la volonté de l'homme « créatrice et fondatrice de monde[41] ». L'existence du monde reste rapportée au *Dasein*. Dans une telle perspective, le monde naturel dans son indépendance, son changement et sa recréation perpétuels, ne peut être considéré à sa juste valeur. C'est là pour Löwith tout le paradoxe de la conception heideggerienne, dont l'analytique du *Dasein* et principalement la conception du *Dasein* comme être-dans-le-monde purent être vues comme la possibilité de penser l'homme dans sa finitude et son immanence, en supprimant « d'un seul coup » la question d'une éternité supérieure, posée de Platon à Nietzsche[42]. Cet espoir est cependant déçu en raison de l'absence d'une notion de monde naturel convaincante, indépendante de la subjectivité, une notion qui était pourtant encore présente chez Descartes. Heidegger resterait ce faisant, à travers sa conception anthropologique du monde, prisonnier de la tradition chrétienne[43].

Les analyses de Löwith trouvent une confirmation particulièrement claire dans la notion de monde avancée dans *Vom Wesen des Grundes*.

39 *Ibid.*, p. 35.
40 Voir *ibid.*, p. 36.
41 *Ibid.*
42 Voir *ibid.*, p. 37.
43 Voir K. Löwith, « Welt und Menschenwelt », *SS* 1, p. 308.

Heidegger y rejette la notion naturelle de monde comme « totalité des choses de la nature » en tant que conception « préphilosophique » et « vulgaire » du monde. En effet, une telle compréhension ne permettrait pas de rendre compte de l'être-dans-le-monde comme constitution fondamentale du *Dasein*, car elle reviendrait à attribuer cette constitution à tout étant naturel, par conséquent à tout étant « sous-la-main » (*vorhanden*)[44]. L'élément essentiel pour comprendre quelle est la signification du monde est au contraire « qu'il vise à l'interprétation du *Dasein* humain *dans son rapport à l'étant dans sa totalité* ». Le monde n'a donc pas d'existence propre, indépendante du *Dasein*, auquel il est rapporté. Le monde « appartient à une structure *de rapports*, caractérisant le *Dasein*, [une structure] appelée l'être-dans-le-monde[45] ». Non seulement le contenu, mais également la généalogie de cette notion du monde viennent confirmer la critique formulée par Löwith. Heidegger rattache en effet cette notion du monde centrée sur le *Dasein* à la notion « existentielle » d'Augustin, à la seule différence que la détermination négative du *Dasein* « mondain » (*weltlich*) chez Augustin cède la place, chez Heidegger, à une détermination positive du monde comme « partenaire » du *Dasein*[46]. Au contraire de Löwith, il est alors contraint de diminuer l'originalité de la compréhension grecque du cosmos afin de la rendre compatible avec la compréhension chrétienne, en particulier augustinienne, qu'il reprend[47]. Grâce à cette généalogie, Heidegger peut ainsi prétendre retourner à une compréhension originelle du monde, toujours présente mais occultée dans l'histoire de la philosophie.

La compréhension « vulgaire » du monde comme totalité des choses de la nature serait au contraire étrangère à la philosophie, dès ses débuts. Le « cosmos » désignerait dans la pensée antique non une unité et une totalité, mais un « état [*Zustand*], c'est-à-dire le *comment* [das *Wie*] dans lequel l'étant est *en totalité* ». Par conséquent, ce « comment » est lui-même « *relatif* au *Dasein* humain ». Partant de cette compréhension du cosmos, Heidegger peut établir une continuité entre la conception antique du cosmos et la notion « existentielle » du monde du christianisme, lequel n'aurait fait qu'accentuer et expliciter la notion du monde déjà présente

44 Voir M. Heidegger, *Vom Wesen des Grundes*, Frankfurt am Main, Klostermann, 1965, p. 21 et p. 36.

45 *Ibid.*, p. 36.

46 Voir *ibid.*, p. 35.

47 Voir K. Löwith, « Welt und Menschenwelt », *SS* 1, p. 308.

dans la philosophie antique[48]. Dans le christianisme, l'expérience de la relation essentielle entre le monde et le *Dasein* humain est même « si originelle » que le terme de « cosmos » y devient alors un terme désignant une manière d'être particulière de l'homme, il n'est plus avant tout « l'état de ce qui est 'cosmique', mais l'état et la situation de l'*homme*, la manière de sa position *par rapport au* cosmos [...][49] ». Heidegger ne rejette pas cette notion du monde « totalement anthropologique[50] », bien au contraire, puisqu'elle constitue le fondement assumé et l'origine de la généalogie de sa propre conception de l'être-dans-le-monde. Mais cette généalogie révèle surtout la dépendance vis-à-vis d'une tradition particulière, la tradition chrétienne, sous une forme transformée. En raison de cette dépendance, le monde ne peut en aucun cas être, dans la perspective de Heidegger, un ordre indépendant et éternel. Il reste un monde de l'homme et, ce faisant, un monde de l'histoire[51].

C'est parce que la tradition philosophique échoue à penser le monde indépendamment de l'héritage chrétien que Löwith attribue à l'histoire de la philosophie un rôle précis :

> Le devoir objectif d'une présentation historique de l'onto-théologie ne peut avoir qu'un sens *critique* : elle détruit explicitement et amène à la conscience ce qu'aujourd'hui, de toute manière, toute personne pensante ne croit plus, bien que seul un petit nombre soit prêt à l'admettre : que nous vivons dans monde sans Dieu ou débarrassé de Dieu [...][52].

Partant de ce constat, la philosophie post-chrétienne se trouve confrontée à la question de savoir « à quel point les questions essentielles de l'ensemble de l'histoire de la métaphysique post-chrétienne sont devenues *étrangères* et *ne peuvent plus être récupérées* », c'est-à-dire aussi « combien, ou combien peu, de ce que nous conservons en tant que tradition 'occidentale-européenne' est encore vivant[53] ». Quelle voie se dessine alors au-delà de la destruction de la tradition ? Comment renouveler la compréhension du monde ?

---

48 Voir M. Heidegger, *Vom Wesen des Grundes*, *op. cit.*, p. 24.
49 *Ibid.*
50 *Ibid.*, p. 25.
51 Voir K. Löwith, « Welt und Menschenwelt », *SS* 1, p. 312.
52 K. Löwith, *Gott, Welt und Mensch*, *SS* 9, p. 50.
53 *Ibid.*, p. 49 *sq.*

LE MONDE NATUREL DANS L'EXPÉRIENCE QUOTIDIENNE

Face à l'échec de la métaphysique post-chrétienne, devenue onto-théologie, Löwith défend une méthode retournant aux phénomènes, à l'expérience immédiate du monde naturel. Ainsi, malgré sa critique de Husserl, c'est bien sur la méthode phénoménologique que s'appuie sa pensée. Comme l'a proclamé Husserl dans *Philosophie als strenge Wissenschaft*, « l'impulsion à l'origine de la recherche ne doit pas venir des philosophies, mais des faits et des problèmes[54] ». Du point de vue Löwith, cette injonction est cependant assez paradoxale, dans la mesure où sa pensée se développe précisément au moyen de l'opposition à la tradition philosophique, dont la critique est le véhicule de sa propre position. Sa reprise de la méthode phénoménologique doit donc aussi être vue comme la tentative d'échapper en définitive à son domaine de prédilection, l'histoire de la philosophie, à retrouver une pensée s'attaquant sans médiation aux phénomènes, une difficulté que Habermas a soulignée à juste titre :

> [Löwith] devrait se méfier de sa propre entreprise, dans la mesure où elle consiste à faire exploser l'orbite de la conscience historique au moyen de formules magiques qu'il a appris de cette dernière. Il devrait, au sens strict, se libérer de l'art de transmettre les idées historiques, un art dans lequel il n'est que trop virtuose, au profit de l'immédiateté de la conception cosmologique. C'est pourquoi Löwith tente encore et toujours, par la simple affirmation, d'attirer le regard sur le monde comme *physis*, ou mieux : de représenter sans médiation le cosmos, avec le geste déictique du phénoménologue expérimenté[55].

Cette tension inhérente à son œuvre révèle une difficulté certaine, mais aussi l'importance centrale qu'y prend la démarche phénoménologique. Cependant, à la différence de Husserl, Löwith ne prend pas l'*ego* pur

54 E. Husserl, *Philosophie als strenge Wissenschaft*, Hamburg, Meiner, 2009, p. 72. Voir K. Löwith, « Vermittlung und Unmittelbarkeit bei Hegel, Marx und Feuerbach » (1966), *SS* 5, p. 217. Sur la proximité avec Husserl, voir B. Liebsch, *Verzeitlichte Welt. Variationen über die Philosophie Karl Löwiths*, Würzburg, Königshausen & Neumann, 1995, p. 80.

55 J. Habermas, « Karl Löwiths stoischer Rückzug vom historischen Bewußtsein », *Merkur*, cahier n° 184, juin 1963, p. 581 *sq.*

pour point de départ, mais l'homme en tant qu'être vivant, dans toutes ses déterminations naturelles et sociales, en tant qu'il fait partie à la fois du monde commun et du monde naturel. C'est pourquoi son approche, bien que phénoménologique dans sa méthode, s'approche de part son contenu de l'anthropologie philosophique et de la cosmologie[56]. Elle vise en effet à penser le monde non à partir de la subjectivité, mais à récupérer la totalité englobante du monde pour interroger son rapport à l'homme.

De la même manière qu'il ne rejette pas entièrement Husserl, Löwith reconnaît aussi, malgré les nombreuses critiques qu'il lui adresse, une certaine similarité entre son projet et celui de Heidegger dans son œuvre tardive, une similarité présente dans la reconnaissance, par tous deux, « que l'essentiel est simple – chez moi peut être trop simple[57] ». Cette simplicité revendiquée explique pourquoi la redécouverte du monde naturel peut paraître simple, voire banale, alors qu'elle ne cherche à rétablir rien de moins que la situation normale de l'homme dans le monde[58]. La prise de distance critique vis-à-vis de la philosophie de son temps pose les jalons de la démarche de Löwith, qui cherche par la méthode phénoménologique, là où tout retour à la pensée antique est impossible, à récupérer malgré tout une pensée du tout. Comment et pourquoi est-il possible par l'expérience d'appréhender le monde naturel dans sa totalité ?

Tandis que, dans la définition du monde comme « *l'unité et la totalité de tout ce qui est par nature* », Löwith reste très proche de la conception antique, laquelle doit servir à orienter l'analyse, il s'en écarte nettement au niveau des moyens mis en œuvre pour renouveler la pensée du monde naturel, en se tournant vers le sensualisme de Feuerbach[59].

---

56 Voir la remarque de Plessner précédemment mentionnée, H. Plessner, « Geleitwort », in H. Braun (éd.), *Natur und Geschichte. Karl Löwith zum 70. Geburtstag*, *op. cit.*, p. 8 *sq.* ainsi que les nombreux textes de Löwith consacrés à l'anthropologie philosophique, regroupés dans le premier volume des *Sämtliche Schriften*.

57 K. Löwith, « Zu Heideggers Seinsfrage : Die Natur des Menschen und die Welt der Natur », *SS* 8, p. 289.

58 Voir H.-M. Saß, « Urbanität und Skepsis : Karl Löwiths kritische Theorie », *Philosophische Rundschau*, 21. Jahrgang, 1975, p. 13, qui souligne la proximité avec Feuerbach.

59 Sur l'influence de Feuerbach sur Löwith, voir le premier chapitre de *Das Individuum in der Rolle des Mitmenschen*, *SS* 1, p. 20-28 et, dans son œuvre tardive, « Vermittlung und Unmittelbarkeit bei Hegel, Marx und Feuerbach », *SS* 5. Löwith a par ailleurs supervisé la réédition de certains écrits de Feuerbach.

L'originalité de Löwith par rapport à la tradition philosophique, dont il est pour lui nécessaire de s'émanciper, réside dans l'accentuation de l'expérience quotidienne comme moyen, pour l'homme, de retrouver le monde naturel. Cependant, dans la mesure où l'homme n'a jamais la totalité des expériences à sa disposition, comment est-il seulement possible, à partir de l'expérience particulière, d'accéder au monde ? La méthode phénoménologique de Löwith s'appuie sur la conception du monde comme « système d'affectation réciproque » (*System der gegenseitigen Zuordnung*)[60], qui permet d'expliquer la relation au sein du monde entre le tout et la partie et justifie le rôle central de l'expérience. Le monde n'est pas la somme des étants par nature, le tout n'est pas la somme de ses parties. Même si l'on suppose qu'il soit possible d'avoir une expérience de l'ensemble des étants par nature, celle-ci ne se confond pas avec l'expérience du monde comme totalité et unité. Cependant, bien que le tout ne soit pas la somme de ses parties, la partie mène au tout dans la mesure où tous les éléments du monde sont reliés entre eux dans ce système d'affectation réciproque qui donne au monde son unité. L'expérience du monde, jamais totale, passe donc par l'expérience des relations existant entre ses parties. Comprendre le monde ne nécessite pas une expérience de l'ensemble de ses parties, mais l'expérience de cette structure de relations.

L'objection à laquelle s'expose la démarche de Löwith est relativement claire. Partir de l'expérience de la structure de relation formant le monde n'implique-t-il pas que la compréhension du monde reste, en définitive, centrée sur un sujet ? La philosophie de Löwith reste-t-elle par conséquent anthropocentrique ? Cette critique a été formulée entre autres par Gadamer, qui reproche à Löwith de n'être intéressé par le processus de la nature que dans la mesure où il représente « l'opposé du désordre désespéré des choses humaines ». La pensée du monde ne servirait en définitive qu'à masquer la perte de sens du *Dasein*[61]. L'objection accusant Löwith d'anthropocentrisme soulève la question du rôle de la connaissance humaine par rapport au monde, et par conséquent de la relation entre le monde et l'homme dans l'expérience de ce dernier. Cet

60 Voir K. Löwith, « Welt und Menschenwelt », *SS* 1, p. 296.

61 Voir H.-G. Gadamer, *Wahrheit und Methode. Ergänzungen. Register* (*Gesammelte Werke 2*), Tübingen, J. C. B. Mohr, 1993, p. 414 et la réponse de K. Löwith, « Vermittlung und Unmittelbarkeit bei Hegel, Marx und Feuerbach », *SS* 5, p. 215.

aspect est toutefois assez clair chez Löwith. L'absence de sens du *Dasein* est assumée. Dans l'ordre du monde, l'homme n'occupe qu'une place « très subalterne par rapport à la totalité du monde physique », dans la mesure où ce dernier « peut être pensé sans présupposer une relation au *Dasein* des hommes qui lui soit essentielle, mais aucun homme ne peut être pensé sans monde ». L'indépendance totale du monde vis-à-vis de l'homme et la dépendance totale de l'homme vis-à-vis du monde définissent le rapport entre le monde et sa connaissance par l'homme. Le système de relations n'est donc pas centré sur l'homme. Car il est totalement indépendant, le monde reste toujours lui-même et ne change pas en fonction des diverses interprétations que l'homme en fait, il ne peut en aucun cas être défini par rapport à notre connaissance[62]. La démesure du monde vis-à-vis de l'homme et son indépendance radicale ne signifient pas pour autant qu'il n'existe aucune adéquation entre les deux, sans laquelle toute expérience du monde serait impossible. Cette adéquation ne trouve cependant pas son origine dans une conception anthropologique du monde, mais dans une conception naturelle de l'homme.

L'expérience du monde est une expérience immanente, une expérience des sens, faite par l'homme dans sa corporéité[63]. Nos sens reconnaissent le monde comme monde naturel en raison de l'adéquation existant entre eux, « parce que les sens avec lesquels nous percevons les choses du monde sont eux-mêmes un produit du monde ; c'est pourquoi il faut d'emblée accepter qu'ils correspondent respectivement à ce qui est perçu. L'œil se construit par rapport à la lumière et, en elle, [il se construit] pour elle[64] ». L'adéquation entre les sens corporels et le monde, garantissant la possibilité et l'immédiateté de l'expérience du monde naturel, peut être pensée sur le modèle de la théorie de l'évolution bien que, étonnamment,

62 Voir K. Löwith, « Zu Heideggers Seinsfrage : Die Natur des Menschen und die Welt der Natur », *SS* 8, p. 287.

63 C'est cet aspect qui échappe à une critique voulant faire de la conception löwithienne du monde un équivalent de la « transcendance » heideggerienne, une structure purement formelle, vide et indéfinie. Voir notamment Y. Hotam, « Overcoming the mentor : Heidegger's *present* and the presence of Heidegger in Karl Löwith's and Hans Jonas' postwar thought », *History of European Ideas* 35 (2009), p. 259. Il existe certes une ressemblance superficielle, évoquée par Löwith lui-même, dans leur tentative de penser la totalité, mais l'argument avancé par Hotam ne démontre rien de plus.

64 K. Löwith, « Zu Heideggers Seinsfrage : Die Natur des Menschen und die Welt der Natur », *SS* 8, p. 286.

Darwin ne joue pas un rôle de premier plan dans l'œuvre de Löwith[65]. Les expériences du monde sont multiples et immédiates, du rythme des astres déjà évoqué par Platon à l'alternance du jour et de la nuit, de la mort à la naissance, de la génération à la corruption des êtres vivants, mais également ne serait-ce que dans le temps qu'il fait ou l'alternance entre le sommeil et l'éveil. Toutes ont en commun d'être des expériences du quotidien où la nature se montre tant dans son autonomie que dans son rapport à l'homme. Le temps qu'il fait fait figure d'exemple paradigmatique de l'indépendance de la nature, en tant qu'il représente un événement entièrement indépendant de l'intention, changeant de lui-même mais affectant malgré tout l'homme qui, en tant qu'il est un être vivant lui aussi naturel, lui est soumis[66]. C'est seulement parce que l'homme est lui-même défini par sa nature – et non parce que la nature se « soucierait » de l'homme – qu'il est affecté par le climat et peut faire l'expérience de ce qui est également naturel tout en étant fondamentalement indépendant de lui[67]. La dépendance de tous les aspects du *Dasein* humain vis-à-vis du monde naturel, qui englobe aussi la nature de l'homme, est plus nette encore dans l'alternance entre l'éveil et le sommeil. Pour Löwith, l'éveil, et le rythme qui le lie au sommeil, constitue la condition naturelle oubliée de toute conscience, de même qu'on oublie souvent que la conscience reste inséparable des larges périodes d'inconscience que forme le sommeil. L'alternance naturelle entre l'éveil et le sommeil révèle à quel point « la base durable de notre *Dasein* conscient est la vie inconsciente de la nature de toute chose », en particulier la *physis* de l'homme, inhérente à sa corporéité[68]. Les expérience sensorielles ne montrent donc pas seulement l'indépendance et la démesure du monde naturel, elles montrent aussi toujours le monde comme entité ordonnée et ordonnante, à laquelle l'homme est intégré.

65 Voir K. Löwith, *Gott, Mensch und Welt*, *SS* 9, p. 102 *sqq.*

66 Voir T. Watsuji, *Climate and Culture*, Tokyo, Hokuseido Press, 1961. La ressemblance entre certains traits de la pensée de Watsuji et celle de Löwith ne semble pas être le fruit du hasard, Watsuji étant mentionné notamment dans les « Bemerkungen zum Unterschied von Orient und Okzident », *SS* 2, p. 597 (trad. fr. p. 218). Inversement, Löwith eut manifestement une influence sur l'éthique de Watsuji, qui s'appuie sur *Das Individuum in der Rolle des Mitmenschen* pour souligner la dimension sociale et relationnelle du monde. Voir T. Watsuji, *Rinrigaku*, trad. Y. Seisaku et R. E. Carter, Albany, SUNY Press, 1996, p. 17.

67 Voir K. Löwith, *Das Individuum in der Rolle des Mitmenschen*, *SS* 1, p. 62.

68 Voir K. Löwith, « Zur Frage einer philosophischen Anthropologie » (1975), *SS* 1, p. 341.

En tant qu'être vivant terrestre, l'homme a pour Löwith une détermination tant « tellurique » que « cosmique » qui se manifeste dans de multiples phénomènes[69]. L'homme s'oriente sur le rythme du jour et de la nuit, ses mouvements sont déterminés par le champ gravitationnel de la terre perçu par un organe adapté, l'oreille interne, et ce de manière aussi inconsciente et évidente que les oiseaux migrateurs s'orientent par rapport à la position du Soleil[70]. Par ses sens, l'homme est intégré dans le système d'attribution réciproque formant l'unité de vie qu'est la Terre et, dans la mesure où la Terre est elle-même intégrée au système de relations qu'est l'univers, la détermination de l'homme n'est pas seulement tellurique mais également cosmique.

> La première certitude naturelle de l'esprit concerne la vie planétaire de la Terre de même que la vie solaire et lunaire, et comme la Terre est aussi en partie déterminée par sa relation avec le monde des astres, cette certitude concerne aussi la vie sidérale. Aucune vie humaine ne peut se soustraire à ces rapports cosmiques, cela d'autant moins que nous vivons en eux la plupart du temps sans en être conscient et ne savons même pas à quel point ils nous conditionnent et nous déterminent[71].

La puissance ordonnante du monde naturel, que ce soit au niveau de la Terre ou de l'univers, se manifeste donc dans des phénomènes accessibles à l'expérience sensorielle, laquelle n'est toutefois pas nécessairement consciente. C'est particulièrement le cas de la puissance ordonnante du monde naturel présente dans l'homme même en tant qu'il est un corps où s'activent de multiples processus, lesquels passent cependant inaperçus bien que le fait même de penser soit impossible sans eux. La présence de ces processus naturels montre, au-delà de leur particularité, l'appartenance de l'homme à la nature dont il est par hasard un des produits[72]. Par l'intermédiaire d'une approche phénoménologique des expériences quotidiennes, Löwith parvient donc à récupérer sous une forme immanente la fonction ordonnante attribuée par Platon au mouvement des astres, en retrouvant l'idée que l'homme et le monde sont par nature liés. Cependant, si cette fonction ordonnante passe par

69 Voir K. Löwith, « Welt und Menschenwelt », *SS* 1, p. 296.

70 Voir *ibid.*, p. 297 et « Zu Heideggers Seinsfrage : Die Natur des Menschen und die Welt der Natur », *SS* 8, p. 287.

71 K. Löwith, « Zur Frage einer philosophischen Anthropologie », *SS* 1, p. 334.

72 Voir *ibid.*, *SS* 1, p. 341.

l'expérience sensorielle accessible à tous, l'affaiblissement de la pensée du monde de même que le fait qu'une bonne partie de son influence sur l'homme reste inconsciente révèlent un problème fondamental dans la situation actuelle :

> L'homme moderne, l'homme 'post-chrétien' n'a plus accès à la Nature directement par l'intermédiaire de la perception et de l'investigation scientifique du monde de la nature, mais seulement par l'entremise de l'expérience qu'il a de son propre moi comme existence corporelle, d'une existence entachée d'un corps. Pour une philosophie de 'l'existence', du 'pour soi', la Nature n'apparaît plus que dans les impulsions, les désirs et les sensations de l'existence corporelle tandis que l''autre' Nature, hors de nous et 'en soi' provoque en nous [un] simple dégoût, comme dans *La Nausée* de Sartre[73].

Si l'évidence du monde naturel n'est plus garantie, si l'expérience sensorielle immédiate est ignorée, il n'est pas étonnant que le monde perde sa fonction ordonnante. Dans la situation moderne, il est donc avant tout nécessaire de rétablir l'expérience quotidienne dans son immédiateté et son évidence. Cependant, par quel moyen rétablir l'« évidence » d'une expérience qui, bien qu'elle ne repose pas sur une construction métaphysique aussi hasardeuse que la transcendance affirmée par Voegelin, n'en nécessite pas moins un travail de l'homme sur lui-même ?

Le rapport de l'homme au monde naturel intervient aujourd'hui, au-delà de l'expérience quotidienne, principalement dans les sciences, qui permettent une connaissance toujours plus poussée des lois gouvernant les phénomènes naturels et ainsi, semble-t-il, de la nature. Mais cette connaissance part-elle d'une expérience vivante du monde naturel ? La science moderne, en particulier les sciences naturelles, jouent un rôle ambigu dans le renouvellement de l'expérience du monde et dans l'œuvre de Löwith en général[74]. Pour Löwith, la science moderne telle qu'elle est conçue en particulier par Francis Bacon conduit avant tout à une relation de pouvoir entre l'homme et la nature. Le progrès scientifique a pour but d'accroître l'emprise de l'homme sur la nature, de rendre possible sa domestication et son exploitation. Même les sciences théoriques se caractérisent désormais par leur visée pratique, leurs résultats

73 K. Löwith, « Nietzsche et sa tentative de récupération du monde », in *Nietzsche*, Cahiers de Royaumont, Philosophie n° 6, *op. cit.*, p. 74.

74 Voir R. Beiner, *Political Philosophy. What It Is and Why It Matters*, New York, Cambridge University Press, 2014, p. 77 *sqq*.

étant mis au service de la satisfaction des besoins artificiels et toujours renouvelés de la société industrielle[75]. Que la science soit « moderne » et particulièrement « avancée » ne signifie rien quant à son appréhension de la nature sempiternelle, dont la temporalité n'est pas celle du progrès, mais de la durée infinie[76]. Les progrès de la science n'affectent donc ni le monde naturel, ni les modalités de l'expérience quotidienne que l'on peut en faire. Ce n'est pas parce qu'on sait que le Soleil tourne autour de la Terre que l'homme cesse de s'accorder à son « lever » et son « coucher », bien que les progrès techniques lui permettent partiellement de s'émanciper de ce rythme[77]. La « révolution copernicienne » n'affecte donc pas les plus immédiates expériences de l'ordre du monde. C'est pourquoi, paradoxalement, le scientifique peut selon Löwith davantage faire l'expérience du monde dans la vie quotidienne que dans sa pratique scientifique, où cette expérience est nécessairement fragmentaire.

Cela signifie-t-il pour autant que la science moderne se trouverait réduite à un positivisme abstrait sans rapport avec l'expérience humaine ? Sur ce point, Löwith est plus subtil que d'autres tenants d'une « critique de la modernité ». En effet, bien que la science moderne soit portée par la volonté de l'homme de dominer et d'exploiter la nature, elle trouve pourtant sa source dans un étonnement authentique pour le monde tel qu'il est et reconnaît indirectement qu'il est un ordre. L'intérêt pour le monde et la recherche des lois et des règles qui gouvernent les phénomènes naturels n'auraient en effet aucun sens si le monde naturel, bien qu'il soit changeant, n'était pas aussi un ordre stable.

> Le calcul ne repose pas sur un intellect calculateur arbitraire, mais sur le caractère ordonné et donc calculable des choses. Dans un chaos sans règle, toute recherche perdrait son sens. Que cet ordre donné par la nature soit interprété comme téléologique, mécanique ou dynamique et, en raison de la précision croissante des mesures, compris grâce à des lois statistiques, cela ne touche pas à ses principes[78].

La science moderne part donc bien d'une idée du monde naturel, et non du monde de l'homme et du monde historique devenus omniprésents, même si la spécialisation et la précision accrues intervenant en

---

75 Voir K. Löwith, « Welt und Menschenwelt », *SS* 1, p. 321.
76 Voir K. Löwith, « Natur und Humanität des Menschen », *SS* 1, p. 267 et 269.
77 Voir K. Löwith, « Welt und Menschenwelt », *SS* 1, p. 301.
78 *Ibid.*, p. 300.

aval de cette présupposition fondamentale tendent à masquer le monde et à dissoudre son unité[79]. Mais la science moderne ne préserve pas seulement, bien que de manière inconsciente, la conception du monde naturel, elle est aussi devenue un élément essentiel de toute philosophie voulant penser la totalité du monde. C'est là un des éléments étonnants de la pensée de Löwith qui, malgré sa critique de certains aspects de la science moderne, exige de toute pensée cosmologique des connaissances scientifiques approfondies, rares chez les philosophes de son époque. La seule exception, mentionnée par Löwith dans un entretien au *Spiegel* datant de 1969, est celle de Whitehead, « le seul [parmi les philosophes contemporains] qui était compétent, car il était à la fois mathématicien et physicien [...] ». Car il disposait de ces connaissances scientifiques, « Whitehead put prendre le risque, dans sa grande œuvre [*Process and Reality*], de développer une cosmologie qui ne repose pas sur du vent[80] ». La pensée du monde et la science moderne ne sont donc pas seulement reliées par l'expérience du monde, mais toute pensée cosmologique doit désormais, si elle veut penser le tout, également être au fait des savoirs particuliers des sciences naturelles. C'est également une raison pour laquelle Löwith ne s'est pas aventuré lui-même à développer une cosmologie, mais cherche plutôt à rétablir la possibilité même d'une cosmologie dotée de sens, impossible sans une expérience du monde.

Si l'expérience du monde est bien quotidienne et immédiate, elle n'en est pas pour autant, dans la situation actuelle, évidente. C'est pourquoi elle doit être réactivée, stimulée, ce à quoi les sciences naturelles peuvent contribuer, mais ce manque montre aussi que le renouvellement de la pensée du monde ne peut se limiter à l'affirmation de l'évidence de l'expérience du monde. Si celle-ci est affaiblie, c'est aussi parce qu'une position philosophique reconnaissant sa valeur fait défaut. L'expérience du monde va en effet de pair avec une pratique philosophique dans le cadre de laquelle penser le monde comme totalité et unité indépendante est possible, contrairement à la position anthropocentrique se limitant au monde de l'homme, et donc au monde historique. L'expérience du monde, en tant qu'elle est l'expérience d'une totalité indépendante de

79 Sur ce point, Löwith retrouve Paul Valéry. Voir K. Löwith, *Paul Valéry. Grundzüge seines philosophischen Denkens* (1971), *SS* 9, p. 296 : « La physique est la *fin du monde* ».

80 K. Löwith, « Wozu heute noch Philosophie ? Spiegel-Gespräch mit dem Philosophen Karl Löwith », *Der Spiegel* 43/1969, p. 204.

l'homme, implique une « contemplation excentrée du monde, dans laquelle l'homme n'est pas le point central et dont la périphérie n'est pas limitée à l'environnement de l'homme[81] ». La position permettant à l'homme de sortir de sa particularité et de s'« excentrer » est, selon Löwith, la « théorie » au sens classique, l'*epistêmê theôrêtikê* découverte par la philosophie grecque. À nouveau, il ne s'agit d'en actualiser les acquis que dans la mesure où elle est, en tant que découverte, vraie pour toujours[82].

La théorie est une « vision théorique » (*theoretischer Anblick*), elle reste donc sensorielle, comme l'expérience, elle se rapporte au monde visible et est donc toujours possible, dès lors que l'homme dispose de ses sens. La « vision théorique » voit le monde comme totalité autonome, elle se démarque d'une approche du monde privilégiant notre rapport pratique à ce dernier – par exemple, comme chez Heidegger, par l'intermédiaire de l'outil. Au contraire d'un rapport pratique au monde, la théorie défend une vision sans but, une contemplation gratuite. En ce sens, la théorie n'est pas seulement une position philosophique, mais aussi une pratique de soi. L'attitude théorique peut se réaliser, comme chez Hérodote, dans des voyages guidés par la seule curiosité, lui qui parcourut l'Asie mineure « sans chercher à découvrir de l'uranium ou des sources de pétrole pour leur exploitation technique[83] ». Pour Löwith lui-même, le point de vue « excentré » n'est pas le seul résultat d'une position philosophique, mais il est aussi une pratique du « décentrement » au sens littéral, géographique et culturel, une prise de distance vis-à-vis des « identités » nationales et religieuses au profit d'une ouverture cosmopolite[84]. Cette pratique trouve son expression concrète dans une vie rythmée par l'exil, mais elle ne se limite pas à cet aspect biographique. Elle se traduit dans une attitude philosophique consciemment défendue et participant du renouvellement de la théorie[85]. Dans la mesure où la

81 K. Löwith, « Welt und Menschenwelt », *SS* 1, p. 313.

82 Voir *ibid.*, p. 314.

83 *Ibid.*, p. 316.

84 Voir B. Liebsch, *Verzeitlichte Welt*, *op. cit.*, p. 113.

85 Voir notamment ses carnets de voyage, incluant de nombreuses photographies, où Löwith adopte le point de vue d'un spectateur distant mais intéressé, avec une démarche presque documentaire : K. Löwith, *Von Rom nach Sendai. Von Japan nach Amerika*, Marbach, Deutsche Schillergesellschaft, 2001. Ils illustrent une pensée revenant souvent dans son œuvre : « Dès que l'on quitte ses quatre murs et son lieu d'habitation, le pays historique et le peuple auquel on appartient par hasard et que l'on sort de la civilisation, peut-être alors

théorie requiert un travail philosophique, une certaine abstraction de la manière habituelle de voir le monde, elle est cependant restreinte à un petit nombre tout en restant potentiellement accessible à tous en tant qu'hommes. Selon Löwith, sa première condition n'est en effet que la station debout, qui rend possible une vue d'ensemble, une prise de distance et l'étonnement vis-à-vis du monde tel qu'il est[86]. Cet étonnement est donc indissociable de la nature de tout être humain, même s'il peut s'amoindrir et ne mène pas chez chacun à un travail philosophique. Il n'en représente pas moins une possibilité toujours présente, même dans le contexte de la perte du monde de la pensée moderne. Le monde n'est jamais totalement perdu puisqu'il est toujours là, indépendamment de l'homme, lequel peut toujours se rappeler qu'il est et reste un être naturel, ne serait-ce que parce qu'il se trouve confronté à l'échec et à la perte de sens de la pensée du monde historique[87].

Selon Löwith, la théorie doit donc, en partant des ressources de la tradition occidentale, permettre de retrouver une pensée du monde qui s'est maintenue dans la spiritualité orientale. Par la théorie, son équivalent « occidental », peut être récupérée une compréhension désintéressée du monde dans sa plénitude, indépendant de l'homme, le monde comme « être-ainsi-et-non-autrement[88] ». Le monde ne se définit pas pour autant par un contenu stable et défini, car ses parties changent constamment, mais par rapport aux relations qui les unissent, lesquelles restent stables.

---

que l'habitant de la caverne d'aujourd'hui, l'habitant du monde historique de l'homme, comprend la puissance élémentaire et la grandeur monotone *du* monde qui n'est pas le nôtre et qui ne renvoie pas à nous comme 'en-vue-de', mais seulement à lui-même » (« Zu Heideggers Seinsfrage : Die Natur des Menschen und die Welt der Natur », *SS* 8, p. 288).

86 Voir K. Löwith, « Welt und Menschenwelt », *SS* 1, p. 315.

87 Voir B. Liebsch, *Verzeitlichte Welt*, *op. cit.*, p. 93. Liebsch met en avant une véritable difficulté de la pensée de Löwith : le rôle peut-être trop important qu'y joue la perception du monde à la fois comme unité indépendante de l'homme, mais dont ce dernier est issu. Pour Liebsch, l'argument selon lequel le monde serait l'entité englobante par rapport à laquelle l'homme devrait s'orienter en tant qu'il est lui aussi un être naturel pourrait se révéler trop faible, car tout dépend de l'évidence de cette perception. En revanche, l'argument négatif, faisant du monde naturel le dernier point de référence subsistant après la perte de sens du monde historique, serait plus convaincant. Cette critique est pertinente, bien qu'il soit difficile de voir quelle position pourrait nier le caractère primordial du monde naturel, si ce n'est une position issue de la tradition chrétienne ou de la pensée du monde historique, dont l'échec est rendu manifeste par Löwith. Comme il le remarque, même la position désormais dominante des sciences naturelles modernes présuppose une conception du monde naturel.

88 Sur le silence du monde, voir K. Löwith, « Hegel und die Sprache » (1965), *SS* 1, p. 390 *sqq.*

En tant que tel, le monde naturel est bien une unité et une totalité, en particulier une totalité temporelle, entière à chaque instant et restant toujours identique[89]. C'est pourquoi il échappe totalement à la philosophie de l'histoire. Le monde, comme le souligne Löwith, « est encore le même qu'aux temps d'Alaric ; seuls nos moyens de violence et de destruction – mais aussi de reconstruction – se sont considérablement accrus[90] ». Le futur ne fait pas « progresser » le monde, puisqu'il est sempiternel. On comprend mieux, à partir de cette détermination du monde naturel, quel sens prend la métaphore du « cadre sans image » utilisée par Löwith. Un cadre sans image désigne une totalité, l'image ne dépassant jamais du cadre, mais une totalité indéterminée, changeante, puisque l'image est absente. En ce sens, on peut dire que le monde « encadre » l'ensemble des étants et des phénomènes naturels sans toutefois, du point de vue intérieur au cadre, poser un extérieur différent de l'intérieur. Il n'y a pas d'« au-delà » du cadre, l'image est toujours une et complète.

En posant la question la plus englobante, la plus large qui soit, Löwith s'expose cependant au risque de faire disparaître l'homme et le monde commun dans un monde naturel qui les dépasse infiniment[91]. C'est pourquoi l'expérience du monde pourrait être vue comme un échappatoire, un refus des affaires humaines face au triste spectacle donné par le monde historique. Selon cette lecture, Löwith aurait finalement réglé le problème de la politique du temps en rejetant non seulement le temps, mais aussi la politique. Ces objections sont davantage convaincantes qu'une critique moralisatrice reprochant à Löwith, à partir d'un point de vue étranger à son œuvre, de n'avoir pas compris la « légitimité morale » des Temps modernes alors que ceux-ci permirent pourtant le progrès évident d'une « moralité universelle[92] ». Habermas, au contraire, avance

---

89 Voir B. Liebsch, *Verzeitlichte Welt*, *op. cit.*, p. 81.

90 K. Löwith, *Weltgeschichte und Heilsgeschehen*, *SS* 2, p. 205.

91 Sur l'importance de la question de l'éternité du monde et son sens politique, voir E. Kantorowicz, *The King's Two Bodies. A Study in Medieval Political Theology*, Princeton, Princeton University Press, 1981, p. 273 *sq.* On peut ici remarquer un parallèle frappant, Löwith semblant répéter cette controverse, dans un contexte où le rapport au temps a également changé, en prenant une position similaire à celle des averroïstes. Son intérêt pour Siger de Brabant indique qu'il était au moins partiellement conscient de ce parallèle, qui n'est toutefois pas ouvertement thématisé dans son œuvre.

92 Voir R. Wolin, *Heidegger's Children*, Princeton, Princeton University Press, 2001, p. 98 *sq.* Cette défense du progrès moral des Temps modernes fait partie de la stratégie générale

des objections pertinentes, mais sa critique eut cependant pour effet de marquer l'œuvre de Löwith du sceau de l'apolitisme, bien que Habermas lui-même soit moins catégorique[93]. Cette critique met l'accent sur une faiblesse bien réelle, la tendance à rejeter avec le monde historique les conditions concrètes, c'est-à-dire également politiques, de la vie de l'homme. Mais, dans la mesure où l'activité théorique devant replacer l'homme dans son véritable rapport au monde est aussi l'activité d'un homme concret, dans sa corporéité, Löwith est lui-même conscient que le renouvellement de la théorie en son sens véritable n'est pas le fait d'un moi inconditionné. La théorie est en effet impossible ne serait-ce que si les besoins élémentaires de l'homme ne sont pas satisfaits[94]. Löwith ne s'interroge toutefois pas sur la structure des rapports sociaux et économiques permettant la satisfaction de ces besoins, et ne remarque pas non plus qu'il s'agit là aussi d'un des buts de l'exploitation de la nature par la science moderne. Löwith retrace l'effondrement de la société bourgeoise dans ses idées mais il s'arrête, en raison de sa conception de la philosophie opposée à la « transformation du monde » revendiquée par Marx, au constat de cet effondrement. C'est pourquoi une critique marxiste peut lui reprocher de n'avoir pas développé son matérialisme jusqu'au bout mais d'être revenu, face à la disparition de tout sens, à une « utopie conservatrice de la résignation ». Löwith défendrait en définitive un matérialisme délaissant les rapports de production et aboutissant à la neutralisation de l'histoire humaine, et donc de la politique, au profit de l'ordre naturel[95]. Cette critique met en avant deux dangers opposés : d'une part celui de la destruction, avec la politique du temps, de la politique dans son ensemble au profit d'une retrait sceptique et

---

de l'ouvrage de Wolin, qui vise par ce moyen à renvoyer les « enfants d'Heidegger » à l'influence funeste de leur maître. Cette critique ne peut cependant aller au-delà d'un prêche moralisateur, car elle n'a par définition aucune prise sur une pensée qui, avec Nietzsche, part de l'effondrement de la morale bourgeoise et de son fondement chrétien. Pour une critique similaire à celle de Wolin et tout aussi peu convaincante, voir R. Mehring, « Formalisme, décisionnisme, nihilisme. Strauss, Kuhn, Löwith, Arendt. Les étudiants juifs de Heidegger critiques de Heidegger et de Schmitt », in M.-A. Lescourret (éd.), *La dette et la distance. De quelques élèves et lecteurs juifs de Heidegger*, Paris, Éditions de l'éclat, 2014.

93 Voir J. Habermas, « Karl Löwiths stoischer Rückzug vom historischen Bewußtsein », *op. cit.*

94 Voir K. Löwith, « Welt und Menschenwelt », *SS* 1, p. 317.

95 W. Heise, « Aufgeklärte Gegenaufklärung », *Deutsche Zeitschrift für Philosophie*, 1/1968, p. 1352.

apolitique, d'autre part celui d'une incorporation de l'ordre politique à l'ordre naturel, aboutissant à une conception du politique certes détemporalisée, mais également naturalisée et conservatrice.

UNE SORTIE DU POLITIQUE ?

Afin de mieux évaluer tant les apports que les limites de la philosophie de Löwith, il est nécessaire de distinguer ses objectifs affichés, en tant que réponse à la politique du temps, des conséquences de son projet, lesquelles ne sont pas toujours explicites et peuvent s'avérer problématiques. Ce faisant, on verra que sa pensée a bien pour premier objectif une limitation du politique, en particulier de sa dimension historique en tant que mise en sens du temps, mais que cette limitation ne s'accompagne pas, c'est là son défaut, d'une véritable pensée politique. Cependant, ce défaut n'est pas synonyme d'un apolitisme, dans la mesure où l'on peut aussi montrer que l'œuvre de Löwith offre, en négatif, des éléments permettant d'esquisser une théorie politique.

L'importance fondamentale que ce dernier accorde au monde naturel, rapportée à la question politique, s'explique en partie par la volonté de trouver un cadre englobant, porteur d'ordre et de stabilité, à l'opposé des affaires humaines, caractérisées par le hasard et la répétition. Bien que la pensée du monde naturel ait pour principal objectif de replacer l'homme dans cette totalité qui le dépasse infiniment mais auquel il appartient en tant qu'être naturel, Löwith n'en fait pas le fondement de l'ordre politique. Dans le cadre du dépassement du nihilisme, le monde aurait pu faire figure de seul point de référence dont la temporalité propre, la sempiternité, aurait permis de garantir, dans le contexte de la disparition de Dieu ou des valeurs fondées sur la raison, un fondement normatif stable. Puisque rien ne dure, que l'histoire se réduit à un va-et-vient dénué de sens, rétablir l'éternité du monde aurait ainsi pu servir de prélude à la fondation de la continuité politique, en répétant ainsi dans la modernité le processus intervenant au XIIIe siècle décrit par Kantorowicz[96]. Tel n'est pas l'objectif de Löwith, dont le retour au monde naturel n'est pas synonyme d'une naturalisation de

96 Voir E. Kantorowicz, *The King's Two Bodies*, *op. cit.*, p. 273 *sq.*

l'ordre politique, mais plutôt de sa neutralisation. Comme l'a bien remarqué Habermas, Löwith n'explicite pas les conséquences politiques de sa pensée du monde naturel et ne se revendique notamment jamais – contrairement, par exemple, à Strauss – du droit naturel[97]. Le monde naturel « dépasse infiniment le monde qui tient et tombe avec l'homme », il n'offre donc aucun fondement à l'ordre politique, en raison de l'incommensurable différence qui les sépare[98]. Les deux n'ont un rapport que par l'intermédiaire du monde commun. Il ne s'agit donc pas d'un rapport de fondation, mais d'inclusion : l'ordre politique, qui relève du monde commun, est inclus dans le monde naturel. Löwith s'arrête pour ainsi dire en cours de route. L'homme doit être pensé dans le monde naturel, et non dans le monde historique, mais il doit aussi ce faisant abandonner toute idée d'une fondation absolue[99]. Au lieu d'une fondation, la pensée du monde naturel conduit au contraire à une relativisation de l'ordre politique en maintenant un espace infranchissable entre les deux. La sphère politique est soumise au hasard et à la répétition, et il serait vain de vouloir la stabiliser en la reliant au monde naturel. En attestent les nombreuses remarques laconiques sur l'alternance inévitable de la guerre et de la paix, notamment l'anecdote, reprise à Polybe, selon laquelle « lorsque Scipion vainquit et détruisit Carthage, celui-ci n'eût crainte de dire que le même destin que la puissance romaine venait d'infliger à ses ennemis toucherait un jour Rome, de même qu'il toucha jadis Troie et Carthage », une remarque pouvant difficilement être « plus profonde et convenant davantage à un homme d'État ». Löwith ajoute cependant : « mais on ne peut que difficilement imaginer un homme d'État moderne, qu'il soit de l'Ouest ou de l'Est et qui, après la fin victorieuse de la dernière guerre mondiale, aurait pu dire : le même destin que celui que nous venons d'infliger à Berlin touchera un jour Moscou et Washington[100] ! »

La mise en avant du monde naturel n'a donc pas pour but de refonder l'ordre politique sur une base durable, mais de le relativiser. Confronté au

97 Voir J. Habermas, « Karl Löwiths stoischer Rückzug vom historischen Bewußtsein », *op. cit.*, p. 583.

98 K. Löwith, « Welt und Menschenwelt », *SS* 1, p. 295.

99 Pour un développement supplémentaire – et différent – de cette pensée « post-fondationnelle », également en lien avec une philosophie de l'immanence, voir Oliver Marchart, *Post-Foundational Political Thought. Political Difference in Nancy, Lefort, Badiou and Laclau*, Edinburgh, Edinburgh University Press, 2007.

100 K. Löwith, « Mensch und Geschichte » (1960), *SS* 2, p. 350.

monde naturel qui ne le fonde pas, l'ordre politique apparaît changeant et sans fondement. Dans le même temps, en faisant du monde naturel la mesure de l'homme en tant qu'être naturel, Löwith cherche à répondre à la situation de perte de sens dans laquelle l'éternisation de l'ordre politique a pu se produire. L'objectif de Löwith est de dépasser l'aliénation entre l'homme et le monde, de reconstruire une familiarité en ramenant l'homme à son « texte originel », c'est-à-dire en le comprenant dans le cadre de la nature dont il est un cas particulier, dans la mesure où il en fait partie tout en la remettant en question. L'homme « dépasse la nature en lui et autour de lui par le questionnement[101] », un « transcender sans transcendance » de la nature de l'homme par la nature de l'homme qui se manifeste aussi bien par le langage, par lequel l'homme se distingue de l'animal, que par la remise en question la plus radicale naturellement à la disposition de l'homme, le suicide[102]. L'ensemble de ces éléments forment la nature de l'homme, un « entre-deux » entre rationalité et animalité, entre sa détermination naturelle et sa – naturelle – remise en question[103]. C'est en redevenant conscient de ce fondement naturel que peuvent être évités les « ersatz » politiques comblant le vide laissé par le nihilisme.

En rapportant l'homme au monde naturel plutôt qu'au monde historique – contre la tradition qu'il voit à l'œuvre dans l'histoire de la philosophie au XIXe siècle et XXe siècle –, Löwith vise non seulement à relativiser l'importance du politique, mais aussi plus généralement à neutraliser toute tentative de poser une dimension de sens transcendant l'existence humaine – la transcendance du monde naturel étant au contraire immanente. Cependant, compte tenu de l'incommensurable disproportion qui sépare celui-ci de l'homme, la vie de ce dernier est pour l'univers insignifiante[104]. La critique de la conception chrétienne du monde créé en vue de l'homme est claire : le monde naturel n'est pas « en-vue-de », il n'est pas à la disposition de l'homme. Le monde

---

101 K. Löwith, « Natur und Humanität des Menschen », *SS* 1, p. 291.

102 Voir notamment *ibid.* et « Zu Heideggers Seinsfrage : Die Natur des Menschen und die Welt der Natur », *SS* 8, p. 281.

103 On peut ici remarquer une ressemblance avec la conception du *metaxy* de Voegelin, mais l'entre-deux de Löwith intervient entièrement dans l'immanence du monde.

104 Voir K. Löwith, « Töten, Mord und Selbstmord : Die Freiheit zum Tode » (1962), *SS* 1, p. 414. Löwith reprend l'image de l'huître aux *Essays on Suicide and the Immortality of the Soul* de David Hume.

ne nous « dit » rien, l'homme ne rencontre en lui que le silence[105]. Ce faisant, il est aussi clair que l'ordre politique ne peut être fondé sur le monde naturel, fondamentalement indifférent à l'homme. Ainsi, bien que Löwith mentionne à de nombreuses reprises la conception « cosmopolitique au sens littéral » de la philosophie grecque, rien ne permet d'affirmer qu'il défende sa réactualisation, son insistance semblant plutôt mettre l'accent sur le fait qu'un tel cosmopolitisme ne peut émerger que dans le cadre de l'évidence du monde naturel aujourd'hui disparue[106]. Compte tenu de l'absence d'une pensée politique positive dans son œuvre, il faut donc être prudent quant à sa compatibilité avec une doctrine cosmopolitique, le cosmopolitisme ne pouvant être au mieux qu'un but secondaire, présupposant le dépassement de l'aliénation entre l'homme et le monde, qui reste le problème primordial sur lequel se concentre Löwith au détriment de la question du rapport entre le monde et la *polis*[107]. En dépassant cette aliénation, Löwith peut remplir son objectif principal : retrouver un fondement non politique – ni « politisable » – tout en neutralisant le politique.

Les conséquences problématiques d'une telle démarche sont toutefois évidentes. Premièrement, cette neutralisation du politique a pu être interprétée comme un retrait, voire comme une forme de conservatisme, souvent associée au scepticisme que Löwith revendique. Cependant, la destruction sceptique intervient chez Löwith toujours dans le but de trouver un élément qui lui résiste, ce dernier étant le monde naturel[108]. La critique de Habermas, en particulier, confond la prise de distance avec le monde politique et son abandon total. Comme le souligne Beiner, « le stoïcisme n'est pour Löwith pas une incitation au retrait mais plutôt une mise en garde contre l'*hybris*[109] ». Constater, avec Löwith, l'alternance invariable dans l'histoire de la guerre et de la paix, de la destruction et de la reconstruction,

105 Voir K. Löwith, « Hegel und die Sprache », *SS* 1, p. 390 *sqq.*

106 Voir notamment K. Löwith, « Welt und Menschenwelt », *SS* 1, p. 303.

107 C'est pourquoi mettre excessivement l'accent sur la *polis* mène à des problèmes dans l'interprétation de son œuvre. Voir par exemple J. Chytry, « Zur Wiedergewinnung des Kosmos. Karl Löwith contra Martin Heidegger », in D. Papenfuss ; O. Pöggeler (éds.), *Zur philosophischen Aktualität Heideggers, Symposium der Alexander von Humboldt-Stiftung vom 24.-28. April 1989 in Bonn-Bad Godesberg. Band 2, Im Gespräch der Zeit*, Frankfurt am Main, Vittorio Klostermann, 1990, p. 87-99.

108 Voir W. Wieland, « Karl Löwith in Heidelberg », *Heidelberger Jahrbücher* XLI, 1997, p. 272.

109 R. Beiner, *Political Philosophy. What It Is and Why It Matters*, *op. cit.*, p. 74.

ne vise pas à relativiser ces événements historiques eux-mêmes, mais à montrer l'impossibilité d'utiliser l'histoire comme source de sens, et donc que le monde historique ne peut être considéré comme un fondement, une source d'ordre, à la différence du monde naturel. La prise de distance vis-à-vis de l'ordre politique n'est donc pas un simple retrait, elle est le moyen permettant non de nier le politique dans son ensemble, mais de prévenir certaines conceptions illusoires. La révision intentée par Löwith de l'ensemble de notre rapport au monde naturel sempiternel et, ce faisant, au temps, vise principalement dans ses conséquences pratiques la conception occidentale – devenue mondiale – du progrès : « dans un temps sans futur, dans un présent tournant éternellement en cercle, le développement et le progrès sont abolis[110] ». Si l'homme n'est pas le but de la création, mais un être naturel dont la vie limitée dans le temps est sans commune mesure avec le monde, et membre d'une espèce elle-même vouée à une disparition à plus ou moins longue échéance, toute conception du progrès ne peut être qu'extrêmement relativisée[111]. Si « la question décisive vis-à-vis de notre obsession pour le futur [est] de savoir si le temps du monde est sempiternel ou encore éternel, au contraire du temps fini de l'homme », cette question trouve dans l'œuvre de Löwith une réponse claire dont les conséquences vont au-delà d'un simple retrait[112]. À partir de cette conception du temps excluant tout progrès de même que, plus généralement, l'espoir en un monde meilleur, ce n'est pas seulement une idée philosophique qui est contredite mais aussi le fondement normatif de la conception occidentale d'un progrès nécessaire[113]. Combattre cet esprit missionaire transposé dans le monde historique fait partie du message politique que contient, en négatif, sa tentative d'émanciper la pensée de son obsession du monde historique et politique au profit du monde naturel sempiternel.

---

110 Sur la critique du progrès, voir de manière générale K. Löwith, « Das Verhängnis des Fortschritts » (1963), *SS* 1, ici p. 392.

111 Voir K. Löwith, *Weltgeschichte und Heilsgeschehen. Die theologischen Voraussetzungen der Geschichtsphilosophie* (1949/1963), *SS* 2, p. 218. Dans une lettre à Voegelin (LV 11/02/50), Löwith précise l'intention de cette postface, « un épilogue qui remet en question l'espoir en tant que tel ». Sur Valéry, voir K. Löwith, *Paul Valéry. Grundzüge seines philosophischen Denkens*, *SS* 9, p. 331.

112 K. Löwith, « Das Verhängnis des Fortschritts », *SS* 2, p. 410.

113 Voir *ibid.*, p. 398 *sq.* et K. Davis, *Periodization and Sovereignty. How Ideas of Feudalism and Secularization Govern the Politics of Time*, Philadelphia, University of Philadelphia Press, 2008, en particulier le chap. 3, « The Sense of an Epoch. Secularization, Sovereign Futures, and the 'Middle Ages' », p. 77 *sqq.*

Si la dimension critique du projet de Löwith montre que sa pensée est bien porteuse d'une signification politique, le fait que ce projet s'appuie précisément sur un fondement neutralisant le politique expose toutefois le décalage qui intervient dans sa propre approche, avant tout négative, du politique. Cette conséquence est plus complexe que les critiques se concentrant sur un retrait ou sur son conservatisme supposé. Dans la pensée de Löwith, le politique n'est pas un domaine autonome, mais un élément du monde commun, caractérisé par son immédiateté : l'homme est immédiatement un être social, lié à ses semblables par un réseau de relations. Cette immédiateté de l'être social permet à Löwith d'éviter l'écueil de l'existentialisme, qui tend à opposer l'individu à la masse. Cependant, son œuvre ne thématise pas l'instance organisant l'être social des individus, l'institution politique, ni l'espace politique dans lequel cette vie sociale intervient. Il tend au contraire à rendre, dans sa théorie, ce niveau obsolète. Puisque l'être social est par nature immédiat, l'artifice qu'est l'institution n'est pas d'une importance primordiale. Ce passage au second plan du politique par rapport au social est accentué par l'importance accordée au monde naturel, les questions relatives à l'organisation des sociétés devenant celles de la relation entre hommes comme êtres naturels. À ce titre, comme la plus importante action « politique » – qui vise précisément à relativiser le politique – est la redécouverte de la relation au monde naturel par une pratique philosophique, toujours individuelle, le projet de Löwith tend à traiter le politique par l'éthique, voire à le remplacer par cette dernière[114]. Löwith conçoit les relations entre hommes non comme relations entre concitoyens, mais entre *Mitmenschen*, car la dimension éthique est fondée sur un niveau plus profond que le niveau politique, sur la nature – mais sans droit naturel. Le niveau normatif déterminant ces relations ne se trouve donc pas dans une théorie politique, mais d'emblée au niveau naturel. C'est pourquoi la relativisation des identités religieuses et nationales chez Löwith n'a pas seulement une valeur autobiographique, mais est cohérente avec sa pensée, dont l'objectif est d'assurer un fondement éthique indépendant de l'ordre politique donné tout en limitant la portée du politique en général[115].

---

114 Voir K. Löwith, « Natur und Humanität des Menschen », *SS* 1, p. 275.

115 Cette relativisation des identités religieuses et nationales est particulièrement manifeste dans certaines remarques de Löwith, relevant le « hasard » à l'origine de l'appartenance à une religion ou à une nation. Voir en particulier K. Löwith, « M. Heidegger und

Ainsi, le monde naturel, bien qu'il soit ordonné, ne peut être compris comme un fondement normatif de l'ordre politique[116]. Il n'est pas, comme dans la pensée cosmopolitique grecque, un modèle pour l'ordre politique, mais n'est une structure ordonnante qu'en tant qu'il est un système d'attribution réciproque reliant toutes les parties entre elles. Tous les étants naturels sont dans et par le monde, cette interdépendance constituant le fondement d'une éthique cosmopolitique ne se limitant pas au monde commun, mais incluant potentiellement toutes les parties du monde. En effet, dans la mesure où celui-ci est compris comme un système de relations, que la Terre est une « unité de vie », agir sur un élément du système a nécessairement un effet sur le tout, d'où l'hostilité manifeste de Löwith vis-à-vis du rapport à la nature comme rapport d'exploitation. Ce n'est par conséquent que par le rétablissement d'un rapport au monde non déformé, fondé sur l'expérience quotidienne et sur la théorie, que ces dérives peuvent être prévenues. Le niveau naturel pour ainsi dire court-circuite le niveau politique : c'est à partir de la familiarité entre l'homme et l'ordre naturel qu'est abordée la question politique. Paradoxalement, alors que l'on insiste souvent sur la tonalité pessimiste de l'œuvre de Löwith, la possibilité d'une fondation d'une éthique cosmopolitique au niveau du monde naturel montre que, bien que le monde soit fondamentalement indifférent à l'homme, les relations d'interdépendance entre les parties prennent le pas sur l'hostilité. C'est aussi parce que l'homme, s'il est compris dans le cadre du monde naturel et non du monde historique, n'est pas fondamentalement un loup pour l'homme, parce qu'il est naturellement sociable que Löwith ne défend pas une conception hobbesienne de l'ordre politique, mais que la question politique passe au second plan par rapport à celle de la nature.

Son approche est donc ambigüe, dans la mesure où elle part bien de la recherche d'un fondement, lequel a cependant pour conséquence une relativisation du politique, laquelle est elle-même porteuse d'une signification politique. Du point de vue théorique, ce projet tend à répondre à la politique du temps en subordonnant le politique au social et la pensée politique à l'éthique. Le projet de Löwith peut-il malgré tout

---

F. Rosenzweig. Ein Nachtrag zu *Sein und Zeit* », *SS* 8, p. 100 et « Zu Heideggers Seinsfrage : Die Natur des Menschen und die Welt der Natur », *SS* 8, p. 288.

116 Voir H.-M. Saß, « Urbanität und Skepsis : Karl Löwiths kritische Theorie », *op. cit.*, p. 17 : « La nature, avec ses règles d'airain, refuse cependant aux individus de pouvoir tirer de ces lois des règles précises pour leur agir ».

fonder une théorie politique et assurer ainsi, au-delà de la critique de la politique du temps, un fondement positif ? Bien que Löwith ne considère pas le politique comme un domaine autonome et ne lui consacre donc pas une théorie, il reconnaît néanmoins l'importance de l'« être-dans-la-*polis* » comme faisant partie intégrante de la structure de relations qui constitue le monde commun, dont l'homme fait par nature partie[117]. C'est pourquoi il est possible d'affirmer que le projet de Löwith n'exclut pas une théorie politique – bien qu'elle soit pour lui secondaire et qu'il ne la développe pas – dont on peut dresser le portrait en négatif. Sa principale caractéristique est le refus de toute transcendance, en particulier d'une source transcendante de l'ordre, combinée néanmoins à un point de départ « associatif » : le politique est, pour Löwith, caractérisé par la sociabilité naturelle des êtres humains, non par l'hostilité[118]. À ce titre, Löwith peut être rapproché de Hannah Arendt, notamment de sa lecture – positive – de la Révolution américaine :

> [...] L'acte de la fondation lui-même, davantage qu'un Législateur immortel ou qu'une vérité évidente ou tout autre source transcendante, dépassant le monde, devint finalement la source de l'autorité du nouveau corps politique. Il en suit qu'il est futile de chercher un absolu qui viendrait rompre le cercle vicieux auquel tout commencement est soumis, car cet 'absolu' se trouve dans l'acte de commencement lui-même[119].

Une telle manière de théoriser la fondation, que Arendt complète par une théorie de l'institution capable de conserver le dynamisme du « commencement », de cette activité politique – et non de la neutraliser par l'institutionnalisation – est compatible avec les prémisses de Löwith. Elle fait intervenir un fondement non absolu, non transcendant, qui préserve le politique en tant qu'activité faisant intrinsèquement partie du monde commun. Arendt offre ici une piste, compatible avec l'œuvre de Löwith, pour aller au-delà de la politique du temps sans pour autant neutraliser le politique.

À cette absence de fondement transcendant s'ajoute un autre élément fondamental : l'absence de projection vers le futur et la limitation du politique à l'immédiateté du monde commun. Löwith, de même qu'il

117 Voir K. Löwith, « Der okkasionelle Dezisionismus von C. Schmitt », *SS* 8, p. 48.

118 Sur cette conception associative du politique, voir O. Marchart, *Die politische Differenz*, *op. cit.*, p. 35-38.

119 H. Arendt, *On Revolution*, New York, Penguin Books, 1979, p. 204.

refuse de poser une source transcendante de l'ordre, exclut qu'il soit déterminé par un *telos* futur. Cet élément supplémentaire, qui vise davantage l'aspect temporel de la politique du temps, peut être vu comme le principe directeur d'une théorie politique revenant au « présentisme » de la conception du politique des Grecs anciens. Comme l'a montré Christian Meier, la conception de l'ordre politique comme une instance devant harmoniser le temps et l'éternité permet de redonner au présent une valeur intrinsèque, et ce faisant de concevoir le politique non comme un développement linéaire et orienté dans l'histoire, mais comme une activité dans le présent – non comme le déroulement d'un plan, mais comme une possibilité toujours présente. Meier définit le « temps politique » des Grecs anciens comme suit :

> Le temps qui n'est synchronisé avec aucune unité et avec aucun grand processus de transformation, dans lequel les événements d'une importance générale ne peuvent être trouvés que dans les changements de configuration entre les *poleis* et les citoyens, dans la politique au sens le plus large du terme. C'est là [...] l'élément central de la compréhension du temps, dès lors qu'elle ne concerne pas des destins individuels ou des améliorations de long terme très progressives – cependant, même celles-ci ne conduisirent pas à la conception d'un processus, mais à la conscience qu'il est possible de surmonter les problèmes, du moins par la politique[120].

Ce recentrage sur le présent, bien qu'il intervienne dans le cadre d'une philosophie relativisant le politique, permet donc aussi paradoxalement de revaloriser « la » politique en tant qu'activité se développant dans le « temps politique » véritable. C'est pourquoi Löwith semble également miser, dans la sphère politique, sur le *common sense*, ce en quoi il se rapproche de Voegelin, tout en avançant avec le monde naturel une réponse non politique au problème de la continuité et du « besoin d'éternité » ou, plus précisément, du besoin d'une durée sempiternelle sans laquelle le présent perd toute sa valeur. À ce titre, l'absence de lien entre le monde naturel et le politique n'est pas un problème, mais est au contraire d'une importance cruciale car elle empêche de fixer une image de l'ordre politique. Cependant, cette solution conduit effectivement, dans l'œuvre de Löwith, à une réduction du politique, laquelle n'est toutefois pas négative. Elle est bien plutôt nécessaire dès

120 C. Meier, *Die Entstehung des Politischen bei den Griechen*, *op. cit.*, p. 421.

lors que l'ordre politique ne peut plus s'appuyer sur le monde historique mais est intégré au système naturel de relations, limitant la « mise en sens » au seul présent. Au niveau politique, Löwith s'en tient donc à un « présentisme » qui n'est cependant fondé ni sur le nihilisme, ni sur le relativisme, mais sur la conscience de la place de l'homme dans le monde qui le dépasse infiniment.

CONCLUSION

Dans le chapitre du *Contrat social* consacré à la mort du corps politique, Rousseau rappelle que cette mort est « la pente naturelle et inévitable des Gouvernements les mieux constitués ». En effet, poursuit-il, « si Sparte et Rome ont péri, quel État peut espérer de durer toujours ? Si nous voulons former un établissement durable, ne songeons donc point à le rendre éternel. Pour réussir il ne faut pas tenter l'impossible, ni se flatter de donner à l'ouvrage des hommes une solidité que les choses humaines ne comportent pas[1] ». Si l'avertissement de Rousseau avait été entendu, il ne serait aujourd'hui pas question d'une « fin de l'histoire » résultant de l'alliance du capitalisme et de la démocratie libérale, ni d'un modèle occidental se comprenant comme un avènement nécessaire, dont les ennemis devraient tôt ou tard se ranger du côté du sens de l'histoire. Ce type de discours de légitimation, en définitive nuisible à la cause de la démocratie libérale, ne peut être éliminé qu'en l'analysant à plusieurs niveaux. Une simple critique limitée à ses derniers avatars, telle la thèse de la fin de l'histoire, reste insuffisante tant qu'elle ne remonte pas à la racine du problème, c'est-à-dire à la place qu'occupe cette question dans le domaine chronopolitique en général. Si la politique du temps s'avère aussi tenace, c'est en effet parce qu'elle s'inscrit dans un questionnement intrinsèquement lié à l'ordre politique, confronté à la nécessité d'assurer son existence dans le temps. La politique du temps répond à cette nécessité par une politisation du temps et de l'histoire pouvant conduire, dans sa forme extrême, à une éternisation de l'ordre politique, qui prétend alors englober la totalité du temps, du passé au futur.

Cependant, compte tenu de la persistance de cette conception temporelle de l'ordre politique, de même qu'il ne suffit pas de limiter la critique à ses avatars actuels, de même serait-il impropre de la diriger contre sa seule forme extrême, dans la mesure où ce sont précisément

1 J.-J. Rousseau, *Du Contrat social*, Paris, Gallimard, 1993 (éd. R. Derathé), p. 246.

certains discours proclamant la fin des idéologies qui tendent à reproduire aujourd'hui les structures de la politique du temps. Par conséquent, ce n'est qu'en abordant dans son ensemble le problème formé par la temporalisation du politique et la politisation du temps qu'il est possible d'attaquer à la racine ce type de discours de légitimation, sous toutes ses formes. Pour mener à bien ce projet, ou du moins en poser les fondations, deux objectifs complémentaires, correspondant aux deux fils directeurs de l'analyse, ont été traités en parallèle. Il était d'une part nécessaire de systématiser la question du temps politique afin de montrer les grands traits communs aux phénomènes qui s'y rattachent et quelles directions s'ouvrent à la critique. Le second axe de lecture met l'accent sur les œuvres de Voegelin et Löwith en tant qu'elles apportent une contribution décisive tant à la systématisation du problème que, surtout, à son dépassement.

Notre hypothèse de départ est que Voegelin et Löwith eux-mêmes sont conscients de la relation problématique entre temps et politique et cherchent, par l'intermédiaire de la dimension temporelle, à aborder un problème politique dont l'importance s'explique non seulement par la situation historique à laquelle ils sont directement confrontés, mais aussi par sa valeur systématique intrinsèque, en tant qu'il représente une évolution de la conception du politique. Tous deux sont convaincus de la nécessité de surmonter le nihilisme et le relativisme des valeurs en tant que tels, c'est-à-dire de surmonter la temporalisation radicale de l'ordre politique, mais également les tentatives d'éternisation caractéristiques de la « temporalité fasciste » telle que Griffin l'a décrite[2]. C'est pourquoi leurs projets cherchent à dissocier le politique et le temps tout en tenant compte de la dimension temporelle indissociable de l'existence humaine, afin d'éviter que tout point de référence permanent ne soit dissout par le cours du temps sans toutefois instaurer un fondement éternel, artificiel et absolu.

Dans une première partie, nous avons cherché à expliquer comment le temps et l'histoire peuvent être politisés, comment en particulier l'idée d'un sens de l'histoire peut acquérir une normativité politique. À partir d'une conception de l'histoire comme singulier collectif a pu

2 Voir R. Griffin, *Modernism and Fascism. The Sense of a Beginning under Mussolini and Hitler*, New York, Palgrave Macmillian, 2007.

se développer l'idée d'un sens de l'histoire dont nous avons retracé la généalogie avec Voegelin et Löwith, qui tous deux le rejettent comme un concept idéologique ne pouvant être démontré, mais seulement être un objet de foi et d'espoir. Mais quelle alternative est possible ? On pourrait croire qu'il s'agit de l'historicisme, qui accorde une valeur suprême à la situation historique contre toute position visant à la transcender et semble ainsi apporter la réponse capable de désavouer tout sens de l'histoire. Cependant, Voegelin et Löwith s'accordent pour mettre en avant le relativisme allant de pair avec cette position, qui incite aussi à un dépassement hasardeux, à un « saut » décisionniste que rien, du point de vue historiciste, ne permet de prévenir. Ainsi, bien qu'il soit nécessaire de dépasser le relativisme induit par la position historiciste et de mettre en place un nouveau cadre de références stable et durable, l'exemple le plus radical d'un tel dépassement intervient avec la révolution nationale-socialiste, qui montre bien les risques liés à une telle entreprise. Chercher à sortir de la temporalisation du politique peut aussi mener à l'« éternité nationalisée » de la temporalité fasciste[3]. Par conséquent, il est aussi clair qu'il ne saurait être question d'un dépassement véritable, dans la mesure où le national-socialisme, en tant que politique du temps, reste ancré dans le processus de politisation du temps qu'il pousse à son paroxysme. C'est la raison pour laquelle une véritable sortie de cette conception du politique ne peut intervenir qu'en dehors du processus de politisation du temps. Comme le souligne Löwith, « vouloir s'orienter, au milieu de l'histoire, par rapport à elle, ce serait comme vouloir s'accrocher aux vagues lors d'un naufrage[4] ». Et pourtant, malgré l'avènement de la « condition postmoderne » allant de pair avec la fin des idéologies et la suspicion vis-à-vis de tout « métarécit », on constate le développement d'un nouveau volet de la politique du temps à l'époque contemporaine. Des exemples représentatifs, comme la théorie de la crise, de l'accélération, et de la « tyrannie bienveillante » devant répondre aux enjeux écologiques, attestent du développement d'une temporalisation du politique, conçu comme déterminé par un « ordre du temps » sur lequel il n'a pas prise. Le temps n'est pas considéré

3 Voir R. Griffin, « Fixing Solutions : Fascist Temporalities as Remedies for Liquid Modernity », *Journal of Modern European History*, vol. 13, 2015/1, p. 18.

4 K. Löwith, « Mensch und Geschichte » (1960), *SS* 2, p. 360. Il s'agit d'une image récurrente dans l'œuvre de Löwith.

comme un objet à politiser, mais comme une instance qui s'impose, sous la forme d'une catastrophe à venir. Malgré la transition d'une pensée eschatologique à une pensée apocalyptique, tant la politisation du temps que la temporalisation du politique participent de la politique du temps. Alors que, dans le premier cas, l'ordre politique pouvait revendiquer la nécessité inhérente au sens de l'histoire et se poser comme éternel, il est désormais considéré comme le seul rempart face à la catastrophe, devant être préservé à tout prix. Bien que les pôles soient inversés, c'est donc toujours la dimension temporelle, en particulier le futur, qui détermine l'ordre politique. On constate par conséquent que la notion idéologique du sens de l'histoire, aboutissant à l'éternisation de l'ordre politique, tout comme ce nouveau « catastrophisme », produit de la temporalisation, reposent en définitive sur le même fondement, celui d'une conception temporelle de l'ordre politique où l'histoire devient la seule mesure.

Analysé dans une seconde partie, le défi auquel Voegelin et Löwith sont confrontés consiste donc à trouver une solution à la temporalisation du politique sans pour autant rechuter dans l'éternisation. La première étape de cette recherche montre, à partir des précurseurs Nietzsche et Schelling, en quoi ces derniers permettent de mettre en lumière et d'expliquer les traits principaux des réponses apportées par Löwith et Voegelin au problème du temps politique. Tandis que Löwith s'appuie sur la doctrine de l'éternel retour du même de Nietzsche en tant qu'elle est la tentative la plus radicale de dépasser la temporalisation au moyen d'une pensée ahistorique, c'est-à-dire aussi non chrétienne, Voegelin trouve chez Schelling l'association entre une philosophie de l'existence et une philosophie de l'histoire qui constituera le cœur de son propre projet. Dans un second temps, en partant de l'influence schellingienne, nous avons pu déterminer le fil directeur de la pensée de Voegelin, à partir duquel se développe sa réponse à la politique du temps. Contre les partisans d'une indétermination fondamentale de son œuvre, constamment en évolution, mais aussi contre l'interprétation « réaliste » faisant excessivement confiance à son empirisme revendiqué et contre la critique indifférenciée des fondements « théologiques » de sa pensée, nous avons montré qu'il fallait comprendre l'œuvre tardive de Voegelin comme une philosophie historiciste de l'existence, une position complexe faisant intervenir de multiples éléments. Visant à fonder la philosophie de l'existence sur une philosophie de l'histoire, deux stratégies différentes sont mises en œuvre afin de réaliser ce projet. Dans un premier temps, Voegelin part de la conception d'un progrès linéaire menant à la révélation chrétienne, un trait caractéristique des premiers volumes d'*Order and History*. Dans un second temps, la révélation de l'être transcendant à l'origine de l'existence authentique devient un événement intervenant dans un progrès non linéaire dans l'ordre de l'être servant toutefois, en tant que « point de clarté », de *telos* existentiel à l'ensemble de l'histoire. Dans les deux cas, nous avons montré que la tentative de fonder la conception de l'existence authentique sur une philosophie de l'histoire s'avère intenable, car elle aboutit précisément à ce que Voegelin souhaitait éviter : sa pensée reste, en son cœur, déterminée par un *topos* existentiel fondé sur une structure eschatologique de l'histoire. Voegelin se fait ainsi l'avocat d'une forme de pensée qu'il semblait pourtant combattre, contraint par ses propres prémisses, car c'est là le seul moyen de faire coïncider un ordre de l'existence préétabli tout en le « découvrant » dans l'histoire, tout en l'historicisant. Sa philosophie historiciste de l'existence se trouve alors contrainte de défendre une structure que lui-même critique lorsqu'elle est endossée par ses adversaires politiques. C'est pourquoi, en filigrane de l'œuvre de Voegelin, se dessine un processus nécessaire et universel justifiant par l'histoire la domination d'une vérité particulière, c'est-à-dire une politique du temps au service de la promesse de l'Occident chrétien. Bien qu'il ait correctement vu le problème, Voegelin ne parvient pas à le dépasser entièrement.

Face à ce constat d'échec, l'œuvre de Löwith permet au contraire de penser une mesure immanente de l'homme, évitant ainsi la problématique expérience de la transcendance posée par Voegelin. La participation de l'homme à une mesure sempiternelle le dépassant reste pour Löwith nécessaire, mais elle doit être accessible sans médiation, afin d'éviter l'idée d'une révélation ponctuelle à des élus privilégiés, et toujours entièrement présente – tant au sens de « présence » (*Präsenz*) que d'être en chaque instant « au présent » (*Gegenwart*) –, afin d'éviter toute structure eschatologique dépréciant le présent au profit du futur. La solution avancée par Löwith, qui voit dans le monde naturel la mesure de l'homme, permet d'éviter les principaux problèmes de la perspective de Voegelin. Alors que, dans la philosophie de l'existence, l'existence authentique tend à être une existence hors du monde, Löwith considère la sociabilité comme un élément nécessaire du *Dasein* humain, dont la vie est un vivre-ensemble (*Zusammenleben*) au milieu d'égaux. En raison du caractère naturel de la sociabilité, le système de relations formant l'être-l'un-avec-l'autre est intégré dans un ensemble qui le dépasse, le monde naturel. C'est par une méthode phénoménologique prenant l'expérience quotidienne immédiate pour point de départ que Löwith cherche à retrouver un accès au monde, à rétablir une évidence perdue au-delà des difficultés causées par la tradition philosophique. Malgré le rôle prédominant du monde naturel comme mesure sempiternelle de l'homme dans la pensée de Löwith, il ne faut toutefois pas en conclure, comme nous l'avons montré, que cette réponse à la politique du temps conduit nécessairement à un abandon du domaine politique en général, à un « retrait stoïque » ou à une naturalisation de l'ordre politique. Même si le décentrement préconisé par Löwith au profit du monde naturel a des conséquences problématiques, il permet néanmoins de répondre au « besoin d'éternité » par une mesure sempiternelle échappant à la politisation tout en posant les bases d'une théorie politique refusant tout fondement transcendant au profit d'une forme de « présentisme ».

La comparaison entre Voegelin et Löwith a donc permis de montrer les différences majeures, trop souvent restées inaperçues dans la littérature, entre ces deux auteurs. La philosophie historiciste de l'existence et la phénoménologie du monde naturel constituent deux directions radicalement différentes, et même en partie opposées, qui ne se rapprochent véritablement que dans leur résistance à un adversaire commun. En ce sens, nous avons pu montrer que cette différence ne peut en aucun cas être réduite à la « tradition philosophique » dans laquelle s'inscriraient ces auteurs, l'un « nietzschéen », l'autre « platonicien » ou « augustinien ». Il s'agit bien plutôt de deux réponses défendant face au même problème deux positions philosophiques radicalement différentes, portées par deux conceptions opposées du Tout : Dieu ou le monde. Bien qu'elles reviennent ainsi à deux des principales options disponibles au sein de la triade traditionnelle de « Dieu, l'homme et le monde », ces deux directions ne se valent pas au regard du problème auquel elles cherchent à répondre. Alors que c'est précisément là que se trouve l'origine de ce problème, la pensée de Voegelin reste en effet attachée à une forme de téléologie historique. Le dépassement entrepris par Voegelin se solde en définitive par un échec car il reste, au niveau de son principe directeur, dépendant du mode de pensée qu'il critique. Löwith, au contraire, est davantage conscient de la nécessité de rompre entièrement avec tout mode de pensée déterminé par la conscience historique. Bien que le ton de son œuvre fasse, en particulier par rapport à Voegelin, preuve de retenue dans la verve polémique au profit, en apparence, d'une histoire des idées désabusée, son projet présuppose une rupture bien plus radicale avec la tradition occidentale, et donc avec le mode de pensée dans lequel s'ancre la politique du temps. Même d'un point de vue « postmoderne », c'est donc Löwith qui, paradoxalement, répond le mieux à nos problématiques actuelles en dépit de son inactualité revendiquée[5].

Malgré la différence nette entre les principes directeurs de leurs œuvres, Voegelin et Löwith se rejoignent sur les conclusions pour ainsi dire négatives auxquelles ils aboutissent. En effet, prendre le parti de la transcendance ou du monde naturel conduit essentiellement, dans un cas comme dans l'autre, à un décentrage vis-à-vis de toute perspective centrée sur l'homme ou sur la dimension politique. En situant la mesure de l'homme au-delà du politique, ces positions impliquent de fait une réduction de l'importance de ce dernier ; l'ordre politique n'est pas le garant du sens de l'être-homme, il n'a pas de valeur morale, il n'a pas à réaliser le salut de l'humanité, mais n'a qu'une signification réduite, comme organisation de la vie en société naturellement inhérente à l'être humain. Cette réduction de l'importance du politique indissociable de leurs œuvres explique l'intérêt que tous deux portent au pragmatisme et au *common sense*. C'est aussi ce qui explique qu'on ait pu y voir l'expression d'un apolitisme ou d'un projet conservateur, dès lors que l'on refuse de penser le politique autrement que comme la réalisation orientée vers le futur d'une conception déterminée de la société. En prenant parti pour une transcendance sans messianisme ou pour une immanence sans messianisme, Voegelin et Löwith défendent une position conduisant en effet à récuser toute conception du politique posant un but à atteindre dans le futur, telle qu'elle se manifeste dans les résurgences actuelles de la pensée de l'événement messianique, le « dernier refuge des promesses d'émancipation révolutionnaire quand elles ne peuvent plus tabler sur le sens de l'histoire[6] ».

---

5 Voir J.-C. Monod, « Heaven on Earth ? The Löwith-Blumenberg Debate », in S. Latré ; W. Van Herck ; G. Vanheeswijck (éds.), *Radical Secularization ? An inquiry into the religious roots of secular culture*, New York / London, Bloomsbury, 2015.

6 C. Colliot-Thélène, « L'unité du monde. De l'espérance cosmopolitique à la réalité de la globalisation », in A. Escudier ; L. Martin, (éds.), *Histoires universelles et philosophies de l'histoire : de l'origine du monde à la fin des temps*, Paris, Presses de Sciences Po, 2015, p. 346.

C'est là l'apport majeur de Voegelin et de Löwith, rendu visible par la confrontation de leurs œuvres au problème de la politique du temps. La solution se dessinant chez chacun d'eux, bien qu'elle soit plus ou moins accentuée, converge vers le *common sense* ou, pourrait-on dire, une « politique du présent » opposée tant à une politique du futur qu'au traditionalisme. Tout en se démarquant ainsi de la politique du temps, elle permet néanmoins de rétablir un rapport équilibré entre temps et politique. Alors que, de nos jours, l'heure est plutôt à la dénonciation d'un « présentisme » ambiant et à l'attente de l'événement ou du grand homme apportant un nouveau souffle épique à la politique, Voegelin et Löwith rappellent les dangers de ce type de pensée et ouvrent une voie certes moins enthousiasmante, mais sans doute plus courageuse et pertinente[7]. L'objectif de ce programme de destruction de la politique du temps au profit d'une politique « de tous les jours » est, paradoxalement, bien décrit par Jacques Rancière :

> Une certaine idée de la fin de la politique s'énonce ainsi : séculariser la politique comme se sont sécularisées toutes les autres activités touchant à la production et à la reproduction des individus et des groupes ; abandonner les illusions attachées au pouvoir, à la représentation volontariste de l'art politique comme programme de libération et promesse de bonheur. [...] Concevoir un exercice du pouvoir synchrone avec les rythmes du monde, le bruissement des choses, la circulation des énergies, de l'information et des désirs : un exercice politique entièrement au présent [...]. Telle est cette temporalité nouvelle à laquelle les esprits réalistes nous voyaient maintenant accéder[8].

Si les esprits réalistes se sont indéniablement trompés, dans la mesure où ils n'imaginaient pas que ce qu'ils combattaient à gauche réapparaîtrait

7 Sur la faiblesse de la discussion actuelle autour du « présentisme », voir C. Colliot-Thélène, « L'unité du monde. De l'espérance cosmopolitique à la réalité de la globalisation », *op. cit.*, p. 346. Le terme de « présentisme » est principalement associé à l'étude de François Hartog sur les « régimes d'historicité », *Régimes d'historicité. Présentisme et expérience du temps*, Paris, Seuil, 2012. Le présentisme y est présenté comme un nouvel ordre dominant du temps, succédant au régime moderne, orienté vers le futur et soutenu par l'espoir de la réalisation à venir d'un idéal, tel qu'il est décrit par Koselleck. Des analyses de Hartog, on peut déduire que le présentisme est pour lui caractérisé par la réduction de l'horizon d'attente au présent, tant le passé que le futur perdant leur capacité à orienter l'action. Cet avènement d'un présent « omniprésent » et « omnipotent » est présenté comme un « risque », et le présentisme analysé dans le cadre de la « crise » (p. 17). C'est pourquoi, bien que Hartog reste très prudent quant à l'aspect normatif de son propos, le présentisme me semble dans son œuvre relever au moins partiellement des discours de la crise et de la perte de sens devenus communs ces dernières années.

8 J. Rancière, *Aux bords du politique*, Paris, Gallimard, 2004, p. 25.

à droite, leur projet n'en reste pas moins actuel, même s'il doit désormais être dirigé contre d'autres occurrences du même problème. Dans la mesure où la politique du temps vit des restes produits par le processus de sécularisation, la sécularisation de la politique évoquée par Rancière, une « sécularisation de la sécularisation » selon le terme de Balibar, ne peut être limitée à l'exclusion des religions traditionnelles du champ politique, mais elle devrait surtout viser toute « religion politique » vivant de ces restes[9]. Comme l'a bien souligné Rancière, achever la Révolution, c'est « achever à la fois la destruction de la figure royale de la politique et celle de la figure révolutionnaire de cette destruction, pour entrer enfin dans un temps homogène, dans une temporalité délestée de la double royauté du passé et du futur[10] ».

Défendre une politique du présent, c'est donc vouloir instaurer le présent comme seul « temps politique », contre toute légitimation fondée sur le passé ou le futur. Comme il n'existe pas de logique interne à l'histoire, que le monde historique n'est que hasard et répétition, le seul fondement stable est l'être naturel de l'homme, qui comprend sa participation immédiate au monde commun, toujours présent. Le politique n'est donc pas un processus historique, mais comme il est ancré dans l'immédiateté du monde commun, il est une activité intervenant dans le présent. Cette revalorisation du présent comme « temps politique » véritable ne doit pas être confondue avec la tyrannie de l'« actuel » à laquelle Nietzche chercha à répondre avec la doctrine de l'éternel retour du même, et que l'on retrouve dans l'absolutisation de la « situation » chez Carl Schmitt. Cette dernière engendre un autre rapport au temps présent, présenté comme une situation s'imposant comme une contrainte et réduisant l'activité politique à une décision. Contrairement à cette tendance potentiellement autoritaire, une politique du présent conçoit ce dernier comme l'espace de possibilité où intervient la politique. La situation ne peut être absolutisée précisément car elle est relativisée par la sempiternité du monde naturel, qui garantit que la situation n'est toujours que d'une importance relative. Ce retour au présent n'est donc valable qu'en posant simultanément la question de la sempiternité qui

9 Sur le caractère inachevé du processus de sécularisation, voir W. Anz, « Rationalität und Humanität. Zur Philosophie von Karl Löwith », *Theologische Rundschau* 36/1971, p. 63. La « sécularisation de la sécularisation » est évoquée par Balibar dans E. Balibar, *Saeculum. Culture, religion, idéologie*, Paris, Galilée, 2012.

10 J. Rancière, *Aux bords du politique*, *op. cit.*, p. 25.

l'encadre et lui donne sa valeur, à l'opposé de la perspective décisionniste. Sur ce point, nous avons montré qu'il n'est plus possible d'associer Voegelin et Löwith, dans la mesure où ils défendent en dernière instance deux positions profondément différentes. Bien que l'on puisse débattre qui du Dieu transcendant posé par Voegelin ou du monde naturel de Löwith est le plus sujet à question, nous avons montré que, ne serait-ce que pour des raisons de cohérence interne et au regard du problème posé par la politique du temps, la solution de Voegelin s'avère intenable, tandis que le monde naturel peut éventuellement répondre à la recherche de la mesure sempiternelle et immanente de l'homme. Cette sempiternité n'est pas nécessairement caractérisée par une normativité politique directe ; c'est avant tout la conscience du monde naturel, comprenant le monde commun, comme unité relationnelle perpétuelle qui importe, en tant qu'elle permet une dévaluation de l'histoire et un décentrage par rapport à l'anthropocentrisme.

Adopter cette solution conduit cependant, dans le contexte actuel, à un nouveau problème. S'il faut penser le monde sempiternel pour s'émanciper de la politique du temps, quel rôle joue la transformation du monde naturel intervenant dans l'anthropocène ? Si l'influence de l'activité humaine est devenue la caractéristique décisive de la période géologique actuelle, est-il toujours possible de voir dans le monde naturel une entité indépendante et éternelle, un échappatoire à l'anthropocentrisme ? L'anthropocène, un concept devenu courant dans les années 2000, désigne une nouvelle époque géologique qui se distinguerait de l'holocène, la période actuelle selon la chronologie de référence, dans la mesure où l'activité humaine y devient à la fois globale et la principale cause des changements environnementaux[11]. Bien que cette nouvelle périodisation de l'histoire géologique fasse encore l'objet de débats chez les spécialistes, l'idée dont elle est porteuse semble avoir été rapidement adoptée dans le discours public, tant elle reflète un sentiment répandu. En effet, à travers l'anthropocène, il n'est pas seulement question d'un débat interne à la géologie, mais aussi du rapport entre l'homme et le monde naturel, un rapport devenu problématique. Si l'impact de l'activité humaine est si important qu'il pourrait déterminer une nouvelle époque géologique,

11 Pour une vue d'ensemble du débat, voir S. L. Lewis ; M. A. Maslin, « Defining the Anthropocene », *Nature*, vol. 519, 12 mars 2015, p. 171-180.

le monde naturel n'apparaît plus comme indépendant et sempiternel, mais comme soumis, et même menacé, par l'homme. À ce titre, il est intéressant de remarquer que le concept même d'anthropocène trouve son origine en URSS, c'est-à-dire dans un contexte où la transformation de la nature par l'homme faisait partie intégrante de la pensée politique dominante[12]. Même sans tenir compte de l'origine de la notion, il est possible de voir dans l'anthropocène une nouvelle étape de l'anthropocentrisme, une hominisation de la nature, cette dernière n'étant vue que dans son rapport à l'activité humaine[13]. Selon cette lecture, définir l'époque géologique actuelle comme « anthropocène » ne serait par conséquent que la dernière étape du processus de conquête et de destruction de la nature par la culture, alors que c'est précisément cette image du monde dualiste qui devrait être dépassée afin de récupérer une conception de la nature indépendante et devant être préservée pour elle-même[14].

Cette extension du débat autour du concept d'anthropocène dans les sciences humaines a certes rendu manifeste l'actualité de la question de la relation entre l'homme et le monde naturel, mais elle pêche aussi par un manque de précision. Les arguments scientifiques en faveur de la dénomination d'une nouvelle époque géologique ne sont pas en eux-mêmes la conséquence d'un quelconque anthropocentrisme, mais font plutôt état d'une prise de conscience du monde comme système de relations d'interdépendance, déjà mis en valeur par Löwith par d'autres moyens[15]. La question de l'anthropocentrisme se situe donc davantage au niveau des réactions engendrées par la discussion autour de l'anthropocène, en particulier dans ses enjeux éthiques et politiques. Cette discussion parvient-elle à développer une nouvelle pensée du monde naturel ou reste-t-elle dépendante du monde historique, et donc humain ? Parvient-elle à faire émerger « *une conception nouvelle, a-temporelle, de ce qui fait la 'mondialité' du monde*[16] » ?

12 Voir *ibid.*, p. 173.

13 Voir J. Manemann, *Kritik des Anthropozäns. Plädoyer für eine neue Humanökologie*, Bielefeld, Transcript-Verlag, 2014, en particulier p. 109.

14 Voir C. Leggewie, « Der Mensch entscheidet im Anthropozän. Konsequenzen aus der Entdeckung eines neuen Erdzeitalters », in B. Hermann (éd.), *Sind Umweltkrisen Krisen der Natur oder der Kultur ?*, Berlin, Springer, 2015, p. 63-78.

15 S. L. Lewis ; M. A. Maslin, « Defining the Anthropocene », *op. cit.*, sont bien conscients des conséquences multiples, notamment politiques, de leur démarche, bien qu'elle ne vise qu'à la détermination d'une époque géologique. Voir en particulier p. 177 *sq.*

16 C. Colliot-Thélène, « L'unité du monde. De l'espérance cosmopolitique à la réalité de la globalisation », *op. cit.*, p. 346.

Bien que l'éthique environnementale affiche sa volonté de rompre avec une éthique anthropocentrique, elle semble avoir des difficultés à retrouver une conception du monde naturel s'écartant de sa compréhension historique, centrée sur l'homme[17]. Au contraire, il s'agit toujours de comprendre le rôle de la nature « dans l'histoire », c'est-à-dire par rapport à l'homme, ou de réduire le rapport entre l'homme et le monde naturel au rapport entre l'homme et l'animal[18]. Une conception indépendante du monde naturel, qui permettrait de le comprendre dans son indépendance par rapport à l'homme et à l'histoire et donc de justifier sa valeur intrinsèque, fait défaut. Cependant, il est difficile de voir sur quelle fondation les impératifs formulés par une éthique environnementale peuvent alors s'appuyer. Si ces impératifs ne peuvent se fonder sur une conception du monde naturel, d'où tirent-ils leur normativité ? Pour pallier ce manque, la traduction politique de ces impératifs éthiques ne peut, malgré sa volonté de dépasser les problèmes de l'œuvre de Hans Jonas, que s'appuyer sur des éléments similaires, c'est-à-dire promouvoir une technocratie d'experts scientifiques « neutres » opposés aux « politiques », et qui assoit sa légitimité sur la peur des catastrophes à venir[19]. Tant qu'une conception nouvelle, atemporelle et distincte de l'histoire, de la « mondialité » du monde n'aura pas émergé, rien ne permettra d'empêcher un retour de la politique du temps par l'intermédiaire des problématiques environnementales. Si la temporalité du politique ne peut être rétablie que par l'intermédiaire de la pensée du monde naturel, il serait alors nécessaire de penser le nouveau rapport de l'homme au monde sans apocalypse, sans projection vers le futur, mais au présent. Pour la défense de la démocratie comme de l'environnement, il s'agit donc ni de compter sur le sens de l'histoire, ni de « retenir » la catastrophe à venir, mais seulement de répondre aux demandes de chaque jour. Rien ne s'est encore fait par la seule ferveur et par l'attente, et il nous faut effectivement en tirer la leçon.

---

17 Voir par exemple C. Pelluchon, *Éléments pour une éthique de la vulnérabilité. Les hommes, les animaux, la nature*, Paris, Cerf, 2011, p. 61.

18 Voir *ibid.*, p. 61 et p. 149 : « Notre hypothèse est que l'échec relatif des écologistes est une leçon : il n'est peut-être pas possible d'élaborer une ontologie distincte de celles de la philosophie du sujet et de la pensée de Heidegger *en partant de la nature* ».

19 Voir *ibid.*, p. 106 *sq.* et J. Manemann, *Kritik des Anthropozäns*, *op. cit.*, p. 58.

BIBLIOGRAPHIE

OUVRAGES DE LÖWITH ET VOEGELIN UTILISÉS

LÖWITH, Karl, *Sämtliche Schriften* (éd. K. STICHWEH et M. B. DE LAUNAY) :
Vol. 1 : *Mensch und Menschenwelt. Beiträge zur Anthropologie*, Stuttgart, J.B. Metzler, 1981.
Vol. 2 : *Weltgeschichte und Heilsgeschehen. Zur Kritik der Geschichtsphilosophie*, Stuttgart, J.B. Metzler, 1983.
Vol. 3 : *Wissen, Glaube und Skepsis. Zur Kritik von Religion und Theologie*, Stuttgart, J.B. Metzler, 1985.
Vol. 4 : *Von Hegel zu Nietzsche*, Stuttgart, J.B. Metzler, 1981.
Vol. 5 : *Hegel und die Aufhebung der Philosophie – Max Weber*, Stuttgart, J.B. Metzler, 1988.
Vol. 6 : *Nietzsche*, Stuttgart, J.B. Metzler, 1987.
Vol. 7 : *Jacob Burckhardt*, Stuttgart, J.B. Metzler, 1984.
Vol. 8 : *Heidegger – Denker in dürftiger Zeit. Zur Stellung der Philosophie im 20. Jahrhundert*, Stuttgart, J.B. Metzler, 1984.
Vol. 9 : *Gott, Mensch und Welt in der Philosophie der Neuzeit – G.B. Vico – Paul Valéry*, Stuttgart, J.B. Metzler, 1986.

LÖWITH, Karl, *Meaning in History*, Chicago, University of Chicago Press, 1949. Trad. française (de l'allemand) M.-C. CHALLIOL-GILLET, S. HURSTEL et J.-F. KERVÉGAN : *Histoire et salut. Les présupposés théologiques de la philosophie de l'histoire*, Paris, Gallimard, 2002.

LÖWITH, Karl, *Permanence and Change. Lectures on the Philosophy of History*, Cape Town, Haum, 1968.

LÖWITH, Karl, *Von Rom nach Sendai. Von Japan nach Amerika*, Marbach, Deutsche Schillergesellschaft, 2001.

LÖWITH, Karl, *Mein Leben in Deutschland vor und nach 1933. Ein Bericht*, Stuttgart, J.B. Metzler, 2007.

LÖWITH, Karl, « Atheismus als philosophisches Problem », *Weltgespräch.*

Moderner Atheismus und Moral. Mit Beiträgen von Karl Löwith, Heinz Flügel, Jules Girardi, Freiburg, Herder, 1968.

LÖWITH, Karl, « Wozu heute noch Philosophie ? Spiegel-Gespräch mit dem Philosophen Karl Löwith », *Der Spiegel* 43/1969.

LÖWITH, Karl, « Max Weber und Carl Schmitt », *FAZ*, 27 juin 1964, accompagné d'un commentaire de SCHMITZ, Alexander, « Zur Geschichte einer Kontroverse, die nicht stattfand. Karl Löwith und Carl Schmitt », *Zeitschrift für Kulturphilosophie*, 1/2007/2, Hamburg, Felix Meiner, p. 365-383.

LÖWITH, Karl, « Ein Diskussionsbeitrag zu 'Atomenergie und menschlichen Verantwortung' », *Marbacher Magazin* 123/124, *Strahlungen. Atom und Literatur*, Marbach, Deutsches Literaturarchiv Marbach, 2008, p. 143-149.

LÖWITH, Karl, « De l'existence historique », trad. P. Aubenque, *Les Études philosophiques*, Nouvelle Série, 15e année, N° 4 (octobre-décembre 1960), p. 473-489.

LÖWITH, Karl, « Nietzsche et sa tentative de récupération du monde », in *Nietzsche*, Cahiers de Royaumont, Philosophie n° 6, Paris, Éditions de Minuit, 1967, p. 45-84.

LÖWITH, Karl, « Remarques sur la différence entre Orient et Occident », trad. B. GODEFROY, *Le Philosophoire*, n° 41, 2014/1, p. 193-222.

LÖWITH, Karl, (pseudonyme Hugo FIALA) « Die Geschichte einer Versuchung », *Internationale Zeitschrift für Philosophie* 1997/1, p. 136-167.

LÖWITH, Karl et JASPERS, Karl, « 'Es ist mit unserem Leben etwas ganz anderes geworden.' Zwei Briefe von Löwith und Jaspers », éd. D. KAEGI, *Heidelberger Jahrbücher* XLI, 1997, p. 285-296.

LÖWITH, Karl et JASPERS, Karl, *Korrespondenz*, in JASPERS, Karl, *Korrespondenzen. Philosophie*, éd. D. KAEGI et R. WIEHL, Göttingen, Wallstein, 2016, p. 496-540.

LÖWITH, Karl et STRAUSS, Leo, *Korrespondenz*, in STRAUSS, Leo, *Gesammelte Schriften 3*, éd. H. MEIER, Stuttgart, J.B. Metzler, 2001.

VOEGELIN, Eric, *Collected Works* utilisés (éd. M. P. HOGAN et al.) :

Vol. 5 : *Modernity Without Restraint. The Political Religions, The New Science of Politics, and Science, Politics and Gnosticism*, Columbia/London, University of Missouri Press, 2000.

Vol. 6 : *Anamnesis. On the Theory of History and Politics*, Columbia/London, University of Missouri Press, 2002.

Vol. 10 : *Published Essays : 1940-1952*, Columbia/London, University of Missouri Press, 2000.

Vol. 11 : *Published Essays : 1953-1965*, Columbia/London, University of Missouri Press, 2000.

Vol. 12 : *Published Essays : 1966-1985*, Columbia/London, University of Missouri Press, 1990.

Vol. 14 : *Order and History*, tome 1, *Israel and Revelation*, Columbia/London, University of Missouri Press, 2001 (1re édition Baton Rouge / London, Louisiana State University Press, 1956).
Vol. 15 : *Order and History*, tome 2, *The World of the Polis*, Columbia/London, University of Missouri Press, 2000 (1re édition Baton Rouge / London, Louisiana State University Press, 1957).
Vol. 16 : *Order and History*, tome 3, *Plato and Aristotle*, Columbia/London, University of Missouri Press, 2000 (1re édition Baton Rouge / London, Louisiana State University Press, 1957).
Vol. 17 : *Order and History*, tome 4, *The Ecumenic Age*, Columbia/London, University of Missouri Press, 2000 (1re édition Baton Rouge / London, Louisiana State University Press, 1974).
Vol. 18 : *Order and History*, tome 5, *In Search of Order*, Columbia/London, University of Missouri Press, 2000 (1re édition Baton Rouge / London, Louisiana State University Press, 1987).
Vol. 19 : *History of Political Ideas*, tome 1, *Hellenism, Rome, and Early Christianity*, Columbia/London, University of Missouri Press, 1997.
Vol. 20 : *History of Political Ideas*, tome 2, *The Middle Ages to Aquinas*, Columbia/London, University of Missouri Press, 1997.
Vol. 21 : *History of Political Ideas*, tome 3, *The Later Middle Ages*, Columbia/London, University of Missouri Press, 1998.
Vol. 22 : *History of Political Ideas*, tome 4, *Renaissance and Reformation*, Columbia/London, University of Missouri Press, 1998.
Vol. 25 : *History of Political Ideas*, tome 7, *The New Order and Last Orientation*, Columbia/London, University of Missouri Press, 1999.
Vol. 29 : *Selected Correspondence : 1924-1949*, Columbia/London, University of Missouri Press, 2009.
Vol. 30 : *Selected Correspondence : 1950-1984*, Columbia/London, University of Missouri Press, 2007.
Vol. 33 : *The Drama of Humanity and Other Miscellaneous Papers 1939-1985*, Columbia/London, University of Missouri Press, 2004.
Vol. 34 : *Autobiographical Reflections, Glossary and Index*, Columbia/London, University of Missouri Press, 2006.

VOEGELIN, Eric, *Rasse und Staat*, Tübingen, J. C. B. Mohr, 1933. Trad. française S. COURTINE-DENAMY : *Race et État*, Paris, Vrin, 2007.

VOEGELIN, Eric, *Die politischen Religionen*, Wien, Bermann-Fischer, 1938. Trad. française J. SCHMUTZ : *Les religions politiques*, Paris, Cerf, 1994.

VOEGELIN, Eric, *Die Größe Max Webers*, éd. P. J. OPITZ, München, Fink Verlag, 1995.

VOEGELIN, Eric, *The New Science of Politics. An Introduction*, Chicago/London,

University of Chicago Press, 1952. Trad. française S. COURTINE-DENAMY : *La Nouvelle Science du politique. Une introduction*, Paris, Seuil, 2000.

VOEGELIN, Eric, *Anamnesis. Zur Theorie der Geschichte und Politik*, Freiburg/München, Karl Alber Verlag, 2005 (1re édition 1966).

VOEGELIN, Eric, *Hitler und die Deutschen*, München, Fink Verlag, 2006. Trad. française M. KÖLLER et D. SÉGLARD : *Hitler et les Allemands*, Paris, Seuil, 2003.

VOEGELIN, Eric, « Plato's Egyptian Myth », *The Journal of Politics*, vol. 9, n° 3 (août 1947), p. 307-324.

VOEGELIN, Eric et ARENDT, Hannah, « Debatting Totalitarianism : An Exchange of Letters Between Hannah Arendt and Eric Voegelin », P. BAEHR (éd.) et G. C. WELLS (trad.), *History and Theory*, n° 51, octobre 2012, p. 364-380.

VOEGELIN, Eric et ARENDT, Hannah, « The Origins of Totalitarianism », « A Reply » et « Concluding Remark », *The Review of Politics*, n° 15, 1/1953, p. 68-85.

VOEGELIN, Eric et LÖWITH, Karl, « Briefwechsel », *Sinn und Form* 6/2007, p. 764-794. Trad. française J.-L. EVARD, « Correspondance », *Conférence* 28/2009, p. 545-590.

VOEGELIN, Eric et SCHÜTZ, Alfred ; STRAUSS, Leo ; GURWITSCH, Aron, *Briefwechsel über « Die Neue Wissenschaft der Politik »*, éd. par P. J. OPITZ, München, Karl Alber Verlag, 1993.

VOEGELIN, Eric et SCHÜTZ, Alfred, *Eine Freundschaft, die ein Leben ausgehalten hat : Briefwechsel 1938-1959*, Konstanz, UVK Verlagsgesellschaft, 2004.

VOEGELIN, Eric et STRAUSS, Leo, *Glaube und Wissen. Der Briefwechsel zwischen Eric Voegelin und Leo Strauss von 1934 bis 1964*, éd. P. J. OPITZ, München, Fink Verlag, 2010.

VOEGELIN, Eric et STRAUSS, Leo, *Foi et philosophie politique*, correspondance Strauss – Voegelin 1934 – 1964, trad. française (de l'anglais) S. COURTINE-DENAMY, Paris, Vrin, 2004.

LITTÉRATURE PRIMAIRE

AGAMBEN, Giorgio, *Il tempo che resta : un commento alla Lettera ai Romani*, Torino, Bollati Boringhieri, 2000. Trad. française J. REVEL : *Le temps qui reste*, Paris, Éditions Payot & Rivages, 2004.

ARENDT, Hannah, « Religion and Politics », in *Essays in Understanding*, New York, Harcourt Brace, 1994, p. 368-390.

AUGUSTIN, *La Cité de Dieu*, vol. 1-2, Paris, Seuil, 1994.
AUGUSTIN, *De Vera Religione*, in *Œuvres de Saint Augustin*, vol. 8, *La foi chrétienne*, Paris, Desclée de Brouwer, 1951.
BALIBAR, Étienne, *Saeculum. Culture, religion, idéologie*, Paris, Galilée, 2012.
BALTHASAR, Hans Urs von, *Apokalypse der deutschen Seele. Studien zu einer Lehre von letzten Haltungen, I. Der deutsche Idealismus, II. Im Zeichen Nietzsche, III. Die Vergöttlichung des Todes*, Freiburg, Johannes Verlag Einsiedeln, 1998 (1re édition 1937-1939).
BARTH, Karl, *Der Römerbrief*, Zürich, TVZ, 1999 (1re édition 1922).
BARTH, Karl, *Theologische Existenz heute !* (1933), München, Kaiser, 1984 (1re édition 1933).
BERGER, Peter L., *A Rumour of Angels. Modern Society and the Rediscovery of the Supernatural*, Harmondsworth, Penguin, 1969.
BLOCH, Ernst, *Das Prinzip Hoffnung*, Frankfurt am Main, Suhrkamp, 1959. Trad. française F. WUILMART : *Le Principe Espérance* (2 volumes), Paris, Gallimard, 1976.
BLOCH, Ernst, *Philosophische Grundfragen I. Zur Ontologie des Noch-Nicht-Seins*, Frankfurt am Main, Suhrkamp, 1961.
BLOCH, Ernst, *Thomas Münzer als Theologe der Revolution*, München, Wolff, 1921. Trad. française M. DE GANDILLAC : *Thomas Münzer. Théologien de la révolution*, Paris, 10/18, 1964.
BLUMENBERG, Hans, *Die Legitimität der Neuzeit*, Frankfurt am Main, Suhrkamp, 1996 (édition remaniée). Trad. française M. SAGNOL, J.-L. SCHLEGEL, D. TRIERWEILER, M. DAUTREY : *La légitimité des Temps modernes*, Paris, Gallimard, 1999.
BOIA, Lucian, *La fin du monde : une histoire sans fin*, Paris, La Découverte, 1989.
BOUTON, Christophe, *Faire l'histoire. De la Révolution française au Printemps arabe*, Paris, Cerf, 2013.
BUBER, Martin, *Ich und Du*, Stuttgart, Reclam, 2002.
BULTMANN, Rudolf, « Neues Testament und Mythologie. Das Problem der Entmythologisierung der neutestamentlichen Verkündigung », in *Kerygma und Mythos. Ein theologisches Gespräch*, vol. 1, Hamburg, Reich & Heidrich, 1948.
BULTMANN, Rudolf, *Geschichte und Eschatologie*, Tübingen, J. C. B. Mohr, 1948. Trad. française (de l'anglais) R. BRANDT : *Histoire et eschatologie*, Neuchâtel, Delachaux et Niestlé, 1959.
CELSE, *Contre les chrétiens*, trad. L. ROUGIER, Paris, Phébus, 1999.
COHN, Norman, *The Pursuit of the Millenium*, London, Secker et Warburg, 1957. Trad. française S. CLÉMENDOT : *Les Fanatiques de l'Apocalypse. Courant millénaristes et révolutionnaires du XIe au XVIe siècle avec une postface sur le XXe siècle*, Paris, Julliard, 1962.

CULLMANN, Oscar, *Christ et le temps. Temps et Histoire dans le christianisme primitif*, Neuchâtel, Delachaux et Niestlé, 1966 (1re édition 1946).

CULLMANN, Oscar, *Heil als Geschichte. Heilsgeschichtliche Existenz im Neuen Testament*, Tübingen, J. C. B. Mohr, 1965.

CULLMANN, Oscar, « Parusieverzögerung und Urchristentum. Der gegenwärtige Stand der Diskussion », *Theologische Literaturzeitung. Monatsschrift für das gesamte Gebiet der Theologie und Religionswissenschaft*, 1958/1.

DAVIS, Kathleen, *Periodization and Sovereignty. How Ideas of Feudalism and Secularization Govern the Politics of Time*, Philadelphia, University of Pennsylvania Press, 2008.

DAVIS, Kathleen, « The Sense of an Epoch. Periodization, Sovereignty, and the Limits of Secularization », in COLE, Andrew ; SMITH, David V. (éds.), *The Legitimacy of the Middle Ages. On the Unwritten History of Theory*, Durham/London, Duke University Press, 2010.

DERRIDA, Jacques, *Spectres de Marx. L'État de la dette, le travail du deuil et la nouvelle Internationale*, Paris, Galilée, 1993.

DUPUY, Jean-Pierre, *Pour un catastrophisme éclairé. Quand l'impossible est certain*, Paris, Seuil, 2002.

ELIADE, Mircea, *Aspects du mythe*, Paris, Gallimard, 1963.

ELIADE, Mircea, *Images et symboles*, Paris, Gallimard, 1952.

ELIADE, Mircea, *Le Mythe de l'éternel retour*, Paris, Gallimard, 1949.

FOUCAULT, Michel, *Surveiller et punir. Naissance de la prison*, Paris, Gallimard, 1975.

FRAENKEL, Ernst, *Der Doppelstaat*, Hamburg, Europäische Verlagsanstalt, 2012.

FUKUYAMA, Francis, *The End of History and the Last Man*, New York, Free Press, 2006 (1re édition 1992).

FUKUYAMA, Francis, *America at the Crossroads. Democracy, Power, and the Neoconservative Legacy*, New Haven/London, Yale University Press, 2006.

FUKUYAMA, Francis, *Political Order and Political Decay. From the Industrial Revolution to the Globalization of Democracy*, London, Profile Books, 2014.

GADAMER, Hans-Georg, *Philosophische Lehrjahre*, Frankfurt am Main, Vittorio Klostermann, 1995.

GADAMER, Hans-Georg, *Wahrheit und Methode. Ergänzungen. Register* (*Gesammelte Werke 2*), Tübingen, J. C. B. Mohr, 1993, p. 387-423.

GOGARTEN, Friedrich, « Historismus », *Zwischen den Zeiten*, 8/1924, in MOLTMANN, Jürgen (éd.), *Anfänge der dialektischen Theologie*, vol. 2, München, Kaiser Verlag, 1987.

GOGARTEN, Friedrich, « Zwischen den Zeiten », *Christliche Welt*, 24/1920, in MOLTMANN, Jürgen (éd.), *Anfänge der dialektischen Theologie*, vol. 2, München, Kaiser Verlag, 1987.

GOGARTEN, Friedrich, *Verhängnis und Hoffnung der Neuzeit. Die Säkularisierung als theologisches Problem*, Stuttgart, Vorwerk, 1958.
GRANT, George, *Time as History*, Toronto, University of Toronto Press, 1995.
GRIFFIN, Roger, *Modernism and Fascism. The Sense of a Beginning under Mussolini and Hitler*, New York, Palgrave Macmillian, 2007.
GRIFFIN, Roger, « Fixing Solutions : Fascist Temporalities as Remedies for Liquid Modernity », *Journal of Modern European History*, vol. 13, 2015/1.
GUNNELL, John G., *Political Philosophy and Time*, Middletown, Wesleyan University Press, 1968.
HARTOG, François, *Régimes d'historicité. Présentisme et expérience du temps*, Paris, Seuil, 2012.
HEIDEGGER, Martin, *Sein und Zeit*, Tübingen, Niemeyer, 2006. Trad. française E. MARTINEAU (hors-commerce).
HEIDEGGER, Martin, *Vom Wesen des Grundes*, Frankfurt am Main, Klostermann, 1965.
HUSSERL, Edmund, *Philosophie als strenge Wissenschaft*, Hamburg, Meiner, 2009.
JASPERS, Karl, *Psychologie der Weltanschauungen*, Berlin, Springer, 1922.
JASPERS, Karl, *Philosophie*, vol. 2, *Existenzerhellung*, Berlin, Springer, 1932.
JASPERS, Karl, *Philosophie*, vol. 3, *Metaphysik*, Berlin, Springer, 1973 (1re édition 1932).
JASPERS, Karl, *Nietzsche. Einführung in das Verständnis seines Philosophierens*, Berlin, de Gruyter, 1950 (1re édition 1936).
JASPERS, Karl, *Existenzphilosophie*, Berlin, De Gruyter, 1956 (1re édition 1937).
JASPERS, Karl, *Vom Ursprung und Ziel der Geschichte*, München, Piper, 1963 (1re édition 1949).
JONAS, Hans, *Das Prinzip Verantwortung*, Frankfurt am Main, Insel Verlag, 1979. Trad. française J. GRIESCH : *Le principe responsabilité. Une éthique pour la civilisation technologique*, Paris, Cerf, 1997.
JONAS, Hans, *Gnosis und spätantiker Geist* (2 volumes), Göttingen, Vandenhoeck & Ruprecht, 1993.
JONAS, Hans, *The Gnostic Religion*, Boston, Beacon Press, 2001.
KANT, Immanuel, *Kritik der reinen Vernunft*, trad. fr. F. ALQUIÉ : *Critique de la raison pure*, Paris, Gallimard, 1980.
KANTOROWICZ, Ernst, *The King's Two Bodies. A Study in Medieval Political Theology*, Princeton, Princeton University Press, 1981 (1re édition 1957).
KOSELLECK, Reinhart, *Vergangene Zukunft. Zur Semantik geschichtlicher Zeiten*, Frankfurt am Main, Suhrkamp, 1979. Trad. française J. et M.-C. HOOCK : *Le futur passé. Contribution à la sémantique des temps historiques*, Paris, Éditions de l'EHESS, 1990.
KOSELLECK, Reinhart, *Kritik und Krise. Eine Studie zur Pathogenese der bürgerlichen*

Welt, Frankfurt am Main, Suhrkamp, 1979 (1re édition 1959). Trad. française H. HILDENBRAND : *Le règne de la critique*, Paris, Éditions de Minuit, 1979.

KOSELLECK, Reinhart, *Zeitschichten*, Frankfurt am Main, Suhrkamp, 2000.

KOSELLECK, Reinhart, *Begriffsgeschichten. Studien zur Semantik und Pragmatik der politischen und sozialen Sprache*, Frankfurt am Main, Suhrkamp, 2010.

KOSELLECK, Reinhart, « Geschichte, Geschichten und formale Zeitstrukturen », in *Geschichte, Ereignis und Erzählung*, Poetik und Hermeneutik vol. 5, München, Fink Verlag, 1973.

KOSELLECK, Reinhart, « Einleitung », in *Geschichtliche Grundbegriffe*, vol. 1, Stuttgart, Klett-Cotta, 1997 (1972).

KUHN, Helmut ; WIEDMANN, Franz (éds.), *Die Frage nach dem Fortschritt*, München, Anton Pustet, 1964.

LEFORT, Claude, *Essais sur le politique. XIXe-XXe siècles*, Paris, Seuil, 1986.

LÜBBE, Hermann, « Geschichtsphilosophie und politische Praxis », in R. KOSELLECK, W.-D. STEMPEL (éds.), *Geschichte. Ereignis und Erzählung* (Poetik und Hermeneutik V), München, 1973, p. 223-240.

LÜBBE, Hermann, *Zeit-Erfahrungen. Sieben Begriffe zur Beschreibung moderner Zivilisationsdynamik*, *Abhandlungen der geistes- und sozialwissenschaflichen Klasse*, Jahrgang 1996, Nr. 5, Stuttgart, Steiner, 1996.

LÜBBE, Hermann, *Im Zug der Zeit. Verkürzter Aufenthalt in der Gegenwart*, Berlin, Springer, 2003.

LYOTARD, Jean-François, *La condition postmoderne*, Paris, Éditions de Minuit, 1979.

MAIER, Charles S., « The politics of time : changing paradigms of collective time and private time in the modern era », in MAIER, Charles S. (éd.), *Changing boundaries of the political. Essays on the evolving balance between the state and society, public and private in Europe*, Cambridge, Cambridge University Press, 1987.

MANEMANN, Jürgen, *Kritik des Anthropozäns. Plädoyer für eine neue Humanökologie*, Bielefeld, Transcript-Verlag, 2014.

MEIER, Christian, *Die Entstehung des Politischen bei den Griechen*, Suhrkamp, Frankfurt am Main, 1980.

OSBORNE, Peter, *The Politics of Time. Modernity and Avant-Garde*, London, Verso, 1995.

PELLUCHON, Corinne, *Éléments pour une éthique de la vulnérabilité. Les hommes, les animaux, la nature*, Paris, Cerf, 2011.

PLATON, *La République*, éd. G. LEROUX, Paris, GF, 2002.

PLOTIN, *Ennéades*, éd. L. BRISSON et J.-F. PRADEAU, Paris, GF, 2010.

POCOCK, J. G. A., *The Machiavellian Moment. Florentine Political Thought and the Atlantic Republican Tradition*, Princeton, Princeton University Press, 1975.

POCOCK, J. G. A., *Politics, Language, and Time. Essays on Political Thought and History*, Chicago, University of Chicago Press, 1989.
POMIAN, Krzysztof, *L'ordre du temps*, Paris, Gallimard, 1984.
POPPER, Karl R., *The Poverty of Historicism*, London, Routledge, 1961.
PSEUDO-DENYS L'AÉROPAGITE, *La théologie mystique*, dans *Œuvres complètes du Pseudo-Denys l'Aéropagite*, trad. M. DE GANDILLAC, Paris, Aubier, 1943.
RANCIÈRE, Jacques, *Aux bords du politique*, Paris, Gallimard, 2004.
REVAULT D'ALLONNES, Myriam, *La crise sans fin. Essai sur l'expérience moderne du temps*, Paris, Seuil, 2012.
RICŒUR, Paul, *Temps et récit*, t. 3, *Le temps raconté*, Paris, Seuil, 1985.
ROITMAN, Janet, *Anti-Crisis*, Durham/London, Duke University Press, 2014.
ROSA, Hartmut, *Beschleunigung. Die Veränderung der Zeitstrukturen in der Moderne*, Frankfurt am Main, Suhrkamp, 2005.
ROSA, Hartmut, « Rasender Stillstand ? Individuum und Gesellschaft im Zeitalter der Beschleunigung », *Befristete Zeit. Jahrbuch für Politische Theologie*, vol. 3, 1999.
ROUSSEAU, Jean-Jacques, *Du Contrat social*, Paris, Gallimard, 1993 (éd. R. DERATHÉ).
ROY, Jean, *Le souffle de l'espérance. Le politique entre le rêve et la raison*, Montréal, Bellarmin, 2000.
SAID, Edward W., *Orientalism. Western Conceptions of the Orient*, London, Penguin Books, 2003 (1re édition 1978).
SCHELLING, Friedrich Wilhelm, *Werke*, éd. M. SCHRÖTER en six volumes et six volumes complémentaires (*Ergänzungsband* – EB), München, Beck, 1962-1979.
SCHMITT, Carl, *Politische Theologie. Vier Kapitel zur Lehre von der Souveränität*, Berlin, Duncker & Humblot, 2009 (1re édition 1922). Trad. française J.-L. SCHLEGEL : *Théologie politique*, Paris, Gallimard, 1988.
SCHMITT, Carl, *Der Begriff des Politischen*, Berlin, Duncker & Humblot, 2002 (1re édition 1932).
SCHMITT, Carl, « Drei Stufen historischer Sinngebung » (Titre original : « Drei Möglichkeiten eines christlichen Geschichtsbildes »), *Universitas*, 1950, p. 927-931. Trad. française A. DOREMUS : « Une vue 'critique' de Carl Schmitt sur la philosophie de l'histoire en 1950 : 'Trois possibilités d'une image chrétienne de l'histoire' », *Les Études philosophiques*, n° 3, juillet-septembre 2000, p. 405-421.
SCHMITT, Carl, *Politische Theologie II. Die Legende von der Erledigung jeder Politischen Theologie*, Berlin, Duncker & Humblot, 2008 (1re édition 1970).
SPINOZA, Baruch, *Pensées métaphysiques*, I, in *Œuvres* I, Paris, Flammarion, 1964.
STRAUSS, Leo, « Anmerkungen zu Carl Schmitt, Der Begriff des Politischen »

(1932), in L. Strauss, *Gesammelte Schriften*, vol. 3, *Hobbes' politische Wissenschaft und zugehörige Schriften – Briefe*, Stuttgart, J.B. Metzler, 2008, p. 217-239.

STRAUSS, Leo, *Droit naturel et histoire*, trad. française M. NATHAN et E. DE DAMPIERRE, Paris, Flammarion, 1986.

STRAUSS, Leo, *What is Political Philosophy ? And Other Writings*, Chicago, University of Chicago Press, 1988.

STRAUSS, Leo, *Gesammelte Schriften*, vol. 3, éd. H. MEIER, Stuttgart, J.B. Metzler, 2001.

TAUBES, Jacob, *Abendländische Eschatologie*, Berne, Francke, 1947. Trad. française R. LELLOUCHE et M. PENNETIER : *Eschatologie occidentale*, Paris, Éditions de l'éclat, 2009.

WATSUJI, Tetsuro, *Climate and Culture*, Tokyo, Hokuseido Press, 1961.

WEBER, Max, « Die 'Objektivität' sozialwissenschaftlicher und sozialpolitischer Erkenntnis » (1904), in *Gesammelte Aufsätze zur Wissenschaftslehre*, Tübingen, Mohr Siebeck, 1973.

WEBER, Max, *Wissenschaft als Beruf (1917/1919) – Politik als Beruf (1919)*, Studienausgabe, Tübingen, Mohr Siebeck, 1994. Trad. française J. FREUND : *Le savant et le politique*, Paris, 10/18, 1963.

LITTÉRATURE SECONDAIRE

ANZ, Wilhelm, « Rationalität und Humanität. Zur Philosophie von Karl Löwith », *Theologische Rundschau* 36/1971, p. 62-84.

ARON, Raymond (dir.), *L'Histoire et ses interprétations. Autour d'Arnold Toynbee*, Paris, Hermann (coll. Cerisy Archives), 2012 (réimpression des actes du colloque initialement tenu en juillet 1958).

ARON, Raymond et al. (éd.), *Colloques de Rheinfelden*, Paris, Calmann-Lévy, 1960.

BABÍK, Milan, « Nazism as a Secular Religion », *History and Theory*, vol. 45, nº 3 (octobre 2006), p. 375-396.

BAMBACH, Charles, « Weimar Philosophy and the Crisis of Historical Thinking », in GORDON, Peter E. et MCCORMICK, John P. (éds.), *Weimar Thought. A Contested Legacy*, Princeton, Princeton University Press, 2013, p. 133-149.

BARASH, Jeffrey Andrew, « On the Political Implications of Karl Löwith's Concept of Secularization », *History and Theory*, vol. 37, nº 1 (février 1998), p. 69-82.

BÄRSCH, Claus-Ekkehard, *Die politische Religion des Nationalsozialismus. Die religiösen Dimensionen der NS-Ideologie in den Schriften von Dietrich Eckart, Joseph Goebbels, Alfred Rosenberg und Adolf Hitler*, München, Fink Verlag, 2002.

BEINER, Ronald, *Political Philosophy. What It Is and Why It Matters*, New York, Cambridge University Press, 2014.

BEISER, Frederick C., *The German Historicist Tradition*, Oxford, Oxford University Press, 2011.

BENZ, Ernst, « Die Kategorien des eschatologischen Zeitbewußtseins. Studien zur Geschichtstheologie der Franziskanerspiritualen », *Deutsche Vierteljahrsschrift für Literaturwissenschaft und Geistesgeschichte*, 11 (1933), p. 200-229.

BENZ, Ernst, *Akzeleration der Zeit als geschichtliches und heilsgeschichtliches Problem*, Mainz, Akademie der Wissenschaften und der Literatur, 1977.

BISER, Eugen, « Karl Löwith : Kritiker – Deuter – Lehrer », *Heidelberger Jahrbücher* XLI, 1997, p. 275-283.

BISER, Eugen, « Das Desiderat einer Nietzsche-Hermeneutik. Der Gang der Wirkungsgeschichte », *Nietzsche-Studien* 9, 1980, p. 1-37.

BOEHM, Rudolf, « Karl Löwith und das Problem der Geschichtsphilosophie », *Zeitschrift für philosophische Forschung*, Bd. 10, H. 1 (1956), p. 94-109.

BOLLNOW, Otto Friedrich, *Lebensphilosophie und Existenzphilosophie*, Studienausgabe in 12 Bänden, éd. U. BOELHAUVE, G. KÜHNE-BERTRAM, H.-U. LESSING, F. RODI, vol. 4, Würzburg, Königshausen & Neumann, 2009.

BORMUTH, Matthias, « Ereignis und Geschichte. Karl Löwith kritisiert Martin Heidegger », in BORMUTH, Matthias ; VON BÜLOW, Ulrich (éd.), *Marburger Hermeneutik. Zwischen Tradition und Krise*, Göttingen, Wallstein Verlag, 2008, p. 65-109.

BORMUTH, Matthias, « Unzeitgemäße Transzendenz. Karl Jaspers liest Nietzsche nach 1933 », in BARBERA, Sandro ; MÜLLER-BUCK, Renate (éd.), *Nietzsche nach dem ersten Weltkrieg*, Band 1, Pisa, Edizioni ETS, 2007, p. 235-263.

BRAACH, Regina, *Eric Voegelins politische Anthropologie*, Würzburg, Königshausen & Neumann, 2003.

BRAUN, Hermann (éd.), *Natur und Geschichte. Karl Löwith zum 70. Geburtstag*, Stuttgart, Kohlhammer, 1967.

CHAPOUTOT, Johann, « Le sang et le sens : l'eschatologie nazie », in DE COURCELLES, Dominique ; WATERLOT, Ghislain (éds.), *La mystique face aux guerres mondiales*, Paris, PUF, 2010.

CHO, Kah Kyung, recension de LÖWITH, Karl, *Vorträge und Abhandlungen zur Kritik der christlichen Überlieferung*, Stuttgart, Kohlhammer Verlag, 1966 et LÖWITH, Karl, *Gott, Mensch und Welt in der Metaphysik von Descartes bis zu Nietzsche*, Göttingen, Vandenhoeck & Ruprecht, 1967, in *Philosophy and Phenomenological Research*, vol. 29, nº 1 (septembre 1968), p. 154-156.

CHYTRY, Josef, « Zur Wiedergewinnung des Kosmos. Karl Löwith contra Martin Heidegger », in PAPENFUSS, Dietrich ; PÖGGELER, Otto (éds.), *Zur philosophischen Aktualität Heideggers, Symposium der Alexander von Humboldt-Stiftung vom 24.-28. April 1989 in Bonn-Bad Godesberg. Band 2, Im Gespräch der Zeit*, Frankfurt am Main, Vittorio Klostermann, 1990, p. 87-99.

COLLIOT-THÉLÈNE, Catherine, « L'unité du monde. De l'espérance cosmopolitique à la réalité de la globalisation », in ESCUDIER, Alexandre ; MARTIN, Laurent (éds.), *Histoires universelles et philosophies de l'histoire : de l'origine du monde à la fin des temps*, Paris, Presses de Sciences Po, 2015, p. 339-361.

COOPER, Barry, *Eric Voegelin and the Foundations of Modern Political Science*, Columbia/London, University of Missouri Press, 1999.

COOPER, Barry, *New Political Religions, or An Analysis of Modern Terrorism*, Columbia, University of Missouri Press, 2004.

COOPER, Barry et BRUHN, Jodi (éds.), *Voegelin Recollected. Conversations on a Life*, Columbia, University of Missouri Press, 2008.

DABAG, Mihran, *Löwiths Kritik der Geschichtsphilosophie und sein Entwurf einer Anthropologie*, Bochum, Studienverlag Dr. N. Brockmeyer, 1989.

DAY, Jerry, *Voegelin, Schelling, and the Philosophy of Historical Existence*, Columbia/London, University of Missouri Press, 2003.

DEMPF, Alois (éd.), *Politische Ordnung und menschliche Existenz. Festgabe für Eric Voegelin zum 60. Geburtstag*, München, Beck, 1962.

DONAGGIO, Enrico, *Una sobria inquietudine*, Milan, Giangiacomo Feltrinelli Editore, 2004. Trad. française P. AUDEGEAN : *Karl Löwith et la philosophie. Une sobre inquiétude*, Paris, Payot & Rivages, 2013.

EMMERICH, Wolfgang, « Heilsgeschehen und Geschichte – nach Karl Löwith », *Sinn und Form* 46 (1994).

FABER, Richard, *Der Prometheus-Komplex. Zur Kritik der Politotheologie Eric Voegelins und Hans Blumenbergs*, Würzburg, Königshausen & Neumann, 1984.

FAHRENBACH, Helmut, « Karl Löwith in der Weimarer Zeit (1928-1933). Philosophie nach dem 'revolutionären Bruch im Denken des 19. Jahrhunderts' », *Deutsche Zeitschrift für Philosophie*, 6/2005, p. 851-869.

FINKELDE, Dominik, *Politische Eschatologie nach Paulus. Badiou – Agamben – Žižek – Santner*, Wien, Turia + Kant, 2007.

FŒSSEL, Michaël ; KERVÉGAN, Jean-François ; REVAULT D'ALLONNES, Myriam (éds.), *Modernité et sécularisation. Hans Blumenberg, Karl Löwith, Carl Schmitt, Leo Strauss*, Paris, CNRS Éditions, 2007.

FRIEDLÄNDER, Paul, *Plato. An Introduction*, New York, Harper, 1964.

GEBHARDT, Jürgen, « Erfahrung und Wirklichkeit – Anmerkungen zur Politischen Wissenschaft des spirituellen Realismus », in OPITZ, Peter J. ;

SEBBA, Gregor (éds.), *The Philosophy of Order. Essays on History, Consciousness and Politics*, Stuttgart, Klett-Cotta, 1981.

GENTILE, Emilio, *Le Religioni della politica. Fra democrazie e totalitarismi*, Gius, Laterza & Figli, 2001. Trad. française A. Colao : *Les religions de la politique. Entre démocraties et totalitarismes*, Paris, Seuil, 2005.

GERHARDT, Volker, « Politik und Existenz. Eric Voegelins Suche nach der Ordnung in uns selbst », *Philosophische Rundschau*, vol. 48, 2001/3, p. 177-195.

GODEFROY, Bruno, « Hans Blumenberg : l'eschatologie désamorcée », *Éthique, politique, religions*, n° 2, 2013/1, p. 99-118.

GODEFROY, Bruno, « L'Israël de Voegelin ou l'ambiguïté des commencements » (recension de la traduction française du vol. 1 d'*Order and History*), *Commentaire*, n° 142, 2013/2, p. 443-445.

GODEFROY, Bruno, « Von der Krise zur Versicherheitlichung. Reinhart Kosellecks Krisentheorie in 'unsicheren Zeiten' », in KORTE, Karl-Rudolf (éd.), *Politik in unsicheren Zeiten : Kriege, Krisen und neue Antagonismen*, Baden-Baden, Nomos, 2016.

GODEFROY, Bruno et ECCEL, Daiane, « Eric Voegelins Theorie politischer Repräsentation », in SIGWART, Hans-Jörg (éd.), *Staaten und Ordnungen. Die politische und Staatstheorie von Eric Voegelin*, Baden-Baden, Nomos, 2016.

GONTIER, Thierry, « Corps mystique et société politique chez Eric Voegelin », *Noesis*, n° 12, 2007, p. 89-116.

GONTIER, Thierry, *Voegelin. Symboles du politique*, Paris, Michalon, 2008.

GONTIER, Thierry (éd.), *Politique, religion et histoire chez Eric Voegelin*, Paris, Cerf, 2011.

GONTIER, Thierry, « Totalitarisme, religions politiques et modernité chez Eric Voegelin », in DE LARA, Philippe (éd.), *Naissances du totalitarisme*, Paris, Cerf, 2011, p. 157-181.

GONTIER, Thierry, « Gnosticisme et sécularisation. La critique de la modernité chez Eric Voegelin », *Droits*, n° 59, 2014/1, p. 49-66.

GORDON, Peter E., « Jacob Taubes, Karl Löwith, and the Interpretation of Jewish History », in WIESE, Christian ; URBAN, Martina, *German-Jewish Thought Between Religion and Politics*, Berlin, De Gruyter, 2012, p. 349-370.

GRAF, Friedrich Wilhelm, « Annihilatio historiae ? Theologische Geschichtsdiskurse in der Weimarer Republik », *Jahrbuch des historischen Kollegs* 2004/2005, p. 49-81.

GROOS, Helmut, *Christlicher Glaube und intellektuelles Gewissen. Christentumskritik am Ende des zweiten Jahrtausends*, Tübingen, J. C. B. Mohr, 1987.

GROSSHEIM, Michael, « Der Situationsbegriff in der Philosophie. Mit einem Ausblick auf seine Anwendung in der Psychiatrie », in SCHMOLL, Dirk ;

KUHLMANN, Andreas (éds.), *Symptom und Phänomen. Phänomenologische Zugänge zum kranken Menschen*, Freiburg, Karl Alber Verlag, 2005, p. 114-149.

HABERMAS, Jürgen, « Karl Löwiths stoischer Rückzug vom historischen Bewußtsein », *Merkur*, cahier n° 184, juin 1963, p. 576-590.

HARRIS HARBISON, E., « The 'Meaning of History' and the Writing of History », *Church History*, vol. 21, n° 2 (juin 1952), p. 97-107.

HAUSMANN, Frank-Rutger, « Karl Löwiths Sendai – japanisches ‚Alt-Marburg' oder nur exotisches Provisorium ? », *Internationale Zeitschrift für Philosophie* 2/2008, p. 75-143.

HEIDERICH, Birgit, « Zum Agnostizismus bei Karl Löwith », SCHLETTE, Heinz Robert (éd.), *Der moderne Agnostizismus*, Düsseldorf, Patmos Verlag, 1979, p. 92-109.

HEISE, Wolfgang, « Aufgeklärte Gegenaufklärung », *Deutsche Zeitschrift für Philosophie* (RDA), 1/1968, p. 1347-1355.

HENKEL, Michael, *Eric Voegelin zur Einführung*, Hamburg, Junius, 2010.

HENRY, Michael D., « Voegelin and Heidegger as Critics of Modernity », *Modern Age*, printemps 2011, p. 118-127.

HENRY, Michael D., « Eric Voegelin on the Incarnate Christ », *First Principles – ISI Web Journal*, 01/01/2008.

HERNDON, Jeffrey C., *Eric Voegelin and the Problem of Christian Political Order*, Columbia/London, University of Missouri Press, 2007.

HOESCH, Matthias, *Vernunft und Offenbarung. Säkularisierte Eschatologie in Kants Religions- und Geschichtsphilosophie*, Berlin, De Gruyter, 2014.

HOTAM, Yotam, « Overcoming the mentor : Heidegger's *present* and the presence of Heidegger in Karl Löwith's and Hans Jonas' postwar thought », *History of European Ideas* 35 (2009), p. 253-264.

HOWEY, Richard Lowell, *Heidegger and Jaspers on Nietzsche. A Critical Examination of Heidegger's and Jaspers' Interpretations of Nietzsche*, The Hague, Nijhoff, 1973.

HUGHES, Glenn, *Transcendence and History. The Search for Ultimacy from Ancient Societies to Postmodernity*, Columbia/London, University of Missouri Press, 2003.

IGGERS, Georg G., *Deutsche Geschichtswissenschaft*, München, DTV, 1971.

INSTITUT INTERNATIONAL DE PHILOSOPHIE, *La compréhension de l'histoire*, Entretiens de Jérusalem 4-8 avril 1965, Jérusalem, Presses de l'Académie israélienne des sciences et des lettres, 1968.

JAEGER, Friedrich ; RÜSEN, Jörn, *Geschichte des Historismus. Eine Einführung*, München, Beck, 1992.

JAEGER, Michael, « Goethe oder Nietzsche. Karl Löwiths philosophische Goethe-Rezeption », *Goethe Jahrbuch* 112 (1995).

JAEGER, Michael, *Fausts Kolonie. Goethes kritische Phänomenologie der Moderne*, Würzburg, Königshausen & Neumann, 2010.

JOAS, Hans, « Die Kontingenz der Säkularisierung. Überlegungen zum Problem der Säkularisierung im Werk Reinhart Kosellecks », in Hans JOAS ; Peter VOGT, *Begriffene Geschichte. Beiträge zum Werk Reinhart Kosellecks*, Berlin, Suhrkamp, 2011, p. 319-338.

KAMLAH, Wilhelm, *Utopie, Eschatologie, Geschichtsteleologie. Kritische Untersuchungen zum Ursprung und zum futuristischen Denken der Neuzeit*, Mannheim, Bibliographisches Institut, 1969.

KELLER, Thomas, « Karl Löwith ou la dédramatisation de l'existentialisme : excentricité et décentrement », in M.-A. LESCOURRET (éd.), *La dette et la distance. De quelques élèves et lecteurs juifs de Heidegger*, Paris, Éditions de l'éclat, 2014, p. 63-84.

KELSEN, Hans, *A New Science of Politics. Hans Kelsen's Reply to Eric Voegelin's "New Science of Politics". A Contribution to the Critique of Ideology*, éd. E. ARNOLD, Frankfurt, Ontos Verlag, 2004.

KESSLER, Udo, *Die Wiederentdeckung der Transzendenz. Ordnung von Mensch und Gesellschaft im Denken Eric Voegelins*, Würzburg, Königshausen & Neumann, 1995.

KETTNER, Matthias, « Verantwortung als Moralprinzip ? Eine kritische Betrachtung der Verantwortungsethik von Hans Jonas », *Bijdragen. Tijdschrift voor filosofie en theologie* 51 (1990).

KIEL, Albrecht, *Gottesstaat und Pax Americana. Zur politischen Theologie von Carl Schmitt und Eric Voegelin*, Cuxhaven, Junghans, 1998.

KING, Karen L., *What Is Gnosticism ?*, Cambridge, Harvard University Press, 2005.

KLEINBERG, Ethan, « Introduction : The New Metaphysics of Time », *History and Theory, Virtual Issue* 1, août 2012.

KLINKE, Ian, « Chronopolitics : A conceptual matrix », *Progress in Human Geography* 37 (5).

KOLTAN, Jacek, *Der Mitmensch. Zur Identitätsproblematik des sozialen Selbst ausgehend von der Frühphilosophie Martin Heideggers und Karl Löwiths*, Würzburg, Königshausen & Neumann, 2012.

KUHN, Helmut, recension de LÖWITH, Karl, *Meaning in History. The Theological Implications of the Philosophy of History*, in *The Journal of Philosophy*, vol. 46, n° 25 (8 décembre 1949), p. 822-826.

LAUNAY, Marc de, « Les temps de l'histoire », *Cités* 1/2008, n° 33, p. 43-52.

LEGGEWIE, Claus, « Der Mensch entscheidet im Anthropozän. Konsequenzen aus der Entdeckung eines neuen Erdzeitalters », in B. HERMANN (éd.), *Sind Umweltkrisen Krisen der Natur oder der Kultur ?*, Berlin, Springer, 2015, p. 63-78.

LEVITSKY, Steven, *How Democracies Die*, New York, Penguin, 2019.

LEWIS, Simon L. ; MASLIN, Mark A., « Defining the Anthropocene », *Nature*, vol. 519, 12 mars 2015, p. 171-180.

LIEBSCH, Burkhard, *Verzeitlichte Welt. Variationen über die Philosophie Karl Löwiths*, Würzburg, Königshausen & Neumann, 1995.

LINSE, Ulrich, *Barfüßige Propheten. Erlöser der zwanziger Jahre*, Berlin, Siedler, 1983.

LOSEMANN, Volker, *Nationalsozialismus und Antike. Studien zur Entwicklung des Faches Alte Geschichte 1933-1945*, Hamburg, Hoffmann und Campe, 1977.

MACHEK, Christian, *Die Rückkehr zu den Ursprüngen der politischen Philosophie. Die katholische Soziallehre, Leo Strauss, Eric Voegelin und die Aktualität des Naturrechts*, Paderborn, Ferdinand Schöningh, 2012.

MAIER, Hans (éd.), *'Totalitarismus' und 'Politische Religionen'. Konzepte des Diktaturvergleichs*, 3 vol., Paderborn, Schöningh, 1996-2003.

MARCHART, Oliver, *Post-Foundational Political Thought. Political Difference in Nancy, Lefort, Badiou and Laclau*, Edinburgh, Edinburgh University Press, 2007.

MCALLISTER, Ted V., *Revolt against modernity : Leo Strauss, Eric Voegelin and the search for a postliberal order*, Lawrence, University Press of Kansas, 1996.

MCKNIGHT, Stephen A. (éd.), *Eric Voegelin's Search for Order in History*, Baton Rouge / London, Louisiana State University Press, 1978.

MEHRING, Reinhard, « Karl Löwith, Carl Schmitt, Jacob Taubes und das 'Ende der Geschichte' », *Zeitschrift für Religions- und Geistesgeschichte* 48, 3 (1996).

MEHRING, Reinhard, « Formalisme, décisionnisme, nihilisme. Strauss, Kuhn, Löwith, Arendt. Les étudiants juifs de Heidegger critiques de Heidegger et de Schmitt », in M.-A. Lescourret (éd.), *La dette et la distance. De quelques élèves et lecteurs juifs de Heidegger*, Paris, Éditions de l'éclat, 2014, p. 87-113.

MIKLÓS, Tamás, *Der kalte Dämon. Versuche zur Domestizierung des Wissens*, München, Beck, 2016.

MISSFELDER, Jan-Friedrich, « Die Gegenkraft und ihre Geschichte. Carl Schmitt, Reinhart Koselleck und der Bürgerkrieg », *Zeitschrift für Religions- und Geistesgeschichte*, 58/4 (2006).

MONOD, Jean-Claude, *La querelle de la sécularisation. Théologie politique et philosophies de l'histoire de Hegel à Blumenberg*, Paris, Vrin, 2002.

MONOD, Jean-Claude, « Heaven on Earth ? The Löwith-Blumenberg Debate », in LATRÉ, Stijn ; VAN HERCK, Walter ; VANHEESWIJCK, Guido (éds.), *Radical Secularization ? An inquiry into the religious roots of secular culture*, New York / London, Bloomsbury, 2015.

MORRISSEY, Michael P., *Consciousness and Transcendence. The Theology of Eric Voegelin*, Notre Dame / London, University of Notre Dame Press, 1994.

MOTSCHENBACHER, Alfons, *Katechon oder Großinquisitor ? Eine Studie zu Inhalt und Struktur der Politischen Theologie Carl Schmitts*, Marburg, Tectum, 2000.

MÜHLING, Markus, *Grundinformation Eschatologie. Systematische Theologie aus der Perspektive der Hoffnung*, Göttingen, Vandenhoeck & Ruprecht, 2007.

MÜLLER, Jan-Werner, *A Dangerous Mind. Carl Schmitt in Post-War European Thought*, Yale, Yale University Press, 2003.

NIEMEYER, Gerhart, « Eric Voegelin's Philosophy and the Drama of Mankind », *Modern Age*, Winter 1976.

NIEMEYER, Gerhart, « Christian Faith, and Religion, in Eric Voegelin's Work », *The Review of Politics* 57, Winter 1995.

OPITZ, Peter J., « Eric Voegelins Nietzsche – Eine Forschungsnotiz », *Nietzsche Studien* 25 (1996), Berlin, De Gruyter.

OPITZ, Peter J., « Eric Voegelins *Politische Religionen.* Kontexte und Kontinuitäten », *Occasional Papers* 47, Eric-Voegelin-Archiv, disponible à l'adresse http://www.gsi.uni-muenchen.de/forschung/forsch_zentr/voegelin/publikationen/papers/op_47.pdf (consulté le 20/05/2021).

OTTMANN, Henning, « Das Spiel der Masken. Nietzsche im Werk Eric Voegelins », *Nietzsche Studien* 25 (1996), Berlin, De Gruyter.

PANKAKOSKI, Timo, 'Conflict, Context, Concreteness : Koselleck and Schmitt on Concepts', *Political Theory* 38, n° 6 (2010) : p. 749-779.

PANKAKOSKI, Timo, 'The language of Postwar Intellectual Schmittianism', *The European Legacy* 23, n° 6 (2018) : p. 607-627.

PETRAKIS, Peter A. ; EUBANKS, Cecil L. (éd.), *Eric Voegelin's Dialogue with the Postmoderns. Searching for Foundations*, Columbia/London, University of Missouri Press, 2004.

PETROPULOS, William, « Stefan George und Eric Voegelin », *Occasional Papers*, n° 51, 2005, Eric-Voegelin-Archiv, Ludwig-Maximilians-Universität München.

PLESSNER, Monika, *Die Argonauten auf Long Island. Begegnungen mit Hannah Arendt, Theodor W. Adorno, Gershom Scholem und anderen*, Berlin, Rowohlt, 1995.

PÖGGELER, Otto, « Braucht Theologie Philosophie ? Vom Bultmann und Heidegger bis Voegelin und Assmann », Nordrhein-Westfälische Akademie der Wissenschaften, Vorträge G 410, Paderborn, Ferdinand Schöningh, 2007.

RANIERI, John J., *Disturbing Revelation. Leo Strauss, Eric Voegelin, and the Bible*, Columbia/London, University of Missouri Press, 2009.

RASCHEL, Heinz, *Das Nietzsche-Bild im George-Kreis. Ein Beitrag zur Geschichte der deutschen Mythologeme*, Berlin / New York, De Gruyter, 1984.

RAULFF, Ulrich, *Kreis ohne Meister. Stefan Georges Nachleben*, München, Beck, 2010.

RÉGNIER, Marcel, « Karl Löwith. *In memoriam* », *Archives de Philosophie*, 37/2 (avril-juin 1974).

RIEDEL, Manfred, « Karl Löwiths philosophischer Weg », *Heidelberger Jahrbücher* XIV, 1970, p. 120-133.

RIEDL, Matthias, « Living in the Future – Proleptic Existence in Religion, Politics and Art », *International Political Anthropology*, vol. 3, 2012/2, p. 117-134.

RIEDL, Matthias, « Modernity as the Immanentizaton of the Eschaton : A Critical Re-evaluation of Eric Voegelin's Gnosis-thesis », in CARINGELLA, Paul ; CRISTAUDO, Wayne ; HUGHES, Glenn (éds.), *Revolutions : Finished and Unfinished, From Primal to Final*, Newcastle, Cambridge Scholars, 2012, p. 80-107.

ROSEN, Stanley, « Order and History », *The Review of Metaphysics*, vol. 12, n° 2 (décembre 1958), p. 257-276.

ROSSBACH, Stefan, « Understanding in Quest of Faith. The Central Problem in Eric Voegelin's Philosophy », in HAMERTON-KELLY, Robert, *Politics and Apocalypse. Studies in Violence, Mimesis, and Culture*, Michigan, Michigan State University Press, 2007, p. 219-261.

ROSSBACH, Stefan, « Gnosis in Eric Voegelin's Philosophy », *Political Science Reviewer* 34/1, 2005, p. 77-121.

RÜSEN, Jörn, *Geschichte im Kulturprozess*, Köln, Böhlau Verlag, 2002.

SASS, Hans-Martin, « Urbanität und Skepsis : Karl Löwiths kritische Theorie », *Philosophische Rundschau*, 21. Jahrgang, 1975, p. 1-23.

SCHÜSSLER, Werner, *Jaspers zur Einführung*, Hamburg, Junius, 1995.

SCHWAABE, Christian, « Seinsvergessenheit und Umkehr. Über das 'richtige Denken' bei Eric Voegelin und Martin Heidegger », *Occasional Papers*, V, juin 1997.

SCHWARTZ, Michael, « Leviathan oder Lucifer. Reinhart Koselleck 'Kritik und Krise' revisited », *Zeitschrift für Religions- und Geistesgeschichte* 45, 1993.

SCHWENTKER, Wolfgang, « Karl Löwith und Japan », *Archiv für Kulturgeschichte* 76, 1994, p. 415-450.

SEBBA, Gregor, « Prelude and Variations on the Theme of Eric Voegelin », in SANDOZ, Ellis (éd.), *Eric Voegelin's Thought. A Critical Appraisal*, Durham, Duke University Press, 1982.

SIGWART, Hans-Jörg, *Das Politische und die Wissenschaft. Intellektuell-biographische Studien zum Frühwerk Eric Voegelins*, Würzburg, Königshausen & Neumann, 2005.

SIGWART, Hans-Jörg, « Krise der Moderne und moderne Demokratie : Eric Voegelins neoklassische Interpretation des westlichen Zivilregimes », *Zeitschrift für Politikwissenschaft* 18, vol. 4, p. 473-502.

SIGWART, Hans-Jörg, « Wirklichkeitswissenschaft und Ordnungswissenschaft : Eric Voegelins Auseinandersetzung mit Max Weber », *Zeitschrift für Politik*, 4/2007, p. 379-407.

STEINER, Stephan, « Gegenstrebige Freundschaften. Leo Strauss zwischen

Gerhard Krüger und Karl Löwith », BORMUTH, Matthias ; VON BÜLOW, Ulrich (éds.), *Marburger Hermeneutik. Zwischen Tradition und Krise*, Göttingen, Wallstein Verlag, 2008, p. 154-175.

STEINER, Stephan, « Skepsis und Destruktion. Friedrich Nietzsche im Bilde Karl Löwiths », BARBERA, Sandro ; MÜLLER-BUCK, Renate (éds.), *Nietzsche nach dem ersten Weltkrieg*, Band 1, Pisa, Edizioni ETS, 2007, p. 265-286.

STEVENS, Bernard, « Karl Löwith et le nihilisme japonais », *Revue Philosophique de Louvain*, quatrième série, tome 92, n° 4, 1994, p. 508-545.

STYFHALS, Willem, « The Eternal Return of Gnosticism ? Secularization and the Problem of Evil », in LATRÉ, Stijn ; VAN HERCK, Walter ; VANHEESWIJCK, Guido (éds.), *Radical Secularization ? An inquiry into the religious roots of secular culture*, New York / London, Bloomsbury, 2015.

SYSE, Henrik, « Karl Löwith and Eric Voegelin on Christianity and History », *Modern Age* 42/3, été 2000.

TAKADA, Yasunari, « Shuzo Kuki : or, A Sense of Being In-between », *Transcendental Descent : Essays in Literature and Philosophy* (Collection UTCP 2), Tokyo, UTCP, 2007, disponible à l'adresse http://utcp.c.u-tokyo.ac.jp/publications/2007/03/transcendental_descent_essays/index_en.php (consulté le 20/05/2021).

TAKADA, Yasunari, « Supreme Emptiness and Temporal Fulfillment : Two Versions of Political Failure ? », *Transcendental Descent : Essays in Literature and Philosophy* (Collection UTCP 2), Tokyo, UTCP, 2007, disponible à l'adresse http://utcp.c.u-tokyo.ac.jp/publications/2007/03/transcendental_descent_essays/index_en.php (consulté le 20/05/2021).

TIMM, Hermann, « Karl Löwith und die protestantische Theologie », *Evangelische Theologie* 11, nov. 1967, p. 573-594.

TIMM, Hermann, « Amor fati ? Karl Löwith über Christen- und Heidentum », *Neue Zeitschrift für systematische Theologie und Religionsphilosophie* 19, 1977, p. 78-94.

VORLÄNDER, Hans, « Transzendenz und die Konstitution von Ordnungen : Eine Einführung in systematischer Absicht », in VORLÄNDER, Hans (éd.), *Transzendenz und die Konstitution von Ordnungen*, Berlin, de Gruyter, 2013, p. 1-44.

WEISS, Gilbert, « Between Gnosis and Anamnesis : European Perspectives on Eric Voegelin », *The Review of Politics*, Cambridge University Press (for the University of Notre Dame du lac), vol. 62, n° 4, Automne 2000, p. 753-776.

WHITE, Stephen K., « Weak Ontology and Liberal Political Reflection », *Political Theory*, vol. 25, n° 4 (août 1997), p. 502-523.

WIELAND, Wolfgang, « Karl Löwith in Heidelberg », *Heidelberger Jahrbücher* XLI, 1997, p. 267-274.

WILHELM, Wolfgang, « Drei bedeutende deutsche Denker in Sendai : Herrigel, Löwith, Singer », *Jahresmitteilungen der japanisch-deutschen Gesellschaft Sendai*, n° 3 (1988).

WILLIAMS, Michael A., *Rethinking « Gnosticism ». An argument for dismantling a dubious category*, Princeton, Princeton University Press, 1996.

WOLIN, Richard, *Heidegger's Children. Hannah Arendt, Karl Löwith, Hans Jonas and Herbert Marcuse*, Princeton/Oxford, Princeton University Press, 2001.

WOLIN, Sheldon S., *Politics and Vision. Continuity and Innovation in Western Political Thought*, Princeton/Oxford, Princeton University Press, 2004.

WOLIN, Sheldon S., *Democracy Incorporated : Managed Democracy and the Specter of Inverted Totalitarianism*, Princeton, Princeton University Press, 2010.

INDEX DES NOMS

TABLE DES MATIÈRES

DEUXIÈME PARTIE

FONDER LE POLITIQUE AU-DELÀ DE L'HISTOIRE

IMPRIM'VERT®

Achevé d'imprimer par Corlet,
Condé-en-Normandie (Calvados), en septembre 2021
N° d'impression : 173045 - dépôt légal : septembre 2021
Imprimé en France